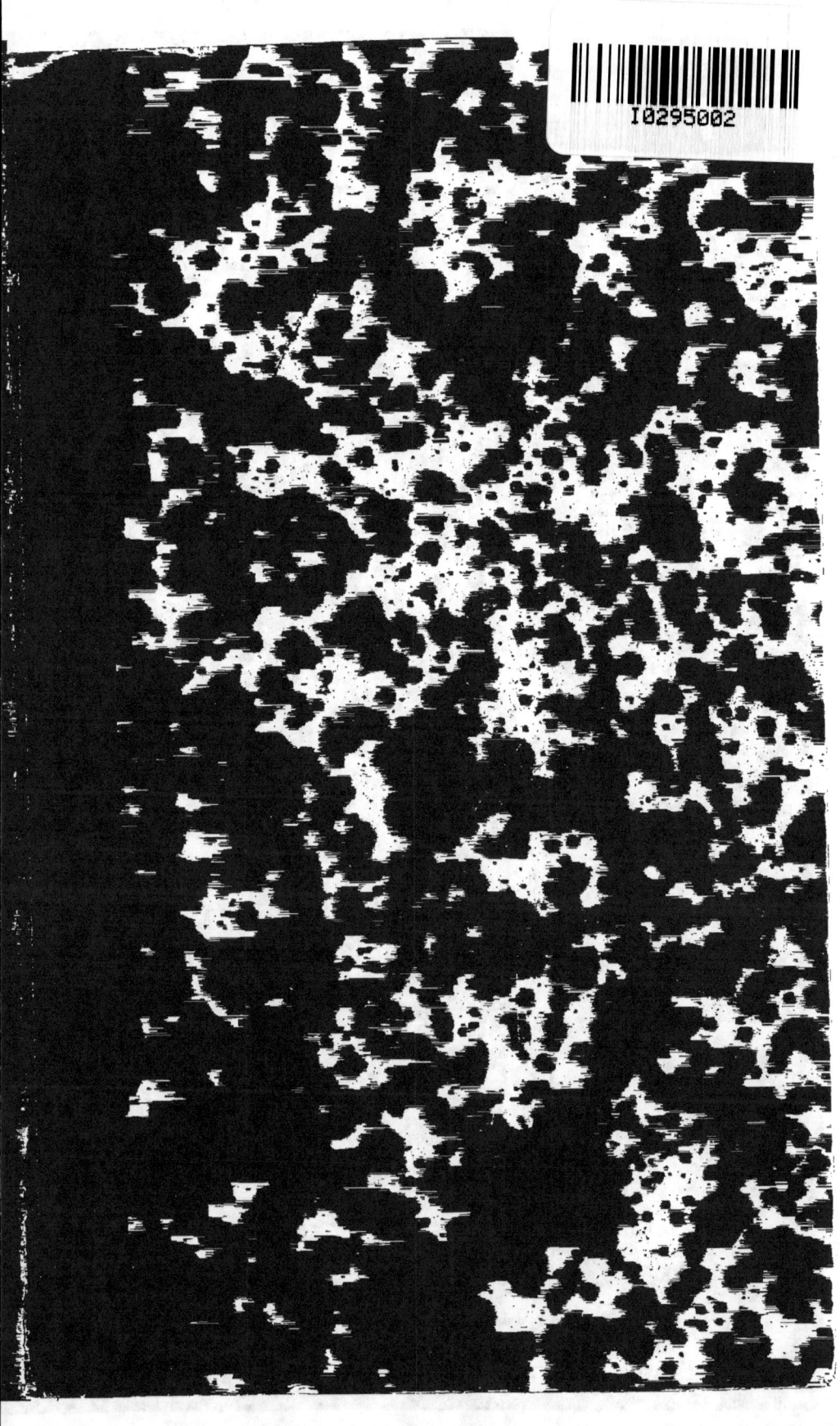

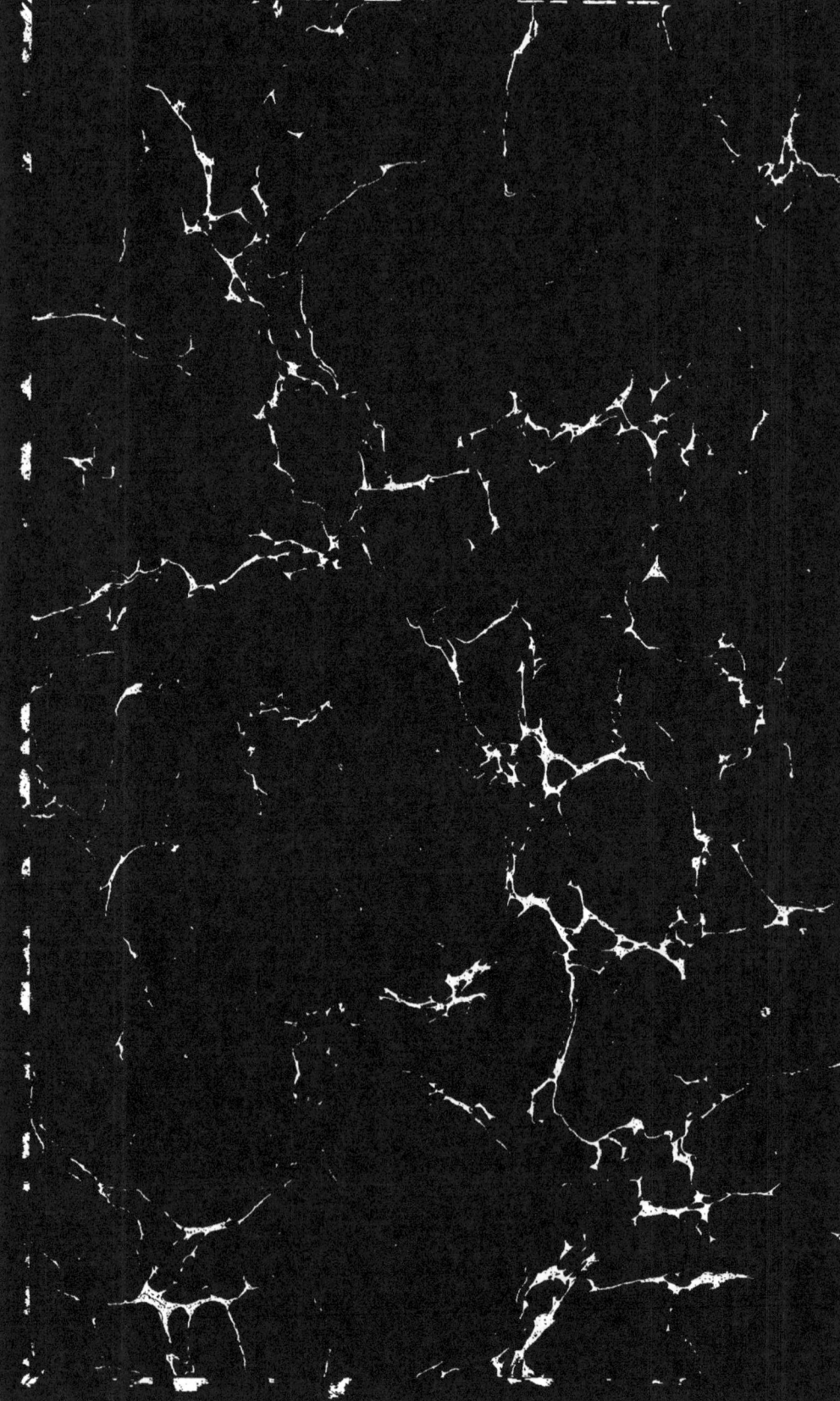

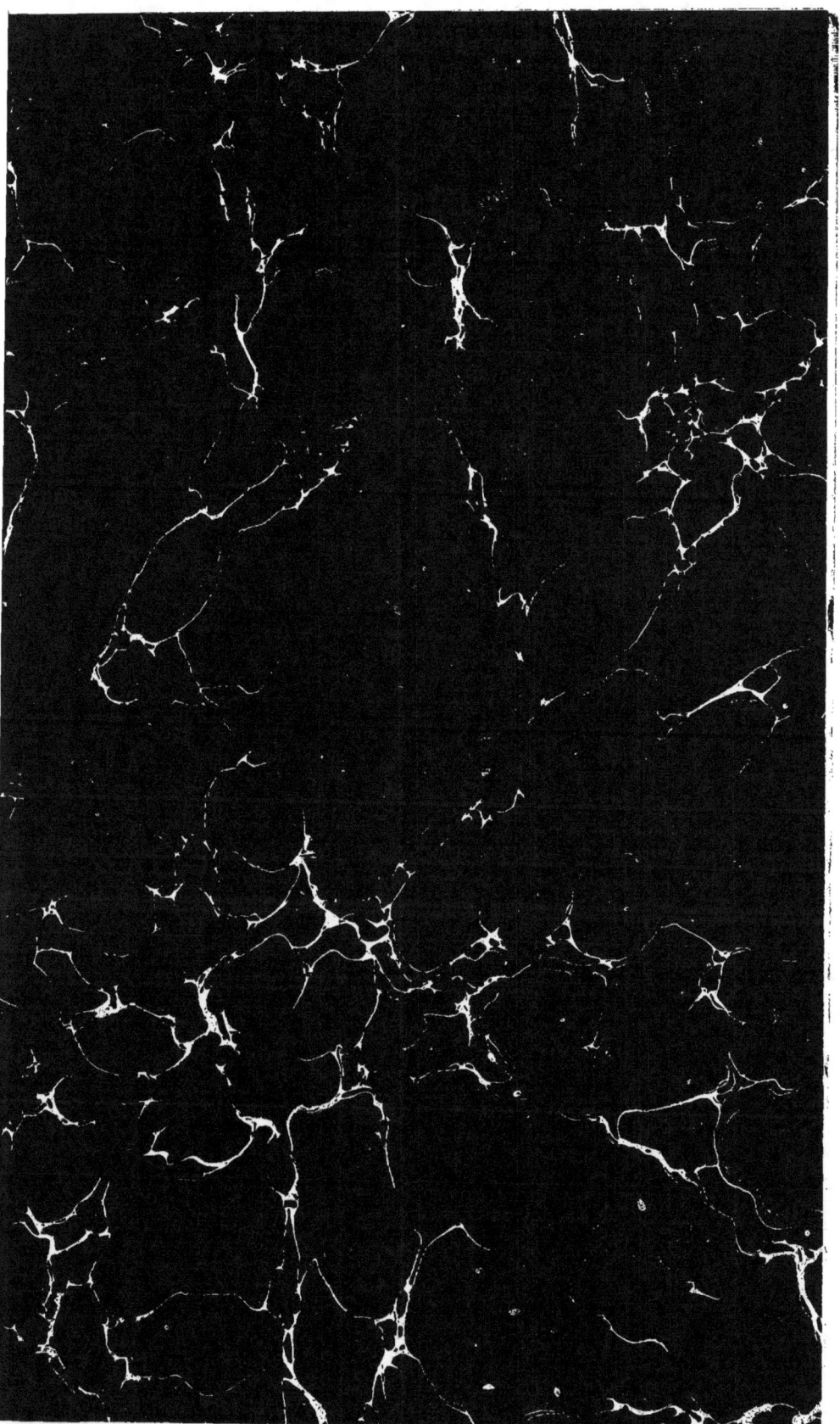

5508

HISTOIRE

DRAMATIQUE ET PITTORESQUE

DES JÉSUITES.

IMPRIMERIE DONDEY-DUPRÉ,
rue St-Louis, 46, au Marais.

La Pyramide de Jean Châtel

HISTOIRE

DRAMATIQUE ET PITTORESQUE

DES

JÉSUITES,

DEPUIS LA FONDATION DE L'ORDRE JUSQU'A NOS JOURS,

PAR

ADOLPHE BOUCHER,

Illustrée de 30 magnifiques dessins par Théophile Fragonard.

TOME DEUXIEME.

PARIS.
R. PRIN, ÉDITEUR, RUE DU CHAUME,
ET CHEZ TOUS LES LIBRAIRES.

1846

CINQUIÈME PARTIE.

LES JÉSUITES EN EUROPE.

PROLOGUE.

Les Assassins.

Il fut une Secte, une Association étrange et mystérieuse, terrible, épouvantable ; campant au milieu des nations, comme la horde de Bédouins au sein du grand désert, elle regardait le monde entier comme une vaste proie ; et le monde entier tremblait rien qu'en pensant à elle. De puissants rois, de redoutés despotes, se faisaient les tributaires de cette Secte, pour éviter les coups des mille poignards dont elle disposait incessamment. Car ce fut surtout par la terreur qu'elle régna.

A la tête de l'Association, il y avait un chef suprême, absolu et pouvant disposer à sa guise de l'âme et du corps de ses subordonnés, qui, en se liant à l'Association, abdiquaient solennellement leur volonté, et faisaient vœu de n'en avoir plus d'autre que celle du chef suprême. Au-dessous de ce dernier, il y avait des chefs subalternes dont chacun était placé à la tête d'une province.

Les membres de la Société se divisaient en trois classes. La première était celle des *Docteurs* : c'était parmi ces derniers que le chef suprême choisissait les grands dignitaires de l'Association, ainsi que les prédicants chargés à la fois d'instruire les nouveaux adeptes et d'en augmenter le nombre. A cette première classe seule étaient révélées les choses secrètes de l'Association, son but et ses moyens, ses règles et ses lois. Les autres membres avaient une initiation bien moins complète.

Pour cette première classe, le fondateur de la Secte avait dressé des *Instructions secrètes*, où les docteurs apprenaient :

1° Les paroles, signes et symboles par lesquels on devait se faire reconnaître aux initiés ;

2° La manière de s'insinuer auprès de ceux qu'on voudrait initier, et de s'emparer de leur confiance ;

3° L'art d'embarrasser l'esprit du candidat, en le remplissant de doutes sur sa croyance ;

4° La formule du serment par lequel celui qu'on va initier s'engage au secret et à l'obéissance passive envers ses chefs ;

5° L'histoire de la Société, l'antiquité de sa doctrine, le but vers lequel elle doit toujours marcher ;

6° Un enseignement moral et religieux, des plus étranges, mais des plus simples, qui traitait d'allégories les principes moraux et les articles de toute foi.

7° Enfin, la dernière de ces *Instructions* disait que tous les membres de l'Association reconnaîtraient en apparence le chef de la religion, et qu'ils proclameraient hautement leur obéissance à ses ordres, mais qu'en réalité ils ne reconnaîtraient d'autre pouvoir que celui de leur propre chef, auquel ils se dévouaient.

La deuxième classe de l'Association était celle des *Compagnons*, ou simples *Initiés*. C'était le peuple sur lequel régnait le chef de la Secte. La troisième classe était formée par les *Dévoués*. Ceux-ci étaient les instruments aveugles du chef, les bras dont il était la tête. A ceux-là on n'apprenait rien des choses de l'Association ; on ne leur expliquait pas les ordres qu'on leur donnait ; on leur disait : « Allez ! » ils allaient ; « Tuez ! » ils tuaient ; « Mourez ! » ils mouraient. Oh ! terrible était la puissance qui avait à ses ordres de pareils agents !

Les *Dévoués* se prenaient fort jeunes. On les élevait dans de vastes maisons où nul ne pénétrait sans la permission des *Docteurs* qui en étaient les supérieurs. Là, ils apprenaient que la seule religion était l'obéissance à leur chef suprême ; qu'en se dévouant à exécuter tous ses ordres, ils jouiraient, dans l'autre vie, d'un éternel bonheur ; mais qu'une seule désobéissance les précipiterait pour jamais dans les abîmes infernaux. Afin de graver plus fortement ces préceptes dans leur esprit, au moyen d'un artifice, on leur donnait un avant-goût de la récompense et de la punition futures. On leur faisait entendre les cris atroces des damnés ; on les enivrait d'un des flots de la mer des jouissances infinies, du plaisir éternel, mer céleste où les élus se plongent sans jamais trouver la satiété ni la fatigue. Puis on leur demandait s'ils voulaient éviter le supplice de ceux-là, et mériter les délices de ceux-ci. Et on leur disait ce qu'il y avait à faire pour cela. Ce qu'ils avaient à faire était souvent d'aller poignarder un souverain qui osait se déclarer l'ennemi de la terrible Association !

N'y a-t-il pas d'effroyables mais curieux rapprochements à faire entre cette Association et celle qui, quatre siècles plus tard, fut appelée Compagnie de Jésus?.....

Car l'Association dont nous venons d'esquisser la physionomie étrange n'eut pas pour fondateur Ignace de Loyola, un chrétien d'Espagne, mais bien Hassan ben Sabbah, musulman du Khorassan, contrée de la Perse ! Les sectateurs d'Hassan furent nommés *Haschischin*, du *Haschisch*, breuvage enivrant, sorte d'opium que l'on tire du chanvre, et que l'on faisait boire aux exécuteurs des sentences du *Seigneur des couteaux*. Du mot *Haschischin*, nous avons fait *Assassins*. Et ce dernier titre convenait fort aux enfants du *Vieux de la Montagne*, comme les Occidentaux appelèrent aussi le chef suprême de la terrible Association (1). Pendant un siècle et demi environ, ce chef fit trembler sur leurs trônes la plupart des souverains d'Asie. Les princes de l'Occident qui vinrent alors dans cette partie du monde, amenés par les croisades, eurent également à redouter l'effroyable pouvoir du *Seigneur des couteaux*. Un seul d'entre eux, un roi de France, Louis IX, dont l'Église a fait un saint, et que l'histoire a proclamé grand homme, osa braver les *Assassins*, qui admirèrent son courage, et respectèrent sa personne.

(1) Le mot arabe Cheick signifie littéralement vieillard ; de là le nom de *Vieux de la Montagne*, donné par les Occidentaux au *Cheick-al-Gebel*.

Pour donner une idée du fanatique dévouement à ses volontés que le Vieux de la Montagne savait inspirer à ses sujets, il suffira de dire qu'ayant désigné à leurs poignards un prince musulman, cent dix-neuf de ces misérables avaient déjà reçu la mort sans pouvoir exécuter la mission sanglante, lorsqu'un dernier, le cent vingtième, sans se laisser intimider par le sort de ses complices, vint enfin à bout de tenir le serment fait au *Seigneur des couteaux*. Afin d'assassiner le marquis de Monserrat, qui s'était fait une principauté en Syrie, les séides du *Vieux de la Montagne* se firent chrétiens, et, déguisés en moines, purent approcher de ce prince, qu'ils poignardèrent. La mort seule faisait pardonner la non-exécution de la mission confiée aux *Assassins* : on vit, assure-t-on, les mères de quelques-uns de ces derniers pleurer de honte et de rage lorsque leurs fils, ayant échoué dans leur tentative meurtrière, échappaient à la mort en fuyant.....

La secte ou association des *Assassins*, créée vers le commencement du onzième siècle, fut détruite par les Mongols, en 1258. Hassan le fondateur avait eu sept successeurs.

Et maintenant, si l'on nous demande à quel propos nous venons de rappeler l'existence de cette effroyable secte, nous répondrons que c'est parce que nous allons parler d'une secte plus effroyable encore, parce qu'il y a dans les *Assassins* d'Asie plus d'une chose qui peut servir à expliquer les *Assassins* d'Europe !

Les *Haschischin* avaient des mots, des signes et des symboles mystérieux pour servir de moyens de reconnaissance entre les initiés. Les Jésuites, assure-t-on, ont également des mots, des signes, des symboles pour se reconnaître entre eux. Nous tenons d'une personne que nous croyons bien informée, qu'un Jésuite reconnaît un confrère rien qu'en le regardant. S'ils sont en habits de prêtres, leur coiffure les distingue, etc.

Les Haschischin étaient divisés en plusieurs classes, à peu près comme sont les Jésuites ; les *Daïs* ou Docteurs sont les *Pères des quatre vœux* ; les *Reficks* ou Compagnons, les Jésuites des trois vœux, les *Frères coadjuteurs*, le populaire de l'association ; les *Fédaviés* ou *Dévoués* sont les novices *Scholastiques* et les *Affiliés*, parfois. Et, remarquet-on l'étrange et saisissante similitude qui existe entre les moyens dont on se servait pour agir sur les futurs exécuteurs des ordres du *Seigneur des couteaux*, et ceux mis en usage à l'égard de la jeune milice du Général de la Compagnie de Jésus?

Les uns comme les autres étaient amenés, par leurs *Daïs* et supérieurs, à un état d'exaltation qui leur faisait voir l'exécution des ordres du chef comme l'unique chemin conduisant au paradis, leur désobéissance comme la route certaine de l'enfer. Le *Haschisch* du *Vieux de la Montagne* valait à peine le livre des *Exercices spirituels* d'Ignace de Loyola, et surtout la terrible *Chambre des Méditations* (1).

Les *instructions* données par Hassan à ses sectaires n'ont-elles pas le même but que ce que nous avons appelé le code et la charte jésuitiques? Les docteurs Haschischin ne devaient-ils pas chercher à gagner la confiance des autres hommes et s'insinuer auprès d'eux; embarrasser leur esprit en leur soufflant le doute religieux? Certes, ce que nous connaissons des lois jésuitiques semble copié sur cet ancien modèle! Et les casuistes de la Compagnie ne professent-ils pas, comme les Daïs Bathéniens, « que les principes de morale et les articles de foi ne sont que des allégories! » Nul n'a su, mieux que les Révérends Pères, changer morale et religion en une molle et flexible cire qui, sous leurs doigts habiles, devient tout ce qu'on veut!... Chose plus extraordinaire! comme les Jésuites, — et nous croyons l'avoir prouvé — tout en se proclamant bien haut et en se consacrant d'une façon particulière les soldats dévoués du pape, n'en ont pas moins été l'Ordre le plus rebelle au saint-siège, de même les Haschischin, protestant aussi de leur attachement pour le kalife des vrais croyants, ne reconnaissaient pourtant en réalité d'autre maître que le chef de leur Association. Ce dernier rapport surtout est d'une précision vraiment miraculeuse!

Si nous connaissions toutes les lois secrètes des Jésuites, nous trouverions sans doute de nouveaux rapports entre eux et les *Assassins*. Nous ferons remarquer ici qu'on a comparé plus d'une fois les Jésuites

(1) Nous prouverons bientôt que c'est surtout au sein des terreurs de la *Chambre des Méditations* que Jean Châtel se sentit gagner par la folie furieuse qui le poussa peu après vers le crime.

aux francs-maçons. Ainsi, au dix-huitième siècle, dans un livre ayant pour titre : *Les Jésuites chassés de la maçonnerie* (1), l'auteur, qui se donne le titre d'*Orient* de Londres, prétend prouver « la *mémeté* des quatre vœux des Jésuites et de la maçonnerie de saint Jean. » Nous examinerons peut-être plus tard ce qu'il y a de vrai dans cette *mémeté* qui ne ferait certes pas l'éloge des francs-maçons.

On a dit des *Haschischin* :

« Leur doctrine, qui conservait l'apparence de la religion et de la morale, en détruisant en réalité, mais sournoisement, souterrainement, la morale et la religion, dut avoir une grande attraction sur le commun des hommes dont l'âme est nativement portée vers une croyance religieuse, tandis que leur nature y répugne et s'en éloigne, en raison des obstacles ou des châtiments qu'elle offre à leurs penchants. Mais la doctrine prêchée par le *Vieux de la Montagne* et par ses *Daïs* conciliait enfin le sentiment religieux avec les appétits humains. Elle lui fit donc sur-le-champ de nombreux et dévoués partisans, qui durent obéir avec joie à chacune de ses plus absurdes prescriptions et de ses plus odieuses volontés ; car celles-là ne gênaient pas les penchants des sectaires, et celles-ci étaient regardées comme remplaçant tous les devoirs religieux. »

Ce qu'on a dit des *disciples* d'Hassan, fils de Sabbah, ne pourrait-on pas le dire des enfants de Loyola ? Et nous allons montrer que parmi les Révérends Pères, il y a eu aussi des *Dévoués*, qui méritent aussi justement que quelque *Fédavié* que ce soit le titre d'*Assassin* !

(1) Par V. Bonneville, 1788, in-8°.

CHAPITRE PREMIER.

Jacques Clément, Barrière, Jean Châtel et Ravaillac.

De bonne heure, les Jésuites essayèrent de s'établir en France. Mais, dès leurs premiers pas sur cette noble terre, ils se virent l'objet d'une répulsion dont ils n'ont jamais triomphé. Sitôt après que Loyola eut fait reconnaître par le saint-siége l'existence de sa Compagnie, il renvoya à Paris quelques-uns de ses disciples qui avaient pour mission de préparer à leur Ordre un établissement solide en France. Néanmoins, pendant quelques années, les Révérends Pères vécurent fort ignorés malgré leurs efforts, et obtinrent si peu de succès que leur Général dut alors leur envoyer de Rome l'argent nécessaire à leur subsistance quotidienne.

Mais ils parvinrent à se faire un protecteur et un ami de Guillaume Du Prat, évêque de Clermont, fils du feu Chancelier. Ce prélat les autorisa à fonder dans son diocèse les colléges de Billom et de Mauriac, pour la création desquels il leur légua quarante mille écus. Sans doute le confesseur Jésuite de l'évêque de Clermont prouva à son pénitent qu'il ne pouvait faire un meilleur usage des sommes immenses que son père, le Chancelier Du Prat, avait extorquées à la gent taillable et corvéable de la France. Le même prélat donna aussi aux Jésuites un hôtel qu'il possédait dans la rue Saint-Jacques, à Paris, et qui, en son honneur, fut appelé collége de Clermont : c'est le collége Louis-le-Grand de nos jours. En même temps, et par l'influence de leur protecteur puissant, ils avaient obtenu de l'abbé de Saint-Germain-des-Prés une chapelle pour y célébrer les offices. Jusqu'alors ils avaient dit la messe ordinairement dans l'église de Notre-Dame des Champs, cette ancienne retraite de leur fondateur.

L'évêque de Clermont mort, un autre protecteur s'offrit aux Jésuites. Ce fut le cardinal de Lorraine. Ce prélat de la fière et puissante maison de Guise a été soupçonné de vouloir se faire nommer patriarche de la France. Ce fut peut-être par suite d'un traité d'alliance entre le cardinal et les bons Pères que le premier travailla activement à établir les seconds en France. En 1550, il leur obtint de Henri II des lettres-patentes qui leur permettaient de s'établir dans ce royaume. Lorsque les lettres royales furent présentées au Parlement, celui-ci, qui n'était rien moins que bien disposé en faveur du nouvel Ordre religieux, ordonna qu'elles fussent présentées à l'évêque de Paris, Jean du Bellay, et à la Sorbonne, qui se prononcèrent nettement contre l'admission des Jésuites.

Ce ne fut qu'en 1569, et sous le règne éphémère de François II, que les Révérends Pères obtinrent que le Parlement consacrât leur établissement en France en vérifiant et enregistrant de nouvelles lettres-patentes que leur avait fait obtenir le cardinal de Lorraine alors tout-puissant. Lorsque nous aurons à décrire la lutte des Jésuites contre l'Université de Paris, ce que nous voulons faire dans un article spécial, nous dirons à quelles conditions ils y furent reçus.

Jusqu'alors les Jésuites avaient professé en cachette, à huis clos, dans leur collége de Clermont, tout en ayant soin d'y avoir des professeurs célèbres, dont beaucoup de gens désiraient écouter ou suivre les leçons. Munis de leurs lettres-patentes enregistrées, ils crurent pouvoir sortir enfin du silence et de l'obscurité qui leur pesaient : l'ouverture des cours de leur collége se fit donc avec éclat. Mais aussitôt l'Université prétend qu'ils n'ont pas le droit d'enseigner; et l'on voit s'engager un procès qui à cette heure encore n'est pas jugé.

Charles IX régnait alors. Les Jésuites ont le talent de persuader à ce prince que l'Université n'est leur ennemie que parce qu'elle devine en eux les défenseurs et les vengeurs du catholicisme menacé! Charles IX était alors à Toulouse, où il s'était rendu pour apaiser des troubles, et où il s'occupait d'imposer à ses deux frères de nouveaux prénoms : il força en effet le duc d'Anjou à s'appeler Henri au lieu d'Alexandre, et le duc d'Alençon François au lieu d'Hercule. Et tandis que ce misérable prince s'efforce ainsi de rogner les ailes à l'ambition de ses frères, jusques dans leur nom, il laisse sa mère, la hideuse Catherine de Médicis, préparer l'effroyable nuit de la Saint-Barthélemy, et les Jésuites prendre pied sur le sol de la France.

Les Jésuites n'étaient pas encore assez bien établis, assez en vue, assez influents, pour qu'ils aient eu un rôle important à jouer dans le drame sanglant de la Saint-Barthélemy. On peut croire cependant que Catherine de Médicis ne se montra favorable à la Compagnie, et, malgré des conclusions contraires de l'avocat du roi, n'obtint pour eux du Parlement un arrêt qui ne préjugeait rien et qu'elle fit suivre d'un ordre royal permettant aux Révérends Pères d'enseigner par provision, on doit croire, disons-nous, que l'infernale Florentine ne se montra si bien disposée envers les Fils de saint Ignace que parce qu'elle se crut certaine de trouver en eux des limiers capables de lui rabattre le gibier humain qu'elle se préparait à courir. Les Jésuites ne professaient-ils pas déjà « qu'un hérétique ne devait attendre aucune grâce d'un catholique, l'hérétique fût-il le père, le catholique fût-il le fils?... » Oh! les noirs enfants de Loyola étaient dignes d'être les conseillers de Catherine de Médicis, comme celle-ci était bien digne de s'inspirer de pareils conseillers!...

Les Calvinistes, décidant la question, ont accusé les Jésuites d'avoir contribué aux massacres de la hideuse nuit. Suivant Mezeray, ce fut pour en tirer vengeance qu'un certain Jean de Sare, qui courait les mers comme amiral au service des princes, chefs du parti huguenot, s'étant emparé d'un galion portugais qu'une tempête avait écarté de la flotte des Indes, et ayant trouvé quarante Jésuites sur le navire, les fit jeter à la mer, en disant « qu'il avait pour coutume, un jour d'orage, d'alléger son bord de tout ce qui était inutile ou nuisible (1)!... »

Mais, nous le répétons, la bannière de saint Ignace apparaît à peine au sein des orages de cette époque sinistre. Ce n'est qu'au temps de la Ligue qu'on la voit se lever peu à peu et finir par dominer les bannières rivales. Alors Paris, Lyon, Bordeaux, Rouen, Marseille, et nombre d'autres villes moins importantes laissent les Jésuites s'établir dans leurs murs. Alors ils sont déjà si nombreux, si riches, si puissants sur la terre de France; leurs colléges, résidences, séminaires, Maisons de toutes sortes, y sont en si grand nombre, que le chef de la Compagnie juge à propos de diviser ce pays en plusieurs provinces jésuitiques.

Charles IX était mort, étouffé par les vapeurs du sang qu'il avait fait ou laissé couler à flots; on sait qu'il s'éteignit en suant son propre sang par tous les pores. Le trône de France est échu à Henri III, le fils de prédilection de Catherine de Médicis. Celle-ci, pour régner encore sous le nom du nouveau roi, a résolu de rendre si lourd le sceptre tombé à sa main débile, qu'il priera lui-même sa mère de l'en débarrasser. Afin de garder en main le gouvernail, elle excite et déchaîne tous les orages contre la nef royale, qui semble, à chaque instant, sur le point de sombrer. Cependant, le faible monarque, fermant les yeux pour ne point voir la foudre, se bouchant les oreilles pour ne point entendre ses éclats de plus en plus retentissants, s'endort bercé par l'indolence et les voluptés qu'interrompent parfois les actes d'un repentir bizarre, ces *capucinades* qui nous semblent si étranges au milieu d'une telle époque et qui pourtant y furent si communes (2).

(1) *Histoire de France*, par Mezeray, tome III, édit. in-fol. Nous profiterons de cette note pour donner à nos lecteurs une double étymologie du mot *Huguenot* qui reviendra plus d'une fois dans ce chapitre, telle que nous la trouvons dans De Thou :

Les protestants de France prétendaient qu'ils s'appelaient Huguenots parce qu'ils défendaient le trône et les descendants de *Hugues* Capet contre Rome et les Guises. Les catholiques, eux, faisaient venir ce nom de *Hugon*, lutin, revenant, loup-garou, fort connu à Tours, et qui galopait la nuit autour des murs de cette ville en faisant toutes sortes de méchancetés.

(2) On sait qu'Henri III aimait à représenter, en public, avec ses *mignons*, le mystère de la passion. Plusieurs seigneurs de haute illustration eurent la même manie. Ainsi, en 1588, Henri de Joyeuse se rendit de Paris à Chartres à la tête d'une confrérie

De telles circonstances devaient favoriser les projets des Jésuites. Ils embrassèrent le parti de la Ligue aussitôt qu'ils la virent redoutable. Le pape, qui avait d'abord hésité à se prononcer pour elle et lui avait même refusé un bref, en disant « qu'il ne voyait pas assez clair dans cette affaire, » avait fini par lui donner tout l'appui désirable. On sait que la Ligue fut dans l'origine une sorte d'union des catholiques faite à l'encontre des huguenots. Les Guise, s'en étant faits nommer les chefs, se servirent bientôt de cette arme pour lutter contre le roi, soit qu'ils voulussent le détrôner complétement au profit du chef des princes lorrains, soit qu'ils prétendissent seulement augmenter la richesse et la puissance de leur maison. Bientôt une lutte ouverte éclata entre Henri III et la Ligue. Les Jésuites de France prirent hautement parti pour celle-ci ; un d'eux, le Père Matthieu, fut même nommé le *Courrier* de la Ligue. C'était ce Révérend qui était chargé de la correspondance entre les Guises et le saint-père : il ne faisait qu'aller et venir de Paris à Rome. D'autres Jésuites ne montrèrent pas moins d'ardeur. Ceux de Bordeaux essayèrent de faire révolter cette ville contre le pouvoir du roi ; mais le maréchal de Matignon, gouverneur de la Guyenne, déjoua le complot, qui n'aboutit qu'à faire pendre quelques pauvres diables qui avouèrent, avant de mourir, qu'ils avaient

de pénitents qu'avait instituée le roi lui-même, et dont faisaient partie un président et plusieurs conseillers du parlement, des chanoines, des prélats, des capitaines, des magistrats municipaux. « A la tête de la procession, dit De Thou, paraissait un homme à grande barbe, sale et crasseux, couvert d'un cilice et portant, par dessus, un large baudrier d'où pendait un sabre recourbé, qui, d'une vieille trompette rouillée, tirait par intervalles quelques sons aigres... Après lui marchaient fièrement, avec des yeux et un air à faire peur, trois autres hommes aussi malpropres que le premier, ayant chacun en tête une marmite en guise de casque, et portant sur leur cilice une cotte de mailles et des gantelets, armés, outre cela, d'épieux et de hallebardes... Ces trois rodomonts traînaient après eux Joyeuse représentant le Christ, portant une couronne d'épines sur une perruque d'où semblaient découler sur son visage des gouttes de sang, et traînant une croix en carton sous le poids de laquelle il se laissait tomber de temps à autre en gémissant. A ses côtés, deux jeunes garçons représentaient la Vierge et la Madelaine, tout en pleurs. Quatre estafiers suivaient, tenant le bout des cordes dont était lié Joyeuse, et frappant celui-ci avec un bruit terrible avec de longs fouets, etc., etc. »

On se rappelle aussi les processions grotesques que firent les moines pour exciter Paris contre Henri de Navarre et les Huguenots. Nous verrons bientôt que les Jésuites se sont également servis de ces ridicules momeries, de ces *farces* scandaleuses.

été excités par les Jésuites, et qu'ils devaient s'emparer d'abord du gouverneur et le poignarder pour intimider la garnison. Le maréchal de Matignon, pour ne pas déshonorer le clergé, ou probablement pour ne pas augmenter sa haine contre le roi, se contenta de chasser de Bordeaux les Jésuites, qui se retirèrent à Périgueux et à Agen. A Toulouse, en 1589, les Jésuites excitèrent une révolte bien plus terrible contre l'autorité royale (1). Ce fut dans cette révolte que périt le premier président Duranti, magistrat intègre et vénérable. S'étant opposé constamment aux projets des conjurés, il fut par eux arrêté et jeté dans une prison. Bientôt la populace assemblée le demande à grands cris pour le tuer. « Voilà l'homme ! » dit un émissaire des Jésuites, en parodiant les paroles dont se servit Pilate pour livrer l'homme-Dieu à la rage des Juifs. Cependant, à la vue du premier président, les révoltés s'arrêtent, hésitent. Duranti, d'un air calme, leur demande « s'il est devant ses juges et quel crime il a commis. » Personne n'ose répondre. Mais, en ce moment, un furieux décharge à bout portant un pistolet dans la poitrine du premier président, qui reçoit à l'instant mille coups. La populace, retrouvant ses sanglants appétits, se jette sur le cadavre, le traîne par les rues, le déchire en lambeaux. Jean-Étienne Duranti, premier président du parlement de Toulouse, avait introduit les capucins dans la ville ; il les logea même et les nourrit jusqu'à ce qu'on leur eut bâti un couvent. Cependant son cadavre défiguré fut privé, pendant trois ans, des honneurs de la sépulture chrétienne et des prières pour les morts. Ce furent les Jésuites qui poussèrent la populace contre lui ; et c'était lui pourtant qui avait attiré les Jésuites à Toulouse !

Nous pourrions donner encore d'autres preuves du zèle que la Compagnie de Jésus déploya pour la sainte Ligue ; entre autres la conduite qu'elle tint à l'égard du Père Edme Auger, confesseur de Henri III. Ce Jésuite, chose rare dans son Ordre, croyait sa conscience engagée

---

(1) L'historien De Thou dit formellement, du moins dans son manuscrit qui existe à la Bibliothèque Royale, que ce furent les Jésuites qui excitèrent la révolte de Toulouse. Dans l'ouvrage imprimé de cet historien, les Jésuites ne sont désignés que par le titre de *nouveaux docteurs*.

à rester fidèle au royal pénitent, dont il n'avait qu'à se louer et qui d'ailleurs était son souverain. Il essaya même de rappeler à la fidélité envers leur roi des Français égarés par de mauvais conseillers, ou poussés par l'ambition. On comprend que cela criait vengeance. Les supérieurs du Père Auger l'éloignèrent de la cour, et il reçut l'ordre d'aller rendre compte de sa conduite au Général de sa Compagnie. Comme il se rendait à Rome, il fut arrêté en chemin, relégué à Venise, puis bientôt à Milan. Mais les fatigues et le chagrin empêchèrent le vieillard presque octogénaire de se rendre au dernier lieu d'exil. Il mourut à Cannes. L'historien Jésuite, le Père Joseph Jouvenci, n'a pu nier ce fait, qui doit éclairer suffisamment la conduite que tinrent les Jésuites en France, sous Henri III.

Cependant le désordre était à son comble dans ce royaume. Henri III, effrayé de la puissance de la Ligue et des projets de son chef, le duc de Guise, avait fait assassiner celui-ci à Blois. Ce meurtre ne fit qu'accélérer la chute du trône sur la pente fatale où les événements l'entraînaient. Henri III, effrayé, résolut de recourir aux huguenots et au roi de Navarre, leur chef, pour lutter contre la Ligue et les Espagnols. La réconciliation eut lieu; et Henri III, voulant se rouvrir les portes de Paris depuis longtemps fermées pour lui, était à Saint-Cloud, où les deux armées se préparaient à marcher sur la capitale, lorsqu'un moine jacobin assassina le roi. On sait que nous voulons parler de Jacques Clément.

Jacques Clément était né au village de Sorbonne, près de Sens, de parents fort pauvres. Il fut élevé par charité au couvent des Dominicains de cette dernière ville. Suivant De Thou et Mezeray, c'était une nature mauvaise et déréglée, portée à la paresse et au vice. D'autres historiens nous le représentent comme un sombre énergumène que son ascétisme poussait aux derniers degrés de l'exaltation religieuse. Quoi qu'il en soit, Jacques Clément forma le projet de tuer Henri III, que les prédicateurs en général, mais surtout ceux de la Société de Jésus [1], désignaient hautement aux coups des bons catholiques, en annonçant

---

[1] De Thou, *Histoire Universelle*, etc.

que l'Église sanctifiait le meurtre du *Néron-Sardanapale*, et que Dieu en récompenserait l'auteur. On assure, De Thou entre autres, que Jacques Clément, à l'instant où il conçut l'idée d'être le *Machabée* qui devait immoler l'impie Antiochus, comme disaient les prédicateurs de la Ligue, s'adressa au Père Bourgoing, prieur de son Ordre, dont il était regardé comme le plus savant, pour savoir « s'il pouvait en sûreté de conscience tuer Henri de Valois. » A cette question, le prieur des Dominicains répondit en riant « que lorsqu'on était capable de former de si hautes entreprises, on ne prenait conseil que de soi-même ! » Cependant, Clément ayant insisté à plusieurs reprises, son supérieur finit par lui donner cette réponse digne de remarque : « Si celui qui veut tuer Henri de Valois n'est porté à *cette action* ni par un sentiment de haine, ni par un motif de vengeance, mais seulement par un *pur amour de Dieu*, par un *vrai zèle* pour le bien de la religion et de l'État, il peut l'exécuter *sans péché* : *cette action* même peut être *très-méritoire* devant Dieu ; et son auteur, s'il meurt en l'exécutant, *peut compter d'aller droit au ciel!*..... »

Aussitôt après avoir reçu cette réponse, qu'on ne sait vraiment comment qualifier, Jacques Clément se disposa à exécuter *cette action si méritoire*. Pour avoir accès auprès du roi, il se fit présenter au premier président de Harlay et au comte de Brienne, partisans de Henri III, auxquels il sut persuader que ce serait rendre un grand service à leur maître que de lui donner les moyens de parvenir à Saint-Cloud et près du monarque. Le comte de Brienne, trompé comme le premier président par les mensonges adroitement formulés du moine jacobin, lui donna un passe-port, grâce auquel Jacques Clément, sortant aussitôt de Paris, essaya de franchir les lignes de l'armée royale. On était au 31 juillet de l'année 1589. Arrêté par une patrouille, il fut mis en liberté par Jacques de la Guesle, procureur-général, qui revenait de Paris, et qui, voyant le passe-port que le moine avait obtenu du comte de Brienne, dont l'effet fut sans doute adroitement augmenté par les paroles du moine, emmena Jacques Clément dans la maison qu'il habitait à Saint-Cloud, où il le fit souper et coucher. Le lendemain, 1ᵉʳ août, sur les sept heures, de la

Guesle conduisit le moine chez le roi. Henri III, malgré l'heure matinale, accorda sur-le-champ une audience réclamée par un moine; on sait quelle vénération Henri de Valois eut toujours pour la robe monacale : il en fut bien payé, comme on va le voir !...

Le roi était assis dans un fauteuil et s'entretenait avec deux de ses officiers, Montpesat de Lognac et Jean de Levis, baron de Mirepoix, lorsque le procureur-général de la Guesle introduisit Jacques Clément, qui eut l'audacieux sang-froid de bénir, sur sa demande, la victime sur la poitrine de laquelle son regard choisissait déjà la place où son bras allait frapper.

— Mon père, dit Henri III à Jacques Clément, vous venez, dites-vous, pour me donner un avis de grande importance?

— Oui, sire, répondit le moine d'une voix ferme. Cette lettre d'un de vos fidèles serviteurs doit vous prouver quelle confiance vous pouvez accorder à ma parole.

— C'est vraiment une lettre de notre cher et fidèle serviteur le comte de Brienne. Est-ce lui qui vous envoie vers nous?

— Non, majesté; c'est la volonté du ciel !

Henri se signa : « Eh bien ! continua-t-il, vénérable messager, dites-moi ce que vous avez à me dire. »

Jacques Clément croisa les bras comme en signe qu'il allait obéir à l'ordre de son souverain; mais, en réalité, ce mouvement avait pour but d'assurer le moine que le couteau qu'il avait placé tout ouvert dans la manche gauche de sa robe était toujours à sa place. En même temps, il désigna de l'œil à Henri III le procureur-général et les deux officiers, comme pour faire entendre que ce qu'il avait à dire ne devait être entendu que du roi. Ce dernier fit un signe à ses trois fidèles serviteurs. Montpesat et Levis se retirèrent jusqu'au fond de la pièce; de la Guesle, après avoir reculé de deux pas, resta appuyé à une petite table placée derrière le fauteuil du roi. Jacques Clément était demeuré impassible.

— Approchez-vous, mon père, dit alors Henri, tout en jetant un nouveau coup d'œil sur la lettre d'introduction du moine; vous pouvez parler : je vous écoute.

Jacques Clément s'approcha lentement, fixant sur sa victime le regard terrible et fascinateur avec lequel on dit que quelques reptiles enveloppent leur proie comme d'un invisible réseau ; sa main droite, par un geste ordinaire, se cachait dans la large manche gauche de sa robe. La figure du moine était cadavéreuse. Tout à coup comme une flaque de sang s'étendit sur sa pâleur livide ; ses narines se dilatèrent comme celles du tigre qui voit sa proie à portée. « Eh bien ? » demanda le roi sans relever les yeux. Le moine s'inclina comme pour obéir : puis, par un mouvement rapide, sa main droite tenant le couteau qu'elle avait saisi en frappa fortement le roi au bas-ventre. Henri poussa un cri, porta la main à l'endroit où il s'était senti atteint, rencontra le manche du couteau, et, arrachant l'arme de la blessure, en frappa le meurtrier au-dessus de l'œil gauche. En ce moment de la Guesle, s'élançant au cri du roi, faisait reculer le misérable moine en le frappant dans la poitrine du pommeau de son épée. Le baron de Mirepoix et le seigneur de Lognac, voyant le roi chanceler et tomber en criant qu'il était mort, tirèrent leurs épées, et, se précipitant sur le dominicain, lui passèrent leurs deux épées à la fois dans la poitrine. Jacques Clément n'essaya ni de fuir, ni de se défendre. Après avoir frappé le roi, il s'était froidement croisé les bras sur la poitrine. Renversé par de la Guesle, percé de coups par Montpesat et Levis, il ne jeta pas un cri, et continua de tenir arrêtée sur sa victime la flamme infernale de son regard qui s'éteignit tout à coup sous un flot de sang. Jacques Clément était mort. Ce fut à son cadavre qu'on demanda compte du crime : on lui fit son procès, on le condamna ; on le tira à quatre chevaux ; on le brûla et on en jeta la cendre à la Seine. Mais le roi mourait dans la nuit même qui suivit l'assassinat (1).

Nous devons dire maintenant sur qui doit peser la responsabilité de ce crime.

On a accusé les Jésuites d'avoir excité Jacques Clément à commettre son crime. Les écrivains de la Compagnie, répondant à l'accusation, ont fait remarquer que le coupable était un moine jacobin et non pas

---

(1) Voyez De Thou, livre XCVI de son *Histoire universelle*.

Assassinat de Henry III

un Jésuite ; et c'est une réponse assez plausible. D'un autre côté, Mézeray, De Thou et la plupart des historiens désintéressés dans la question ont cru devoir généraliser l'accusation et l'étendre sur tout le clergé de l'époque. Il est constant que les moines et les prêtres avaient, par leurs prédications séditieuses, par leurs écrits incendiaires, depuis longtemps forgé et aiguisé le couteau qui frappa Henri III. L'attentat de Jacques Clément fut publiquement et solennellement glorifié, exalté dans les églises. Le pape Sixte-Quint lui-même ne rougit pas d'en faire l'éloge. Le successeur de saint Pierre, oubliant les préceptes du divin Rédempteur dont il se proclame le vicaire et le représentant, ne craignit pas de faire l'éloge de l'assassin, qu'il compara à Judith, à Éléazar. Encouragé par l'exemple odieux du chef de l'Église, le clergé français séculier et régulier fit de Clément un saint et un martyr qui eut ses statues, ses chapelles, ses prières et ses dévots.

L'ambition des Guise a aussi été chargée du crime commis par la main de Jacques Clément.

La duchesse de Montpensier, pour décider le féroce Jacobin, lui aurait, assurent quelques écrivains, promis la richesse et les honneurs ; on a été jusqu'à dire que cette princesse de la maison de Lorraine, croyant deviner dans la figure de Jacques Clément un dernier moyen de le pousser au crime, n'avait pas craint de se prostituer à lui!...

Il paraît constant, du moins, qu'avant de se diriger sur Saint-Cloud pour exécuter son sinistre projet, Clément eu une entrevue avec le duc de Mayenne, alors devenu chef de la Ligue. S'ouvrit-il à lui sur le crime qu'il allait commettre, c'est ce qu'on ne peut affirmer ; seulement, il est à remarquer que, la veille de l'assassinat d'Henri III, le duc fit arrêter et conduire en prison une centaine des principaux bourgeois de Paris, regardés comme partisans du roi. On a cru que ceux-ci devaient servir d'otages dans le cas où Jacques Clément serait arrêté sans avoir pu s'acquitter de sa sanglante mission.

De son côté, le duc de Mayenne (1), dans les lettres qu'il se hâta d'expédier de tous côtés après la mort d'Henri III, essaya de laisser

---

(1) *Mémoires de Nevers*, tome II.

peser toute la responsabilité du crime sur son auteur et sur les confrères de son auteur. Il parla du conseil que Clément avait demandé au prieur de son couvent et de la manière dont ce conseil lui avait été donné. Il fit constater que l'assassin avait depuis si longtemps conçu l'idée de son crime et s'en cachait si peu, qu'à force de l'entendre parler des coups d'épée et de poignard dont il menaçait le roi, les confrères du Jacobin avaient fini par l'appeler « capitaine Clément. »

Après avoir débattu et pesé ces diverses opinions, après nous être inspiré des écrits du temps et des pièces du procès, nous pensons, comme De Thou, que les Jésuites n'eurent qu'une part de complicité dans l'attentat de Jacques Clément. Ce ne fut pas un membre de leur Ordre qui porta le coup : ceci est vrai ; mais leurs menées, leurs conseils, leurs intrigues, ne laissèrent pas que d'avoir un certain degré d'action sur le meurtrier. Pendant tout le temps de la Ligue, les Révérends Pères se distinguèrent par un zèle ardent, mis au service des Guise ou du roi d'Espagne. Outre le Père Matthieu, ce *courrier* de la Ligue, ils eurent encore le Père Pigena, qu'on en avait surnommé le *Trompette* ; le Père *Saumier*, qui en était le *directeur* ; le Père Commolet, qui s'en nommait le *premier prédicateur* !.. En diverses villes du royaume, ils poussèrent à la révolte contre l'autorité d'Henri III ; ils sollicitèrent vivement le pape de déclarer les Français déliés de leur fidélité envers ce prince. Ils demandèrent qu'il fût excommunié. Or, d'après les étranges doctrines que ces *nouveaux docteurs*, comme les appelle l'édition corrigée de De Thou, commençaient à répandre en France, un roi hérétique ou désobéissant aux ordres du saint Père, n'était plus un roi, et l'on pouvait lui courir sus et le tuer *comme un loup et un chien enragé*. L'historien que nous venons de citer nous apprend même que leurs confesseurs agissaient vivement sur l'esprit de leurs pénitents et se servaient de l'influence du saint ministère pour leur inculquer leur haine contre Henri III (1) ; ils leur faisaient même un point de conscience de la révolte !

A Toulouse, où les Jésuites étaient tout-puissants, ils firent décréter

(1) De Thou, règne de Henri III, livre XCVI, pages 511 et 553 de l'édition de 1734 (traduction française) ; voyez aussi les corrections et additions de la fin du tome X.

par le parlement des prières publiques, réjouissances et processions à l'occasion de la mort d'Henri III.

On a vu comment ils firent égorger le premier président Duranti, qui était pourtant leur bienfaiteur. Henri de Valois était pour eux un ennemi, surtout lorsqu'ils le virent faire alliance avec le Béarnais hérétique. On peut donc croire qu'ils furent loin de s'opposer à l'attentat de Jacques Clément, s'ils en furent instruits, ce qui est présumable. Plusieurs écrivains Jésuites, tout en défendant leur Compagnie d'avoir conduit le poignard qui frappa Henri III, ont essayé de justifier son assassin. Leur fameux Père Mariana, entre autres, rappelant le crime du Jacobin, qu'il qualifie d'*exploit insigne et merveilleux*, osa bien écrire qu'il regardait Jacques Clément comme l'*honneur* de la France! Nous verrons d'ailleurs bientôt, au sujet d'un autre exploit insigne et merveilleux, dû en entier cette fois à la noire Compagnie et exécuté par un de ses enfants, que les Jésuites ne regrettèrent qu'une chose en voyant couler le sang du roi Henri III, c'est que le même coup n'eût pas tari tout le sang royal de France. Et cette preuve qui doit paraître décisive, à laquelle les Révérends Pères ne peuvent opposer aucune réfutation solide, c'est un Jésuite qui nous la fournira!

De ce que nous venons de rapporter, on peut conclure :

Que si c'est la main d'un moine Jacobin qui a frappé Henri de Valois, les Jésuites du moins firent tout ce qui était en leur pouvoir pour amener ce crime.

Et que si le froc des moines de Saint-Dominique, à la sinistre appellation, reste en définitive teint du flot de sang versé par Jacques Clément, — *ce glorieux jeune homme!* — la robe noire des Jésuites doit bien, pour sa part, en garder quelques éclaboussures!

Henri III fut un triste roi, un mauvais prince, comme toute la portée de la louve florentine. Il prit une part odieuse aux massacres de la Saint-Barthélemy. On connaît sa vie de débauches, interrompues soudain par des pénitences burlesques. Mais il professa toujours un grand respect pour la religion chrétienne et le dogme catholique, jusque-là que, sur son lit de mort, il déclarait se soumettre humblement aux volontés du pape, de sa sainteté Sixte-Quint, qui l'avait anathématisé et qui allait faire l'éloge de son meurtrier. Mais enfin, mais surtout, ce n'étaient pas des mains consacrées au service de Dieu qui devaient le frapper, s'il devait être frappé!

Telle est, sur l'assassinat de ce prince et sur la part qui doit en être attribuée aux enfants de Loyola, notre opinion sincère et appuyée sur de consciencieuses recherches historiques.

Les Jésuites profitèrent des troubles affreux qui déchirèrent alors la France pour s'introduire et s'établir sur toute la surface de ce royaume agité par mille factions; comme la tempête qui abat les murs d'un édifice fournit ainsi un passage aux loups et aux reptiles. Du vivant d'Henri III, ils avaient semblé faire cause commune avec les princes Lorrains; mais, après l'assassinat de ce prince, ils séparèrent à peu près leur cause de celle du duc de Mayenne et de la portion de Ligueurs qui reconnaissait ce dernier pour chef. A la mort du dernier roi de la race des Valois, la couronne de France revenait de droit au roi de Navarre, qui s'appela dès lors Henri IV. Les Ligueurs prétendaient que ce prince, qui avait renoncé à la foi catholique, après l'avoir embrassée pour échapper aux massacres de la Saint-Barthélemy, avait par ce seul fait perdu ses droits au trône. Un hérétique et un relaps ne pouvait, disaient-ils, porter le titre de majesté très-chrétienne et de fils aîné de l'Église. En outre, ils opposaient aux droits du roi de Navarre, les foudres pontificales lancées sur le chrétien, les arrêts de la Sorbonne et des parlements qui frappaient le prétendant. D'accord pour exclure du trône de France le roi de Navarre, les Ligueurs ne l'étaient plus du tout lorsqu'il s'agissait de nommer quelqu'un pour lui succéder. Le duc de Mayenne et sa puissante famille avaient bonne envie de remplacer la maison éteinte des Valois par celle de Lorraine. Bon nombre de seigneurs français se ralliaient à ce parti, espérant que dans le manteau royal, trop grand pour un prince lorrain, ils pourraient se tailler de petites souverainetés. Ce parti était donc surtout celui de la noblesse. La bourgeoisie, surtout celle de Paris, habituée depuis longtemps à une importance réelle, à une puissance capable de lutter contre celle du roi lui-même, penchait, en général, vers une république à la forme oligarchique, qui lui semblait devoir conserver entre ses mains ce pouvoir à l'exercice duquel elle s'accrochait de toutes ses forces.

Un troisième parti était celui du roi d'Espagne, qui prétendait faire valoir à la couronne de France des droits plus que douteux ; mais qui n'en était pas moins chef d'un parti puissant, grâce à l'argent qu'il semait abondamment, semence toujours d'un grand effet et qui lui faisait récolter peu à peu des partisans dans les deux autres partis dont les chefs étaient obligés de le ménager. La faction des Seize (1), qui dirigeait le parti populaire parisien, avait même fini par se dévouer à peu près entièrement au roi d'Espagne. Ce fut à ce dernier parti que s'attachèrent les Jésuites. Quoique paraissant agir de concert avec les princes lorrains, ils ne travaillèrent en réalité que pour le roi d'Espagne, leur protecteur, dont ils payèrent le bon vouloir en lui facilitant la conquête du Portugal, et en essayant de lui livrer la France. Au nom du roi, son maître, l'ambassadeur d'Henri IV auprès des princes allemands accusa nettement les Révérends Pères d'intriguer de toutes leurs forces pour les Espagnols qui en avaient fait leurs émissaires (2). Il paraît en effet constant que les Jésuites se consacrèrent aux intérêts de Philippe II, soit par reconnaissance, soit par calcul. Il est évident que le roi d'Espagne, devenant roi de France, eût laissé les bons Pères prendre leur part, une belle part, à cette splendide curée. Nous allons les voir tout à l'heure donner une preuve et des plus fortes de leur dévouement au roi d'Espagne, c'est-à-dire à leur propre cause, et de leur haine contre l'heureux Béarnais qui dérangea tous leurs plans. En attendant, on les vit prendre part à tous les mouvements qui éclatèrent alors en cent endroits.

Ici, il nous semble utile de faire remarquer que les Jésuites en se rangeant du côté des Espagnols semblent s'être assez peu souciés de savoir s'ils faisaient, par là, quelque chose de désagréable pour le pape, que les Espagnols, en effet, ménagèrent fort peu. Sixte-Quint s'était

---

(1) On l'appelait ainsi parce que seize de ses membres commandaient les seize quartiers de Paris.

(2) Voyez l'histoire de J. A. De Thou, livre CI. L'ambassadeur était le vicomte de Turenne ; et c'est dans un discours adressé à l'électeur de Saxe qu'il formule contre la Compagnie de Jésus l'accusation recueillie par De Thou et par beaucoup d'autres historiens.

montré bien disposé pour les princes lorrains; Philippe II eut quelquefois à se plaindre du peu d'égards que ce pontife faisait de ses représentations à ce sujet. Des quadruples d'Espagne payèrent donc bon nombre de libelles diffamatoires qui furent lancés contre Sixte-Quint pendant sa vie et même après sa mort. Dans son manuscrit, De Thou affirme avoir eu entre les mains un de ces libelles, dans lequel, à la suite d'autres accusations injurieuses, on disait que ce pape était un misérable sorcier. On fournissait la preuve de cette étrange accusation en ajoutant que Sixte-Quint, en échange de son âme et de son corps vendus au diable, avait obtenu de celui-ci six années de pontificat. Cependant il mourut au bout de la cinquième. Et, comme à l'instant de sa mort il vit Satan arriver pour emporter sa proie, il s'emporta fort contre sa mauvaise foi et lui démontra que le terme dont ils étaient convenus n'était pas échu. A ceci, continuait le libelle, l'esprit malin, qui prouva cette fois son droit à ce titre, objecta gravement au malheureux pape, « que ce n'était pas sa faute, à lui, Satan, s'il ne laissait pas jouir le successeur de saint Pierre de la sixième année, mais que cette année, Sixte-Quint lui-même avait jugé à propos d'en disposer au profit d'une vengeance.

— Comment cela? demandait le moribond fort surpris.

— Par mes cornes et mon pied fourchu, rien de plus simple, Saint-Père! Ne vous souvient-il plus qu'au commencement de votre pontificat vous fîtes condamner à mort un jeune seigneur d'une famille patricienne de Rome, dont vous aviez à vous plaindre?

— Si fait. Eh bien, Satan?

— Eh bien, Saint-Père, comme le condamné vous observait « que la condamnation ne pouvait l'atteindre, attendu que les lois défendaient d'appliquer la peine de mort à moins d'un certain âge, et que cet âge, il s'en fallait d'un an qu'il l'eût atteint, » vous vous écriâtes — fort spirituellement, foi de Satan! — que vous lui donniez une des années de votre vie pour compléter le nombre des siennes voulu par les lois... Et le jeune homme fut pendu. — Venez lui demander si tout ce que je viens de vous dire n'est pas exact?... »

Là-dessus, le diable emportait le pape, en riant de telle sorte qu'il fit chanceler, comme un roseau sous un coup de l'aile puissante de l'aquilon, un obélisque que Sixte-Quint avait fait élever par Fontana.

Nous n'avons rapporté cette anecdote que pour montrer qu'en se rangeant en France du côté des Espagnols les enfants de Loyola semblaient donner un démenti au dévouement d'apparat dont ils se prétendaient animés pour le chef de l'Église catholique.

Henri IV, cependant, soutenu par les Huguenots et par la plus grande partie des seigneurs, officiers et magistrats catholiques restés fidèles au malheureux Henri de Valois, voulut profiter de la confusion qui régnait parmi ses ennemis, dont les ambitions étaient alors aux prises, entre elles, au pied du trône vide. Pour n'être pas accablées par leur actif antagoniste, les diverses fractions de la Ligue se rapprochèrent, et, comme aucune d'elles ne se croyait prête à lever le masque et à dévoiler ses ambitieuses visées, elles convinrent de se donner un drapeau qui les rallierait pour le moment, et qu'elles pourraient jeter de côté lorsque l'heure serait venue de procéder à un partage où chacune d'elles espérait bien n'accorder aux autres que les miettes du magnifique festin de la royauté française. La Ligue reconnut donc solennellement, pour roi de France et légitime successeur d'Henri III, un pauvre vieillard sans énergie et sans valeur, le cardinal de Bourbon, alors prisonnier. Le parlement de Paris, par un arrêt solennel du 21 novembre 1589, adjugea la couronne de France à ce mannequin de roi, qui fut proclamé sous le nom de Charles X. Le cardinal Gaëtano, légat du pape en France, et qui avait reçu, à cette occasion, du souverain pontife permission *de bâtir et d'abattre, de planter et d'arracher*, consacra la prétendue royauté du cardinal de Bourbon, en apparence; en réalité il ne voulait que consacrer l'omnipotence papale et son droit à disposer des couronnes. On trouve, dans De Thou, une particularité qui mérite d'être signalée à ce sujet. Au parlement, le légat voulut prendre place sous le dais réservé au roi et où personne n'était assis, le pauvre Charles X étant toujours prisonnier d'Henri IV. Il fallut que le président Brisson prît l'Éminence italienne par le bras pour l'empêcher de s'asseoir sous le dais royal.

Le roi d'Espagne reconnut également la royauté risible du cardinal de Bourbon dans un manifeste où il engageait les seigneurs catholiques à délivrer d'abord la terre de France des hérétiques, afin de pouvoir ensuite aller chasser les infidèles de la Terre-Sainte. Nous ne savons si c'était sérieusement que Philippe II faisait cette dernière proposition à la noblesse française ; mais certainement il eût été mis grandement à l'aise s'il l'avait vue acceptée.

Henri IV répondit à tout cela par une série de conquêtes que termina triomphalement la bataille d'Ivry, où le duc de Mayenne fut battu à plates coutures. Bientôt même Paris voit le Béarnais triomphant arriver devant ses murs. Le duc de Parme, général de Philippe II, fit lever le siége. Le cardinal Gaëtano, afin d'arrêter les progrès d'Henri IV, avait essayé, par le conseil des Jésuites, de détacher de son parti les principaux seigneurs catholiques qui s'étaient déclarés pour lui après la mort d'Henri de Valois. Le prince de l'Église eut même une entrevue avec le maréchal de Biron, au château de Noisy, appartenant au duc de Retz. Le maréchal n'ayant pas répondu aux avances du rusé prélat italien, celui-ci essaya de se rabattre sur des officiers de moindre importance dans l'armée royale. On raconte que ceci donna lieu à une scène assez plaisante. Le cardinal Gaëtano fit force caresses à un brave capitaine nommé Givry ; il loua son mérite ; vanta ses hauts faits, en regrettant qu'il les mît au service d'une mauvaise cause. Givry répondit humblement qu'il ne voyait, pour le moment, aucun remède à cela. — Du moins, insista le cardinal, si vous ne vous amendez pas comme soldat, vous pouvez vous amender comme chrétien ! Et il lui fit entendre que, s'il implorait son pardon, à ce point de vue, lui, légat du pape, ne demandait pas mieux que de le lui accorder. Alors Givry, toujours avec un air de grande componction, se jette aux genoux du cardinal, et demande pardon au représentant du Saint-Père pour tout ce qu'il a fait contre la volonté de ce dernier. « Et même, ajoute le capitaine royaliste, afin de profiter de l'occasion, votre Éminence fera bien de m'accorder tout d'un coup l'absolution pour l'avenir comme pour le passé, car je suis résolu à faire ce que j'ai fait, et cent fois pire encore ! » La déconvenue du légat fit beaucoup rire à ses dépens.

On sait comment Henri IV, afin d'ôter tout prétexte à la Ligue, et jugeant que Paris valait bien une *messe*, abjura solennellement la religion protestante à Saint-Denis, en l'année 1593, et redevint enfant de l'Église romaine. Les seigneurs catholiques commencèrent dès lors à se déclarer pour lui, moins peut-être à cause de l'abjuration du roi qu'en raison de la fortune qui suivait constamment ses drapeaux, et, surtout, des bonnes compositions qu'ils en obtenaient. La discorde régnait entre les *Seize*, dévoués au roi d'Espagne, et le duc de Mayenne, qui en fit même pendre un certain nombre. Les partis se fatiguaient; les haines s'affaiblissaient; les ambitions, repues ou sûres de l'être, s'endormaient; le peuple, toujours écrasé au milieu de ces débats, appelait de ses vœux leur terme, quel que fût le moyen qui servît à l'amener. Des conférences s'étaient même établies à Pontoise et en d'autres endroits, ensuite pour la paix générale. La faction espagnole vit que c'en était fait d'elle si quelque événement fortuit ne venait à son aide. Les Jésuites se chargèrent de faire naître et d'amener cet événement. On devine que nous voulons parler de Barrière, et du premier de ces assassins qui se ruèrent sur Henri IV, les uns après les autres, poussés par une influence occulte et vraiment effroyable.

Dans les premiers jours de l'été de 1593, un homme de vingt-neuf à trente ans, qu'à son justaucorps de buffle usé on pouvait prendre pour un ancien soldat, entra dans une église de Lyon, ville où commandaient les ligueurs. Un Capucin qui jouissait alors d'une assez grande réputation de prédicateur allait prononcer un sermon. Le Capucin monta en chaire. Sa prédication tout entière ne fut qu'un long plaidoyer pour le pape et la Ligue, contre Henri de Navarre et les huguenots. Un observateur attentif eût pu apercevoir parmi les auditeurs du Capucin un homme qui semblait suivre avec une contention d'esprit singulière l'argumentation factieuse et les sophismes meurtriers du pieux énergumène. Cet homme était celui que nous venons de voir entrer dans l'église, vêtu d'un vieux justaucorps de buffle. Parfois, lorsque l'éloquence du Capucin tournait à la fureur, on eût pu voir dans les yeux de cet homme passer comme une flamme sanglante. A un certain moment, le prédicateur ayant fait un appel « aux véritables enfants de l'Église catholique qui devaient accourir autour de leur mère menacée, » l'homme au justaucorps de buffle se leva tout droit ; et, comme il était peu éloigné de la chaire, un coup d'œil fut échangé entre le prédicateur et celui de ses auditeurs que le sermon semblait tellement impressionner (1).

Lorsque le sermon fut fini, cet homme s'approcha d'un prêtre qui paraissait occuper une des premières places dans le clergé lyonnais, et lui demanda de vouloir bien l'entendre en confession. L'ecclésiastique, qui était un grand-vicaire de l'archevêque, pâlit en regardant celui qui lui faisait cette demande, et, s'excusant sur des devoirs impérieux, se hâta de s'esquiver. L'homme au justaucorps de buffle le suivit d'un regard plein d'une amère ironie. Puis, voyant alors passer un moine Dominicain, devant lequel la foule s'écartait avec respect, il renouvela auprès de lui la demande qu'il venait d'adresser au grand-vicaire.

— Mon fils, dit le moine, je ne puis en ce moment vous accorder votre demande. Ne pouvez-vous attendre à demain ?

— Demain, mon Père, répliqua d'une voix creuse l'homme au justaucorps de buffle, qui sait où je serai demain ? Demain il ne sera plus temps !

Il y avait dans ces mots une intention si profonde, une énergie si désespérée, que le Dominicain, après avoir considéré cet homme quelques instants en silence, répondit « qu'il lui fallait absolument retourner à sa demeure, où il avait donné un rendez-vous qu'il n'était pas possible de remettre ; mais qu'il pouvait, chez lui aussi bien qu'à l'église, aider, avec la grâce de Dieu, à décharger de son fardeau une âme qui paraissait si impatiente d'en alléger le poids. « Suivez-moi donc, mon fils ! » ajouta le moine, qui se dirigea sur-le-champ vers sa demeure, suivi de l'homme au justaucorps de buffle.

Que se passa-t-il entre eux ? Quelque chose de bien terrible assuré-

---

(1) Nous croyons devoir avertir ici le lecteur que tous les détails que nous donnons sont conformes aux aveux de Barrière et aux pièces de son procès ; la forme nous appartient plus ou moins, le fond appartient à l'histoire. Nous avons toujours procédé, nous procéderons toujours ainsi : nous essayons parfois d'orner la vérité ; la déguiser ou la voiler, jamais. On peut voir aussi, relativement à Barrière, De Thou, *Histoire universelle*, livre CVII.

ment ; car lorsque la personne attendue par le Dominicain fut arrivée, elle trouva le moine, pâle, tremblant, et semblable à un homme auprès duquel la foudre vient de tomber. L'homme au justaucorps de buffle s'éloignait en ce moment, après s'être incliné pour recevoir une bénédiction que la main du moine, paralysée par une commotion intérieure et terrible, ne put achever.

— A demain donc, mon Père ! dit cet homme en sortant.

— Monseigneur, fit le Dominicain, en s'adressant à la personne qui venait d'entrer, monseigneur, avez-vous bien regardé cet homme ? Pouvez-vous me dire que vous êtes sûr de le reconnaître si vous le revoyez jamais ?

— Pourquoi me demandez-vous cela, Père Séraphin, et surtout de ce ton ? demanda l'arrivant avec surprise.

— Répondez, monseigneur, je vous en supplie !

— Mordieu ! — pardon, mon Père ! — mais je crois que je puis jurer de reconnaître votre pénitent, si jamais nous nous retrouvons face à face, comme tout à l'heure. Le drôle a une figure assez remarquable ! Quel air patibulaire !... La confession d'un tel futur gland de potence est bien capable de causer au confesseur qui la reçoit le trouble où vous me semblez être, mon Père !

— Écoutez-moi, monseigneur, continua le moine, qui était un Dominicain de Florence, nommé le Père Séraphin Barchi, envoyé, disait-on, en France par Ferdinand, grand-duc de Toscane, comme son agent, écoutez-moi bien ; ce que j'ai à vous dire est grave, vous allez bientôt le comprendre ! Cet homme qui vient de sortir est né à Orléans, où il exerça d'abord la profession de batelier ; s'étant fait ensuite soldat, il fut chargé par le feu duc de Guise de délivrer la reine Marguerite, femme du roi de Navarre, à présent roi de France, de la captivité à laquelle la condamnait le roi son frère. Cet homme, dont l'audace est extrême, réussit dans sa mission, pendant laquelle il devint amoureux d'une fille fort belle qui est au service de la reine Marguerite. Toute passion chez cet homme doit être d'une effrayante énergie. Pour posséder la femme qu'il aime, il ne reculerait devant rien. Or, j'ai cru deviner qu'on lui a fait entrevoir que la mort d'Henri IV, en donnant le pouvoir à la reine Marguerite, permettrait à celle-ci de récompenser dignement l'homme qui l'a délivrée. Peut-être me suis-je trompé sur le motif qui pousse cet homme; mais je ne puis me méprendre sur le projet qu'il a formé et qu'il vient de me révéler après l'avoir confessé successivement à un grand-vicaire de l'archevêque de Lyon, à deux prêtres du même clergé, à un Carme, à un Capucin, qui, — cela est terrible à dire! — ne me semblent pas avoir essayé de détourner cet homme de la résolution qu'il a prise. Cette résolution, monseigneur, savez-vous quelle elle est pourtant? C'est de tuer le roi Henri de Navarre, Henri IV de France!...

— Le misérable!... Et son nom, mon Père?

— Il s'appelle Pierre Barrière, ou La Barre.

— Vous a-t-il dit quand il avait résolu de se mettre à son œuvre soufflée par l'enfer?

— Aujourd'hui même, m'a-t-il dit, il part pour Paris, où quelqu'un, qu'il ne m'a pas nommé, l'a adressé à des religieux dont les conseils, — il faut le demander à Dieu! — auront peut-être plus d'empire sur ce malheureux, que les timides et hésitantes représentations que j'ai essayé de lui faire.

— Quels sont ces religieux, Père Séraphin?

— Des membres de la Compagnie de Jésus, mon fils, répondit à cette question le Père Barchi, qui en faisant sa réponse regarda fixement son interlocuteur.

— Oh! alors, il n'y a pas un instant à perdre! se récria ce dernier, qui était un gentilhomme de la maison de la reine Louise, veuve du roi Henri III, et fort attaché au Béarnais, quoique catholique. Adieu, mon Père, je pars; priez Dieu que j'arrive à temps!

Brancaleone, tel était le nom de ce gentilhomme, monta aussitôt à cheval, courut à Nevers, où il raconta au duc de ce nom, qui avait abandonné le parti de la Ligue, tout ce qu'il venait d'apprendre, et le pria de lui prêter son aide pour qu'il pût arriver jusqu'au roi menacé. Le duc s'y prêta de bonne grâce, lui promit de fournir sa rançon s'il était pris par les ligueurs : on ajoute même qu'il fit faire, sur les indications de Brancaleone, un portrait de Barrière qu'un homme à lui partit pour aller remettre à Henri IV, avec une lettre servant d'explication, dans la crainte que Brancaleone ne pût arriver jusqu'au roi. Ce gentilhomme éprouva, en effet, tant d'obstacles sur sa route, qu'il se passa un temps considérable avant qu'il pût joindre le Béarnais.

Cependant Barrière, parti de Lyon, était arrivé à Paris, cheminant assez vite, quoique à pied, éperonné qu'il était par son projet de meurtre. Il s'en fut d'abord chez le curé de l'église de Saint-André-des-Arts, déterminé ligueur du parti des Guise. Il paraît qu'en route Barrière avait réfléchi qu'Henri IV s'étant fait catholique, les foudres qu'il savait dirigées contre lui par l'Église avaient peut-être dû s'éteindre. Christophe Aubry, le curé de Saint-André-des-Arts, essaya de lui prouver que le Béarnais n'était catholique que de nom. Cependant, les scrupules de Barrière, qui s'élevaient avec d'autant plus de force que ce misérable se voyait plus près du moment d'agir, ne furent pas entièrement calmés ; et le curé Aubry crut devoir mener l'assassin à la Maison des Jésuites, se croyant sûr probablement que, là, toutes ses hésitations seraient mises à néant. Le recteur du collège des Jésuites, le Père Antoine Varade, réussit en effet à faire taire les remords ou les craintes de Barrière ; ce dernier fut confessé par un autre Père de la même Compagnie et communia de ses mains, qui donnèrent ainsi *le pain de vie* à cet homme qui formait un projet de mort.

En sortant de la Maison des Jésuites, Barrière s'en fut acheter un couteau qu'il aiguisa longtemps et si bien, tandis qu'il marmottait quelques *Pater* et *Ave* qu'on lui avait imposés pour pénitence, qu'il lui donna un double tranchant et en fit ainsi une arme excessivement meurtrière. Puis, le meurtrier s'informa tranquillement du lieu où se trouvait le roi. Il apprit qu'Henri IV était alors à Saint-Denis. Il y alla, et put même se trouver sur le passage du prince lorsqu'il sortait de la grande église. Barrière a avoué que, s'étant avancé pour exécuter son crime en ce moment, il fut retenu par une secrète et inconcevable émotion. « Il me sembla, disait-il, que j'étais ceint d'une corde qu'un bras puissant tirait en arrière, quand je voulais aller en avant ! » Henri IV quitta Saint-Denis, et s'en fut à Gournay, puis à Crécy, à Champ-sur-Marne, à Brie-Comte-Robert, et de ce dernier endroit à

Melun. Barrière le suivit constamment, aiguisant toujours son couteau, se préparant à s'en servir, et s'accusant de ne pas l'avoir fait encore. Il eut en effet, dit-on, dans ce voyage, pour se jeter sur sa victime comme le tigre sur sa proie, plusieurs occasions favorables dont il ne profita pas. Cependant, le roi s'occupait de plans pour la restauration du château de Fontainebleau, ne se doutant pas que la maison de Bourbon menaçait ruine dès l'instant où elle s'établissait sur le sol de France, ou chassait joyeusement, ignorant que la mort planait sur sa tête, en même temps que son faucon royal sur le héron.

Profitant de cette confiance, ainsi que de la facilité qu'on avait d'approcher du roi, Barrière résolut enfin de saisir le premier moment favorable pour le tuer. « Ce sera pour aujourd'hui, » se dit-il, un matin, en passant le doigt sur la pointe acérée de son couteau; puis, il se mit en marche pour accomplir son crime. Mais en ce moment, Brancaleone, enfin arrivé à Melun, dénonçait Barrière, qui fut arrêté par les archers du grand-prévôt de la maison du roi, le 26 août 1593.

L'assassin commença par nier hautement tout ce dont on l'accusait. Mais ayant été confronté avec Brancaleone, ayant reconnu ce dernier pour l'avoir rencontré à Lyon chez le Père Séraphin Barchi, et l'entendant dévoiler la confession qu'il avait faite au Dominicain, il avoua qu'il s'était, en effet, rendu à Lyon pour consulter différents ecclésiastiques sur le projet qu'il avait alors réellement formé d'assassiner le roi, et qu'il s'était adressé au grand-vicaire de l'archevêque, à deux simples prêtres, à un Carme et à un Capucin; mais que, sur les conseils de ceux-ci, et apprenant ensuite qu'Henri IV était revenu à la religion catholique, il avait renoncé à son projet. L'accusé ajouta que, pour expier son crime d'intention, il avait résolu de se faire Capucin; et que telle était la raison pour laquelle il s'était rendu à Paris; qu'ayant été renvoyé alors à Orléans, lieu de sa naissance, il avait suivi la même route que le roi parce que c'était aussi la sienne.

Comme on lui demanda alors pourquoi, lorsqu'on l'avait arrêté, il portait sur lui un couteau à deux tranchants et si bien acéré, il jura que c'était à force de servir que ce couteau était devenu si coupant, si bien aiguisé. Mais cette défense, d'ailleurs souvent détruite par des allégations contraires et des demi-aveux, fut formellement démentie par la déposition de Brancaleone et par les informatious prises sur la conduite de Barrière, depuis son départ de Lyon. L'accusé fut condamné à mort, et entendit son arrêt en vomissant mille imprécations contre tous les hérétiques et contre ses juges, qu'il appelait ses bourreaux. Le supplice du misérable fut remis au lendemain, parce qu'on voulait interroger le curé de Brie-Comte-Robert, qui avait confessé récemment Barrière et l'avait fait communier. Ce prêtre refusa de répondre, alléguant qu'il ne pouvait violer le secret du confessionnal. Pendant la nuit, un moine Dominicain, nommé Olivier Beringer, constant et zélé partisan du Béarnais, fut envoyé dans la prison du condamné, s'efforça de lui faire comprendre toute l'énormité de son crime, et lui déclara que s'il ne s'en repentait pas, la damnation éternelle l'attendait. Barrière, dès lors, parut ébranlé. Mais, lorsque, d'après sa sentence, il vit qu'on allait l'appliquer à la question pour qu'il nommât ses complices, il déclara qu'il était prêt à tout avouer.

« Je reconnais mon crime, dit-il alors, et je suis content à cette heure de n'avoir pu l'accomplir ; j'en maudis la seule pensée, comme je maudis ceux qui m'en ont fait concevoir l'idée, ceux qui m'en ont conseillé et facilité l'exécution, ceux qui m'y poussaient en m'assurant que, si je mourais dans l'entreprise, mon âme, enlevée par les anges, s'envolerait dans le sein de Dieu, pour y jouir de l'éternelle béatitude (1). » Barrière ajouta que ces conseillers lui avaient bien recommandé, en cas qu'il fût pris et mis à la torture, de ne pas les nommer, attendu que, s'il le faisait, il serait éternellement damné.

Il semble que l'on ait essayé d'étouffer la voix de ce misérable à l'instant où il faisait ces aveux. Sans doute parmi les juges y avait-il des personnages qui craignaient que ces mêmes aveux n'engageassent le roi dans une plus large voie d'hostilité contre Rome, qu'on ménageait alors. Peut-être même quelques-uns étaient-ils peu désireux de sévir contre les complices de Barrière, qu'ils devinaient fort bien. On

---

(1) Ce sont les propres paroles de Barrière, suivant De Thou, dans son *Histoire universelle*, livre CVII, page 53 du XIIme volume de l'édition de 1734.

assure que, sur la roue, l'assassin ayant déclaré que *ceux* qui l'avaient excité à tuer le roi lui avaient recommandé de ne pas s'ouvrir de son dessein aux ducs de Nemours à Lyon, non plus qu'au duc de Mayenne à Paris, parce que ces deux princes, craignant le même sort et plus inquiets de leur propre conservation que de la sûreté publique, le détourneraient de l'exécution (1), le roi défendit qu'on insérât cette disposition dans les registres. Quels étaient donc les atroces conseillers du crime qui menaçaient aussi bien des poignards de leurs affidés les chefs de la Ligue que le roi de France? L'opinion publique ne s'y trompa point, et une clameur générale nomma tout haut les complices de Barrière. De Thou assure qu'on ne demanda pas à Barrière le nom de ses complices; que, sans doute, pour que la violence des tortures ne les lui arrachât pas, on lui fit même grâce de la question, on se hâta de le mener au supplice, et que l'assassin, placé sur la roue où il devait mourir, ayant ajouté à ses aveux volontaires qu'on se défiât de deux prêtres de Lyon, dont il ignorait le nom, mais dont il dépeignit la personne, et qui avaient été engagés à commettre son même crime, les juges qui présidaient au supplice se hâtèrent de faire tomber la masse du bourreau sur la poitrine du patient, qui mourut au premier coup, le 31 août 1593.

On ne rechercha aucun des complices présumés de Barrière, qui restèrent, après l'exécution de leur misérable instrument, fort tranquilles à Lyon et à Paris, villes où l'autorité royale, du reste, n'était pas encore reconnue. Deux ans après la mort de Barrière, lorsqu'Henri IV était entré enfin dans sa capitale, on essaya bien de faire le procès au Père Antoine Varade, recteur du collége des Jésuites de Paris, que l'assassin avait seul nommément désigné, assurent quelques historiens (2). Mais ce procès fut étouffé à la sollicitation du roi lui-même, qui hésitait à s'engager dans une guerre, qu'il prévoyait terrible, contre les noirs enfants de Loyola. Malgré la demande du premier président De Harlay, qui renouvela à plusieurs reprises des accusations formelles

---

(1) Voyez De Thou, au même livre, règne d'Henri IV, etc.
(2) Pasquier le dit formellement, entre autres.

contre Varade et ses confrères, on laissa l'affaire s'assoupir. Mais, devant l'opinion publique, les Jésuites n'en restèrent pas moins comme les complices de Barrière et les premiers instigateurs du crime qu'il avait projeté. De Thou, écrivain toujours consciencieux, ne craint pas d'écrire qu'au premier bruit de l'attentat de Barrière le cri général fut que c'étaient les Jésuites qui avaient poussé le meurtrier vers la royale victime, depuis longtemps désignée aux poignards des assassins par leurs confesseurs et prédicateurs!... Les termes de cet arrêt ont survécu aux efforts des historiens de la Compagnie de Jésus, et, pour notre part, nous croyons qu'il doit être maintenu. Des aveux de Barrière il résulte, comme on l'a vu, que Mayenne et ses partisans ne doivent pas être accusés de l'attentat, puisque ce chef des ligueurs était, suivant les avis donnés au coupable, sous le coup des mêmes menaces. Le parti des Seize et des Espagnols pouvait donc seul enfanter un pareil crime. Les Jésuites étaient les partisans avoués de Philippe II, tout en proclamant qu'ils ne combattaient que pour le Saint-Siége. Ce furent eux, du reste, qui se montrèrent les plus furieux, parmi les divers membres du clergé, des succès d'Henri IV, jusque-là qu'un des bons Pères, un certain Odon Pigenat, à la vue du triomphe de ce prince, à force de souffler le feu de la révolte par ses sermons séditieux, tomba enfin dans une véritable fureur, et mourut en blasphémant comme un enragé !

Ce sont les propres termes de l'historien De Thou.

Il est naturel de penser que ceux qui éprouvaient une telle colère du triomphe d'Henri IV firent, pour l'empêcher, tout ce qui est humainement possible. La morale des Jésuites, à cette époque surtout, se montrait très-facile sur l'article du régicide. Nous prouverons d'ailleurs bientôt et plus nettement que l'assassinat fut un moyen devant lequel les fils de Loyola n'ont pas reculé.

C'est quelque chose de singulièrement attachant et dramatique que cette lutte des Jésuites contre Henri IV, lutte qui a pour arène un grand royaume, les rois et les peuples d'Europe pour spectateurs, lutte qui s'ouvre par Barrière et se ferme par Ravaillac, tandis qu'au sommet de cette trinité d'assassins, Jean Châtel brille exempt des nuages qui en couvrent les deux autres termes. Nous ne voulons pas nous faire ici les panégyristes d'Henri IV. Nous n'avons pas besoin de le peindre meilleur et plus intéressant, afin de rendre ses noirs ennemis d'autant plus odieux et coupables. Cela est inutile suivant nous ; aux clartés du flambeau de la vérité, les Jésuites doivent apparaître trop hideux pour qu'on ait besoin d'essayer d'ajouter quelque chose aux couleurs de leur portrait historique.

Henri IV — nous le dirons — ne fut ni un très-grand-roi, ni un très-bon roi : quoiqu'il valût mieux que beaucoup de ses prédécesseurs. Ce fut un brave capitaine couronné, qui se conduisit avec son peuple comme il eût fait avec une compagnie de gens d'armes. Aimant à oublier que sa main tenait un sceptre de roi, il était toujours disposé, pourvu que ses sujets acquitassent bien leurs impôts, à vider un broc de vin avec celui-ci, ou à caresser la fille de celui-là, ce qui le rendait fort populaire. Du reste, souhaitant fort, et tout haut, que chacun, parmi le peuple qui le reconnaissait pour roi, pût mettre la poule au pot tous les jours de l'année, tout en ruinant bien un peu les manants pour entretenir ses soldats... ou ses maîtresses. Fort heureusement pour lui, Henri IV eut un très-grand ministre auquel il doit d'occuper dans l'histoire une place éminente. Nous voulons parler de Sully. Mais comme le sage ministre, austère penseur, ferme et rigide administrateur, était souvent obligé, pour guérir les maux de la France, ou pour la relever de l'atonie dans laquelle elle était alors plongée, de se servir parfois de remèdes héroïques, presque toujours de prescriptions sévères et sévèrement maintenues, il arriva que Sully ne fut guère populaire de son vivant; tandis que son maître, après son abjuration, fut fort aimé de son peuple léger, qui tint en grand honneur le roi vaillant, le diable à quatre, qui avait le triple talent de boire, et de battre, et d'être un vert-galant. De nos jours, ces qualités ne suffisent plus pour faire un grand roi, et la mémoire d'Henri IV, descendue de plusieurs degrés au panthéon de l'histoire, laisse briller bien au-dessus d'elle la gloire du grand Sully.

Les attentats dirigés contre Henri IV, et sous lesquels il finit par succomber, augmentèrent l'affection qu'on lui portait, firent taire les cris de haine de ses ennemis, et imposèrent silence à la critique que méritaient beaucoup de ses actes. Nous avons vu à peu près la même chose arriver de nos jours. La lame d'un poignard, la balle d'un pistolet sont toujours d'abominables raisonnements, quels que soient celui qui s'en sert, et celui contre lequel on s'en sert ; mais que dire lorsque la main qui lance le plomb, ou qui guide l'acier, est celle de religieux, de prêtres ?...

Les Jésuites, malgré l'abjuration d'Henri IV, n'en continuaient pas moins de se montrer extrêmement hostiles à sa cause ; sur tous les points où ils s'étaient établis, il fallut des révolutions sanglantes pour faire reconnaître l'autorité royale. Ils excitaient le zèle des catholiques contre Henri, dont ils représentaient la conversion comme une comédie politique dont le dénouement serait la ruine du catholicisme en France, aussitôt que le Béarnais pourrait, sans crainte, lâcher la bride à son mauvais vouloir d'hérétique forcené. « D'ailleurs, criaient-ils, le Saint-Père, malgré la prétendue abjuration du roi de Navarre, ne l'a pas encore reconnu, ni absous. Il faut donc, au moins, avant de se soumettre, attendre la décision de *l'infaillible* chef de l'Église !... »

Afin d'ôter ce prétexte à ses ennemis, Henri IV envoya un ambassadeur au Saint-Siége, vers la fin de l'année 1593. Cet ambassadeur ne put rien obtenir du pape, qui était alors Clément VIII, quoiqu'il promît au nom de son maître soumission complète au chef de l'Église catholique dont Henri IV déclarait qu'il vivrait et mourrait désormais le fils soumis. Le duc de Nevers ne put pas même obtenir d'être reçu comme ambassadeur de son roi. L'évêque du Mans et quelques autres prélats français qui l'avaient accompagné ne furent pas plus heureux dans leurs démarches auprès du pape et des cardinaux. Ils furent même menacés, parce qu'ils avaient soutenu le parti d'un roi frappé d'excommunication, de se voir livrés au tribunal de l'Inquisition; et cette menace fut si près de se réaliser que le duc de Nevers, lorsqu'il sortit de Rome, après une ambassade inutile, fit marcher les prélats français à ses côtés, déclarant hautement qu'il tuerait le premier huissier ou sbire pontifical qui oserait les arrêter.

Cette inqualifiable conduite du pape doit être en partie attribuée aux rapports que lui faisait à cette époque son légat en France, le cardinal de Plaisance. Ce fougueux prince de l'Église assurait que la Ligue était loin d'agoniser, comme le prétendaient les partisans d'Henri IV, et qu'il était permis d'espérer que le Béarnais serait bientôt écrasé, malgré quelques succès. Le pape, qui avait refusé de recevoir le duc de Nevers en qualité d'ambassadeur du roi, accueillit donc avec faveur le cardinal de Joyeuse et les autres ambassadeurs que la Ligue dépêcha vers Rome, à peu près à l'instant où le duc de Nevers, confus et irrité, sortait de la capitale du monde chrétien. Le cardinal de Joyeuse avait pour mission d'obtenir l'assentiment du Saint-Père à l'élection d'un roi choisi par les ligueurs. Il était chargé de présenter le duc de Guise, fils de celui qui avait été assassiné à Blois, par ordre d'Henri III, comme ayant le plus de chances d'être accepté par la France. Le roi d'Espagne Philippe II ne semblait pas s'opposer à l'élection du jeune duc de Guise, auquel il avait même promis de donner une Infante en mariage; mais en réalité, il ne voulait que prolonger les troubles de la France, espérant toujours, à leur faveur, pouvoir s'emparer de ce beau royaume. Le duc de Mayenne, quoique semblant donner aussi son acquiescement à l'élévation de son neveu, était en réalité fort mortifié de voir qu'on le lui préférât, et, dès ce moment, il s'occupa de traiter de sa soumission au roi.

A l'occasion de l'ambassade du duc de Nevers, les Jésuites de Rome jouèrent un double rôle. Ainsi, leur Père Possevino se montra assez disposé à seconder les efforts de l'ambassadeur d'Henri IV pour que le pape l'exilât. En même temps, d'autres Jésuites intriguaient à l'ordre du roi d'Espagne, et travaillaient à faire avorter l'ambassade. Le duc de Nevers partit de Rome tellement convaincu des menées à cet égard des Pères de la Compagnie de Jésus, qu'un Jésuite, le cardinal Tolet, auquel il disait qu'on ne devait pas fermer le bercail à la brebis égarée qui y revient, ayant répondu en souriant : Que Jesus, le Pasteur divin, n'était pas obligé d'ouvrir la porte du bercail à ceux qui l'avaient fermée sur eux ; et citant à cette occasion l'exemple de saint André chez les gentils : « Votre éminence, repartit vivement l'ambassadeur, ne se trompe-t-elle pas d'autorité en citant saint André ? Ne serait-ce pas plutôt *saint Philippe* qu'elle voulait dire?» Le cardinal Jésuite ne répondit que par un nouveau sourire à cette allusion au zèle de sa Compagnie pour le roi d'Espagne, qu'il comprit fort bien; ce qui mit fort en colère le duc de Nevers, au rapport du président De Thou.

Le mauvais vouloir du Saint-Siége irrita vivement Henri IV et la plupart de ses partisans, même les catholiques. Les choses allèrent jusque-là qu'on pensa un instant à créer en France un patriarche qui eût été chef suprême de l'Église gallicane, qu'il eût administrée de haute main, sans recourir au pape et aux conseils du pape. Mais, malgré l'Espagne et les Jésuites, malgré le pape et le clergé, malgré les fanatiques et les ambitieux de toutes sortes, Henri IV s'affermissait davantage sur le trône dont il lui avait fallu disputer chaque marche. Les principales villes du royaume tombaient en son pouvoir ou se soumettaient volontairement. Afin de contrebalancer la mauvaise impression que pouvait faire sur l'esprit du peuple en général, et surtout sur celui des catholiques, le refus obstiné que faisait le pape d'absoudre et de reconnaître Henri IV, on décida que le roi serait sacré. Reims, lieu ordinaire du sacre des rois de France, étant alors au pouvoir de la Ligue, ce fut à Chartres que se fit cette cérémonie qui, certes, avait un sens, à cette époque. Une discussion assez curieuse eut alors lieu sur l'huile consacrée pour l'onction royale. On se demanda si cette onction pouvait se faire avec autre chose que la *Sainte-Ampoule*, dont on ne pouvait pas se servir. A ce propos, des évêques dirent que la Sainte-Ampoule n'était pas absolument nécessaire pour valider le sacre. Quelques-uns même émirent des doutes sur l'authenticité de cette fiole céleste dont saint Rémy ne parle pas dans son testament, et dont ne font aucune mention Grégoire de Tours et autres prélats du temps. Là-dessus, quelqu'un, l'archevêque de Tours probablement, émit l'idée que le chrême miraculeux de l'église de Marmoutiers, près de Tours, avait à fournir de meilleures preuves que la fiole de Reims, attendu que Sulpice Sévère rapporte textuellement que cent douze ans avant la conversion de Clovis, on avait vu un ange descendre du ciel et guérir, en frottant de ce baume céleste, la jambe de saint Martin, qui était tombé du haut d'un escalier, et que cette affirmation était soutenue par les témoignages de Fortunat, de Paulin, évêque de Nole, et d'Alcuin même dans son Traité des miracles du saint. Henri IV fut donc sacré avec le saint chrême de Marmoutiers, par l'évêque de Chartres, qui se nommait Nicolas de Thou (1).

Peu après cette cérémonie, Paris se rendit au roi, qui y fit solennellement ses Pâques. On peut observer que le cardinal-légat refusa, en cette circonstance, de venir saluer le roi, et qu'un autre prince de l'Église, le cardinal Pellevé, grand partisan des Jésuites, fut si furieusement chagrin en apprenant cet événement qu'il en mourut de dépit et de colère. Le cardinal de Plaisance emmena de Paris le recteur du collége des Jésuites, Antoine Varade, et Christophe Aubri, curé de Saint-André-des-Arts, qui passaient généralement pour avoir été les complices de Barrière, ainsi que nous l'avons dit, ou plutôt qui étaient convaincus d'avoir poussé à ce crime le misérable assassin (2). Henri IV était bien persuadé de la connivence qui avait existé entre Barrière et les Jésuites ; mais, tant qu'il le put, il évita de déclarer ouvertement la guerre à la noire Compagnie dont il redoutait l'influence et dont il essaya vainement d'adoucir la haine. Ainsi, le moine Dominicain qui avait révélé le premier les projets régicides de Barrière, et probablement par là sauvé le roi, ne fut pas même récompensé par celui-ci. On lui offrit bien l'évêché d'Angoulême ; mais, sous prétexte qu'il avait, en dévoilant les intentions de l'assassin, violé le secret de la confession, les Jésuites lui suscitèrent tant d'embarras, qu'il dut renoncer à cette récompense. Il fut même obligé de se justifier envers le Saint-Siége, et publia pour cela divers écrits.

Malgré cette modération extrême, les Jésuites, qui n'en tinrent aucun compte, essayèrent de lutter contre la fortune ascendante d'Henri IV;

(1) Tous ces détails sont empruntés presque textuellement à l'historien De Thou (livre CVIII), qui, quoique sincère chrétien, ne semble pas professer une grande foi envers les *fétiches* du catholicisme, choses qui ont, plus que toute autre peut-être, ruiné la foi religieuse. A ce propos, ne pouvons-nous pas demander aux princes de l'Église romaine si ce n'est pas *la Sainte-Tunique de Trêves* qui a fait lever le curé Ronge et les croyants de l'église catholique-allemande?

(2) De Thou, livre CIX, page 141, tome XII de l'édition de 1734.

et, même après l'entrée de ce prince dans Paris, ils remuaient encore dans la capitale du royaume. Seuls de tous les Ordres religieux, à l'exception pourtant des Capucins, qui firent souvent alors cause commune avec les Jésuites, les enfants de Saint-Ignace refusèrent longtemps encore de reconnaître Henri IV comme roi légitime et même de prier pour ce prince, prétendant qu'ils ne pouvaient faire ces deux choses que lorsque le souverain pontife aurait parlé à cet égard. Ils étaient soutenus, dit De Thou (1), contre le roi, et contre la haine publique qui les désignait hautement comme les principaux auteurs des troubles du royaume, par plusieurs personnes haut placées ; soit que ce fût un reste de la Ligue, soit que ces personnes espérassent par là se mettre bien à la cour de Rome, dont les Jésuites ne manquaient pas de se dire les véritables représentants. Néanmoins, les affaires du roi étant en bon état, et l'esprit public encore ému de l'attentat de Barrière se prononçant chaque jour davantage contre les révérends Pères, l'Université de Paris, encouragée par le Parlement, reprit le procès commencé contre eux, dès leur introduction dans le royaume, et toujours interrompu par les ordres de la cour, ou par la marche des événements politiques. Nous parlerons plus tard de ce procès. Disons seulement que, grâce aux efforts du jeune cardinal de Bourbon, l'ex-chef du tiers-parti, et de quelques autres grands seigneurs catholiques, la cause fut encore ajournée. Les Jésuites furieux, cependant, de cette tentative, et persuadés que la cour avait poussé l'Université à cette nouvelle déclaration de guerre, se déchaînèrent dans leurs Maisons contre le roi, sur lequel ils prédirent que la vengeance du ciel allait bientôt tomber. Comme le ciel ne semblait pas disposé à faire honneur à la traite de ruine et de mort tirée sur Henri IV par la Compagnie de Jésus, celle-ci probablement s'adressa à l'enfer, qui ne tarda pas à répondre à cet appel par la voix de Jean Châtel !

Le Père Joseph Jouvenci, historien Jésuite, assure que le ciel annonça par des prodiges la catastrophe qui allait avoir lieu (2). Qu'on

---

(1) Livre CX, page 241, tome XII de l'*Histoire universelle*.
(2) *Histoire de la Compagnie de Jésus*, par le Père Joseph Jouvenci, livre II, page 46. Cet ouvrage fut condamné et supprimé par arrêt du parlement de Paris, le 24

ne s'y trompe pas pourtant, la catastrophe dont parle le digne Père n'est pas du tout l'assassinat d'Henri IV par un écolier de sa Compagnie, mais bien l'arrêt de bannissement qui s'ensuivit contre cette dernière ! Ces manifestations célestes, au dire de l'historien Jésuite, furent « des croix blanches qu'on vit paraître sur les habits de nos Pères, surtout lorsqu'ils étaient à l'autel ; lesquelles croix n'avaient été ni figurées, ni travaillées de main d'homme. » Le Père Jouvenci voit clairement dans ces croix merveilleuses l'annonce de la croix de douleurs imméritées que la malice des hommes allait faire porter à l'innocente Compagnie de Jésus!... Sans doute pour prouver que le premier bannissement des Jésuites de la France ne fut pas amené par les méfaits de ses confrères, mais seulement par la haine que leur avaient vouée des méchants, le même Jésuite ajoute (1) : « Quelque temps avant l'année 1594, un démon exorcisé par nos Pères et se voyant forcé de déguerpir menaça l'exorcisant et tous son Ordre de les faire chasser à leur tour, et cela de tout le royaume de France. » Tout ce que nous avons à dire de ces merveilleux présages, c'est que l'homme qui met le feu à une mine peut à coup sûr prévoir l'explosion, quoiqu'il ignore parfois si la mine trop chargée ne le fera pas sauter lui-même au lieu de détruire l'ennemi.

Et, maintenant, nous allons essayer de dérouler aux yeux de nos lecteurs le sombre drame auquel Jean Châtel a donné son nom. Et maintenant encore, répétons-le, afin d'éviter le retour trop fréquent des notes justificatives, la forme de ce récit comme de tous nos autres récits, dans cette histoire, est la seule chose à laquelle nous nous soyons permis de toucher ; le fond, tel qu'il est, en appartient complétement à l'histoire ; si, dans les détails, nous nous sommes contenté parfois de la vraisemblance, faute de mieux, dans les faits nous avons toujours respecté scrupuleusement la vérité.

En l'année 1594, à l'endroit où se trouve maintenant l'espace vide semi-circulaire qui s'arrondit en face du palais de Justice, et qu'on

mars 1713. L'auteur, suivant l'arrêt, y a travesti les faits, adouci les teintes, répandu des couleurs odieuses sur les juges, favorables sur les accusés (les Jésuites).

(1) Voyez l'ouvrage déjà cité du Père Jouvenci.

nomme la place du Palais, on voyait s'élever une de ces solides maisons de la bourgeoisie parisienne, à haut pignon sculpté et donnant sur rue, aux toits aigus, garnis de plomb et ornés de trèfles et autres efflorescences de fer. Cette maison assez grande et qui avait, chose rare alors, un second étage dont les fenêtres perçaient le rapide talus ardoisé du toit, appartenait à un riche marchand drapier, bourgeois de Paris fort considéré parmi ses confrères, et qui se nommait Pierre Châtel. Cet homme avait été ligueur déterminé; mais, depuis la soumission de Paris, il se contentait de témoigner le peu d'affection qu'il avait pour le Béarnais triomphant, en murmurant contre lui, lorsqu'il était attablé, le soir et portes closes, avec ses amis et compères, messire Claude Lallemant, curé de Saint-Pierre, ou maître Bernard, vicaire de ladite église. Mais, comme le calme qu'Henri avait enfin rendu à la capitale de son royaume, depuis si longtemps agitée par les tempêtes politiques, donnait une nouvelle activité au commerce de Pierre Châtel, le ligueur s'effaçait chaque jour davantage pour faire place au marchand.

Maître Pierre Châtel était un petit homme au ventre rebondi, au front étroit entièrement couvert de cheveux roux qui commençaient à grisonner; du reste, jouissant d'une réputation de probité bien établie, qui le rendait tant soit peu important et gourmé dans ses manières, et ne s'étant, au fond, fait ligueur que pour être quelque chose, et parce qu'alors toute la bourgeoisie parisienne était pour la Ligue.

La femme du riche drapier, Denise Hazard, appartenant comme son mari à une bonne famille de bourgeois, avait été assez bien élevée, et savait lire, écrire et calculer, talents qui n'étaient pas alors fort communs, même dans les hautes classes de la société. Avec sa robe d'un drap brun très-fin, bordée de velours aux manches et à la jupe, sur le corsage serré de laquelle pendait à une chaîne d'or fort lourde un précieux reliquaire en même métal travaillé à jour et qui venait, disait-on, de Benvenuto Cellini, le grand artiste florentin, dame Denise, toujours mise avec goût et propreté, ayant des yeux noirs brillants sur un visage un peu pâle, une taille encore fine, et des mains mignonnes et potelées, pouvait encore passer pour une jolie femme, malgré ses quarante ans. Dame Denise était devenue dévote en vieillissant, et fréquentait beaucoup les églises. Elle avait donné trois enfants à son mari : Catherine, brune, vive, active et intelligente, du reste excellente créature, mariée depuis peu de temps à maître Jean Le Comte, qui était devenu l'associé de Pierre Châtel ; Madeleine, enfant qui commençait à devenir femme, charmante et douce blonde aux grands yeux d'azur pleins d'une vague rêverie qui semblaient s'iriser de lueurs plus vives lorsqu'ils se fixaient par hasard sur le premier commis de son père, Antoine de Villiers, beau jeune homme qui s'était fait drapier, disait-on, pour voir Madeleine et lui parler. Le troisième enfant de maître Châtel et de dame Denise était un garçon et s'appelait Jean. Jean Châtel venait d'avoir dix-neuf ans. C'était un jeune homme aux cheveux d'un blond pâle, avec des teintes ardentes aux tempes et près du cou. Ses yeux gris-roux avaient une sorte de somnolence égarée que remuaient, par secousses, des éclairs intérieurs ; ses lèvres, toute sa figure avaient une pâleur morbide, et semblaient comme tiraillées par des rides qui cherchaient à se former déjà ; ses lèvres étaient minces, son front fuyant, son crâne fortement projeté en arrière, et se terminant presque en pointe..... Pierre Châtel avait confié l'éducation de son fils aux Pères de la Compagnie de Jésus. Jean, après avoir terminé sa philosophie dans leur collége de Clermont, étudiait le Droit depuis quelques mois ; son père devait lui acheter une charge de procureur.

Enfant bien-aimé de ses parents, dont la tendresse peu judicieuse avait laissé de trop bonne heure à ses mauvais instincts une liberté fatale, Jean Châtel, à peine jeune homme, avait déjà les vices de l'âge mûr et l'énervement de la vieillesse. Pierre Châtel et sa femme avaient espéré que la religion mettrait un frein à cette nature perverse qui s'était de bonne heure révélée. Ils avaient donc confié leur fils aux Pères de la Compagnie de Jésus, dont le collège était déjà célèbre, et qu'estimaient fort les deux époux, le mari comme ligueur, la femme comme dévote. Mais les espérances de maître Pierre Châtel et de dame Denise avaient été trompées : entre les mains des Jésuites, la détestable nature de Jean prit un essor effroyable que rien ne put arrêter. A dix-neuf ans, Jean Châtel menait une vie qui était le scandale du quartier, faisait la honte de son père et le désespoir de sa mère. Chose étrange et qu'on a remarquée bien souvent cependant ! tout en se livrant à des débordements de toutes sortes, Jean Châtel croyait à un Dieu qui les réprouve et qui les punit. Chez les Jésuites, qui sans doute avaient essayé des terreurs religieuses pour dompter cette nature vicieuse et emportée, Jean Châtel avait appris, non pas à aimer le ciel, mais à redouter l'enfer. Il était sorti des mains des Révérends Pères, superstitieux, mais non pas pieux. La crainte de l'éternelle damnation l'avait quelque temps arrêté ; mais, un jour, Jean Châtel se dit qu'il était à jamais damné, et il en tira cette conséquence que, dès lors, peu importait à sa vie future quelle serait sa vie présente. « Le ciel me repousse, se dit-il ; eh bien, jouissons au moins de la terre qui s'offre à moi ! En attendant les souffrances éternelles, tâchons de nous créer, ici-bas, un paradis qui nous est fermé là-haut !... »

On comprend quelle terrible et monstrueuse pâture dut accorder, de ce moment, à ses appétits désordonnés et dévorants, cet homme qui se disait que chaque flot des voluptés dans lesquelles il se plongeait servait, pour ainsi dire, de compensation à une des vagues enflammées de l'éternel abîme qui l'attendait ; ce dut être, ce fut quelque chose de vraiment effroyable !...

Un samedi soir de la fin de décembre 1594, la famille de Pierre Châtel venait de terminer un souper assez bien servi, dont messire Claude Lallemant, curé de Saint-Pierre-des-Arcs, avait pris sa part, suivant une habitude presque journalière. Le repas avait été triste, malgré les soins qu'y avaient apportés dame Denise et sa fille Catherine, malgré les bons vins qu'en cette occasion le riche drapier avait tirés de sa cave pour fêter son hôte. Madeleine était indisposée depuis quelque temps, et gardait le lit. Jean n'avait pas paru depuis plusieurs jours à la maison de ses parents, dont il était sorti après une scène affreuse amenée par les reproches que Pierre Châtel avait adressés à son fils sur sa conduite désordonnée et pendant laquelle ce misérable jeune homme avait osé lever la main sur sa mère. Le curé de Saint-Pierre essayait de consoler dame Denise, en lui faisant espérer que son fils, grâce aux prières de sa mère et aux aumônes de son père, serait enfin amené au repentir, consolation que celui-ci recevait en branlant la tête d'un air de doute inquiet, celle-là, en pleurant, lorsque tout à coup on entendit un cri étouffé qui semblait descendre par l'escalier en pierres, étroit et tortueux, conduisant à la chambre que Madeleine occupait seule depuis le mariage de sa sœur. Ce cri était si douloureux, qu'il fit tressaillir et se lever tous ceux qui l'entendirent, et que chacun courut aussitôt vers l'escalier. En ce moment, un être qu'on pouvait à peine appeler un homme, pâle, les yeux hagards et sanglants, les cheveux hérissés, et tel que dut être Caïn venant de tuer son frère, descendit impétueusement l'escalier, et renversa Antoine de Villiers, qui, du magasin où il se tenait, ayant entendu le cri dans lequel il avait reconnu la voix de Madeleine, était aussi accouru.

— Jean ! dit le drapier surpris en reconnaissant son fils.

— Mon enfant ! murmura la mère qui se sentit épouvantée, sans connaître la cause de sa terreur.

— Le misérable !... cria de la chambre de Madeleine, Antoine de Villiers qui y était entré avec Catherine. Cette dernière tenait dans ses bras le corps inanimé de sa sœur, qui, tombée sur le froid carreau de la chambre, semblait avoir soutenu une lutte atroce dans laquelle elle avait perdu connaissance. Madeleine était presque nue, son dernier vêtement avait été déchiré, et sur son corps virginal on apercevait comme des empreintes de tigre. Sa mère fit sortir tout le monde, à l'exception de Catherine, et à force de soins parvint à rappeler à la vie la pauvre Madeleine dont les premières paroles furent : « Oh !... ce n'était pas mon frère, n'est-ce pas ?... J'ai bien vu tout de suite que ce ne pouvait être que l'esprit du mal ! » La pauvre jeune fille fut quelques jours privée de raison, et ne put jamais recouvrer complétement la santé (1).

Cependant, Jean Châtel, — car c'était bien lui qui venait d'ap-

---

(1) Voyez De Thou, livre CXI. Quelques historiens prétendent même que ce fut non pas la sœur, mais la mère de Jean Châtel qui fut l'objet des monstrueux désirs de cet infâme jeune homme dans lequel, pour l'honneur de l'humanité, on est porté à voir un misérable fou !.....

La Famille de Jean Châtel.

paraître un instant comme un spectre effroyable — était sorti de la maison de son père, où ce dernier retenait à grand'peine Antoine de Villiers, qui avait saisi la première arme qui se trouva sous sa main, et qui, dans un transport de colère indignée, voulait courir sus au misérable dont il avait deviné les infernales tentatives. Sur la prière du maître drapier, le curé de Saint-Pierre resta avec le jeune homme, et Pierre Châtel sortit, et suivit, aussi rapidement qu'il le put, le chemin qu'il avait pu voir prendre à son fils. Il parvint à rejoindre assez vite celui-ci qui s'était arrêté près du pont au Change, et qui, penché vers la rivière, semblait considérer, à la lueur sombre de quelques étoiles perdues dans un ciel tempestueux les flots noirs et grondants. Lorsqu'il approcha de son fils, le drapier l'entendit qui se disait à lui-même en s'éloignant de la rivière : « Non ! c'est trop tôt !... L'enfer serait trop content !... » Et un effroyable rire suivit ces mots prononcés d'une voix sourde et saccadée.

— Jean, dit le drapier, qui crut peut-être que les excès avaient altéré la raison de son fils, Jean, venez avec moi !

Jean Châtel suivit son père à l'instant et sans paraître surpris de sa présence. Tout à coup, il s'arrêta, et demanda : « Où me conduisez-vous ?

— Où vous pourrez recevoir les secours que réclament l'état où je vous vois avec effroi et douleur : chez les Pères de la Compagnie de Jésus.

— Non ! pas là ! pas là !... s'écria d'une voix éclatante Jean Châtel, qui s'arrêta de nouveau. N'est-ce pas-là ?... » Le misérable jeune homme se tut à ces mots ; mais, sur de nouvelles instances de son père, il se remit à marcher avec lui vers le collége de Clermont.

Après quelques minutes d'une marche silencieuse, Jean Châtel interrompit le drapier qui parlait de repentir désarmant les colères divines, en lui disant : « Pensez-vous aussi que je souffrirai moins dans l'autre monde, en tuant l'hérétique Henri de Navarre ? »

— Malheureux, s'écria à voix basse le drapier effrayé, taisez-vous, et ne répétez jamais devant moi de pareils propos ! Mais, ajouta-t-il en tremblant, mais c'est le délire furieux auquel vous êtes en proie qui vous fait prononcer de si dangereuses, paroles, n'est-ce pas, Jean?

Celui-ci répondit :

— Tout à l'heure, lorsque je sentais le désir d'une mort prompte me venir en regardant la rivière furieuse, j'ai été arrêté par une idée que j'avais eue déjà en écoutant les leçons du collége de Clermont : c'est que les tourments de l'enfer sont gradués d'après les crimes des damnés, et que, lorsqu'on ne peut plus se sauver du gouffre, on peut encore cependant obtenir une diminution de souffrance... Je crois que je tuerai le roi.

— Silence, au nom du ciel, fit Pierre Châtel en interrogeant les ténèbres autour de lui, et craignant qu'elles ne recelassent un dangereux auditeur. Heureusement, continua-t-il, nous voici arrivés à la maison des bons Pères. Le ciel nous fasse la grâce qu'ils calment votre esprit, mon fils, et qu'ils y ramènent la crainte de Dieu et la paix des bonnes pensées!.....

Malgré l'heure avancée, le drapier, fort estimé et très-connu des Jésuites, fut introduit dans leur maison, et put parler à un prêtre de la Compagnie en qui il avait grande confiance et qui était son confesseur. Ce Jésuite était Jean Gueret, professeur de philosophie au collége de Clermont; Jean Châtel avait suivi deux ans les leçons de ce Père. Ce fut entre ses mains que le drapier, après lui avoir tout bas confié les chagrins que lui causait la conduite de plus en plus intolérable de son fils, laissa ce dernier, qui avait consenti à passer quelques jours dans la maison des Révérends Pères. Les aveux de Jean Châtel, soulevant un peu le voile de mystères qui recouvre toute demeure jésuitique, nous laisseront tout à l'heure entrevoir quel remède les enfants de Loyola appliquèrent à la maladie mentale de ce misérable jeune homme.....

Le 27 décembre 1594, Henri IV, que la guerre avait retenu quelque temps absent, revenait de Saint-Germain à Paris. Les nouvelles victoires qu'il venait de remporter en Picardie, la prise de Laon dont il avait fait le siége en personne, la soumission du duc de Guise, qui faisait pressentir celle du duc de Mayenne, tout jetait un nouvel éclat sur le Béarnais, qui fut accueilli avec joie et enthousiasme par les

Parisiens. Beaucoup de personnes allèrent même au-devant du roi à une assez grande distance de la capitale. Parmi ces gens plus empressés que les autres, on pouvait remarquer un tout jeune homme dont l'air était inquiet et la figure extrêmement pâle. Lorsque le roi approcha, ce jeune homme ayant été heurté au milieu du remous populaire, on le vit se baisser pour ramasser un couteau qui était tombé de sa poche. Mais on ne fit alors aucune attention à ce fait, que la jeunesse du personnage et le genre fort pacifique ordinairement de son couteau devaient naturellement protéger contre un soupçon de meurtre. Comme si la chute de son couteau avait eu sur lui une influence particulière, le jeune homme en question, qui jusqu'alors avait fait tous ses efforts pour percer jusqu'auprès du roi, resta immobile désormais à une assez grande distance du cortége. Bientôt même on le vit s'en éloigner davantage, et on le perdit de vue.

Ce jeune homme était Jean Châtel; il était allé au-devant du roi avec le projet de le tuer. Mais, en route, il changea de dessein, et, suivant ses propres aveux, frémissant à l'idée de son crime, mais ne pouvant en chasser la pensée, il essaya d'y mettre obstacle en se rendant coupable d'un autre pour lequel il serait arrêté et probablement mis à mort sur-le-champ. Ce qui peint mieux que toute autre chose le désordre moral qui s'était alors emparé de Jean Châtel (nous verrons tout à l'heure à qui revient une bonne part de ce désordre), c'est que ce misérable, afin d'exécuter son nouveau projet, ne trouva rien de mieux que d'essayer d'approcher des chevaux des seigneurs venus de Paris au-devant du roi, et qui, afin d'aller saluer celui-ci, avaient laissé leurs montures à leurs valets. L'intention de Jean Châtel, d'après son dire enregistré par De Thou (1), était — quelque incroyable qu'elle paraisse — de commettre sur ces chevaux le crime de bestialité, crime bien plus commun, du reste, à cette époque qu'à la nôtre. Les hommes qui gardaient les chevaux ne permirent pas au misérable d'en approcher. Alors il s'en retourna vers Paris.

Henri IV, cependant, avait lentement traversé les rues de sa capi-

---

(1) *Histoire universelle*, livre CXI, tome XII, page 331.

tale en fête, et venait seulement d'entrer à l'hôtel du Bouchage, où demeurait la duchesse de Beaufort, et qui peu après fut donné aux Pères de l'Oratoire. Là, soit bonhomie naturelle, soit dessein de redoubler ainsi sa naissante popularité, il laissait la foule qui l'avait suivi pénétrer après lui jusque dans la chambre de sa belle et célèbre maîtresse. Au milieu de cette cohue bruyante et incessamment renouvelée, Henri IV s'entretenait avec le comte de Soissons et quelques autres seigneurs de ses intimes, recevait les compliments de ceux de ses gentilshommes qui n'avaient pu le suivre en Picardie, et s'amusait aussi de temps à autre à rire avec une folle nommée Mathurine, à laquelle il permettait une assez grande licence, dont celle-ci abusait parfois. Il était six heures du soir. Henri, désireux probablement de se débarrasser de la foule, et n'ayant rien pris depuis le matin, demanda qu'on lui servît au plus tôt son souper.

— Henriot, dit là-dessus Mathurine, s'approchant et frappant des mains, est-ce que tu comptes te mettre à table avec tes bottes? — car le roi était encore effectivement tout botté et éperonné. — En conscience, Henriot, si tu veux avoir ma compagnie plus longtemps, il faut que tu te montres plus galant dans tes habits. Mais je vois ce que c'est, continua la folle, tes culottes ont peut-être un accroc qui se trouve caché par la botte. Holà! Henriot, ne crains rien, j'ai une bonne aiguille, et une belle aiguillée de soie au service de mes amis; je vais réparer le dégât dont tu rougis, et que tu ne veux pas montrer. Plût à Notre-Dame et à sainte Geneviève que ton directeur spirituel n'eût pas plus de mal à remédier aux accrocs de ta conscience que moi à ceux de tes habits!.....

Comme la folle disait ceci, et que le roi riait beaucoup de ses propos, deux seigneurs nouveaux venus s'approchèrent du roi pour le saluer. Derrière eux s'avança un jeune homme auquel personne ne fit attention. Un des deux seigneurs, François de La Grange, seigneur de Montigny, s'étant agenouillé devant le roi et lui accolant la cuisse, comme on disait alors, le roi se baissait pour le relever et l'embrasser, lorsqu'il se redressa vivement tout à coup, et, portant la main à sa bouche, il prononça un énergique « *Ventre Saint-Gris!* » puis ajouta, en montrant Mathurine qui ne s'était pas retirée et qui gesticulait en tirant de sa poche divers instruments de couturière : « Qu'on fasse retirer cette folle ; elle m'a fait mal (1) ! »

— Mais, vous êtes blessé, sire, s'écria Montigny qui vit couler le sang sous la main du roi.

A ce cri, un grand tumulte s'éleva dans la chambre, et le comte de Soissons se jetant sur un jeune homme qui essayait de s'éloigner du groupe dont Henri faisait partie et de se cacher dans la foule émue, le saisit au collet, et le traînant devant le roi : « Voilà l'assassin, criat-il ; si ce n'est pas lui, c'est moi ! » L'accusé, cependant, d'une pâleur livide et dans un trouble extrême, niait avec force qu'il fût coupable, et son extrême jeunesse faisait que le roi penchait à le croire innocent en effet ; mais comme la foule criait qu'il fallait mettre en pièces l'assassin, et se disposait à exécuter ses menaces sur l'individu désigné à sa rage, Henri IV ordonna au grand-prévôt de son hôtel de faire conduire le prévenu en lieu de sûreté. En ce moment, la foule s'éloignant, à la prière des serviteurs du roi, et des flambeaux ayant été apportés, on aperçut sur le parquet le couteau dont on s'était servi pour frapper Henri IV. Celui-ci n'était pas dangereusement blessé ; le coup qui l'avait frappé, adressé au cœur, n'avait pu, grâce au mouvement que le roi avait fait pour relever Montigny, qu'atteindre la lèvre inférieure, que l'arme avait traversée en brisant une dent (2). A huit heures du soir, Henri IV, suivi d'un grand nombre de seigneurs du plus haut rang, se rendit à l'église de Notre-Dame, pour y rendre grâces à Dieu ; un *Te Deum* fut solennellement chanté à la même heure dans la majestueuse métropole parisienne. Cette démarche d'Henri IV prévint peut-être de grands malheurs ; car le bruit de la tentative meurtrière s'était répandu rapidement dans Paris, où elle avait causé une extrême agitation. Des bruits contradictoires circu-

(1) De Thou, *Histoire universelle*, livre CXI.
(2) Plusieurs écrivains disent que ce fut à la lèvre supérieure que fut atteint Henri IV ; la pyramide constatait ainsi le fait ; mais De Thou dit positivement que ce fut à l'inférieure, et, comme le remarque le traducteur de l'édition de 1734, on doit plutôt croire ce qu'avance cet historien, qui était à la cour et fort attaché au roi, qui l'aimait et l'estimait fort.

laient ; les uns annonçaient qu'Henri était mort ; les autres, qu'il vivait encore, mais qu'il agonisait ; on assurait aussi que l'assassinat du roi n'était qu'une comédie. La réalité de l'attentat ayant été bientôt établie, les Parisiens, à peine déshabitués de la lutte politique, commençaient déjà à regarder vers l'endroit où ils avaient accroché leur hallebarde ou leur pétrinal; déjà, d'une maison à une autre, s'échangeaient des regards de menace, déjà le zélé catholique fronçait le sourcil en voyant passer le *parpaillot*, le royaliste regardait de travers l'ancien ligueur. La présence d'Henri IV au milieu des Parisiens calma cette effervescence, ou plutôt, en confondant ses bouillonnements opposés, les dirigea vers un même point. « Ce sont les Jésuites qui ont encore voulu assassiner le roi (1) ! crie-t-on bientôt de toutes parts. Il faut enfin faire justice de ces misérables!... Oui! oui !...» De grands cris s'élèvent et se taisent. Alors, un homme, orateur populaire, de ceux qu'improvise toute grande commotion, et dont la parole entraînante s'élance vers les masses de dessus quelque borne pour aller s'asseoir sur une royauté tombée, un homme a pris la parole et a demandé à la foule attentive « ce qu'on fait au loup féroce et dévastateur, quand on veut le forcer dans sa retraite? »

— On l'enfume! répond une voix énergique, on l'enfume, d'abord ; ensuite, on l'assomme.

— Vous avez entendu, enfants? dit l'orateur en étendant les bras vers la foule. Puis, il descend de sa tribune improvisée. Déjà la foule s'est ruée vers le collége de Clermont. Déjà les portes du collége s'ébranlent sous les coups redoublés des poutres et des barres de fer avec lesquelles on essaye de les enfoncer, tandis que les derniers rangs des assaillants font voler par-dessus les murs une grêle de pierres, et que les cris volent avec les projectiles, lancés comme eux contre la maison des enfants de Loyola : « Enfumons ces loups infâmes ! Forçons leurs tanières!... Assommons-les tous (2) !... »

(1) Nous trouvons dans l'Histoire du P. Jouvency qu'on crut d'abord à Paris que c'était un Jésuite qui avait fait le coup.

(2) Mézeray dit que le peuple assiégea le collége de Clermont et que, sans les gardes que le roi y envoya, il eût déchiré les Jésuites en mille pièces.

Afin de suivre complétement le conseil qu'ils avaient reçu, et voyant que la porte du collége semblait en état de défier longtemps leurs efforts, les assaillants empilèrent devant de la paille et quelques fagots auxquels ils mirent le feu. Bientôt, sous l'action dévorante de l'élément destructeur, la porte allait livrer passage aux assaillants, qui, poussant un grand cri de triomphe, se préparaient à assommer *les loups*, après les avoir enfumés. En ce moment, quelques compagnies des gardes du roi et des archers de la prévôté s'avancèrent, frayant le passage à messire Guillaume Vair, maître-des-requêtes, précédant deux conseillers du parlement qui s'avançaient en robe rouge, escortés de leurs huissiers. Le chef des soldats avait vainement harangué la foule pour l'engager à se retirer, lorsqu'un des huissiers obtint d'un mot ce que l'orateur militaire s'était vu refuser.

« Mes amis, dit le licteur parlementaire, vous voulez assommer les Jésuites, c'est bien ! mais ce sera plus drôle de les voir pendre !... »

Là-dessus, les assaillants se dispersèrent avec de grands cris de joie, et se promettant bien de ne pas manquer d'assister au spectacle qu'on leur promettait. La commission déléguée par le parlement put entrer dans le collége des Jésuites. L'intérieur de cette maison présentait un spectacle singulier. Les Révérends Pères étaient tous rassemblés dans une cour, autour d'un crucifix gigantesque qui s'élevait au milieu. Quelques-uns priaient en tremblant au pied de l'emblème sacré, pendant que quelques autres, l'air égaré, s'agitaient comme des démoniaques, en criant : « *Surge, frater, agitur de religione* (Debout, frère, pour la sainte cause de la religion !) (1) !... » Quelques Novices firent même mine de vouloir repousser les gardes et archers : mais le Père Clément Dupuis, Provincial, les arrêta, et demanda au maître-des-requêtes ce qui l'amenait ainsi que les deux conseillers.

— Ne vous en doutez-vous pas un peu, mon Révérend ? répondit un de ces deux derniers en regardant fixement le Provincial. Celui-ci soutint avec une froide impassibilité les regards ardents qui, à cette question, s'étaient fixés sur son visage blême et sournois, et dit qu'il

---

(1) *Pièces diverses* du règne d'Henri IV.

ignorait complétement le motif de la visite dont sa Maison était honorée; « à moins toutefois, ajouta-t-il, que ce motif ne soit de la protéger contre une incompréhensible irruption populaire, auquel cas je vous remercie bien vivement au nom de tous nos Pères que cette attaque avait effrayés non moins que surpris. » Ce disant, le Jésuite s'inclina vers les magistrats avec un air gracieux.

En ce moment, la foule se dispersant jetait pour adieux au collége des Jésuites ces mots : « A la potence les assassins! »

— Entendez-vous, mon Révérend Père? demanda Guillaume Vair.

— J'entends des cris de mort poussés par une populace furieuse.

— Entendez-vous aussi le jugement prononcé par la voix du peuple?

— Quoi donc! demanda vivement le dignitaire Jésuite, supposerait-on?... » Il s'arrêta sur ce dernier mot.

— De quelle supposition vouliez-vous parler, mon Révérend?

Le Provincial ne répondit pas. Dès ce moment même la commission déléguée par le parlement ne put en obtenir que des réponses par oui ou par non à toutes ses questions. Voyant qu'il ne pouvait mettre le Provincial hors de garde, le maître-des-requêtes, qui s'impatientait probablement de son peu de succès, finit par annoncer brusquement aux Jésuites que le roi Henri IV venait d'échapper miraculeusement aux coups d'un assassin. Une sorte de bruissement, à peu près pareil à celui qu'on entend dans les hautes cimes d'une forêt au milieu d'une journée brûlante et orageuse, passa dans le groupe immobile des Jésuites; mais il eût été impossible de distinguer sa nature : on pouvait y reconnaître, à la fois, le halètement de la surprise, le murmure de la déception, ou le hoquet de la rage qui se contient.

— On a voulu tuer le roi! répéta lentement le Provincial..... Et vous venez sans doute nous demander d'unir nos actions de grâce à celles que l'Église, que toute la France, vont adresser à Dieu qui protége le roi : — le roi à peine blessé; m'avez-vous dit?...

— Et, répliqua le maître-des-requêtes, en supposant que tel soit le motif de notre venue, que répondez-vous à la demande?

— Au nom de tous ceux qui m'obéissent, comme à celui de tous mes frères en religion, je réponds que nul Ordre n'adressera de plus vifs remercîments au ciel, pour la protection qu'il a accordée au roi de France, que la Compagnie de Jésus !

— Hypocrite! murmura Guillaume Vair, tandis que les gardes et archers tourmentaient les crosses de leurs mousquets ou les hampes de leurs hallebardes. — Mais, continua l'officier du parlement, tel n'est point le but que s'est proposé la Cour en nous envoyant dans cette maison, qui appartient à la soi-disant Compagnie de Jésus. Ce but vous allez le connaître... Vous, Clément Dupuis, prêtre, ou tout autre individu se disant chef et directeur de cette maison de religieux, êtes sommé de faire à l'instant, devant nous, Guillaume Vair, maître-des-requêtes, assisté de deux Conseillers délégués, comparaître tous et chacun des Pères, régents, novices et écoliers qui se trouvent dans ce collége de Clermont, et, en même temps, de remettre entre nos mains la liste de tous les individus qui habitent cette dite maison.

— Je vais ordonner qu'on obéisse à cet ordre ; tout en protestant contre sa teneur et contre la manière et l'heure où il nous est intimé ! répondit le Provincial après un instant de silence.

— Nous protestons! crièrent quelques énergumènes en robe noire, auxquels imposèrent silence les voix des huissiers tant soit peu aidées par l'éloquence muette des crosses des mousquets et des hampes des hallebardes de l'escorte.

Le Provincial des Jésuites remit alors au maître-des-requêtes une liste des noms de tous les habitants du collége. Un huissier du parlement appela chacun de ces noms à voix haute, et profès, co-adjuteur, novice ou écolier, un individu répondit à chaque appel. Trois noms seulement furent criés en vain ; mais le Provincial assura, et la commission du parlement s'assura, que ces trois individus étaient à l'infirmerie. Ce résultat sembla causer une certaine surprise aux conseillers et au maître-des-requêtes, ainsi qu'un vif désappointement aux huissiers et aux soldats de l'escorte.

— Êtes-vous satisfaits maintenant, messire et messieurs ? demanda le Père Clément Dupuis, avec un ton de froideur où perçait une ironie triomphante.

Le maître-des-requêtes, après avoir consulté à voix basse les deux Conseillers, s'adressa de nouveau au Provincial, et le somma, lui et tous ses inférieurs, de le suivre à l'instant.

— Où voulez-vous nous mener, messire? demanda le Jésuite d'un ton de surprise irritée. Avez-vous bien réfléchi?...

— Faites votre devoir! dit froidement le maître-des-requêtes s'adressant au chef des huissiers. Les gardes du roi et les archers de la prévôté semblèrent, par l'attitude qu'ils prirent alors, former intérieurement et très-vivement le vœu que les Révérends s'avisassent de faire la plus petite tentative de rébellion, et ils purent croire un instant qu'il en serait ainsi. Mais le Père Provincial calma d'un regard l'irritation qui bouillonnait sous les robes noires de ses subordonnés.

— Nous sommes prêts à vous suivre, messieurs, dit-il avec un calme affecté.

Les commissaires du parlement sortirent alors du collége de Clermont; les Jésuites en sortirent après eux, entourés et surveillés par l'escorte. On ferma ensuite les portes de la Maison des Révérends Pères, où il ne resta que le recteur, les trois malades, et quelques archers de la prévôté. Les Jésuites furent conduits à l'hôtel du conseiller Brisard, chef ou colonel du quartier, qui se chargea de les garder moyennant une escouade des gardes qui lui fut laissée. Il était alors environ dix heures. Néanmoins les rues de Paris étaient encore pleines de bruit et de mouvement. De moment en moment, on voyait passer des troupes de soldats qui répondaient par de grands cris aux cris que poussaient les groupes de citoyens stationnant dans les rues. L'exaspération de la foule était si forte contre les Jésuites, que ce fut pour les empêcher d'être mis en pièces qu'on les enferma dans l'hôtel du conseiller Brisard. Il fallut même que Guillaume Vair ordonnât plusieurs fois et sévèrement à son escorte de veiller à la sûreté des Révérends Pères, pour que ceux-ci, dans le court chemin qu'ils eurent à faire, ne fussent pas assommés ; le Père Jouvency le dit lui-même.

A onze heures et demie, le chef des huissiers du parlement arriva à la maison du conseiller Brisard, et ordonna à celui-ci, de la part du premier président De Harlay, de faire reconduire les Jésuites à leur

Maison, où ils resteraient enfermés et sous la surveillance d'un officier du parlement ayant sous ses ordres un nombre d'archers suffisant. Un des Révérends Pères était seul excepté de cette mesure ; c'était un régent de philosophie nommé Jean Guéret. Le premier président avait ordonné qu'on le lui amenât au Louvre. Le conseiller Brisard chargea le chef des huissiers de reconduire les Jésuites à leur collége, et voulut mener lui-même le Père Guéret au Louvre.

Cependant, aussitôt après son arrestation, Jean Châtel, conduit dans une salle basse du Louvre servant de prison, avait été immédiatement interrogé par le grand-prévôt de l'hôtel du roi. Le premier président De Harlay étant bientôt accouru, l'interrogatoire avait été repris avec plus de suite et de sévérité. C'est à la suite de ce second interrogatoire que le premier président avait donné l'ordre d'amener au Louvre le Père Guéret. En même temps, des officiers du parlement, suivis d'archers, allaient arrêter et conduisaient au For-l'Évêque, le père et la mère de l'assassin, ses deux sœurs, son beau-frère, tous ceux qui faisaient partie de la maison du drapier, et les trois prêtres qui la fréquentaient d'habitude. La même prison reçut Jean Châtel, après que le premier président eut terminé son interrogatoire, dont nous ne parlerons pas à présent, et qu'il eut fait confronter le Jésuite arrêté avec l'assassin, son ancien élève.

Toute la journée du 28 décembre fut employée aux interrogatoires de l'assassin, de sa famille et des autres personnes arrêtées, ainsi qu'aux diverses confrontations. Jean Châtel avait été extrait dès le matin de la prison du For-l'Évêque, et transféré à la Conciergerie. Une foule innombrable remplissait le palais de Justice et ses abords, et il avait fallu requérir une assez forte troupe de soldats pour la contenir et l'empêcher de faire une justice sommaire de l'accusé et surtout des complices en robe noire qu'on lui supposait hautement. Chaque fois qu'un membre du parlement traversait la foule pour se rendre au lieu des séances, de grands cris s'élevaient, et on adjurait le magistrat de faire son devoir. A une de ces sommations qui avaient quelque chose d'imposant, le président Augustin De Thou, vieillard octogénaire, qui ne pouvait se rendre là où son devoir l'appelait qu'en s'appuyant sur les bras de deux huissiers, fit cette réponse : « Citoyens, je vais bientôt comparaître devant le tribunal de Dieu ! je ne crois pas pouvoir mieux m'y préparer qu'en prenant encore, une dernière fois, ma place à ce tribunal des hommes, où justice sera faite, soyez-en sûrs !..... » De grands applaudissements suivirent ces paroles ; puis bientôt un silence extraordinaire et solennel y succéda. « Les deux chambres sont assemblées ! » venait de dire un de ceux qui avaient pu pénétrer dans le palais, et qui continua d'informer de ce qui se passait dans le sanctuaire de la justice la foule qui stationnait au dehors, et parmi laquelle chacune des phrases du jugement parvint ainsi répétée à demi-voix.

L'accusé fut introduit devant la Cour. Son interrogatoire commença : c'était le quatrième qu'on lui faisait subir (1). Dans chacun de ses divers interrogatoires, l'assassin fit à peu près les mêmes aveux, dont nous allons donner ici le sommaire.

Après les formalités ordinaires, le premier président De Harlay s'adressant à Jean Châtel, lui dit :

— Vous vous nommez Jean Châtel ?

— Oui, monsieur le premier président.

— Quel est votre âge ?

— Dix-neuf ans.

— Vous êtes fils de Pierre Châtel, marchand drapier, demeurant en face du palais, et de dame Denise Hasard ?

— Oui, monsieur le premier président.

— Est-ce vous qui avez attenté sur la personne sacrée du roi ?

— C'est bien moi.

— Depuis quand aviez-vous formé ce détestable projet ?

— Depuis dix jours environ.

---

(1) Il avait été d'abord, ainsi que nous l'avons dit, interrogé au Louvre par le Grand-Prévôt ; ensuite par le premier président. Le 28, de grand matin, Jean Châtel, transféré à la Conciergerie, fut de nouveau interrogé par le Président et les gens du roi. Suivant De Thou, Henri IV, qui gardait alors le lit, balança s'il devait faire remettre son assassin aux officiers du parlement. Ce fut l'historien lui-même qui fut député vers le roi par le premier président pour demander au roi que cette remise eût lieu. Voyez l'*Histoire universelle*, livre CXI. Nous avons réuni ces divers interrogatoires en un seul dans l'intérêt du lecteur.

— Dites à la Cour comment vous avez essayé de consommer le crime conçu par vous.

— J'avais délibéré d'exécuter mon entreprise en quelque lieu que ce fût. J'avais pour cela un couteau dans la manche de mon habit, entre ma chemise et ma chair. Mon intention étant arrêtée de tuer le roi à la première commodité qui se présenterait, je vis, le 27 de ce mois, passer plusieurs hommes d'épée, avec des flambeaux et torches, étant rue de Saint-Honoré, au bout de la rue d'Autruche ; je demandai à un gentilhomme qui était le roi ? Il me montra un cavalier qui avait des gants fourrés. Alors, j'ai suivi l'escorte jusqu'auprès de Louvre, et suis entré avec la foule dans l'appartement de madame Gabrielle d'Estrée, à ce que j'ai appris. Là, je me suis approché doucement du roi, qui riait et causait avec des seigneurs dont j'ignore le nom, et je lui ai porté un coup de couteau vers la gorge ; car étant bien habillé, j'avais peur que le couteau ne rebroussât ailleurs. Si j'ai frappé le roi au visage, c'est qu'à l'instant où je lui portais le coup, il s'est baissé. Là-dessus, il s'est élevé grand bruit et tumulte, j'ai jeté mon couteau espérant m'échapper ; mais j'ai été saisi ; j'ai d'abord nié l'affaire : maintenant je la confesse.

— L'assassin confesse son crime ! » Ces mots s'en furent rouler sourdement au dehors. L'interrogatoire continua.

— De quelle arme vous êtes-vous servi ? est-il demandé à l'accusé.

— D'un couteau ordinaire que j'ai pris chez mon père.

— Était-il empoisonné ?

— Non pas que je sache ; on s'en servait communément dans notre maison. Je l'ai pris sur le dressoir, où il était.

Le président ordonne qu'on représente à l'accusé le couteau dont il s'est servi, et lui demande s'il le reconnaît.

— C'est bien mon couteau, répond Jean Châtel ; seulement il me paraît un peu rouillé vers la pointe. Mais sans doute c'est le sang qui en est cause. Il faudra qu'on le nettoye pour s'en servir à présent.

Ces mots, dits avec un calme extraordinaire, presque en souriant, excitent dans l'enceinte du tribunal une sourde rumeur d'indignation dont les échos retentissent longtemps au dehors. Cependant, on présente à l'accusé plusieurs papiers sur lesquels les premier président lui ordonne de jeter ses regards, après quoi ce dernier demande à Châtel s'il sait quels sont ces écrits.

— Ces papiers sont à moi : tout ce qui y est écrit est de ma main, répond Jean Châtel.

Sur l'ordre du premier président, maître Doron, premier huissier de la Cour, fait alors lecture de trois écrits sur lesquels sont tracés, au milieu de ratures, ces mots qui semblent au premier abord ne présenter aucune suite ni liaison : HENRI DE BOURBON, *graissé, bouvier, tiran, brandon de la France.*

Interrogé sur ces mots et sur leur sens, Jean Châtel répond que c'est le canevas d'un anagramme qu'il a essayé de faire sur le nom du roi. Le quatrième papier contient une confession faite d'après l'ordre des préceptes du Décalogue.

— Est-ce vous qui avez écrit cette confession? demande le premier président.

— C'est moi, répond l'accusé, après un instant d'hésitation.

— Et cette confession est la vôtre?

Après un nouveau silence, Jean Châtel répond :

— Oui, monsieur le premier président, cette confession est la mienne.

Le chef des huissiers donne également lecture de cette pièce, dans laquelle celui qui l'a écrite s'accuse d'être tombé dans des excès horribles et dans des impuretés abominables.

— *Je m'accuse*, y disait le misérable, *d'avoir frappé ma mère, et d'avoir conçu le dessein de commettre un inceste sur ma sœur.*

Un frémissement d'horreur ébranle l'auditoire, et, comme une étincelle électrique, se propage aussitôt au dehors.

La lecture de la pièce continue. Jean Châtel y discutait le droit que tout catholique pouvait avoir à tuer Henri de Navarre, et, s'appuyant d'autorités jésuitiques, établissait qu'il était permis de le tuer. Il ajoutait que, si lui, Jean Châtel, prenait enfin la résolution d'exécuter cette œuvre méritoire, il diminuerait ainsi les tourments éternels qu'il était condamné à souffrir dans l'enfer pour ses crimes et ses péchés.....

— Accusé, ait alors le premier président, ces papiers ont été trouvés dans la maison de votre père. Avait-il donc connaissance du projet par vous conçu et délibéré de tuer le roi?

— Oui! répond froidement Jean Châtel.

— Accusé, pesez-bien votre réponse; vous sentez qu'elle charge grandement votre père, qui devient ainsi complice de votre crime pour ne pas l'avoir révélé aussitôt qu'il en a reçu la confidence?

— J'ai dit la vérité. Mais j'ajoute qu'ayant parlé à mon père de mon projet de tuer le roi, il me dit que cela était mal, tâcha de m'en détourner, et, pour m'ôter cette pensée, me mena à un prêtre.

— Dites-nous le nom de ce prêtre.

— C'est le Père Guéret.

— Lui avez-vous aussi confié votre projet criminel?

— Non; je me suis seulement confessé à lui de plusieurs péchés contre nature que j'avais la volonté de commettre.

— Quand avez-vous vu le religieux dont vous parlez?

— Vendredi ou samedi dernier, je ne sais plus au juste.

— Comment votre père connaissait-il le Jésuite Guéret?

— Le Père Guéret est régent de philosophie au collége de Clermont, où j'ai étudié trois ans. J'ai suivi les leçons de ce professeur.

— Dites-nous vos motifs pour commettre le crime que vous avez avoué.

— Désespéré de mes péchés, sûr d'être damné comme l'Antechrist, et ayant opinion d'être oublié de Dieu, j'ai du moins voulu tâcher d'éviter le pire, et me suis dit qu'il valait mieux, si j'étais dévolu à l'enfer, l'être *ut quatuor* (comme quatre), que *ut octo* (comme huit).

— Expliquez-nous ce que vous entendez par là.

— J'entends qu'il y a différents degrés de souffrance éternelle; que la punition, en enfer, peut être plus ou moins forte; j'estime qu'en l'éternel abîme une peine moindre est une espèce de *salvation*, en comparaison de la plus *griève*.

— Pensez-vous être plus ou moins damné par le crime que vous avez voulu commettre?

— Je crois fermement que mon action servira à la diminution de mes peines. Je le crois si fermement, que si c'était à recommencer, ce que j'ai fait, je le ferais encore.

Cette réponse de l'accusé est faite d'une voix exaltée, et accompagnée d'un geste qui rappelle l'action meurtrière. Elle est suivie d'un instant de suspension pendant lequel les dernières paroles de l'accusé transmises au dehors excitent une clameur d'indignation et de colère. On sent jusque dans l'enceinte du tribunal le reflux des vagues furieuses que les gardes et archers peuvent à peine contenir. Le premier président reprend l'interrogatoire.

— Accusé, où avez-vous puisé l'étrange doctrine sur l'enfer que vous venez d'émettre devant la Cour?

— Dans le cours de philosophie.

— Chez les Jésuites?

— Chez les Pères de la Compagnie de Jésus.

— Ainsi, c'est au collége de Clermont que vous avez appris cette théologie nouvelle?

L'accusé ne répond que par un signe affirmatif.

— Et c'est au même endroit qu'on vous a enseigné qu'en tuant le roi vous obtiendriez en enfer une sorte de merci?

— Ceci n'est pas un enseignement que j'ai reçu, mais seulement une conclusion que j'ai tirée.

— Comment êtes-vous arrivé à cette conclusion effroyable?

L'accusé semble hésiter; il ne répond pas immédiatement; puis, soudain, et comme se parlant à lui-même : « Pourquoi ne le dirais-je pas? murmure-t-il; et il continue en ces termes :

— Quoiqu'il y ait sept mois que je ne suive plus les cours du collége de Clermont, cependant je suis retourné plusieurs fois chez les Religieux de la Compagnie de Jésus. Mon père lui-même m'y a mené à différentes reprises, dans l'espoir que, là, on mettrait une digue à mes mauvais penchants. Mais, dès lors, j'avais désespéré de la miséricorde divine, moins encore à cause des énormes péchés d'action que j'avais commis ou tenté de commettre, que des péchés d'intention plus énormes encore dont je pensais à me souiller. Les exhortations des Pères de la Compagnie de Jésus, auxquels j'avais ouvert mon âme, me donnèrent un peu de calme en m'apprenant que, si je ne pouvais plus éviter l'enfer désormais, je pouvais encore en adoucir les éternelles souffrances par une action grandement méritoire aux yeux de Dieu et de l'Église. Je cherchai quelle pouvait être cette action : je ne trouvai pas d'abord. On me conseilla d'avoir recours aux *exercices spirituels* institués par le saint fondateur de la divine Société de Jésus : je le fis ; et, dans la *Chambre des Méditations* je trouvai enfin ce que je cherchais.

— Qu'est-ce que la chambre dont vous parlez?

— C'est une salle comme il s'en trouve une dans chaque Maison des Pères de la Compagnie de Jésus, où les âmes en peine et timorées vont, dans le silence et l'obscurité, après certaines préparations, s'inspirer de l'amour de Dieu ou de la crainte de l'enfer. — C'est l'enfer qui m'a toujours répondu, là ! ajoute l'accusé d'une voix sourde et en frémissant de tous ses membres.

— Êtes-vous allé souvent à cette *Chambre des Méditations*?

— Souvent. La dernière fois, ce fut il y a quelques jours, lorsque mon père me conduisit au Père Guéret. Je sentais comme un avant-goût de toutes les plus horribles tortures de l'enfer, je voulus enfin essayer de les adoucir. Sur le conseil du Père Guéret, j'entrai dans la *Chambre des Méditations*... Un jour faible et livide y règne. A ma droite, un tableau représentant les délices du paradis ; à ma gauche, un autre où sont figurés les tourments de l'enfer. Je m'agenouille, et je veux prier; mais cela m'est impossible. Alors, je me jette la face contre terre, et voyant que je ne puis amener en mon âme les pensées du ciel, j'y appelle les pensées de l'enfer..... En ce moment, j'entends près de moi comme les froissements d'ailes de chauves-souris garnies de griffes d'acier. Ce bruit augmente, s'étend. Il est derrière moi, devant moi, au-dessus de moi, partout. Je sens une sueur froide tomber goutte à goutte de mon front sur mes mains, et mes cheveux se hérisser. Longtemps je n'osai relever la tête... Au bout de quelques minutes, de quelques heures peut-être, des rires moqueurs arrivèrent à mon oreille. Alors j'osai me soulever et regarder autour de moi. Je ne vis rien d'abord que les ténèbres. Ensuite, j'aperçus un petit feu aux lueurs sanglantes qui, s'allumant peu à peu, finit par me faire distinguer tout autour de la chambre, dont les murailles semblaient avoir reculé et circonscrire à présent une immensité, comme une ronde de démons hideux dont chacun tenait de sa main noire et crochue la blanche main d'une femme presque nue et d'une admirable beauté, mais pâle comme si l'unique et vaporeux voile qui la couvrait eût été son linceul. Ces étranges femmes pâles, ces démons hideux et grimaçants tournaient, tournaient en chantant d'une voix basse et monotone, je ne sais quel chant, ni dans quelle langue. Je compris pourtant qu'ils m'invitaient à venir prendre part à leur ronde. Je restais toujours cloué sur mes genoux, n'osant remuer, et ne pouvant pas fermer les yeux. La ronde tournait, tournait toujours ; et, par moments, de grandes lueurs sanglantes passaient en serpentant. Tout à coup, un long cri s'entendit, et la danse s'arrêta.....

Alors, je vis, au milieu du cercle rompu, une femme qui s'avança vers moi. Cette femme était plus jeune, plus belle que toutes les autres ; elle était tout à fait nue, et ses yeux me souriaient, et ses mains semblaient m'inviter à m'élancer vers elle. — Oui, oui ! Madeleine, damné, que je sois damné, mais avec toi !... Que faut-il faire pour cela ?... La ronde recommence à tourner ; et désormais j'en fais partie ; et la femme qui m'est échue, celle avec laquelle l'enfer me permettra quelques instants de repos et de jouissances, me dit tout bas à l'oreille, pendant que son souffle brûle ma chair : « Mon bien aimé, pour que nous soyons unis à jamais, il faut que tu tues le roi. C'est un tyran, et on peut tuer un tyran ! c'est un hérétique, un excommunié : on doit tuer les hérétiques et les excommuniés. »

— Je le tuerai !... Je le tuerai !... Ah !... Je le tuerai !...

Vers la fin du récit de son effroyable rêve, dont il racontait les phases comme si elles ne fissent que se dérouler devant lui, Jean Châtel s'était levé peu à peu ; il gesticulait avec violence, et lorsqu'il prononça trois fois les mots : « Je le tuerai ! » on eût dit qu'il tenait encore le couteau avec lequel il avait frappé la royale victime. Mais, en ce moment, comme s'il eût succombé, ainsi qu'il lui était arrivé dans la *Chambre des Méditations*, sous la terreur mélangée d'une âcre jouissance de sa vision, il tomba sans connaissance en poussant un cri qui n'avait rien d'humain, et qui s'entendit même du dehors.

Lorsque l'accusé reprit connaissance, et qu'il fut en état d'entendre et de répondre, le premier président, après avoir fait un retour sur ses précédents aveux, lui demanda encore : « Si ce qu'il venait de dire du pouvoir qu'avait tout fidèle catholique de tuer un hérétique et un excommunié, était une idée qui lui fût venue dans la fatale *Chambre des Méditations,* ou s'il l'avait reçue ailleurs ? »

Jean Châtel, épuisé, reprit une sorte d'énergie fébrile pour accentuer fermement ces mots :

— Je crois depuis longtemps qu'il est loisible de tuer le roi.

— Qui vous a donné cette horrible persuasion? Serait-ce le Père Gueret?

— Non, ni lui, ni les autres Pères de la Compagnie de Jésus ; du moins, particulièrement.

— Mais vous avez avoué déjà que c'était au collége des Jésuites que vous aviez puisé ces maximes détestables !

— Ceci est vrai. J'ai souvent entendu dire en philosophie qu'il est loisible de tuer un tyran ; que c'est même une action héroïque au point de vue humain, méritoire au point de vue religieux.

— Ces propos étaient-ils ordinaires aux Jésuites?

— J'ai entendu les Révérends Pères soutenir, à différentes fois, que, tant que le roi serait hors de l'Église, il ne fallait ni lui obéir, ni le tenir pour roi, jusqu'à ce qu'il fût absous par notre Saint-Père le pape. Quant à moi, je crois fermement, je le répète, que c'est là une vérité incontestable. Or, on m'a appris qu'un homme, fût-il roi, qui se rebelle contre le pape, peut et doit même être tué, et cela non-seulement sans péché, mais encore avec rachat de péchés!...

Tel fut à peu près l'interrogatoire de Jean Châtel.

Il n'essaya pas un instant de nier, ni même de pallier son crime. Il fit au contraire tous ses efforts pour le justifier, pour s'en draper, sinon comme d'un manteau de triomphe, du moins comme d'une robe d'expiation spirituelle.

On comprend que, dans cet état, la condamnation de Jean Châtel ne pouvait ni être douteuse, ni donner matière à discussion. Cependant, les avis se trouvèrent partagés, dans le Parlement, sur l'arrêt à intervenir. « Ce n'est pas, dit l'historien De Thou, qui a dû être mieux informé que personne, puisqu'il était présent à la délibération, qu'on doutât de la peine que méritait l'assassin ; mais il se trouva des gens qui voulaient qu'on jugeât en même temps l'affaire des Jésuites, puisqu'il y avait lieu de croire que la surséance, que ces Pères avaient malheureusement obtenue à force d'intrigues, avait donné occasion à ce parricide exécrable. » Nous dirons tout à l'heure quelle résolution prit le Parlement à l'égard des Jésuites, de la famille de l'accusé, et des autres personnes arrêtées à l'occasion de l'attentat.

La Cour avait ordonné que Jean Châtel fût mis à la question ordinaire et extraordinaire, afin qu'on lui arrachât positivement les noms de ses complices. Mais il paraît, nous ne savons pourquoi, qu'on fit grâce à l'assassin de la moitié de cette torture juridique, qui ne lui fit avouer rien de plus que ce qu'il avait déclaré déjà.

Le vingt-neuf décembre, dans la matinée même, la Cour rendit son arrêt contre Jean Châtel. Cet arrêt était précédé d'une exposition dans laquelle, rappelant les aveux du criminel, on le montrait marchant à son attentat poussé par une détestable influence. Ensuite, Jean Châtel, déclaré atteint et convaincu du crime de lèse-majesté divine et humaine au premier chef, en réparation du parricide horrible et détestable par lequel il avait attenté sur la personne sacrée de sa majesté, était condamné à faire amende honorable devant le portail de Notre-Dame, nu et en chemise, et tenant en ses mains une torche allumée du poids de deux livres, et, là, à déclarer à genoux, tout haut et d'une voix lamentable : que, méchamment et contre toute raison, il avait porté un coup de couteau au roi, et l'avait frappé au visage ; qu'imbu d'une doctrine fausse et abominable, il avait soutenu qu'il était permis de tuer les rois, et nommément celui régnant, Henri IV, n'étant pas, comme il le disait, dans le sein de l'Église, jusqu'à ce qu'il fût absous par le pape ; qu'il s'en repentait et en demandait pardon à Dieu, au roi et à la justice. « Ensuite de quoi, continuait l'arrêt, Jean Châtel sera mené à la Grève dans un tombereau, et, là, tenaillé aux bras et aux cuisses avec des tenailles ardentes ; et, après qu'on lui aura coupé la main qui tiendra le couteau dont il s'est servi pour attenter à la vie du roi, il sera tiré et écartelé à quatre chevaux, son corps brûlé, et les cendres jetées au vent, etc. (1). »

Immédiatement après le prononcé de cet arrêt, le condamné fut mené au supplice, qu'il subit dans toutes ses parties avec une effroyable constance qui ne pouvait provenir que d'une extrême exaltation morale ; sans doute Jean Châtel se disait que chacune de ses souffrances atroces était, comme on le lui avait appris, autant de diminué sur les tourments de l'enfer mérités par ses péchés !

Il faisait une froide et sombre journée d'hiver lorsqu'on le conduisit au supplice à travers une foule exaspérée qui le couvrait de malédictions lui et ses complices, dont les noms étaient criés tout haut, tandis qu'on dévouait ceux qui les portaient au même destin que leur séide. Jean Châtel, pendant tout le trajet de la Conciergerie au parvis Notre-Dame, resta tranquillement assis entre le bourreau et ses aides, dans le tombereau d'infamie, impassible et parfois regardant la foule avec un regard de froide ironie. Arrivé à Notre-Dame, malgré la rigueur de la saison, et quoiqu'il fût presque nu, il se tint debout, sans aucun aide, écouta son arrêt qui lui fut lu de nouveau, prit le cierge qu'on lui offrait, s'agenouilla lorsqu'on le lui eut ordonné, et répéta les paroles d'amende honorable qu'on lui dictait. Seulement, il les prononça d'un ton de mépris et de sarcasme, qui n'indiquait aucun repentir. Conduit ensuite à la place de Grève, il fut remis au bourreau, qui l'étendit sur une claie. Alors les aides de l'exécuteur, prenant dans des réchauds allumés à l'avance des tenailles complétement rougies au feu, tenaillèrent lentement le misérable aux cuisses et aux bras. Jean Châtel ne jeta pas un cri quoiqu'on entendît de fort loin grésiller ses chairs fumantes. Après cette torture affreuse, on lui mit dans la main droite le couteau avec lequel il avait frappé le roi ; un des valets du bourreau appuya sur un billot cette main, que le bourreau lui-même trancha

---

(1) *Actes du procès contre Jean Châtel, étudiant au Collége de la Compagnie de Jésus.* — De Thou, livre CXI, etc.

avec un couperet. Un sourd rugissement de douleur fut tout ce que ce nouveau tourment put arracher au misérable patient. Enfin on fit avancer quatre vigoureux chevaux, sur lesquels montèrent quatre valets de l'exécuteur. On attacha fortement chacun des quatre membres de l'assassin à une grosse corde qui allait se réunir à un harnachement particulier permettant au cheval de tirer vigoureusement droit devant lui.

A un signal donné, les aides de l'exécuteur enfoncèrent leurs éperons dans les flancs de leurs chevaux, qui bondirent en avant. Jean Châtel jeta un cri affreux : ses articulations craquèrent horriblement, ses muscles et tendons s'allongèrent d'une façon extraordinaire ; mais il fallut un nouvel élan des chevaux pour que les membres se déchirassent tout à fait!... Le bourreau prit alors ce tronc informe dont la vie semblait ne s'être pas encore retirée : on voyait en effet les yeux à demi sortis de l'orbite rouler convulsivement ; les valets ramassèrent les membres sanglants, et le tout fut mis sur un bûcher en feu. Au bout d'une heure, la flamme étant éteinte, on ramassa les cendres et les quelques ossements qui n'avaient pu se consumer entièrement, et on jeta le tout dans la Seine.

— Vive le roi! crièrent les officiers de justice et les magistrat chargés de présider au supplice.

— Meurent ainsi tous ses ennemis! répondit la foule.

Bon nombre d'individus même ne craignirent pas de crier : Mort aux Jésuites! La conviction générale était que l'homme qu'on venait d'exécuter n'avait été qu'un instrument des fils de Loyola; et, dit un historien, l'on entendait affirmer dans cette foule « que la France ne serait tranquille et son roi en sûreté que lorsqu'on aurait jeté au vent les cendres de tous les Jésuites, comme on venait de le faire pour un de leurs écoliers, ou du moins tout le noir troupeau à la porte de leurs Maisons, puis, de là, de l'autre côté des frontières, et le plus loin possible. » Ce furent peut-être les cris et la contenance de la multitude qui firent qu'Henri IV, malgré la terreur profonde que lui causaient les Jésuites, permit à son Parlement d'agir sommairement contre la Compagnie, et plus à loisir contre quelques-uns de ses membres, ainsi que nous devons le rapporter maintenant.

Nous avons dit que les Jésuites du collége de Clermont, aussitôt après l'attentat, avaient été interrogés brièvement, puis conduits chez le conseiller Brisard, d'où ils étaient retournés ensuite à leur Maison, dans laquelle étaient restés des huissiers du Parlement et des archers de la prévôté. Le vingt-huit, à midi, et lorsque les Jésuites étaient à table, ils virent le conseiller Mazure ou Mazurier, accompagné de Louis Servin, avocat-général, entrer dans le collége avec une forte escouade de soldats.

Aussitôt, l'avocat-général ordonne à ceux-ci de s'emparer de toutes les issues et de ne laisser sortir personne. Puis, le conseiller exhibe au Père Provincial un ordre du premier président qui enjoint de visiter le collége de Clermont et de faire une perquisition exacte dans chaque chambre. Le Père Clément Dupuis, voyant qu'il serait dangereux de ne pas se prêter de bonne grâce à ce qu'il ne peut empêcher, offre aussitôt au conseiller de le guider lui-même dans les recherches qu'il va faire. Les deux magistrats acceptent, et, sortant du réfectoire où les Jésuites sont restés immobiles et muets, parcourent, guidés par le Provincial, les différents dortoirs du collége.

La visite est presque terminée sans qu'on ait trouvé rien de bien répréhensible. Chez le Père Léonard Perrin, professeur de philosophie, on a toutefois saisi un sermon sur ce texte : « Rendez à César ce qui est à César, et à Dieu ce qui est à Dieu! » et dans lequel se trouvent, en nombre, des allusions injurieuses et parfois meurtrières, dirigées contre le roi.

Une dernière chambre reste à visiter, c'est celle du Père Jean Guignard, régent de théologie au collége des Jésuites, et natif de Chartres. Après une visite minutieuse dans cette chambre fort encombrée de livres et de manuscrits divers, les deux magistrats vont sortir, lorsque, dans un casier construit dans la muraille même, à la tête du lit, et par conséquent caché par le rideau, un huissier trouve une petite cassette dont on force la serrure, la clef ne s'y trouvant pas. De la boîte ainsi ouverte, s'échappent différents écrits, les uns imprimés, les autres manuscrits. Le conseiller et l'avocat-général n'ont pas plus tôt jeté les yeux sur ces pièces, que le premier ordonne à un huissier d'aller à l'instant arrêter, saisir et conduire aussitôt dans les prisons de la Conciergerie le Père Jean Guignard ; ce qui est exécuté à l'instant, malgré les réclamations pressantes du Père Provincial, auquel le conseiller jette en partant, pour adieu, ces mots dits avec sévérité : « Réservez vos prières pour vous-même, et pour votre Ordre tout entier. »

La cassette, trouvée ainsi dans la chambre du Jésuite Guignard, contenait une collection complète de sermons incendiaires, de libelles diffamatoires, tous écrits dirigés contre les rois Henri III et Henri IV, et dont voici un extrait :

Dans une première pièce, le Père Guignard, parlant de la Saint-Barthélemi, qu'il célébrait fort, formulait cette pensée : « Que si, en 1572, *on* avait ouvert toute la *veine basilique, on* ne fût pas ensuite tombé de fièvre en chaud mal : comme *nous* expérimentons, disait le digne professeur de théologique assassinat. » Pour bien comprendre le sens de ce passage, il faut se souvenir que *basilique* est une expression grecque, signifiant *royale*, et qu'en regrettant qu'on n'eût pas ouvert complétement la *veine basilique*, le Jésuite regrettait donc qu'on n'eût pas épuisé le sang royal de France !

Dans une seconde pièce, on célébrait le *glorieux* exploit de l'assassin d'Henri III, et on disait : Que le *Néron cruel* avait été tué par un *Clément*; le moine simulé par un vrai moine !...

Dans une troisième, l'éloquence de l'écrivain s'attaquant à la plupart des rois de l'Europe, les qualifiait de surnoms injurieux. Le roi de France Henri III y était appelé *Néron-Sardanapale*; le roi de Navarre, *renard de Béarn*; le roi de Suède, *griffon*; l'électeur de Saxe, *pourceau*; la célèbre Élisabeth y recevait le titre de *louve impudique d'Angleterre*, etc.

Venaient ensuite des anagrammes odieux ou ridicules contre Henri III et Henri IV. « Le plus bel anagramme, disait le Jésuite, qui ait été fait de notre temps, et qui convienne le mieux, est celui par lequel on disait d'Henri de Valois : O le vilain Hérode !... »

Revenant à plusieurs reprises sur l'acte méritoire de Jacques Clément, le libelliste ou le prédicateur soutenait « que cet acte héroïque, comme don du Saint-Esprit, appelé de ce nom par les théologiens, avait été justement loué par le feu prieur des Jacobins, confesseur et martyr » (ce prieur avait été exécuté comme complice de Clément) !

Dans diverses autres pièces on prouvait « qu'on avait pu, et même dû, transporter la couronne de France à une autre famille qu'à celle de Bourbon. »

Un dernier écrit sembla surtout être un véritable appel au poignard qui venait de frapper Henri IV. On y lisait : « Que le Béarnais sera traité plus doucement qu'il ne mérite, si on lui donne la *couronne monacale* en quelque couvent *bien réformé*; que si on ne peut lui ôter la *couronne royale* sans guerre, qu'on guerroye ; mais que si on ne le peut faire par la guerre, qu'on le fasse *par quelque moyen que ce soit !.....* »

Quelques-unes de ces pièces étaient du Père Guignard lui-même : toutes celles qui étaient manuscrites étaient de sa propre main.....

Nous le demandons à toute personne de bonne foi, n'y a-t-il pas dans ces pièces une excitation évidente au mépris de l'autorité royale dont les Jésuites se sont pourtant si souvent couverts? N'y pouvait-on pas voir également une complicité, non pas seulement indéterminée, mais encore directe et légalement appréciable, dans l'attentat de Jean Châtel ? De nos jours, à la suite d'une tentative encore plus absurde que criminelle, nous avons vu une *Cour*, bien autrement souveraine que le parlement, frapper d'une rude condamnation de complicité un journaliste patriote qui n'avait cherché ni directement ni indirectement à provoquer l'attentat, et qui ne connaissait aucunement celui qui s'en rendit coupable !

Or, qu'on le remarque bien, Jean Châtel avait été plusieurs années élève du collége de Clermont, où professait le Père Guignard. Jean Châtel, écolier des Jésuites, faisait partie de leurs Congrégations particulières : il était probablement *affilié* de l'Ordre, ce que semble clairement devoir prouver la permission qui lui était donnée d'entrer à toute heure dans la Maison des Révérends Pères, et dans leur mystérieuse *Chambre des Méditations !* Quelques jours avant l'attentat, Jean Châtel, dans un moment d'exaltation furibonde, révèle à son père le projet qu'il a formé de tuer le roi. Pierre Châtel, aussitôt, mène son fils au Jésuite Guéret, l'ancien professeur de philosophie de Jean Châtel. Évidemment, l'assassin confia son projet à ce Jésuite. N'était-ce pas pour qu'il s'en confessât, que Pierre Châtel le menait au Père Guéret, peut-être pour qu'il fût détourné de cette odieuse résolution ; car on n'eut guère à reprocher au drapier que de n'avoir pas révélé la pensée du crime aussitôt qu'elle lui fut parvenue. Or, qu'arrive-t-il ? Après avoir été consulter les Jésuites, après avoir fait, comme on dit, sa *retraite* dans leur Maison, Jean Châtel en sort pour aller commettre son crime ; son crime dont les Jésuites (ou du moins un Jésuite, le Père Guéret) savent qu'il couve la pensée, et dont cependant ils n'ont garde de prévenir le roi, dont ils n'essayent pas, du moins, de détourner l'exécution !...

Oui, les Jésuites furent les complices de Jean Châtel, les excitateurs de son attentat, ou du moins de la folie qui le lui fit commettre ! Les Jésuites méritaient donc l'arrêt dont le parlement frappa la Compagnie conjointement avec Jean Châtel.

Nous avons dit que lorsqu'il s'agit de prononcer l'arrêt de ce dernier, les avis de la Cour se trouvèrent partagés. Ce n'est pas, comme l'assure l'historien De Thou, qui était présent à la délibération, que personne fût en doute de la culpabilité de Jean Châtel, et de la peine que méritait son crime ; mais s'il se trouva des gens qui voulaient qu'on jugeât en même temps l'affaire des Jésuites, il y avait aussi dans le Parlement bon nombre d'amis des fils de Saint-Ignace, tels que l'avocat-général Séguier, et le procureur général lui-même, ce De Guesle qui avait amené Jacques Clément au roi Henri III, et qui, surtout en raison de la promptitude avec laquelle il frappa l'accusé et le fit achever aussitôt, encourut des soupçons d'avoir trempé dans le crime. Le chancelier Chiverny lui-même s'était montré le protecteur des Jésuites. La discussion fut donc aussi longue qu'animée sur ce point : « Les Jésuites doivent-ils être rendus responsables de l'attentat de Jean Châtel, et l'arrêt de celui-ci doit-il être en même temps celui des Jésuites ? »

Au milieu d'une chaude et bruyante discussion, qui commençait à dégénérer en dispute pleine de personnalités, le doyen des conseillers, Étienne Fleury, se leva. C'était un vieillard vénérable, et aussi connu par son attachement et sa fidélité à la cause royale que par sa modération et par sa répugnance pour les moyens violents. On se tut pour l'écouter.

« Qu'attendons-nous davantage? s'écria-t-il d'une voix qui reprenait alors toute sa ferme gravité d'autrefois? quelles autres preuves voulons-nous contre cette secte empoisonnée?... Rendons enfin grâce à Dieu de ce qu'il est venu au secours des magistrats bien intentionnés, mais trop crédules, en les convainquant que le crime était résolu, en même temps qu'il en a empêché l'exécution ; et de ce qu'il a couvert de confusion les malintentionnés pour le roi, et ceux qui ne veulent jamais croire, afin qu'à l'avenir ils ne soient plus si opiniâtres à soutenir des sentiments contraires à la sûreté publique!... »

Ces paroles impressionnèrent vivement les membres de la Cour. Cet effet fut bientôt rendu plus vif encore lorsqu'on vit le président De Thou, vieillard octogénaire, qui, malgré son âge et ses infirmités, avait voulu venir prendre encore une fois sa place en cette occasion, se lever, quand ce fut à son tour de dire son avis, et, découvrant sa tête presque nue, remercier Dieu de lui avoir permis « de vivre encore jusqu'à ce jour, pour qu'il pût, de sa voix défaillante, crier anathème sur les implacables ennemis de la paix du royaume et de la vie de son roi (1)!... » L'arrêt de Jean Châtel fut donc suivi d'un autre dans lequel, après avoir déclaré que les sentiments soutenus par l'assassin étaient téméraires, séditieux, contraires à la parole de Dieu, sentant l'hérésie, et condamnés par les saints canons; que défense expresse était faite de les enseigner en public et en particulier, à peine, contre les contrevenants, d'être traités comme coupables de lèse-majesté divine et humaine, on ajouta :

« Vu, par la Cour, les grand'chambres et tournelle assem-

(1) L'historien De Thou nous a conservé les paroles de son proche parent, en cette occasion mémorable, et nous apprend que le président De Thou mourut au mois d'août suivant, en paix avec les hommes et avec Dieu. Les paroles du conseiller Fleury se trouvent également dans l'historien cité, livre CXI.

blées, etc., etc. Tous les prêtres et écoliers du collége de Clermont, et tous autres soi-disants de la Compagnie de Jésus, comme corrupteurs de la jeunesse, perturbateurs du repos public, ennemis du roi et de l'état, videront, trois jours après la signification du présent arrêt, hors de Paris et autres villes où sont leurs colléges, et, quinzaine après, hors de tout le royaume; et seront leurs biens, tant meubles qu'immeubles, employés en œuvres pieuses. Outre, fait défense à tous sujets du roi d'envoyer des écoliers aux colléges de ladite Société, qui sont hors du royaume, sous peine d'encourir le crime de lèse-majesté. »

Au prononcé de cet arrêt, Paris se leva comme un seul homme, et battit des mains, tandis que le bruit des applaudissements se répétait en échos par toute la France. Ici, nous devons enregistrer un aveu précieux qui est échappé au Jésuite Jouvenci dans le dernier volume de son histoire de la Compagnie de Jésus, publiée à Rome en 1711, et dont un arrêt du parlement, du 24 mars 1710, ordonne la suppression.

Le Père Joseph Jouvenci dit dans ce livre (1) : « Que ce n'étaient pas seulement les protestants qui représentaient à Henri IV les Jésuites comme ses ennemis, mais encore beaucoup de catholiques, et même des personnages de haut rang. » Cette unanimité même n'est-elle pas une éclatante confirmation de l'arrêt du parlement?

Après avoir sévi contre la Compagnie comme corps, restait à juger les individus sur lesquels planait une accusation de complicité avec l'assassin. Quelques jours après l'exécution de ce misérable, c'est-à-dire au commencement de janvier 1595, on mit le Père Jean Guignard en jugement. Lorsqu'on représenta à ce Jésuite les papiers imprimés et manuscrits trouvés dans sa chambre, il avoua que quelques-uns de ces derniers étaient de lui. Quant aux imprimés, il prétendit qu'on les avait rassemblés des chambres des autres Pères et de la bibliothèque du collége, et que d'ailleurs un grand nombre de prélats, de docteurs et de religieux pieux en écrivaient de pareils, et s'en glorifiaient. Comme on lui demanda naturellement comment il

---

(1) Voyez l'Histoire de la Compagnie de Jésus par le Père Joseph Jouvenci et le Recueil de pièces touchant cette histoire supprimée par arrêt du Parlement. 2ᵉ édition. Liége, 1716.

avait accepté un pareil dépôt et n'avait pas brûlé ces pièces si compromettantes, il répondit que c'était par l'ordre de son supérieur, et que le Père recteur avait voulu qu'il les conservât.

On voit que cette réponse étend le cercle de l'accusation, et la change en générale de particulière qu'elle était. Un défenseur moderne des Révérends Pères (1), arguant des paroles prononcées par le chancelier de Chiverny, partisan reconnu de la Compagnie, a voulu faire croire que les pièces trouvées chez le Père Guignard n'y avaient pas toutes été mises par le Jésuite, et que des malintentionnés avaient glissé dans la cassette, lors de la visite des conseillers du Parlement, les plus compromettantes. Malheureusement pour le succès de cette insinuation, le Père Jouvenci, admettant l'existence de toutes ces pièces, et leur détention volontaire, borne son plaidoyer en faveur de son confrère Guignard à cette seule argumentation déjà formulée par l'accusé : que ces écrits appartenaient à une époque où ils étaient de mode, et que d'ailleurs le religieux qui en avait été trouvé le détenteur ne les avait gardés que par l'ordre de son supérieur !

Le Père Guignard nia toujours, du reste, qu'il eût jamais eu aucune communication avec Jean Châtel. Mais, tout en réprouvant le crime de ce misérable, il osa soutenir que ce qu'il avait dit dans ses écrits, il avait le droit de le dire. Il soutint encore qu'Henri IV ne serait réellement roi de France, et qu'on ne serait forcé de le reconnaître comme tel, que lorsqu'il aurait été absous par le pape.

Il fut condamné, comme atteint et convaincu du crime de lèse-majesté, à faire amende honorable, la corde au cou, en chemise, devant l'église de Notre-Dame, tenant à la main une torche allumée, et ayant au cou, pendus à une corde, les écrits qu'on avait trouvés dans sa chambre ; ensuite à être conduit à la place de Grève, là pendu, et son corps ensuite jeté à l'eau. « Je ne doute pas, ose dire le Père Jouvenci après avoir rapporté ce jugement, qu'il n'y ait des gens qui demandent où était alors l'équité du Parlement ? »

(1) M. Crétineau-Joly, *Histoire religieuse, politique et littéraire de la Compagnie de Jésus.* 2ᵉ volume, chapitre VII. Paris, 1844.

Cet arrêt fut exécuté le 7 janvier 1595. On remarqua que, lors de sa rétractation devant Notre-Dame, le Jésuite ne voulut jamais demander pardon au roi, prétendant qu'il ne l'avait pas offensé. Sur l'échelle, il nia encore qu'il fût coupable du crime de Jean Châtel, et voulut excuser de nouveau la présence chez lui des pièces sur lesquelles était basée sa condamnation. Suivant le Père Jouvenci, le Père Guignard mourut avec un grand courage. Hué, couvert de boue et de pierres, frappé par un crocheteur, il aurait supporté tout avec patience ; et au dernier outrage, se contenta de faire à l'auteur la réponse que Jésus avait faite quinze siècles auparavant à ses bourreaux... Mais il paraît que l'historien Jésuite a grandement embelli l'ignominie dernière de son confrère ; et il était peut-être permis aux Parisiens, sinon d'insulter à l'agonie du Jésuite, du moins de se réjouir de la condamnation qui débarrassait enfin la France de ceux qui avaient été les plus actifs moteurs de ses troubles, sa plaie dévorante, qu'ils ne voulaient pas laisser se cicatriser encore.

Aux termes du jugement rendu contre le Père Guignard, lorsque celui-ci eut été pendu et étranglé à une potence, plantée à cet effet, le bourreau détacha le cadavre et le jeta en un feu allumé au pied de l'arbre funèbre. Ensuite, les cendres furent jetées dans la rivière, comme on avait fait pour Jean Châtel. Suivant un écrit du temps, il arriva alors un événement qui donna beaucoup à penser, et qui modéra la joie que causaient les divers arrêts du Parlement : lorsqu'on eut jeté à l'eau ce qui restait du Jésuite, on remarqua que le livre renfermant ses doctrines régicides, et qu'on lui avait suspendu au cou, à peine endommagé par le feu, surnagea et descendit la Seine, poussé par un vent impétueux de l'Orient. « Fait, dit le chroniqueur, qui fut regardé par plusieurs comme un manifeste déplorable et pronostic certain que la Compagnie de Jésus, jetée à bas par arrêt du Parlement, reviendrait encore sur l'eau par arrêt de l'enfer, et au grand dommage de notre pauvre France ! »

Jean Guéret, l'ancien professeur de philosophie de Jean Châtel, accusé d'avoir été informé par l'assassin lui-même du projet d'attentat médité contre le roi, et de ne pas en avoir détourné l'auteur, ou du

Supplice du Père Guignard.

moins de ne pas avoir fait ce qui était en son pouvoir pour garantir la victime royale du coup qui la menaçait, n'opposa que des dénégations à tout ce qui fut avancé contre lui. Interrogé dès le 28 décembre, devant les deux chambres assemblées, par le premier président De Harlay, il fut conduit à la chambre des tortures judiciaires. Mais ce ne fut que le 7 janvier qu'il fut appliqué à la question, en présence de quatre conseillers et du greffier, assistés de quelques officiers du palais. Il n'avoua rien. On lui fit grâce de la question extraordinaire. Les juges se trouvant suffisamment éclairés prononcèrent son arrêt, qui fut rendu en même temps que celui du Père Guignard. Guéret fut condamné au bannissement à perpétuité de la France et de toute terre française, et à la confiscation de tous ses biens. On a vu s'il méritait cette condamnation.

Un autre enfant de saint Ignace, le Père Alexandre Hay, Jésuite écossais, fut également banni à perpétuité. On reprochait à celui-ci divers propos outrageants pour le roi, et d'avoir même dit un jour : « Que si Henri IV passait alors devant le collège de Clermont, il se précipiterait volontiers d'en haut, la tête la première, pour rompre le cou à l'hérétique couronné!... »

La même peine fut encore appliquée à un écolier des Jésuites, nommé Jean Lebel, qui avait excité ses condisciples du collège de Clermont à suivre les Révérends Pères à l'étranger. On lui reprochait aussi d'avoir en sa possession quelques écrits de son régent, composés à peu près dans le même esprit qui avait dicté ceux du Père Guignard. Pierre Châtel, le père de l'assassin, fut condamné, en même temps que Guéret, au bannissement pour neuf ans de toute la France, et à perpétuité de Paris et de ses faubourgs; à une amende de 2,000 écus qui serviraient à l'acquit de la nourriture des prisonniers de la Conciergerie; à voir en outre sa maison démolie et une pyramide élevée à la place, etc.

Denise Hasard, femme du drapier, Catherine et Madeleine leurs filles, Jean le Comte, mari de la première, Antoine de Villiers, Pierre Roussel et Louise Camus, leurs serviteurs et servante, furent mis en liberté, sans aucune peine, ainsi que Claude Lallemant, curé de Saint-Pierre, et les deux autres prêtres arrêtés avec ce dernier.

Ces divers arrêts furent rendus avec celui du Père Guignard, suivant Jouvenci, ou trois jours après, c'est-à-dire le 10 janvier 1595, d'après De Thou.

Immédiatement, la maison des Châtel fut abattue, conformément au jugement rendu par la cour ; on passa la charrue sur son emplacement, et on y sema le sel qui purifie. Peu après, on y éleva une pyramide destinée à perpétuer l'expiation du crime commis par Jean Châtel. Cette pyramide, surmontée d'une croix fleurdelisée, avait vingt pieds de haut ; elle reposait sur un massif carré de maçonnerie aux quatre angles duquel étaient quatre statues. Sur la face qui regardait le Palais, on grava en lettres d'or sur marbre noir les arrêts rendus contre Jean Châtel et les Jésuites ; sur la face opposée était cette inscription, en verslatins :

« Écoute, passant, étranger ou citoyen de cette ville, moi qui suis aujourd'hui une pyramide, j'étais autrefois la maison de Châtel ; mais, par ordre du Parlement solennellement assemblé, je fus ruinée de fond en comble en punition d'un crime effroyable. Ce qui m'a réduit à cet état pitoyable, c'est le crime de celui qui m'habitait, crime qu'il commit pour avoir été instruit dans une école impie, sous des maîtres pervers qui se glorifiaient, hélas ! du nom de sauveurs de la patrie. Ce fils, incestueux d'abord, devint bientôt parricide à l'égard de son prince, qui venait de sauver pourtant la ville de sa perte, et qui, protégé par le Seigneur, dont le secours lui avait fait remporter tant de victoires, a pu éviter le coup d'un assassin désespéré, au prix d'une blessure à la bouche.

» Retire-toi, passant ; mon infamie, qui rejaillit sur notre ville entière, me défend de t'en dire davantage. »

Le 5 janvier, Henri IV, complétement guéri de sa blessure, assista à une messe solennelle des chevaliers du Saint-Esprit, Ordre créé quelques années auparavant par son prédécesseur. Il y eut, le même jour, une procession faite dans Paris pour rendre grâces à Dieu du rétablissement du roi ; ce dernier y parut également au milieu d'un immense concours de monde.

Cependant, les Jésuites avaient été expulsés du collège de Clermont par ordre du Parlement, dès le 29 décembre. L'avocat du roi Dollé, Doron, premier huissier de la Cour, et quelques autres délégués du premier président, après une nouvelle perquisition qui amena encore contre la Compagnie de Jésus de nouveaux motifs d'accusation, et qui fut faite tandis que les Pères étaient renfermés dans la salle commune, mirent le scellé partout et fermèrent ensuite les portes et les fenêtres. Les Jésuites furent rassemblés dans leur Maison-professe de la rue Saint Antoine (1). Le lendemain de l'exécution de Châtel, le Parlement envoya encore une commission de conseillers qui interrogea les pensionnaires des Jésuites. Ces jeunes gens n'étant plus soumis à l'influence de leurs directeurs, firent des aveux qui achevèrent de compromettre les Révérends Pères.

Le dernier jour de décembre 1594, le premier huissier du Parlement se transporta à la Maison des Jésuites, et donna lecture à ceux-ci de l'arrêt qui les avait frappés. Cette lecture fut écoutée dans un morne silence. Le Père Provincial, Clément Dupuis, répondit qu'on obéirait à l'arrêt. Puis, prenant un ton d'humilité, il demanda qu'il lui fût permis d'y demander des adoucissements. Le lendemain, il présenta une requête à cet égard. Mais le Parlement ne voulut lui accorder que quelques jours de délai pour la sortie de ses subordonnés.

Les biens confisqués des Jésuites furent immédiatement distribués à différentes personnes. La bibliothèque des Pères profès fut donnée aux religieux Hiéronymites.

Le dimanche 8 janvier 1595, tous les Jésuites sortirent de Paris, à l'exception du Père Guéret et de six autres qui restèrent en prison jusqu'au 10 du même mois, après quoi ils furent également mis en liberté et s'en allèrent rejoindre leurs confrères en Lorraine.

(1) La maison-professe des Jésuites fut bâtie sur l'emplacement de l'hôtel Damville. Ce fut le cardinal de Bourbon qui donna aux Jésuites, en 1588, cet hôtel qu'il avait acheté 13,000 livres, somme qui fut prélevée sur les fonds de l'Abbaye de Saint-Germain-des-Prés appartenant à ce cardinal. Les Révérends Pères n'y eurent d'abord qu'une chapelle ; mais, en 1627, Louis XIII, ce fils dénaturé, posa la première pierre de leur église, dite de Saint-Louis.

Ce fut aux applaudissements d'une foule immense, accourue à ce spectacle, que la noire cohorte des fils de Loyola sortit de la capitale de la France. Arrivés à la porte par laquelle ils devaient s'en aller, les Jésuites, dit-on, se retournèrent tous, comme par un même mouvement, et jetèrent un long et singulier regard vers la ville qu'ils quittaient. Peut-être, à l'instant du départ, pensaient-ils déjà à l'heure du retour... Une grande clameur s'éleva en ce moment, des cris de mort furent même prononcés. Les Jésuites coururent encore quelque danger d'être assommés. Alors, entre eux et le peuple, on vit s'avancer un prêtre vénérable et vénéré, dont la parole calma subitement la foule. « Laissez passer la justice du roi ! » avait crié le bourreau en jetant dans la Seine les cendres de Jean Châtel et du Père Guignard. Le prêtre, lui, étendant une de ses mains vers la foule furieuse, l'autre vers la noire cohorte, dit d'une voix solennelle : « Laissez passer la justice de Dieu (1) !... » Les Jésuites purent sortir sains et saufs de Paris ; ils devaient bientôt y rentrer en triomphe.

Aussitôt que les Jésuites se virent à distance suffisante du glaive des lois qui venait de frapper un des membres de leur Ordre et de jeter bas leur bannière, d'humbles et soumis qu'ils s'étaient montrés pendant l'orage, ils devinrent furieux et insolents aussitôt qu'ils n'eurent plus rien à en redouter. On les vit se redresser comme autant de vipères qu'on a voulu écraser. La rage de leur général Aquaviva éclata avec une violence inouïe. Ce dernier essaya de faire partager sa fureur au pape, et il y réussit en partie. Clément VIII, suivant le cardinal d'Ossat, qui poursuivait à Rome l'absolution d'Henri IV, dit plusieurs fois à ce prélat ambassadeur « que c'était une affaire criante de punir un Ordre entier pour la faute d'un ou de deux de ses membres ! » Le Père Jouvenci a consigné également ces paroles dans son histoire. « Pour la faute d'un *ou de deux* de ses membres, » disait le Saint-Père ! Les Jésuites Guéret et Guignard étaient donc coupables, suivant Clément VIII !... C'est déjà un aveu précieux. Nous croyons, nous, que tout l'Ordre était responsable du crime de Jean Châtel. Le

---

(1) On verra bientôt combien alors était grande l'antipathie qu'inspiraient les Rérends Pères au clergé de Paris et généralement à tout le clergé de France.

même Jésuite Jouvenci, dans son *Histoire de la Compagnie de Jésus*, se fait l'écho des cris de rage que poussèrent alors ses noirs confrères. Suivant cet historien, à la véracité plus que douteuse, les officiers du parlement qui firent des perquisitions dans le collége de Clermont non-seulement rudoyèrent les Révérends Pères, mais encore les volèrent! Le même Jésuite assure que les aveux des novices de la Compagnie furent arrachés par la terreur, que le premier président Achille de Harlay se montra animé d'une rage extrême contre les Jésuites, qu'il dirigea toute l'affaire avec une partialité révoltante, permettant toute licence et développement à l'accusation, arrêtant et étouffant la défense; il le flétrit enfin du titre de *Proconsul de Néron et de Dioclétien!*

Le parlement répondit au Père Jouvenci, en 1713, par un arrêt qui ordonnait la suppression de son livre, et dès 1597, à toute sa Compagnie par un arrêt qui renouvelait ceux de 1594 et 1595. Pour répondre à ce que dit le Père Jouvenci, que la défense des Jésuites ne fut pas libre devant le Parlement, nous dirons, nous, que c'est un infâme mensonge. Quoique tellement convaincu que le coup qui l'avait frappé lui venait des Jésuites, que, portant la main à sa lèvre percée par le couteau de Jean Châtel, il dit en parlant des Jésuites : « Fallait-il donc qu'ils fussent convaincus par ma bouche ! » Henri IV montra cependant, d'après tous les historiens, une modération extrême envers les Révérends Pères. Peut-être même, reculant devant la lutte mortelle qu'il prévoyait, eût-il désiré étouffer l'affaire relativement aux Jésuites, si cela eût été en son pouvoir. Ce qu'il y a de certain, c'est qu'il laissa siéger au parlement, lors du procès, des partisans avoués de la noire Compagnie. Le procureur-général, De la Guesle, grand ami des Jésuites, d'accord avec Chiverny, le chancelier du royaume, ayant reçu, pour la forme sans doute, une lettre de cachet qui enjoignait aux deux frères Séguier, l'un président, l'autre avocat-général, de s'abstenir de siéger au Parlement, pour le procès de Châtel et de ses complices, parce qu'ils étaient suspects, ne signifia l'ordre du roi aux Séguier qu'après le jugement. Et, comme ces deux magistrats avaient assisté aux interrogatoires et au prononcé de l'arrêt, ils crurent pouvoir être témoins de la question donnée aux accusés, et on le leur permit. Nous ferons remarquer, chose qui peut sembler significative, que Jean Châtel ayant soutenu, quelque temps avant son attentat, une thèse de philosophie, l'avait dédiée au président Pierre Séguier.

Il est probable que ce fut grâce aux efforts de pareils amis que le recteur du collége de Clermont dut de n'être pas impliqué dans le procès de Guignard. On se rappelle que ce dernier Jésuite articula formellement, pour se disculper d'avoir conservé les pièces trouvées dans sa chambre, « que son supérieur lui avait défendu de les brûler. » Ce qu'on appelait alors le *Tiers-parti*, faction politique qui avait eu pour chef le jeune cardinal de Bourbon, protecteur des Jésuites, s'employa beaucoup aussi pour amortir le coup qui les frappa, comme plus tard pour les en relever.

Malgré l'arrêt du Parlement qui les bannissait, les Jésuites ne sortirent pas tous de France. Ils ne déguerpirent de la Bourgogne que lorsque les partisans du duc de Mayenne en eurent été chassés. Sur divers autres points où l'autorité du roi était méconnue, surtout à Toulouse et dans le midi, ils se bornèrent à changer de nom, et restèrent en se tenant bien clos. Peu à peu même, comme la loutre qui vient respirer à fleur d'eau, lorsqu'elle croit le chasseur éloigné, les Révérends Pères, après avoir humé l'air politique, essayèrent de sortir de leur immobilité et de leur silence. C'est sans doute à des tentatives de ce genre que le Parlement voulait mettre ordre par son arrêt de 1597, dans lequel il défendait à tous les Jésuites d'enseigner publiquement ou en particulier, défense qui ne présenterait aucun sens évidemment sans cela, puisque en 1594 les Jésuites avaient été condamnés au bannissement, et que cet arrêt était toujours en vigueur.

Les Jésuites, en partant de Paris, avaient remis leurs intérêts aux Capucins, qui, on ne sait pourquoi si ce n'est que leur général étant à Rome comme celui des Jésuites devait avoir de fréquentes communications avec ce dernier, avaient fait cause commune avec les enfants de Loyola. On a vu, dans les Missions de l'Inde, comment les Jésuites récompensèrent les Capucins. Mais, à la fin du seizième siècle, ces moines livrèrent souvent bataille en l'honneur de Saint-Ignace. Même après les exécutions de Jean Châtel et du Père Guignard, alors que le clergé se rangeait du côté d'Henri IV, et que les autres moines, s'ils ne bénissaient pas encore le roi, ne le maudissaient plus du moins, les Capucins continuèrent à se déchaîner contre lui, et refusèrent formellement de prier pour lui. Ils résistèrent même aux ordres qui leur furent donnés, à cet égard, par le cardinal Pierre de Gondi, archevêque de Paris. Parmi les sept ou huit misérables qui voulurent suivre l'exemple de Jean Châtel, durant l'exil des Jésuites, on compte trois Capucins.

A ce propos, nous répondrons à un témoignage non suspect de partialité, et qu'invoquent et font grandement valoir les Jésuites modernes, celui de Linguet. Cet écrivain, dans son *Histoire impartiale des Jésuites*, a dit (1) :

« Un Chartreux a essayé de tuer Henri IV, deux Jacobins ont voulu imiter le Chartreux, et trois Capucins les deux enfants de Saint-Dominique; cependant on n'a banni ni le Chartreux, ni les Jacobins, ni les Capucins; pourquoi donc les Jésuites furent-ils bannis à cause de l'attentat de Jean Châtel qui n'était même pas Jésuite ?

A ceci, la réponse nous semble facile. On pendit le Chartreux, les deux Jacobins et les trois Capucins; mais on ne chassa pas leurs confrères, évidemment parce que le crime commis était celui du Chartreux, des deux Jacobins, des trois Capucins, et non pas celui de tous les Chartreux, Jacobins, Capucins; tandis que, dans le crime de Jean Châtel, on vit l'œuvre de la Compagnie de Jésus tout entière. Qui d'ailleurs, à l'époque où Jean Châtel frappait Henri IV, jetait par-dessus les trônes les pages régicides des Bellarmin, des Mariana (2) ? Étaient-ce des Chartreux ? Non. Des Jacobins ? Non. Des Capucins ? Non, non. C'étaient des Jésuites ! Or, les Jésuites furent toujours de trop habiles gens pour jouer eux-mêmes du couteau : ils se conten-

---

(1) Tome II, livre x, chap. 26.
(2) Le livre de Mariana (*De Rege et Regis institutione*) ne contient pas moins de deux chapitres, le Ve et le VIIe, sur les diverses manières de se servir du fer et du poison. Le chapitre VI est consacré à la louange de Jacques Clément. Ce livre fut condamné par le Parlement, et brûlé par la main du bourreau, par arrêt du Parlement de Paris.

taient ordinairement de le forger, de le bien acérer, et de le mettre en bonne main ! D'ailleurs, les défenseurs de Saint-Ignace et de sa noire Compagnie ont-ils bien réfléchi à ce qu'ils faisaient en s'appuyant de l'autorité de Linguet? Afin qu'on le sache, Linguet, dans son livre dédié à une princesse luthérienne, n'essaye en définitive d'alléger parfois le poids de réprobation qui pèse sur la tête des Jésuites, que pour le faire retomber sur Rome elle-même. Après cela, et malgré cela, M. Crétineau-Joly, ou tout autre écrivain de la même nuance, peut, si cela lui plaît, citer Linguet. Nous voudrions, par exemple, qu'il eût bien voulu compléter sa citation par ces mots que nous copions fidèlement dans le chapitre XXVI de l'*Histoire impartiale des Jésuites* : « On a bien fait de bannir les Jésuites ; on eût mieux fait de ne les point recevoir ! » Voilà qui du moins est clair et précis.

Henri IV, nous l'avons dit, hésita longtemps avant d'autoriser le bannissement des Jésuites. Il paraît, ainsi qu'on va le voir tout à l'heure, qu'il craignait en chassant les Révérends Pères de faire sortir de leurs gaines cent poignards menaçant sa poitrine. Mais, lorsque tous les Jésuites eurent quitté Paris, le monarque crut qu'il pouvait enfin respirer : les Jésuites lui prouvèrent qu'il s'était réjoui trop tôt. On trouve la preuve des terreurs d'Henri IV, au sujet des enfants de Loyola, dans une lettre de ce prince, imprimée parmi des Mémoires, Instructions, etc., à la fin d'une *Histoire du duc de Joyeuse* (1). Cette lettre, datée du 17 août 1598, contient ce passage curieux :

« Sur la demande pour les ********, j'ai répondu au légat ingénument, que si j'avais deux vies, j'en donnerais volontiers une au contentement de sa Sainteté, mais que n'en ayant qu'une, je la devais ménager et conserver pour mes sujets, et pour faire service à sa Sainteté et à la chrétienté ; puisque ces *gens-là* se montrent encore si passionnés et si entreprenants où ils sont demeurés en mon royaume, qu'ils étaient insupportables, continuant à séduire mes sujets, à faire leurs menées, non tant pour vaincre et convertir ceux de contraire religion, que pour prendre pied et autorité dans mon État, et s'enri-

---

(1) Par *Aubry, advocat au Parlement*. Ce livre fut imprimé en 1634.

chir et accroître aux dépens d'un chacun ; pouvant dire mes affaires n'avoir prospéré, ni ma personne avoir été en sûreté que depuis que les ******* ont été bannis d'ici. »

On voit par cette lettre quelle terreur les Jésuites inspiraient à Henri IV, qui n'ose pas même les nommer. Il en résulte aussi qu'il était resté des Jésuites en France, malgré l'arrêt du bannissement, mais dans les provinces seulement, le roi fermant les yeux sur leur présence pour ne pas redoubler leur rage en les poussant trop vivement ; et que le pape sollicitait aussi Henri de casser l'arrêt de son Parlement et de rappeler en France les noirs enfants de Saint-Ignace. On peut croire que Clément obtint une sorte de promesse du roi à cet égard lorsque ce dernier reçut enfin l'absolution du pontife et le droit de s'appeler, comme ses prédécesseurs, fils aîné de l'Église ; faveur qu'il acheta, en outre, par bien des humiliations, dont les coups de verge donnés par la main du pape sur le dos de l'ambassadeur du roi de France, en présence des représentants des autres potentats et devant tous les cardinaux, fut la digne clôture ! Le pape était alors ami et grand protecteur des Jésuites, qui allaient bientôt lui dicter des lois et lui faire peur. Afin de disposer Henri IV à pardonner aux Jésuites, le cardinal Tolet, qui appartenait à leur Compagnie, plaida la cause du roi devant le pape, et les cardinaux assemblés. Le Général des Jésuites voulait que Tolet fût envoyé en France, comme légat du pape, et, par conséquent, c'était lui préparer une bonne réception que de le faire ainsi avocat du roi dans le consistoire et auprès du Saint-Père. Le cardinal Tolet ne consentit pas à se charger de cette mission ; il s'excusa sur son grand âge ; mais nous pensons, comme divers écrivains, que ce n'était là qu'une défaite, le cardinal n'ayant alors que soixante-deux ans. On a supposé que Tolet, homme de bien, et par conséquent en assez mauvaise odeur auprès des siens, déclina les honneurs de la légation dont voulait l'investir le pape, pour s'épargner les dégoûts de la mission secrète dont prétendait en même temps le charger le Général de son Ordre.

Les Jésuites obtinrent dès lors qu'on les tolérât dans les ressorts des Parlements de Bordeaux et de Toulouse, où ils avaient un grand nombre de Maisons et de colléges, et ils y recommencèrent leurs cours. Dans le ressort du Parlement de Paris, qui comprenait presque la moitié du royaume, et dans ceux de Bourgogne et de Normandie, les Révérends Pères, en changeant d'habits, comme s'ils avaient quitté leur Compagnie, purent se glisser dans d'autres écoles. Lyon mit, en 1597, son collége sous la direction d'un de ces Jésuites déguisés, qui se nommait Porsan. A cette occasion le Parlement de Paris s'émut et ordonna qu'on destituât le Jésuite. Cet arrêt fût précédé d'un autre par lequel défense était faite de laisser enseigner, prêcher ou d'admettre aux fonctions ecclésiastiques en France des Jésuites qui se prévalaient de ce qu'ils avaient quitté leur Société. Alors, les Révérends Pères présentèrent une requête formelle au roi pour qu'ils fussent rétablis. Ils saisirent pour cela l'occasion de l'assemblée du clergé catholique, qui adressa au roi des représentations sur la dissolution des mœurs, le mépris de la religion, et demandait qu'on publiât en France le concile de Trente, etc. Le Parlement de Paris, prenant aussitôt les devants, rendit un arrêt qui renouvelait ceux rendus précédemment contre les Jésuites, à l'occasion d'un certain sénéchal d'Auvergne qui avait osé, de son autorité privée, permettre aux Révérends Pères d'ouvrir des cours publics dans sa province. Louis Juste de Tournon, sénéchal d'Auvergne, fut condamné pour ce fait à la perte de ses biens, ainsi que de ses charges et dignités, et déclaré incapable d'en être désormais revêtu. Le sénéchal, poussé par les Jésuites, fit rendre, de son côté, par le Parlement de Toulouse un jugement qui défendait à tout officier civil ou magistrat d'avoir à troubler dans leur ministère, ou dans la jouissance de leurs biens, les prêtres et écoliers de la Compagnie de Jésus, à peine d'une amende de trente mille livres. Ce conflit eut lieu en 1598, et chagrina fort Henri IV, qui fut tenté d'y mettre fin en ordonnant l'exécution pure et simple de l'arrêt de bannissement rendu contre les Jésuites. Les sollicitations du pape et des partisans de la Compagnie le retinrent, ainsi que la terreur que celle-ci lui inspirait.

Les Jésuites mirent en jeu toutes sortes de ressorts pour obtenir leur rétablissement en France. Henri IV, ayant alors pris une épouse dans **la famille des Médicis**, la nouvelle reine, à son départ de la Toscane, vit accourir devant elle une femme que la croyance des dévots et superstitieux Italiens entourait, de son vivant, d'une auréole séraphique, et qu'on appelait Sainte Marie-Madeleine de Pazzi. La sainte supplia la reine Marie de Médicis de s'employer de tout son pouvoir auprès de son royal époux pour obtenir le rappel en France des Révérends Pères : on devine quelle main poussait la sainte vers la souveraine ! En France aussi les *machines* miraculeuses furent employées pour agir sur l'esprit des fervents catholiques, et, par suite, sur l'esprit même du roi. Ainsi, dans l'année 1599 on vit apparaître une prétendue démoniaque, nommée Marthe Brossier, paysanne de la Sologne. Après avoir parcouru quelque temps la province avec son père et ses deux sœurs, la possédée vint à Paris vers le mois d'avril, et sa présence y causa beaucoup de bruit. Les Capucins, qui jouaient alors le rôle de compères des Jésuites, firent venir cette femme dans leur couvent et l'exorcisèrent à grand bruit. Il paraît que les paroles prononcées par Marthe Brossier, pendant la *possession*, tendaient à faire considérer son état comme se liant à celui de toute la France *possédée par les enfants du démon*, c'est-à-dire par les huguenots : le roi venait alors de donner en faveur de ceux-ci le célèbre édit de Nantes. La comédie de cette démoniaque, toute ridicule qu'elle fût en elle-même, avait donc un sens qui pouvait devenir très-sérieux. Le Parlement, le clergé, l'Université s'en émurent.

Un jour, des délégués de ces trois corps se rendirent chez les Capucins. Le Père Séraphin, religieux et dignitaire de cet Ordre, exorcisa devant eux la fille Brossier, qui se mit alors à tirer la langue, à rouler les yeux, à répandre de la bave, à trembler, sauter, se tordre, hurler, enfin, à s'acquitter de son mieux de son métier de possédée. Lorsque l'exorciseur prononça ces paroles : « Et le Verbe s'est fait chair !... » la démoniaque, comme traînée par l'esprit malin, glissa sur le dos depuis l'autel jusqu'aux portes de la chapelle, en poussant d'horribles cris de détresse. Parmi les spectateurs de cette scène étrange, beaucoup ne savaient plus que dire ; l'exorciseur était radieux. Élevant alors la voix d'un ton animé : « S'il y a, dit-il, encore ici quelque incrédule, qu'il combatte le démon au péril de sa vie, et qu'il tâche de l'arrêter ! »

— Voici un incrédule, dit en s'avançant un des docteurs délégués par l'Université, Marescot, savant médecin. Vous dites, mon Père, que c'est le démon qui entraîne cette fille?

— Je le dis, répondit aigrement le Capucin.

— Eh bien! je vais vous prouver que je suis plus fort que le démon. A ces mots, le docteur incrédule saisit la possédée par la tête. Celle-ci se débat, le docteur serre et tire; elle résiste, il tient bon. Le pauvre démon fut obligé de confesser qu'il était vaincu. L'archevêque de Paris ordonna de recommencer l'exorcisme ; la possédée recommença aussi ses simagrées infernales; Marescot, qui s'était éloigné, se rapproche et contient de nouveau la possédée. En vain le Père Séraphin ordonne à Marthe de se lever, le docteur incrédule la force à rester immobile. « Ce n'est sans doute qu'un pauvre petit diablotin, » dit Marescot en se moquant. On commençait à rire de la possédée et des exorciseurs, lorsque le Père Séraphin, furieux, fait examiner la démoniaque par un des médecins délégués nommé Duret. Celui-ci, seul de ses confrères, déclare « que Marthe Brossier est bien et dûment possédée du diable! » Lorsque nous aurons dit que ce Duret était le frère d'un avocat du même nom, qui était le défenseur et l'homme d'affaires des Jésuites, on comprendra peut-être comment il en vint à formuler son jugement si peu scientifique.

Les choses n'en restèrent pas là. Les Capucins, l'esprit superstitieux de l'époque et la politique aidant, on crut à la *possession* de Marthe Brossier, malgré Marescot, le Parlement et l'Université. Enfin le roi crut devoir faire arrêter la démoniaque. Il paraît que la prison agit sur cette malheureuse beaucoup plus vivement que les exorcismes du Père Séraphin. Après que le lieutenant-criminel et le procureur du roi au Châtelet lui eurent fait subir une détention de quarante jours, elle devint si paisible qu'elle put communier à Pâques. Mais ce furent alors les Capucins qui devinrent furieux. Ils se déchaînaient dans la chaire contre ce qu'ils appelaient l'entreprise des magistrats contre la liberté ecclésiastique. Ils criaient que tout ceci était l'œuvre des huguenots, et que ces derniers arrêtaient les manifestations de Dieu et la victoire de la véritable Église.

Le Parlement, non sans peine, fit taire les Capucins. Marthe fut renvoyée dans son pays. Remarquons en passant que, malgré les ordres de la Cour, un certain abbé de Saint-Martin, de la famille des La Rochefoucauld, emmena la possédée en Auvergne, puis en Italie; ce qui s'explique, lorsqu'on saura que cet abbé de Saint-Martin était Jésuite et fort ami du général Aquaviva. Néanmoins, des Révérends Pères abandonnèrent en cette occasion l'abbé de Saint-Martin, sur les représentations du roi de France auprès duquel ils sollicitaient vivement alors leur rappel. Marthe mourut de misère à Rome.

On essaya de recommencer cette comédie avec d'autres acteurs. Ainsi on fit venir à Paris un homme du pays du Maine, qui avait une corne au front. Mais le Manceau cornifère mourut peu de temps après son arrivée. Ensuite, on parla d'une jeune fille du Poitou ou du Limousin, qui vivait sans prendre aucune nourriture. On voulait aussi la mener à Paris; mais, à l'heure du départ, il se trouva que la jeune fille venait de déjeuner avec appétit. Ce fut encore un miracle de manqué.

Au milieu de ces choses ridicules, des choses odieuses se passaient de temps à autres; plusieurs individus furent arrêtés comme ayant formé le projet d'assassiner le roi. Henri IV, cédant peu à peu aux mille sollicitations dont il était entouré, finissait par croire, comme on le lui disait, que pour vivre en paix et seulement *pour vivre*, il lui fallait faire la paix avec les Jésuites. C'est dans cette pensée qu'il donna à son ambassadeur en Cour de Rome, M. de Sillery, les instructions suivantes : « Sur le fait des Jésuites, assurer sa Sainteté que sa Majesté a très-bonne volonté de favoriser les colléges de la Compagnie, pour sa considération; pourvu que, sous prétexte de religion, ces Pères ne troublent plus le repos de son état, ni ne s'entremêlent des affaires publiques; ce qui les a rendus si odieux avec la convoitise qu'ils ont démontrée avant de s'accroître et de s'enrichir, et les attentats qui ont été faits contre la personne du roi *à leur instigation*... sa Majesté étant portée d'un seul désir de complaire à sa Sainteté; car elle n'a aucune occasion d'être contente de ceux dudit Ordre, lesquels, depuis ledit bannissement, n'ont cessé de faire en secret et en public toutes sortes de menées et mauvais offices pour nourrir la discorde entre ses sujets, et décrier les actes de sa Majesté, etc. »

Afin d'arracher enfin à Henri IV la révocation de l'arrêt qui les chassait de France, les Jésuites se servirent ouvertement de la terreur qu'ils savaient inspirer à ce prince. Ainsi, une comète ayant paru en octobre 1605, les Jésuites et leurs amis firent courir le bruit que l'apparition de cet astre errant annonçait quelque grande catastrophe menaçant une tête royale. Un de leurs prédicateurs, le Père Jacques Commolet, prêchant l'Avent dans cette même année, osa s'écrier du haut de la tribune évangélique : « Il nous faut un Aod, fût-il moine, fût-il soldat, fût-il berger, il n'importe! Mais il nous faut un Aod!... » On sait qu'Aod, juge des Hébreux, tua Églon, *roi* des Moabites! L'allusion, comme on le voit, était aussi transparente que meurtrière!

Les Jésuites ne négligeaient pas non plus, bien entendu, de se faire des amis autour du roi. Ainsi, ils obtinrent, on ne sait comment, la protection de La Varenne, homme fort en faveur auprès d'Henri IV, qui lui avait donné les mêmes et honorables fonctions à peu près que Lebel, le *pourvoyeur* du Parc-aux-cerfs, devait remplir plus tard auprès de Louis XV. On voit que, pour arriver à leurs fins, les Jésuites ne regardaient pas dès lors si la main sur laquelle ils s'appuyaient était souillée de la boue la plus infecte! Grâce à cet homme, ils s'établirent ouvertement, dès l'année 1603, dans la ville de La Flèche, dont La Varenne était gouverneur. Le roi dota ensuite ce collége de trente mille livres de rentes, et lui accorda de fort grands priviléges. Les colléges de Toulouse et de Bordeaux eurent part à ces faveurs. Mais ce n'était pas encore assez pour les Jésuites; ils voulaient que l'arrêt du parlement fût cassé : il le fut.

En 1603, Henri IV s'en fut en Lorraine. Les Jésuites étaient fort nombreux en cette province depuis peu soumise. A Verdun, le recteur du collége de cette ville et ses Pères profès se rendirent auprès du roi, et le supplièrent de révoquer l'arrêt du bannissement de leur Compagnie. A Metz, le Provincial, avec une élite de son noir bataillon, vient relancer le monarque jusque dans son cabinet, où La Varenne l'introduit, et renouvelle la demande de révocation. Henri IV fit une réponse qui donnait des espérances ; mais rien de plus. Le Provincial le suit alors à Paris, amenant avec lui le fameux Père Cotton, qui depuis lors ne quitta plus la cour. A plusieurs reprises, ce Jésuite, prêchant devant le roi, ne craignit pas de le sommer publiquement de tenir la promesse qu'il avait faite de rétablir la Compagnie de Jésus. Le pape et son légat, Villeroi et divers autres seigneurs puissants, sollicitaient sans relâche en sa faveur. La reine et les maîtresses du roi s'unissaient pour le supplier de faire ce qu'on lui demandait. La Varenne non plus ne restait pas inactif ; et son service intime auprès du roi le mettait à même de servir les Révérends Pères de la manière la plus efficace, quoiqu'on puisse trouver tant soit peu singulier qu'une telle voie eût été choisie ou acceptée avec empressement par des religieux.

Enfin, Henri IV céda. Dans les premiers jours de septembre 1603, étant alors à Rouen, il donna aux Jésuites des lettres de rétablissement scellées du grand-sceau. Ces lettres furent aussitôt portées au Parlement. Mais cette Cour souveraine était fort mal disposée pour les Révérends Pères ; aussi, profitant de ce qu'on était à la veille des vacations, elle remit l'enregistrement à sa rentrée. Divers délais furent ensuite opposés à l'impatience des Jésuites triomphants. Le Parlement ayant résolu de s'opposer de tout son pouvoir au rétablissement des enfants de Saint-Ignace, se décida à adresser au roi à cet égard des remontrances écrites. Henri IV défend les remontrances écrites à son Parlement de Paris. Alors, la veille de Noël, le premier président De Harlay, suivi de la plus grande partie des présidents et conseillers, se rendit au Louvre, où le roi le reçut et l'écouta sans l'interrompre. L'historien De Thou, qui était présent, nous donne un abrégé de la remontrance du chef du Parlement.

« Sire, disait Achille De Harlay avec gravité et tristesse, sire, n'obligez pas votre fidèle Parlement à consacrer un acte qu'il regarde comme fatal à la paix du royaume et dangereux pour la vie de votre Majesté... Les Jésuites ont toujours été les boute-feux dans toutes les discordes des temps malheureux dont nous ne faisons que nous remettre. Leurs doctrines sont funestes un Note autorité. Leurs actes ne valent pas mieux. Qui a enrôlé, armé, poussé Barrière ? C'est un Jésuite, le

Père Varade. Qui a excité Jean Châtel, ce misérable jeune homme? Des Jésuites : les Guignard, les Guéret !... Qui a-t-on soupçonné, et à juste raison, du meurtre d'Henri III, votre prédécesseur? La Société de Jésus tout entière qui s'est toujours prononcée contre lui ! — L'horrible faction des Seize n'avait-elle pas choisi pour son chef un Jésuite, le Père Odon Pigenat !... Si nous jetons les yeux sur les divers états de l'Europe, nous y puiserons encore un enseignement plus terrible ! » Le premier président parla longtemps sur ce ton, et supplia le roi, en versant des larmes, de ne pas faire tremper son fidèle Parlement dans une mesure qui tôt ou tard serait fatale à la France et à son roi !

Henri IV répondit avec émotion à cette remontrance, dont il accepta les termes, tout en disant qu'il ne pouvait y déférer. Il remercia le Parlement de son zèle ; mais il ajouta qu'il pensait que ce zèle allait trop loin en s'opposant à ce qu'il avait résolu de faire. « J'ai bien réfléchi à toute cette affaire, continua ce prince ; j'espère que la Société que je rappelle a appris dans l'exil la sagesse et la prudence, et que plus elle a été jugée criminelle, plus elle s'efforcera de se montrer innocente. Quant aux dangers que cette mesure peut me faire courir, je suis accoutumé à les braver. Ce que j'ai résolu se fera !... »

Telles furent, en substance, la remontrance du Parlement et la réponse du roi. Cette réponse, disons-le ici, les Jésuites ont voulu faire croire qu'elle fut bien plus sévère pour le Parlement. Ils ont à cet effet fabriqué des relations de cette affaire dans lesquelles le roi apostrophe durement le président De Harlay et toute la Cour. On peut voir dans l'Histoire de France du Père Daniel cette réponse apocryphe, qui est tout à fait en l'honneur de la Compagnie de Jésus. Les Révérends Pères, afin de la faire accepter comme véritable, ont dit et redit qu'elle se trouve dans les *Mémoires de M. De Villeroi*. Cet homme d'état était partisan reconnu des Jésuites. Eh bien, cependant il paraît qu'il n'a pas voulu se charger du mensonge historique que la Compagnie prétendait faire accepter par la postérité comme argent comptant. La fameuse réponse du roi au premier président De Harlay, telle que l'ont dictée les Jésuites, ne se trouve pu cabns les *Mémoires de M. De Villeroi*, mais seulement dans un volume sans privilège, sans noms d'auteur ni d'imprimeur, publié sous ce titre : *Quatrième volume des Mémoires d'état, à la suite de ceux de M. De Villeroi.*

En tous cas, si Henri IV avait répondu au Parlement comme le prétendent les écrivains de la Compagnie, il eût singulièrement dissimulé sa pensée, ainsi qu'on peut s'en convaincre en ouvrant le tome III des *Économies royales*. C'est Henri IV qui parle à Sully : « Par nécessité, dit-il, il me faut faire de deux choses l'une : à savoir les admettre (les Jésuites) purement et simplement... ou bien les rejeter plus absolument que jamais; auquel cas il n'y a présentement de doute que ce ne soit les jeter au dernier désespoir, et par icelui dans les desseins d'*attenter à ma vie*; ce qui me la rendrait si misérable et langoureuse, demeurant toujours ainsi dans les défiances d'être *empoisonné* ou bien *assassiné* (car ces gens ont des intelligences et correspondances partout, et grande dextérité à disposer les esprits selon qu'il leur plaît), qu'il me vaudrait mieux être déjà mort !... »

A cette plainte douloureuse, presque désespérée, de son roi, Sully répond :

« Vous avez bien conjecturé, sire, en croyant qu'à cette dernière raison je n'aurais rien à répliquer; car plutôt que de vous laisser encore dans les tourments de telles appréhensions et inquiétudes, je consentirais, non-seulement le rétablissement des Jésuites, mais aussi celui de quelque autre *secte* que ce pût être. »

On le voit donc clairement, Henri IV ne rappela les Jésuites en France que pour ne pas les désespérer et s'exposer aux coups de leur rage surexcitée, pour ne pas être empoisonné ou assassiné; ce sont ses expressions. Peut-être aussi croyait-il pouvoir désarmer la noire cohorte à force de bienfaits. Les Jésuites donc obtinrent que les lettres royales qui revoquaient l'arrêt de leur bannissement fussent enregistrées au Parlement, en janvier 1604. Bientôt le nombre de leurs colléges et Maisons fut doublé. Ils acquirent de grands biens; sept à huit ans après leur rappel, on évaluait à plus de 500,000 écus de rentes les biens possédés par les Jésuites. Leur maison de la Flèche coûta 600,000 livres. A Paris, ils bâtirent un Noviciat dans l'enclos duquel on eût pu renfermer une ville, dit un écrivain de l'époque. Le roi avait cependant voulu et cru prendre des précautions contre eux. L'édit qui les rappelait en France, spécifiant les lieux où ils étaient établis et y ajoutant Lyon, Dijon et la Flèche, ceci, disait-on, pour faire plaisir à notre saint Père le pape, leur interdisait formellement de former d'autres établissements sans la permission du roi, et sous peine d'être déchus de la grâce qu'ils avaient obtenue. Tous ceux qui habiteraient ces collèges et Maisons devaient être Français ; s'il y avait des étrangers actuellement, ils devaient sortir du royaume dans l'espace de trois mois. Ils devaient tous faire serment de ne rien entreprendre *à l'avenir*, sans exception ni *restriction mentale*, contre le roi, le royaume et la tranquillité publique. On déclarait encore qu'ils ne pourraient acquérir aucun bien fonds par vente, donation, ou de quelque autre manière que ce soit, sans la permission du roi ; qu'ils devaient se soumettre aux autorités civiles et religieuses du royaume. On comprend que, malgré l'article des *restrictions mentales*, les Jésuites, qui jurèrent d'ailleurs tout ce qu'on voulut leur faire jurer, ne tardèrent pas à s'affranchir de ces conditions gênantes.

Une seule de ces conditions fut acceptée avec joie par les Révérends Pères : ce fut celle qui les obligeait à tenir auprès de la personne du roi et de ses successeurs un prêtre de leur Compagnie, suffisamment autorisé par elle, et Français, qui serait confesseur et prédicateur ordinaire de sa Majesté. Henri IV croyait se donner ainsi un otage qui lui répondrait de la conduite de tout l'Ordre. Le premier Jésuite qui fut nommé en cette qualité fut le Père Cotton. Nous dirons tout à l'heure quelle conduite il tint à l'égard de son royal pénitent.

Il ne restait donc de l'arrêt qui avait flétri les Jésuites, neuf ans auparavant, que la pyramide destinée à perpétuer le souvenir de ce qui rappelait au monde entier un crime, aux Jésuites une défaite. Ils résolurent de faire abattre ce monument dont l'ombre portait en plein sur leur gloire renaissante. Cédant à leurs instances, Henri IV ordonna la démolition de la pyramide de Jean Châtel. Les Jésuites voulurent obtenir du Parlement qu'il sanctionnât cette mesure par un arrêt. Le parlement refusa, et se montra inébranlable dans son refus. Il fallut que les Pères se contentassent de voir abattre la pyramide par ordre royal. Cela fut exécuté en mai 1606 (1). Sur l'emplacement de la maison qu'avait habitée Jean Châtel, on éleva, en 1606, une fontaine dont les eaux, comme le disaient deux épigraphes, qu'on peut regarder comme deux épigrammes, étaient destinées à laver complétement tout souvenir odieux. De nos jours, il n'y a plus ni pyramide ni fontaine sur la place du Palais de Justice. Seulement, de temps à autre, là où furent stigmatisés l'assassin Jean Châtel et ses complices les Jésuites, on voit les valets du bourreau construire une estrade d'infamie où l'on expose des criminels. Il y a des lieux à jamais maudits!

Ce fut surtout grâce au Père Cotton que les Jésuites obtinrent la destruction de la pyramide ; aussi, une pièce de vers faite à cette occasion, jouant sur le nom du Révérend, nous apprend-elle « que le mol *Coton* abattit le dur marbre. » L'opinion publique, dit un grave historien, fut que le roi avait eu tort dans son intérêt de rappeler les Jésuites, et que mal lui en arriverait. Effectivement, quelques mois après la démolition de la pyramide, le roi revenant de la chasse, et comme il passait sur le Pont-Neuf, fut assailli par un furieux qui le tira par son manteau et le fit tomber sur la croupe de son cheval. Les serviteurs du roi accoururent et auraient étranglé cet homme, si le roi ne le leur eût défendu. Quoiqu'il eût été trouvé nanti d'un couteau, ce misérable, qui était de Senlis et se nommait Jean Delisle, fut seulement condamné à une prison perpétuelle. On l'avait fait passer pour fou. L'opinion publique vit encore en lui un instrument des Jésuites, à tort probablement cette fois.

Ce qui paraît mieux prouvé que la complicité des Jésuites dans les nouvelles tentatives d'assassinat faites contre la vie du roi, c'est la connivence existant entre eux et les Espagnols qui cherchaient incessamment tout ce qui pouvait faire naître en France des troubles, à la

---

(1) Ce fut le chancelier Bellièvre qui proposa la mesure au Parlement. Comme on craignait une émeute populaire, dit De Thou, si on abattait la pyramide en plein jour, on voulut d'abord ne procéder à sa démolition que la nuit. Les Jésuites insistèrent pour qu'elle eût lieu en plein jour, quoi qu'il arrivât. On remarqua que la première des statues enlevées fut celle de la Justice. « Il n'y a plus de justice, cria la foule, saisissant l'à-propos. Abattez la pyramide et relevez les Jésuites. »

faveur desquels ils espéraient revenir dans ce royaume. Le Père Cotton a été fortement soupçonné d'avoir trahi pour eux son royal pénitent, et d'avoir révélé au roi d'Espagne les secrets du confessionnal. Ce qui est certain, c'est que le Père Cotton fut disgracié pendant six semaines, parce que le roi apprit que son confesseur écrivait à un Provincial d'Espagne les secrets amoureux de son pénitent. Sous la régence de Marie de Médicis, Louis XIII, tout jeune encore, mais instruit de cette particularité, laissa voir qu'il y croyait en disant un jour au Père Cotton, qui lui demandait son avis : « Je ne vous dirai rien ; car vous l'écririez en Espagne ! »

Mais le Père Cotton ne tarda guère à recouvrer la faveur dont il jouissait auprès du roi Henri IV. Ce Jésuite était un homme adroit, insinuant, ne manquant pas de talent, et surtout courtisan très-habile. Loin de censurer les amours du roi, il les excusait ; une satire lancée alors contre ce Jésuite ajoute même qu'il les facilitait. Un grand personnage ayant témoigné son étonnement au Père Cotton de ce qu'il lâchait ainsi la bride aux passions de son royal pénitent, le Révérend aurait, dit-on, répondu : « Vraiment, je commets peut-être un péché par ma complaisance ; mais cela est nécessaire à la santé du roi, dont la vie est si précieuse pour l'Église et le royaume de France !..... Et c'est d'ailleurs un petit mal qui sera récompensé par un grand bien ! » Le grand bien était évidemment pour les Jésuites. Le prédicateur entreprit même d'excuser en pleine chaire la paillardise du roi, assure un écrivain du temps. Ainsi, il dit un jour « que son royal pénitent récompensait ses péchés par beaucoup de mérites, et que David, qui avait commis des débauches, était cependant l'homme selon le cœur de Dieu, etc. » Le Père Cotton se trouva plus d'une fois en opposition avec le sage ministre d'Henri IV, le grand et vertueux Sully, qui ne craignait pas, lui, de blâmer son maître au sujet des folies qu'il faisait pour ses maîtresses ou pour les enfants qu'il en eut. Le roi, dit un historien, semblait oublier ses enfants légitimes pour ne s'occuper que de ses bâtards, qu'il comblait de biens et d'honneurs. Le Père Cotton trouvait cela fort beau : cela servait à sa Compagnie.

On a prétendu que le confesseur d'Henri IV n'avait pas, au reste, une conduite beaucoup plus régulière que celle de son royal pénitent. L'*Anticotton* assure même qu'il avait eu à Avignon une nonne pour maîtresse, qui l'aurait rendu père. Ce qui paraît du moins prouvé, c'est que le Révérend eut avec une certaine demoiselle de Claronsac, de Nîmes, une liaison qui semble avoir été fort intime, si l'on s'en rapporte à une lettre qu'il lui écrivait. « J'espère vous voir bientôt, disait le Père Cotton à la demoiselle, pour vous payer le principal et les apports de votre absence... L'affection que je vous porte est telle que je ne me promets point d'avoir en paradis une joie accomplie, si je ne vous trouve pas là!... » Si c'est là de l'amour mystique, il faut convenir qu'on peut s'y tromper, et qu'il ressemble furieusement à celui que la Grèce antique adora sous le nom de *Cupidon!*... Au reste, cela nous importe fort peu, et nous n'aurions pas écrit ce livre si les Jésuites, loin de l'arène politique, avaient fait de chacune de leurs maisons même une succursale du temple de Vénus!

On comprend les motifs de l'indulgence du Père Cotton envers son pénitent, et l'on ne doit pas s'étonner si ce Père jouit et fit jouir sa Compagnie d'un grand crédit dans les dernières années du règne d'Henri IV. Les Jésuites en quelques années triplèrent en France le nombre de leurs maisons, et décuplèrent celui des fils de saint Ignace. Cependant, soit pour obtenir de nouvelles concessions, soit que la haine des Jésuites contre le roi ne pût être fléchie, ceux-ci continuèrent à entretenir, mais sous main, le feu des dissensions politiques et religieuses. Ainsi, dans l'année 1606, le Parlement fut obligé de rendre un arrêt qui enjoignait aux prêtres de ne plus omettre désormais dans le canon de la messe la prière ordinaire pour le roi. A cette époque, les Jésuites s'étaient rapprochés du clergé français, et le poussaient en avant à l'occasion d'un conflit d'autorité entre les Parlements et la juridiction ecclésiastique, et surtout à l'occasion de la publication du concile de Trente demandée par le saint-siége, et ajournée toujours, sinon refusée, par la cour de France. La faculté de théologie, où ils avaient fini par placer bon nombre de leurs créatures, faisait soutenir, à leur instigation, des thèses en faveur du pouvoir du pape sur le temporel des princes, échos des paroles des Bellarmin et des Mariana. Une thèse de ce genre fut condamnée par le

Parlement en 1607 ; elle était dédiée par l'auteur au cardinal Du Perron. Les Jésuites répondirent à cette condamnation par une autre qu'ils obtinrent à Rome contre l'arrêt du Parlement à l'égard de Jean Châtel. Mais il paraît que les censeurs pontificaux eurent honte de leur conduite ; car l'année suivante, dans le tableau des ouvrages condamnés par la congrégation de l'*Index*, on ne vit plus figurer l'arrêt du Parlement de Paris.

Ce fut aussi en 1609 que l'Histoire universelle de J. A. De Thou fut censurée à Rome par un décret du maître-du-sacré-palais, daté du 14 novembre. De Thou avait osé dire la vérité, même lorsqu'elle était nuisible au pape et aux Jésuites. De Thou eut à souffrir d'autres persécutions à cause de son livre, persécutions qu'il attribue aux Jésuites, comme sa condamnation par le tribunal de l'*Index*. Plusieurs Jésuites entreprirent de combattre et de décrier cette histoire et son auteur, quoique l'une soit presque toujours véridique, l'autre toujours modéré. Ainsi, un certain Scioppius, fils de Loyola, qu'on avait surnommé le *Chien littéraire*, parce qu'il aboyait contre tout homme de talent, publia trois ouvrages à l'encontre de l'Histoire universelle, tous pleins de fiel et de calomnies. Remarquons que ce *Chien* qui tenait plutôt du loup et du renard, avait été protestant, et s'était déchaîné contre les Jésuites avant de devenir membre de leur Ordre. Un autre Révérend Père, Jean de Machaud, fit aussi son livre contre De Thou. Le cardinal Bellarmin donna également son coup de pied à cet historien. On sait que le Parlement condamna Bellarmin. L'ouvrage de Machaud fut condamné en France, le 7 juin 1614, par sentence du prévôt de Paris. Un de ceux du Jésuite Scioppius fut brûlé par la main du bourreau, comme rempli d'injures atroces et de blasphèmes contre la mémoire d'Henri IV ; de propositions tendant à troubler le repos de la chrétienté et à mettre la vie des rois en danger. Néanmoins, les Jésuites étaient si puissants, qu'ils empêchèrent De Thou (l'historien lui-même le dit dans ses *Mémoires*) de succéder au premier président De Harlay, qui avait donné sa démission en 1611. Et, peut-être, ne furent-ils pas étrangers à la mort de F. A. De Thou, fils de l'historien, qui fut condamné à mort et exécuté, sous le règne suivant, et dont le plus grand crime fut d'avoir été l'ami fidèle de Cinq-Mars, ou, dans notre hypothèse, d'être le fils d'un homme qui avait osé tracer des Jésuites ce portrait si ressemblant :

« On reconnaît aisément à ces traits, écrivait l'historien De Thou parlant des persécutions que lui firent subir les Jésuites (1), ces hommes orgueilleux et vindicatifs qui croient toujours que leur gloire est la gloire de Dieu, qui ne sont souples que pour être redoutables, et qui se font un jeu de diffamer dans leurs discours, de déchirer dans leurs écrits, et de perdre par leurs intrigues ceux qui osent quelquefois mettre le public en état de connaître ce qu'ils valent, et de juger de leurs actions et de leurs écrits!... »

Cependant, Henri IV comblait les Jésuites de nouvelles faveurs. Sans doute, — et les Lettres et Instructions de ce prince que nous avons citées précédemment doivent nous le faire croire, — il agissait ainsi pour imiter la conduite des gardiens et conducteurs d'animaux sauvages, qui les gorgent de nourriture pour endormir leur féroce nature, leurs instincts de destruction. En 1608, la Compagnie de Jésus voulut s'établir dans le Béarn, pays qui avait été une principauté souveraine du roi de Navarre, mais dont Henri IV, devenu roi de France, avait fait une simple province de ce royaume. Les Béarnais étaient généralement calvinistes, et ne permettaient pas chez eux l'exercice du culte catholique. On obtint d'abord du roi que les catholiques pussent bâtir des églises, prier publiquement, prêcher, etc., par tout le Béarn : rien de plus juste que cette mesure, qui découlait, du reste, de l'édit de Nantes. Les Béarnais s'y soumirent; ils se montrèrent tout disposés à recevoir des prêtres et religieux de la communion romaine ; seulement ils déclarèrent énergiquement qu'ils ne voulaient, pour rien au monde, qu'on leur envoyât des Jésuites, « gens, disaient les Béarnais calvinistes et même catholiques, gens qui étaient les agents et les espions du

---

(1) Ce qui caractérise parfaitement les Jésuites, c'est que, pendant qu'ils persécutaient de toutes façons l'historien qui avait osé les démasquer, celui-ci recevait de Rome deux lettres d'un des plus célèbres Pères de la Compagnie où on protestait que les Révérends n'étaient pour rien dans la condamnation de l'*Histoire universelle*; remarquons aussi que De Thou avait pour ami le Père Dupuy, chef de la Province jésuitique de France!

roi d'Espagne, dévorés d'ambition, capables de tout, justifiant chacun de leurs actes, et poussant les autres aux actes les plus répréhensibles, par une théologie équivoque et captieuse ; enfin, des perturbateurs du repos public. » Le Parlement de Pau, création récente, adressa même, tant la haine des Jésuites était forte et générale dans le Béarn ! une remontrance au roi, à ce sujet. Henri IV répondit que son parlement du Béarn ferait ce qu'il voudrait, et qu'il le laissait maître de le faire. Aussitôt, le Parlement de Pau rend un arrêt qui défendait aux Jésuites d'exercer aucune fonction ecclésiastique, dans aucun lieu de son ressort, d'y former aucun établissement, et même d'y mettre le pied. Les Révérends Pères, furieux de cet édit, firent tant et si bien qu'ils obtinrent du roi qu'il fût cassé, et, sur-le-champ, au risque d'allumer de nouveau le foyer mal éteint des guerres religieuses, ils coururent s'établir dans le Béarn. Ils furent appuyés, en cette circonstance, par le clergé catholique, auquel ils avaient persuadé qu'eux seuls pouvaient lui aider à reprendre les biens tombés en partage à l'Église calviniste, et à établir dans le Béarn son ancienne domination.

Néanmoins, les Jésuites n'étaient pas encore satisfaits. Soufflant en secret sur les cendres de la ligue, ils en tirèrent des étincelles qui menaçaient de rallumer les incendies politiques dont la France avait tant souffert. De sourds murmures s'élevaient, de temps à autre, à la moindre occasion, et parfois dans l'atmosphère politique apparaissaient des signes menaçants. Sans doute Henri IV savait bien à quoi s'en tenir à l'égard des Jésuites ; mais, très-probablement, il ne se croyait pas encore en mesure de museler ces hôtes dangereux qu'il avait essayé en vain d'apprivoiser. Nous regardons comme probable que, si les plans de conquêtes que formait alors le Béarnais eussent pu être exécutés par lui et menés à bien, alors, fort de la nouvelle puissance qu'il aurait ainsi conquise, il se fût décidé à faire bonne justice enfin des fils de saint Ignace ; le temps lui manqua.

On sait qu'Henri IV, au commencement de l'année 1610, allait se mettre en campagne pour décider enfin, par la voie des armes, la querelle toujours existante entre la France et la maison d'Autriche. Les projets du Béarnais n'allaient à rien moins qu'à changer et à établir sur de nouvelles bases l'équilibre européen. La France, répondant au cri de guerre jeté par son belliqueux monarque, lui fournissait l'argent et les hommes nécessaires à cette grande et suprême lutte. Vingt mille fantassins, jeunes soldats commandés par les vieux capitaines de Jarnac et d'Ivry, se réunissaient à Châlons ; les gentilshommes accouraient à Paris, suivis de leurs compagnies. Chaque jour la Bastille, ouvrant ses larges portes, vomissait vers le lieu du rendez-vous général, à l'aide de barques qui remontaient la Seine incessamment, des caissons de poudre, ou des tonnes d'argent, ce salpêtre monnayé !... L'Espagne menacée en Allemagne, en Italie, tremblait de l'autre côté de sa muraille pyrénéenne. L'enfer vint encore une fois à son aide, l'enfer, invoqué par son odieux monarque *le Démon du Midi*, comme on a appelé Philippe II !..... De sourdes rumeurs se répandent à travers la France, des émissaires, sortis on ne sait d'où, et qui semblent disparaître sous terre quand on veut les saisir, parcourent les provinces, et sèment partout la méfiance et la terreur. Ils disent au peuple que les projets gigantesques du roi vont achever de l'épuiser de son argent et de son sang ; aux catholiques, ils crient que c'est à la sollicitation, et dans l'intérêt des huguenots qu'Henri IV veut faire la guerre aux princes catholiques : « Ne voyez-vous pas déjà, ajoutent-ils, Lesdiguières, ce réprouvé sanguinaire qui entre, avec une armée de démons hérétiques, en Italie, ce centre de la foi catholique ? Oh ! il est temps, il est grand temps de se lever pour les intérêts réunis de la France qu'on écrase, et de la sainte Église qu'on menace !... »

Le 14 mai 1610, le roi sortit du Louvre, à quatre heures du soir afin d'aller inspecter les travaux qu'on faisait dans Paris pour l'entrée solennelle de la reine qui venait seulement d'être couronnée. Henri voulait hâter les préparatifs de cette fête, qui seule l'empêchait d'aller se mettre à la tête de son armée. Il était dans un carrosse — invention nouvelle — ouvert de tous côtés, et dont il occupait le fond, ayant à sa droite le duc d'Épernon, et, en face, le marquis de Mirebeau et Duplessis de Liancourt. Dans les deux renflements des portières, où l'on ménageait alors des places, les maréchaux de Lavardin et de Roquelaure étaient assis à la droite, le duc de Montbazon et le marquis de La Force, à la gauche. Le roi, afin d'être plus libre et moins observé, avait renvoyé ses gardes.

Le carrosse était arrivé dans la rue de la Ferronnerie ; là, un embarras de charrettes força le cocher d'arrêter. Profitant de la circonstance, un homme qui avait constamment suivi la voiture royale depuis le Louvre, s'en approcha comme pour voir le monarque de plus près, et vint toucher le panneau de gauche tourné du côté du marché des Innocents ; Henri, en ce moment, se penchait vers Lavardin, qui, comme nous l'avons dit, occupait la portière de droite. Soudain, il pousse un cri étouffé, et tombe dans les bras du duc d'Épernon, qui dans un instant est couvert du sang qui sort à gros bouillons de la poitrine et de la bouche du roi. Aucun des seigneurs qui étaient dans le carrosse n'avait vu l'assassin (1). Celui-ci avait eu le temps de porter deux coups de couteau à la royale victime : le premier, arrêté par une côte, avait glissé ; mais le second porta en pleine poitrine, et s'y enfonça profondément.

En voyant tomber le roi, en voyant couler son sang, les seigneurs qui l'accompagnent se lèvent épouvantés et avec des cris d'horreur. Tandis que les uns soutiennent le roi, les autres s'élancent de la voiture, en criant qu'on arrête l'assassin. Mais celui-ci n'avait pas cherché à fuir. Après avoir commis son forfait, il était resté à côté du carrosse, immobile, et tenant à la main son couteau tout dégouttant de sang. Il fut arrêté sans qu'il eût essayé de fuir ou de se défendre. On le conduisit d'abord à l'hôtel de Retz, près du Louvre, en attendant qu'il fût remis aux mains du grand-prévôt. Le carrosse retourna au Louvre, ramenant le corps inanimé du roi lâchement assassiné.

Lorsque cette nouvelle : « Le roi est mort ! » se répandit, comme un éclat de foudre, au milieu de Paris joyeusement occupé de préparatifs de fête, la grande ville se leva comme un seul homme, et y répondit par un long cri de douleur, auquel succéda bientôt une formidable clameur de rage. On oubliait les fautes du roi, pour ne plus se souvenir que de ses grandes qualités. « Vengeons-le d'abord ; nous le pleurerons en-

---

(1) Voyez le continuateur de De Thou et tous les historiens du règne d'Henri IV.

suite ! » criaient des groupes furieux en courant avec frénésie le long des rues. Un noble polonais, Sobieski, l'aïeul du fameux vainqueur de Vienne, qui se trouvait à Paris, rend compte dans ses *Mémoires* de la désolation furieuse des Parisiens lorsque l'assassinat du roi fut connu. « Leur rage, dit-il, manqua même de m'être fatale, à moi, ainsi qu'à mes compagnons : car, comme nous revenions de voir les préparatifs qu'on faisait à la porte Saint-Denis, une femme ayant crié : que nous étions peut-être les meurtriers du roi ! peu s'en fallut que la colère égarée des Parisiens ne s'assouvît sur nous autres innocents ! » Mais, grâce aux promptes mesures prises par la cour, on parvint à rétablir un calme sombre dans Paris.

A ce propos, le continuateur de De Thou, Nicolas Rigault, remarque que le duc d'Épernon ayant fait venir au Louvre les soldats-aux-gardes répandus dans les faubourgs, les posta avec une telle diligence, que cela n'aurait pu se faire plus à temps, quand on aurait prévu la chose (1) !

Cependant, immédiatement après la mort du roi, le Parlement s'était assemblé au couvent des Augustins ; car le palais de Justice était embarrassé par les préparatifs pour la fête de l'entrée de la reine, mais ce ne fut pas pour que les lois tirassent vengeance de l'assassinat du roi ; ce fut pour qu'on donnât la régence du royaume à la reine, le fils aîné d'Henri IV, qui fut depuis Louis XIII, n'ayant alors que neuf ans. Marie de Médicis était si pressée de saisir le pouvoir, que, de la chambre où gisait le cadavre sanglant de son époux, elle envoya coup sur coup plusieurs seigneurs au Parlement pour hâter la décision, qui fut enfin rendue conformément à ses désirs. Ce ne fut que le 17 mai, trois jours après la mort du roi, que l'assassin fut conduit devant le Parlement. Il déclara se nommer François Ravaillac, être âgé de trente-deux ans, natif d'Angoulême, et faisant profession de maître d'école et d'élever des enfants dans la religion catholique, apostolique et romaine. Il ajouta qu'il était venu une première fois à Paris, non pour tuer le roi, mais seulement pour l'engager à faire la guerre aux hérétiques et à les chasser de France ; mais que, s'étant approché du

---

(1) Suite de *l'Histoire universelle,* livre III.

carrosse du roi dans cette intention, il avait été chassé à coups de canne. Dès lors, suivant l'accusé, l'idée lui était venue de tuer le roi; résolution dans laquelle il s'affermit surtout lorsqu'il eut appris qa'Henri IV ne voulait pas punir les auteurs d'une conjuration contre les catholiques, et qu'il avait le dessein de transporter le Saint-Siége à Paris. On lui demanda qui lui avait rapporté de pareils mensonges. Il ne voulut pas le dire; mais il en chargea indirectement les Capucins. Ces moines lui avaient donné, comme il l'avoua, sans doute pour l'affermir dans sa résolution, un reliquaire dans lequel ils lui dirent qu'était renfermé un morceau de la vraie croix. On ouvrit ce reliquaire : il n'y avait rien dedans, ce qui mit l'assassin en grande colère contre les moines. On lui demanda s'il n'avait pas fait partie de la Compagnie de Jésus. A cela, il répondit qu'il avait voulu y être reçu, mais qu'on avait refusé de l'admettre, parce qu'il avait été quelque temps auparavant chez les Feuillants, comme frère convers. Il nia toujours avoir eu des complices ; il convint seulement qu'il avait eu des conférences avec le Père d'Aubigny, Jésuite, avec le curé de Saint-Severin, et avec un moine Feuillant nommé le Père de Sainte-Marie-Madeleine. Il avoua que, dans ces conférences, il avait raconté à ces trois individus les visions qu'il avait nuit et jour, et dans lesquelles il voyait « de la fumée de soufre et d'encens, des hosties, et entendait des trompettes qui appelaient au combat. » Il ajouta pourtant qu'il avait montré au Père d'Aubigny, le Jésuite, un couteau sur lequel il y avait gravés un cœur et une croix, et qu'en le lui montrant il lui avait dit « qu'il fallait que le cœur du roi fût animé et tourné contre les huguenots ! »

— Vous n'avez rien dit de plus au Père d'Aubigny? demanda-t-on à l'assassin, à plusieurs reprises.

— Rien de plus, répondit-il toujours.

Le Père d'Aubigny, confronté avec l'accusé, qui déclara le reconnaître, nia de son côté formellement et fortement que cet homme lui eût jamais parlé.

Ravaillac, appliqué à la question, ne fit rien connaître de nouveau. Du reste, son procès fut conduit avec une négligence remarquable ; on ne le confronta avec aucun de ceux qu'il déclarait avoir entretenus de

Ravaillac assassine Henri IV.

ses visions et pensées, sauf le Père d'Aubigny, qui d'ailleurs ne fut pas détenu. Le moine Feuillant et le curé de Saint-Severin ne comparurent même pas. Il en fut de même des Capucins. On pensa généralement que les juges de Ravaillac ne montrèrent une telle négligence que parce qu'ils craignaient de découvrir des choses qui feraient remonter le crime jusqu'à des personnes dont ils n'osaient se faire des ennemis. Quelles furent ces personnes? Les échos historiques, répondant à cette question, prononcent le nom de la reine elle-même, de Marie de Médicis; mais, plus haut encore, celui des Jésuites!... Examinons ce qu'il y a de réel dans cette accusation terrible.

Il est constant que Marie de Médicis ne vivait pas en bonne intelligence avec son mari, soit à cause des maîtresses que celui-ci affichait publiquement, et des grands biens dont il les comblait, elles et leurs enfants, jusque-là qu'on l'accusait d'oublier pour ses bâtards ses enfants légitimes; soit parce que la reine eût voulu participer au gouvernement de l'état, ce qu'elle n'obtint jamais. On remarqua que d'Épernon, à côté duquel Henri IV avait reçu deux coups de couteau sans que ce duc s'en aperçût, était un ami particulier de la reine, et l'on trouva singulier qu'immédiatement après l'assassinat, ce duc, qui s'était toujours montré hostile au roi, eût entouré le Louvre de soldats, et cela en si peu de temps, que l'on eût dit « que tout cela avait été disposé d'avance! » L'empressement que mit Marie de Médicis à se faire nommer régente et à s'emparer du pouvoir, la singulière coïncidence qui fit qu'Henri IV fut assassiné aussitôt après le couronnement de la reine, cérémonie qui lui donnait une nouvelle autorité aux yeux de la France, plusieurs autres circonstances encore ont fait planer des soupçons sur la tête de la veuve du Béarnais. On a assuré que la dureté dont usa envers cette reine son fils, le triste Louis XIII, cet écolier tremblant et regimbant toujours sous la férule de son gigantesque régent, vint en partie de ce que le fils d'Henri IV croyait à la complicité de sa mère dans l'assassinat de son père, qu'il aurait ainsi vengé.

Quelques jours avant l'attentat, dans l'église de Saint-Gervais, un prédicateur voulant exciter Henri IV contre les huguenots, se mit à s'écrier « que, d'après ces fils du démon, le mariage du roi avec Marie de Médicis serait nul, ayant été fait par le pouvoir du pape, pouvoir que nient les hérétiques!.....» On sait, en effet, que le mariage d'Henri IV avec la reine Marguerite, sa première femme, fut cassé par le pape. Ce fut peut-être ce sermon qui fit donner à la reine Marie de Médicis le titre de régente en l'absence de son mari.

Veut-on savoir quel était le prédicateur qui osa dire de pareilles choses en présence du roi? On le nommait le Père Gontheri; c'était un Jésuite! Si la reine Marie de Médicis trempa en quelque chose dans l'assassinat de son mari, elle le dut, suivant nous, aux excitations des enfants de Loyola. Ce fut sur ceux-ci que planèrent immédiatement et plus fortement les soupçons de l'opinion publique. Et il paraît que, dans le Parlement, des accusations formelles osèrent se formuler contre les Jésuites. La reine ne voulut pas qu'on y donnât suite. Les présidents et conseillers, du moins pour la plupart, craignirent d'ailleurs de s'attaquer en face à de si puissants ennemis. Le Continuateur de De Thou remarque « que des individus qui avaient révélé, ou voulaient révéler, sur l'assassinat d'Henri IV, des choses qui auraient établi que Ravaillac avait été poussé par des amis des Espagnols, des religieux de *certains Ordres*, moururent subitement, et avec soupçon que leur mort n'avait pas été naturelle!...»

Ravaillac soutint constamment qu'il avait parlé au Père d'Aubigny. La dénégation qu'opposa le Jésuite à l'assertion de l'assassin est au moins singulière : « Dieu me fait la grâce d'oublier incontinent ce qu'on me révèle en confession, » dit-il. On sut plus tard, par le témoignage de deux conseillers du Parlement, MM. Le Grand et Lavau, qu'un Jésuite, le Père Hardy, prêchant à Saint-Severin, quelques jours avant l'attentat, et faisant allusion aux grands préparatifs d'Henri IV, osa dira : « Les rois amassent des trésors pour se rendre redoutables; mais il ne faut qu'un *pion* pour mater un *roi!* » Un autre Jésuite, nommé le Père Gontier, disait pis encore, et devant le roi; tellement, que ce dernier ayant demandé au maréchal d'Ornano ce qu'il pensait du prédicateur : « Hem! répondit le maréchal, je pense que je n'ai rien à dire de l'impertinence de ce drôle, puisque votre majesté veut bien la supporter. Mais, si le Révérend se fût avisé de m'honorer d'une pareille prédication, je jure Dieu que je l'eusse fait traîner à la rivière par les deux oreilles... » On remarqua également ceci : tandis qu'on ne permettait à aucun protestant, à aucun des individus dont on pouvait supposer que le zèle pour la vengeance due aux mânes du roi, ne s'arrêterait devant aucune considération, d'aller visiter l'assassin, la porte de sa prison fut, par contre, constamment ouverte à d'autres, parmi lesquels on compta surtout les Jésuites et leurs partisants. Le Père Cotton lui-même se rendit auprès de Ravaillac, auquel il dit : « Gardez-vous bien d'accuser des innocents! » Que pouvaient signifier ces singulières paroles? Les défenseurs de la Compagnie de Jésus prétendent que, par là, le Jésuite exhortait l'assassin à ne dire que la vérité, et à ne pas se laisser influencer par les ennemis qu'il savait acharnés contre son Ordre; « L'ex-confesseur du roi, disent ces écrivains en robe noire plus ou moins courte, ne savait-il pas de reste quelles haines la Compagnie de Jésus avait amassées contre elle, et ne devait-il pas prévoir qu'on essayerait de lui nuire en faisant tomber sur ses membres des soupçons de complicité avec l'assassin?... » Il est remarquable que les Cordeliers, Augustins, Carmes et autres religieux ne se donnèrent pas la peine d'aller faire une pareille recommandation à l'assassin!..

Ce même Père Cotton, quelque temps avant la mort de son royal pénitent, avait, malgré la défense formelle du Lévitique (1), adressé une curieuse série de questions à une jeune fille que tout Paris allait voir au couvent de Saint-Victor, et qui était, disait-on, possédée du diable, lequel répondait par sa bouche. Or, dans cette liste, à côté de questions témoignant de l'intérêt que le Confesseur du roi portait à son Ordre, ainsi qu'à certaine demoiselle Acarie dont nous avons déjà parlé, se trouvait une question *sur la durée de la vie du roi* (2)!...

---

(1) « La personne qui se tournera vers les sorciers et les devins, je l'exterminerai du milieu de mon peuple! » *Levit.* 20, v. 6.

(2) Les questions du Père Cotton à la possédée étaient au nombre de soixante-seize : et on y trouve des demandes qui semblent prouver que le Père avait besoin que le diable lui enseignât à démontrer les vérités du catholicisme. Il y avait aussi des questions ridicules comme celle-ci : « Si le serpent marchait sur pieds avant la chute d'Adam? » ou incompréhensibles comme celle-là : « Ruser rez-pied, rez-terre! » Le Père Cotton s'enquérait aussi : « Si la puissance du pape était telle que celle de saint Pierre; ce

Or, Tertullien n'a-t-il pas écrit : « Qui a besoin de s'enquérir de la vie du prince, si ce n'est celui qui machine quelque chose à l'encontre ? » On appliqua généralement en France l'opinion de Tertullien au fait du Père Cotton. Nous devons dire comment ce fait parvint à la connaissance du public : ce Jésuite ayant renvoyé à M. Gillot, conseiller en la grand'chambre, un livre que ce dernier lui avait prêté, y laissa par mégarde la liste de ses questions à la possédée. Henri IV, dit-on, se fâcha très-fort contre le Jésuite :

Nous ne devons pas oublier non plus une chose qui doit paraître étrange, non moins que significative.

La mort du roi fut annoncée en plusieurs villes, Rouen, Prague, Bruxelles, entre autres, douze ou quinze jours avant le crime qui la causa ! On eut la preuve qu'un prévôt de Pithiviers, jouant aux quilles avec ses amis, le 14 mai, dit à ses amis : « Aujourd'hui, le roi est mort ou blessé ! » On se garda bien de faire paraître cet homme devant la justice. Si nous disons que le prévôt de Pithiviers était partisan et grand ami des Jésuites ; que son fils étudiait alors chez les Révérends Pères et qu'il entra même plus tard dans la noire Compagnie, n'aurons-nous pas donné à nos lecteurs une explication suffisante et toute naturelle de ce prodige de divination ?.....

Il y a à la fin du *Recueil de pièces touchant l'Histoire la Compagnie de Jésus, par le Père Jouvenci,* etc., Liége, 1716, qui se trouve à la Bibliothèque royale sous le numéro 3010 (Imprimés, lettre H), un document qui nous a paru mériter que nous en donnions un extrait. Ce document porte pour titre : *Manifeste de Pierre Du Jardin, sieur et capitaine De La Garde, présentement détenu à la Conciergerie de Paris.* Pierre Du Jardin, ancien gendarme de la compagnie de Biron, raconte qu'étant à Naples, il dîna un jour chez un Français réfugié en Italie, le sieur Charles Hébert, ex-secrétaire

---

qui touchait la vocation de sa nièce ; ce qui touche le plus le diable quand on le conjure, etc. » La possédée était de près d'Amiens et se nommait Adrienne Dufresne ; elle avait été recueillie par Toussaint Chauveline, avocat célèbre. Cotton l'exorcisa en vain, ce qui mortifiait le Jésuite ; et voilà pourquoi sans doute il demandait au diable la meilleure manière de le chasser.....

de feu le maréchal Biron, exécuté en 1602, pour crime de trahison envers le roi. Il y avait là plusieurs autres individus bannis de France ; parmi eux se trouvait un certain Ravaillac, qui avait également fait partie de la compagnie-d'ordonnance du maréchal. Le sieur Du Jardin affirme qu'à ce dîner, où ne se trouvaient que des individus fort mal disposés contre le roi, Ravaillac ne craignit pas d'avouer qu'il avait résolu d'assassiner Henri IV : « Je le tuerai, cria-t-il à diverses reprises, ou je mourrai en la peine! » A la suite de ce repas, continue le révélateur, un des convives, le sieur Matthieu de La Bruyère, qui avait été lieutenant particulier au Châtelet, du temps de la Ligue, me mena avec Ravaillac chez un Jésuite espagnol, le Père Alagon, qui me proposa de participer à *l'expédition* qu'allait entreprendre mon compatriote. Le Révérend Père, Espagnol de haute naissance, et qui était même, à ce que je crois, oncle du duc de Lerme, me promit 40,000 écus et la grandesse si je réussissais à tuer le roi de France. Ayant horreur d'un tel crime, je fus tout dénoncer à M. Zamet, frère du fameux banquier juif, puis à l'ambassadeur du roi de France auprès du Saint-Siége, qui m'envoya alors en France vers M. de Villeroi, lequel me fit obtenir une audience du roi, auquel je racontai tout cela. Sa Majesté me dit de ne rien ébruiter jusqu'à nouvel ordre, mais de bien garder les lettres et papiers dont j'étais porteur, et que je remis à messieurs du Parlement. Cependant, pour récompenser mon zèle et ma fidélité, sa majesté me nomma pour accompagner le grand-maréchal de Pologne. Quelque temps après, revenant en France, j'appris à Francfort la nouvelle de l'assassinat du roi. Près de Metz, dont était gouverneur monsieur le duc d'Épernon, au service duquel avait été Ravaillac, je fus assailli par des soldats, et laissé pour mort. Lorsque je pus me rendre à Paris, j'obtins de la régente le brevet de contrôleur-général des bières. Mais au bout de quatre ans, n'ayant pu, malgré mes démarches et réclamations, obtenir les expéditions de mon brevet, la misère qui était venue m'assaillir me fit proférer des paroles sans doute imprudentes. Je fus arrêté en 1615, jeté dans un cachot de la Bastille, où on me laissa neuf mois ; je craignais déjà d'y pourrir, lorsqu'enfin on me transporta à la Conciergerie, dont on me fit habiter successivement les tours. Ayant enfin obtenu de paraître devant un tribunal, je fus acquitté ; on ne put même me dire de quel crime j'étais accusé. Cependant, malgré mon acquittement, je ne fus pas encore remis en liberté, et je ne sais pas même si je dois jamais redevenir libre !… »

Cette histoire singulière est attestée par un avocat au Parlement de Rouen, nommé Letellier, qui fut le défenseur du prisonnier, dont il avait connu la famille dans la capitale de la province de Normandie. Si cette histoire est vraie — et nous ne connaissons rien qui empêche d'y croire, — on pourrait en tirer cette conclusion : que de hauts et puissants personnages avaient intérêt à ce qu'on ne vît pas clair dans l'attentat de Ravaillac. Quels sont ces personnages ? Le lecteur peut maintenant se prononcer ; nous lui avons fourni toutes les preuves que nous avons pu réunir dans ce cadre circonscrit.

N'oublions pas de dire que le Parlement de Paris, qui n'osa pas faire remonter le crime plus haut que la main du meurtrier, donna cependant une sorte de satisfaction à l'opinion publique qui accusait les Jésuites. Sur l'ordre du Parlement, la Sorbonne, renouvelant un ancien décret loué par Jean Gerson, défendit qu'aucune thèse soutenue dans son sein pût contenir cette proposition : « S'il est permis de tuer un tyran ? » Le syndic qui apporta au Parlement la décision de la Sorbonne, dit franchement « qu'il y avait quelque chose de mieux à faire, et que c'était que la Cour condamnât solennellement les ouvrages de plusieurs Jésuites dont le meurtre et le poison étaient les fruits odieux (1). » Le président Antoine Séguier et quelques autres amis des enfants de Saint-Ignace voulurent en vain parer le coup. Le Parlement, comme par un retour de conscience, condamna, le 8 juin, le livre de Mariana, qui fut lacéré et brûlé sur la place du Parvis de Notre-Dame par la main du bourreau. Seulement, dans l'arrêt, on évita de qualifier l'auteur de Jésuite. Tant les Révérends Pères inspiraient alors de terreur !… La reine régente semble avoir voulu punir le Parlement de sa protestation stérile et détournée. Aux obsèques du feu roi, qui commencèrent le 28 juin, le Parlement ayant voulu, sui-

(1) Voyez le continuateur de De Thou, etc., etc.

vant un droit acquis, être placé au pied du cercueil royal, cette place lui fut disputée par les évêques. Les magistrats ayant tenu bon, Marie de Médicis donna raison aux prélats, et le duc d'Épernon fit même arrêter un des conseillers du Parlement qui refusait d'obéir à la décision; le reste se retira en protestant, à l'exception du président Séguier.

On remarqua que, seuls des Ordres religieux, les Jésuites n'assistèrent point aux funérailles du roi assassiné. Était-ce crainte d'une manifestation de la haine publique? Était-ce effet de la conscience? Pour qu'on ne pût rien décider à cet égard, les Jésuites avaient eu soin de préparer une sorte d'excuse à leur absence. Le Père Cotton, le Confesseur d'Henri IV, avait obtenu de son royal pénitent qu'à la mort de ce dernier, son cœur serait transporté dans la maison des Jésuites de La Flèche. Le lendemain de la mort du roi, le Père Cotton réclama l'exécution de cette promesse. On vit donc arriver au Louvre, de la Maison-professe des Jésuites, située rue Saint-Antoine, un cortége de Révérends ayant à leur tête le Père Barthélemy Jacquinot, le Père Procureur, auquel le prince de Conti fit la remise du cœur d'Henri IV. Le Révérend emporta ce cœur, qui tant de fois avait été le but de poignards dont plus d'un avait été aux ordres de la noire cohorte. Ce fut le carrosse même dans lequel le roi avait été assassiné, et où l'on pouvait voir encore des traces de sang, qui remmena le dignitaire Jésuite à la maison de Saint-Louis. Quelques jours après, le Provincial lui-même et les principaux Pères portèrent le cœur du roi à La Flèche, où il fut déposé dans un caveau de l'église des Jésuites. On remarqua que le Père Arnaud, le Provincial, fit ce voyage en carrosse, quoique, pour se conformer aux volontés du roi défunt, il eut dû le faire à pied. Mais pourquoi le Révérend se serait-il astreint à cette fatigue envers celui dont son Ordre n'avait plus rien à craindre ni à espérer? Nous voudrions bien savoir si, le long de la route, le cœur royal ne tressaillit pas entre les traîtreuses mains qui le tenaient comme le hideux vautour s'envole avec le dernier lambeau de sa proie dévorée?...

Le Père Cotton devint aussitôt le confesseur de la reine régente, auprès de laquelle il jouit d'une extrême faveur.

Le lendemain de l'assassinat, La Varenne présenta les Jésuites à

Marie de Médicis, qui les reçut gracieusement. Il nous semble que, ne fût-ce que par pudeur, elle eût dû attendre au moins que le cadavre de son mari eût caché, dans l'ombre des caveaux de Saint-Denis, ses blessures béantes, avant de témoigner une telle et si publique bienveillance à des gens sur lesquels planaient le soupçon de complicité avec l'assassin d'Henri IV!...

Cependant, le 27 mai, François Ravaillac avait été condamné au supplice des parricides. Son père et sa mère furent bannis du royaume; tous ses autres parents portant le nom de Ravaillac reçurent ordre d'en prendre un autre. Après qu'il eut enduré plusieurs fois la question, il eut le poing droit brûlé avec du soufre, on lui tenailla les mamelles, les bras, les cuisses et les jambes; on versa du plomb fondu, de l'huile bouillante, de la cire, du soufre enflammé dans ces plaies affreuses. On termina cet effroyable supplice, que Ravaillac supporta avec fermeté et sans faire d'aveux, en faisant écarteler le misérable à quatre chevaux. On devait brûler son corps, comme ceux de Châtel et du Père Guignard, et en jeter aussi les cendres au vent; la rage populaire ne le permit pas. Repoussant les gardes et les bourreaux, la foule se rua sur les débris sanglants du cadavre, les traîna le long des rues et les brûla à son aise, au milieu d'exécrations dont une bonne partie retournait aux Jésuites. Ceux-ci, cependant, se tenaient tranquilles dans leur Maison, étaient reçus gracieusement à la cour, ou allaient en carrosse porter le cœur du roi à La Flèche!...

Nous nous sommes longuement étendus sur cette partie de l'histoire des Jésuites, parce que rien ne caractérise mieux, suivant nous, la noire cohorte, que la lutte qu'elle soutint contre Henri IV, lutte ouverte par Barrière, continuée par Jean Châtel, et enfin dignement terminée par Ravaillac : hideuse trinité, autour de laquelle se groupent les têtes des Varade, des Guignard, des Guéret, des d'Aubigny, anges infernaux qui adorent cette trinité du meurtre!...

Nous venons ainsi de tracer l'histoire de la Compagnie de Jésus en France jusque dans les premières années du dix-septième siècle (de 1561 à 1610). Nous compléterons plus tard cette période par le récit de la lutte des Jésuites contre l'Université. Mais, auparavant, il est nécessaire que nous disions dans quelles autres contrées d'Europe ils s'étaient établis en même temps, et quelle conduite ils y tinrent. Cette conduite, on la devine : partout, sur les pas des enfants de Loyola, durant la période qu'embrasse le récit qui précède, on vit éclore les troubles civils, les guerres terribles, les meurtres effroyables!... Ce qui faisait dire à un catholique de Rome, Marc-Antoine Colonne : « Pères de la Compagnie de Jésus, votre esprit est au ciel, vos mains au monde, vos âmes au diable. — Puisse-t-il vous emporter (1) ! »

Avant de terminer ce chapitre, nous devons offrir à nos lecteurs un document précieux et qui achève de caractériser la lutte des Jésuites contre Henri IV. Ce document assez rare est un livre publié par les Révérends Pères, sous le nom de François de Vérone *Constantin*, et qui a pour titre : APOLOGIE POUR JEHAN CHASTEL, *Parisien exécuté à mort, et pour les Pères et Escholliers de la* SOCIÉTÉ DE JÉSUS, *bannis du royaume de France, contre l'arrêt du Parlement*, etc. Le titre seul caractérise l'ouvrage, qui est bien en effet une apologie complète, audacieuse, effroyable, insensée, du meurtrier et même du meurtre, ainsi qu'on le verra par les seuls titres du *discours*, comme le panégyriste de Châtel et des Jésuites appelle son infâme factum : le premier paragraphe de la seconde partie est en effet consacré à développer cette proposition effrontée : QUE L'ACTE DE JEAN CHATEL EST JUSTE.

« L'acte de Jehan Chastel, dit l'auteur de l'Apologie, que nous citons textuellement, est purement juste, vertueux et héroïque. Nous voulons montrer l'innocence et vertu de Jehan, et l'injustice de l'arrest, etc., etc. » L'Apologie prouve encore *l'utilité de l'entreprise de Chastel*, et soutient que *les propos de Chastel ne sont scandaleux ni séditieux*.

Toute cette œuvre d'enfer est écrite dans le même esprit. L'*Apologie pour Jean Châtel* est la meilleure raison de l'arrêt qui frappa

(1) *Voi altri padri di Giesu*, disait le noble patricien, dans son langage plus pittoresque que le nôtre, *avete la mente al cielo, le mani al mondo, l'anima al diavolo!* etc. Quant au souhait qui termine le *trait* de Marc-Antoine Colonne, il se répète aujourd'hui dans toutes les langues de l'ancien et du nouveau continent.

les Jésuites, ses maîtres, conseillers, directeurs et défenseurs, ainsi que s'en convaincra quiconque lira ce livre, qui fut écrit et publié peu de temps après le crime de Jean Châtel. Aussi l'éditeur d'une nouvelle réimpression, faite en 1610, dit-il avec raison, pour la justifier, qu'il a pensé que rien, mieux que cet ouvrage, ne pouvait faire connaître au monde les Jésuites, leurs actes et leurs doctrines. L'*Apologie pour Jean Châtel* existe sous le n° 820, lettre H, à la bibliothèque Sainte-Geneviève, à laquelle il fut donné, chose remarquable ! par Le Tellier, archevêque de Reims et Jésuite !

CHAPITRE II.

Conspiration des Poudres

(LE JÉSUITISME AUX ILES BRITANNIQUES).

Quand, au milieu du grand orage religieux qui remuait le monde, la Compagnie de Jésus éleva pour la première fois sa bannière sinistre, l'Angleterre venait d'échapper à l'autorité du pape. On sait comment fut opérée cette grande séparation : Henry VIII, ce royal et terrible Barbe-Bleue de l'histoire, voulait obtenir du pape qu'il autorisât son divorce avec Catherine d'Aragon, sa première femme, qu'il voulait remplacer par Anne de Boleyn. La demande du monarque anglais était injuste en elle-même, et choquait les lois de l'Eglise romaine. Malheureusement les chefs de celle-ci avaient sanctionné déjà de pareilles demandes, et légitimé des unions aussi illégitimes que celle que Henry VIII contracta avec Anne de Boleyn, avant même que le Saint-Père se fût prononcé ; ce que le prince anglais ne manqua pas de rappeler. Le pape était donc fort embarrassé. Si la religion catholique se maintenait encore à cette heure sur le sol anglais, ce n'était que parce qu'elle pouvait s'appuyer sur le sceptre et surtout sur le glaive royal que Henry VIII avait mis à sa disposition. D'un autre côté, la femme répudiée par le monarque anglais était la tante de l'empereur Charles-Quint, dont le secours et la protection étaient bien autrement importants sur le continent, pour l'Église romaine. Charles-Quint l'emporta : Clément excommunia Henry VIII, qui s'en vengea en proscrivant le catholicisme de ses états et en se déclarant le chef de l'Église anglicane (1).

Ces grandes choses étaient consommées avant la création de la Compagnie de Jésus. Aussi, dans les douze provinces formées par Ignace de Loyola, ne figure pas l'Angleterre. Les Jésuites, considérant ce pays comme un pays ennemi, n'y eurent que des Missions. Ils ne s'y sont jamais établis réellement, ouvertement; ils n'y ont jamais eu, par conséquent, la même influence qu'en France, et cependant leur nom est peut-être plus exécré en Angleterre qu'en France. C'est que, pour le peuple anglais, les Jésuites sont la suprême personnification de l'Église romaine, dans tout ce que celle-ci leur rappelle d'odieux souvenirs, de craintes toujours persistantes. C'est qu'aux yeux de l'Anglais, la liberté religieuse est étroitement unie à la liberté politique, et qu'il sait qu'on a toujours vu les Jésuites aux premiers rangs dans toute tentative réactionnaire ayant pour but de river de nouveau à son cou la double chaîne qu'il a brisée jadis.

Aussitôt, en effet, que la guerre eût été franchement déclarée entre le pape et Henry VIII, on vit accourir vers l'Angleterre des membres de la noire cohorte instituée seulement depuis quelques mois. C'était une riche province romaine qui échappait au chef de l'Église de Rome, et qu'il s'agissait de reconquérir au profit du Général des Jésuites. On a évalué à près de quarante millions le revenu des couvents dont s'empara Henry VIII (2). Les écrivains catholiques jettent les hauts cris à ce chiffre seul, qui paraît à d'autres, au contraire, la condamnation même de l'ordre de choses dont les premiers déplorent la chute. Nous dirons simplement, nous, que l'énorme fortune représentée par ce revenu de trente ou quarante millions, est beaucoup mieux placée entre les mains de la nation elle-même qu'en celles d'un corps religieux quelconque, catholique ou anglican.

(1) Voyez Rapin de Thoiras, David Hume, De Thou, Burnet, etc.
(2) Le Docteur Lingard donne le chiffre précis de 34,301,480 francs pour le revenu annuel dont jouissaient les moines d'Angleterre!

On devine bien que l'ardeur des Jésuites fut loin de se ralentir à la vue des riches dépouilles que Rome les chargeait d'arracher au chef de l'Église protestante d'Angleterre. Pasquier-Brouet et Salmeron furent, ainsi que nous l'avons dit (1), les premiers Jésuites expédiés de Rome au secours du catholicisme expirant en Angleterre sous le pied du terrible Henry VIII, mais aussi sous le poids de la réprobation du peuple anglais. Les deux Missionnaires poussèrent à la révolte les Irlandais restés catholiques, et qui sont tels encore, malgré les persécutions, ou plutôt à cause des persécutions, et surtout parce que la religion proscrite fut et sera pour eux un lien durable et puissant. De nos jours encore, entre les mains de Daniel O'Connell, le catholicisme est toujours un des meilleurs leviers avec lesquels le grand *Agitateur* remue l'Irlande et la fait se lever à son ordre comme un seul homme (2). Les deux Jésuites, lieutenants du pape, ne firent rien en Irlande, si ce n'est que leurs menées ajoutèrent quelques flots de plus aux flots de sang qui ensanglantèrent alors ce malheureux pays. Après une très-courte mission en Irlande, ils essayèrent de pénétrer en Angleterre ; la terreur qu'inspirait le terrible Henry VIII les fit tourner leurs pas vers l'Écosse, où John Knox, disciple de Calvin et chef de la réforme en ce pays, faisait alors retentir une voix puissante, au son de laquelle s'écroulaient les couvents et les églises catholiques. Ils reprirent donc avec une sombre colère le chemin de l'Italie. A diverses reprises, d'autres disciples de Loyola ravivèrent le feu qui couva toujours en Irlande.

Pendant tout le règne de Henry VIII, les Jésuites touchèrent à peine le sol de l'Angleterre, d'où les chassait l'inexorable et vigilante sévé-

---

(1) Voyez notre tome premier, chapitre II, page 66.
(2) Les Jésuites sont en honneur en Irlande, cela se conçoit ; ils ne s'y sont jamais présentés que comme des libérateurs désintéressés ; et le succès n'a pas permis encore aux Irlandais de juger du *désintéressement* des Révérends Pères, dont Dieu les garde ! Nous comprenons très-bien le zèle d'O'Connell pour la foi catholique. Nous regrettons seulement qu'il se croie forcé, dans l'intérêt de sa cause, de recourir, contre les écrivains qui se permettent de discuter le dogme catholique ou de combattre le Jésuitisme, à des sorties grotesques qui compromettent réellement la cause qu'il soutient aux yeux de tous ceux qui comprennent que l'*obscurantisme* est le frère bien-aimé de la tyrannie ; cela soit dit en passant.

rité du despote aussi puissant que cruel. Leur influence semblerait pourtant se faire sentir dans ce que les historiens anglais ont appelé *le Pèlerinage de grâce*. Ce fut une révolte très-sérieuse faite en faveur du catholicisme. L'armée des pèlerins, commandée par un gentilhomme des comtés du Nord, était guidée par des prêtres en costume sacerdotaux ; ses drapeaux étaient des bannières d'église sur lesquelles se voyait la représentation des plaies de l'Homme-Dieu. En outre les *pèlerins* portaient sur la manche droite de leur habit le nom de *Jésus*. Mais nous devons dire que cette révolte eut lieu alors que le fondateur du jésuitisme, Ignace de Loyola, était encore en instances auprès du pape pour faire instituer sa Compagnie. Cette révolte avait été la suite du dernier acte par lequel Henry VIII acheva de briser le lien spirituel qui avait attaché si longtemps l'Angleterre à la Rome pontificale.

Après qu'il eut envoyé Anne de Boleyn mourir sur un échafaud, Henry VIII, afin de montrer à tous qu'il était plus résolu que jamais à marcher dans la voie qui l'éloignait de Rome, et pour mettre, par la terreur, un terme aux efforts tentés par les partisans de cette dernière, fit publier un édit qui prononçait la peine d'emprisonnement et de confiscation contre tout individu qui soutiendrait l'autorité de *l'Evêque de Rome*, la mort contre celui qui oserait tenter de la rétablir en Angleterre. Cet édit obligeait, en outre, toute personne pourvue d'un office quelconque, ecclésiastique ou civil, ou tenant quelque don, charte ou privilége de la couronne, à renoncer au pape, par serment, sous peine d'être déclaré coupable de haute trahison !... Quelle que fût la colère du Saint-Siége, devant de telles mesures, elle ne put que s'exhaler en vaines menaces : et ce ne fut que sous la reine Marie, cette cruelle fille de Henry VIII, que nous voyons ces menaces se réaliser ; alors, les Jésuites apparaissent triomphants sur le sol anglais et dirigent les vengeances religieuses dont Marie Tudor se fait l'exécutrice. Après le règne éphémère d'un enfant, Édouard VI, fils de Henry et frère de Marie, celle-ci était montée sur le trône.

La reine Marie, fille de Catherine d'Aragon, était catholique comme sa mère, et, peu après qu'elle eut été revêtue du souverain pouvoir, elle choisit pour son mari le fils de Charles-Quint, celui-là qui devait s'appeler Philippe II. Ce choix était significatif ; et il avait eu lieu malgré le parlement et le vœu général de la nation. Marie avait été décidée à le faire par les conseils qui lui venaient de Rome. Il paraît que ces conseils étaient si furieux, que Charles-Quint lui-même, catholique et protecteur du catholicisme, crut devoir en adoucir l'effet par de prudents avis et même en arrêtant un certain cardinal Pole, légat du pape, Anglais d'une grande famille, qui avait comploté jadis contre Henry VIII, lequel était pourtant son bienfaiteur et son ami. Mais l'esprit de Marie Tudor ne pouvait pas s'asservir aux calculs de la prudence espagnole du vieil empereur. La reine signifia un jour à l'Angleterre émue qu'elle eût à retourner, et cela sans délai, à la religion que son père avait proscrite. Le lendemain, des bûchers et des échafauds s'élevaient pour les récalcitrants. Des échafauds et des bûchers, tels furent les raisonnements que Marie-la-Catholique mit en avant, durant tout son règne, pour détruire le protestantisme en Angleterre. Mais dans la cendre des bûchers, dans le sang tombé de l'échafaud, le protestantisme, comme il arrive pour toute croyance persécutée, trouvait une nouvelle et puissante sève qui allait bientôt le montrer grandi et couvrant toute l'Angleterre.

Pendant tout son règne, la sanglante Marie, comme l'histoire appelle la fille aînée de Henry VIII, ne cessa de sacrifier ainsi aux hideux autels du fanatisme religieux. On sait que l'infortunée Jeanne Gray fut une de ses victimes. Jeanne Gray, à la mort d'Édouard VI, avait été proclamée reine d'Angleterre par un parti puissant. Vaincue et faite prisonnière par sa rivale, elle avait d'abord obtenu grâce de la vie ; mais Marie Tudor la sacrifia ensuite à son zèle pour le catholicisme, dont les adversaires avaient tenté un effort au nom de l'infortunée Jeanne Gray, qui fut mise à mort. Il n'est pas inutile de rappeler ici que, lorsqu'elle eut à lutter contre Jeanne Gray, Marie Tudor, pour rassurer ses partisans de la communion réformée, leur avait juré de ne rien changer aux lois d'Édouard. Est-ce que déjà les Jésuites avaient appris à la sanglante Marie les subtilités de leur odieuse théologie ?...

Quoi qu'il en soit, les Jésuites obtinrent en Angleterre, sous ce règne, une importance qu'ils devaient perdre sous le règne suivant, et pour ne plus la recouvrer ; et c'est cette influence qui doit faire retomber sur eux une partie de l'odieux que les exécutions des protestants font peser sur la mémoire de la sanglante Marie. Quelques-unes de ces exécutions eurent des détails affreux et capables de faire détester par tout être non dépourvu de sensibilité le fanatisme religieux, les crimes qu'il provoque et les ministres dont il se sert. Voici pourquoi nous retracerons ici rapidement le supplice de quelques-unes des victimes de Marie Tudor.

En 1553, Hooper, évêque de Glocester, vieillard aux cheveux blancs, fut condamné à mort pour n'avoir pas voulu abjurer la croyance qu'il avait enseignée pendant quinze années. Par un raffinement de cruauté, on lui fit subir le dernier supplice au milieu même du troupeau spirituel dont il avait été si longtemps le berger. Hooper était, au dire même des écrivains catholiques, un homme remarquable, non moins qu'un vaillant prêtre ; sa mort le prouva bien. Voyez-vous ce vénérable vieillard attaché sur le bûcher où il doit mourir par le feu, et autour duquel des soldats farouches contiennent la foule qu'ils ont pourtant rassemblée ? La victime adresse de doux sourires, d'affectueuses et consolantes paroles à cette foule que la terreur contient dans le silence et l'immobilité, mais dont les regards furtifs répondent parfois aux paroles du prélat. Le bûcher est allumé, déjà la flamme s'attache en pétillant à la chair de la victime, qui continue de sourire et de consoler. Sans doute par un calcul affreux des bourreaux, le bois du bûcher était vert et ne brûlait que lentement ; en sorte que la partie inférieure du corps de la victime fut presque consumée avant que la mort eût saisi la vie !... Pendant trois quarts d'heure (1), tandis que ses chairs brûlaient ainsi lentement, l'évêque de Glocester soutint ce martyre affreux avec une constance qui rappelait celle de son divin maître sur la croix ; une de ses mains tomba en charbons ; il étendit l'autre pour bénir une dernière fois son peuple !.....

Un autre prêtre anglican n'eut pas même la dernière consolation de prier à haute voix. Comme il récitait un psaume en anglais, sui-

---

(1) Voyez Hume, Fox, Heylin, Burnet et tous les historiens du règne de Marie Tudor.

vant la coutume des réformés, on lui ordonna de se taire, ou de prier *en latin*. Comme il n'obéissait pas, on l'assomma à coups de hallebardes!

Un certain Bonner fut un des ministres de la sanglante Marie pour ces horribles hécatombes du fanatisme. Il s'acquitta de son affreuse mission avec une sorte de joie frénétique. Les femmes même ne furent pas à l'abri de ses fureurs. On en vit une qui, condamnée à mourir par le feu, demanda, non sa grâce, mais seulement un répit de quelques jours : afin, disait-elle, de pouvoir mettre au jour et de soustraire ainsi aux souffrances et à la mort l'enfant qu'elle portait dans son sein, et qui n'avait pas été, qui ne pouvait pas être condamné pour le crime que l'on reprochait à sa mère.

— Ah ! la louve hérétique est pleine ! s'écria avec une joie féroce le misérable bourreau ; eh bien, tant mieux ! cela évitera un second bûcher pour son louveteau !...

La jeune femme fut conduite au bûcher. Lorsque les flammes commencèrent à mordre les flancs de la malheureuse mère, la douleur qu'elle éprouva fut tellement intolérable que son ventre creva, dit l'historien Hume, et que son pauvre enfant tomba au milieu du feu. Un des gardes, grossier soldat pourtant, quitta son rang, et, se précipitant vers le bûcher, tenta de retirer du brasier l'innocente victime ; le tigre infâme qui présidait au supplice l'en empêcha !!

Il en coûte de rappeler de telles choses. Ce sont pourtant à ces horreurs que s'associèrent alors les Jésuites, et qu'ils se sont constamment associés depuis en essayant de les justifier. Leurs historiens ont loué hautement la sanglante Marie ; peu s'en faut qu'ils ne changent cette épithète, stigmate de l'histoire, en celle de sainte !... Si nous voulions citer les noms des écrivains de la Compagnie qui ont cherché à justifier, sinon à glorifier Marie Tudor, il nous faudrait écrire tous ceux des Révérends Pères qui ont parlé de cette furie couronnée. L'auteur d'une récente histoire de la noire cohorte trouve simplement « que Marie, reine par le droit de sa naissance, voulut être catholique de fait ; et que si les *moyens* qu'elle employa ne furent pas toujours dignes de sa religion, ils furent toujours dignes de ce siècle, etc. Après cinq ans de règne, termine l'écrivain que nous citons et qui s'appelle M. Crétineau-Joly (1), puisqu'il faut l'appeler par son nom, après cinq ans de règne, c'est-à-dire de luttes (et quelles luttes!) elle succomba à la peine (c'est-à-dire sans doute étouffée dans le sang qu'elle avait fait répandre), mourant dans toute sa chasteté de femme (que nous importe?), et dans sa *ferveur* de chrétienne (quelle ferveur que celle qui se traduit par des bûchers et qui opère par des bourreaux!); mais avec l'exécration du protestantisme (c'est assez naturel) et celle de l'histoire, (écoutez bien) *qui trop souvent épousa les préventions des sectaires...* » Voyez-vous? Voici M. Crétineau-Joly qui donne, à la sourdine, un soufflet à l'histoire, à propos et au profit de la sanglante Marie! Eh! chaque chapitre de son grand, gros, long, lourd et ennuyeux panégyrique de la Compagnie de Jésus n'est-il pas un véritable croc-en-jambe donné à la vérité en faveur des bons Pères!... Mais l'histoire essuie sa joue, comme faisait le Christ quand les Juifs crachaient sur son front couronné d'épines ; la vérité passe sans qu'elle regarde seulement en arrière pour voir quel insecte a touché son pied nu... Poursuivons notre tâche.

Un historien (2) a dit avec justesse : « En voulant rétablir le catholicisme, Marie, par les moyens qu'elle employa, ne fit que le rendre plus odieux ; elle n'eut, comme son père, que des bourreaux pour apôtres. » Et ce n'est pas, ajouterons-nous, avec des bourreaux qu'on fonde une religion. Lorsque le christianisme avait à lutter contre de pareils *apôtres*, il grandit vite, et illumina le monde; mais dès que de persécuté il se fit persécuteur, sa gloire se voila, son autorité se perdit ; et lorsque le souffle impétueux de la réforme souffla sur ce grand soleil

---

(1) Qu'on lise — si on l'ose! — *l'Histoire religieuse, politique et littéraire de la Compagnie de Jésus*, Tome II, chap. v, pages 236 et 237.

(2) Linguet, *Histoire impartiale des Jésuites*, livre VII, chap. 1er. Il est peut-être bon d'ajouter ici que, d'après Hume et nombre d'autres historiens, l'article de croyance religieuse qui fit conduire au bûcher ou à l'échafaud presque tous les protestants de l'Angleterre fut leur refus de reconnaître la *présence réelle*. On leur disait : « Croyez-vous que, dans l'hostie consacrée, Jésus soit réellement et corporellement présent? » S'ils disaient « non, » et la plupart le dirent, on les conduisait à la mort! — Beau raisonnement, n'est-ce pas? et acte qui devait être bien agréable à Dieu!

qui avait rayonné si glorieusement sur les nations, il se trouva qu'il était déjà à demi éteint. Quand un trône s'écroule et se brise, qu'un chef de peuples ou un vicaire de Dieu y 'soit assis, ce n'est pas seulement parce que le pied d'un conquérant ou d'un remplaçant l'a frappé, c'est encore que ce trône était devenu trop lourd pour le sol qui le portait. Ce fut à ses passions, non pas à ses convictions, que le terrible Henry VIII sacrifia le catholicisme en Angleterre, cela est vrai ; mais il est, il doit être évident pour tous que, dans la révolutiou religieuse qu'il accomplit, il fut aidé moins encore par la terreur qu'il inspirait, par les supplices qu'il infligeait, que par le dédain et par la haine qui, dans l'esprit du peuple anglais, avaient succédé au respect et à l'amour qu'avait longtemps professés pour Rome l'Angleterre, cette *île-des-saints*, comme on la nommait autrefois. Cela est si vrai, qu'avant de déclarer la guerre au pape et au catholicisme, Henry s'était constitué vigoureusement son défenseur à l'encontre de ses sujets, dont il avait fait emprisonner, exiler, et même exécuter bon nombre qui osaient se dire Réformés avant que leur roi eût permis la Réforme. Cela est si vrai, que le jour où la reine Marie fut couchée dans son tombeau, le protestantisme anglais se retrouva debout, plus fort, plus grand, plus résolu, après la tempête, qu'il n'avait été dans le calme que lui avait fait Henry VIII. Il est bon de remarquer que Marie Tudor, ayant, pour obéir au pape, rendu à l'Église catholique tous les biens confisqués par son père au profit de la couronne, chargea son peuple d'impôts pour satisfaire aux dépenses que faisait son époux, Philippe II, occupé à seconder Charles-Quint sur le continent, et qui s'inquiétait fort peu si la reine n'achevait pas de s'aliéner, par ses extorsions, l'esprit de ses sujets. Philippe était à peine resté quelques mois auprès de sa femme, qui, passionnée et jalouse, passait ses jours à écrire à son mari des lettres qu'elle inondait de ses larmes, elle qui voyait pourtant d'un œil sec les torrents de sang qui coulaient par ses ordres. Bizarreries du cœur humain !

Enfin, Élisabeth monta sur le trône d'Angleterre. On sait que cette femme célèbre, à l'esprit viril, voulut être et fut véritablement roi. Persuadée que les Jésuites étaient ses ennemis, comme ceux du pays dont elle était devenue souveraine, elle leur déclara vaillamment la guerre, et une guerre à outrance. Elle les bannit à perpétuité, et prononça la peine de mort contre ceux d'entre eux qui braveraient ses ordres et contre ceux de ses sujets qui les recevraient. Les fils de Loyola disent que ce qui attira sur leur Ordre la colère de la reine d'Angleterre, c'est que celle-ci voyait en eux la plus redoutable des milices qui guerroyaient pour le pape et le catholicisme, dont Élisabeth se déclara l'adversaire. Même à ce point de vue, le plus favorable qu'on puisse prendre pour juger le jésuitisme d'Angleterre, les mesures sévères prises par Élisabeth contre la noire cohorte peuvent encore se justifier. Lorsqu'à la mort de la sanglante Marie, Élisabeth, sœur de cette dernière, monta sur le trône d'Angleterre, elle fit acte de soumission envers le Saint-Siége ; son élévation au trône fut notifiée par elle au pape. Elle reçut même avec des égards flatteurs les évêques catholiques qui vinrent la féliciter. L'historien Hume dit qu'elle ne fit à cet égard qu'une exception qui atteignit l'abominable évêque de Londres, ce Bonner qui avait été le chef des bourreaux de Marie Tudor-la-Catholique. Il est plus que probable que cette conduite d'Élisabeth lui fut dictée par une sage politique : appelée à gouverner un pays dont tant d'orages venaient de remuer le sol, et sentant encore son trône vaciller sous elle aux derniers frémissements des tempêtes passées, Élisabeth jugeait prudent de se concilier tous les partis. C'est dans cette intention qu'elle pardonna même à ceux qui, pour plaire à la reine Marie ou pour exécuter les ordres de sa cruelle sœur, l'avaient privée de sa liberté et avaient mis sa vie même en danger. Il n'en est pas moins présumable que si la cour de Rome eût profité sagement, discrètement, habilement, des avances faites par Élisabeth, le catholicisme eût, sinon été complétement sauf en Angleterre, mais que du moins son naufrage n'eût pas été total, irrémédiable. Le pape Paul IV répondit aux avances d'Élisabeth par un emportement aussi peu prudent qu'il était injurieux. Il prétendit que l'Angleterre était un fief du Saint-Siége et que, par conséquent, Élisabeth n'avait pu en devenir souveraine sans sa participation ; que d'ailleurs les sentences prononcées par ses prédécesseurs, Clément VII et Paul III, contre le mariage de Henry VIII avec Anne de Boleyn, mère d'Élisabeth, n'ayant point été annulées, cette dernière était bâtarde et, par suite, inhabile à succéder au trône. « Cependant, ajoutait ironiquement le Saint-Père, nous sommes disposé à nous montrer indulgent, pourvu que la fille illégitime du tyran Henry renonce à ses prétentions à une couronne qui ne lui appartient pas et se soumette à tout ce qu'il nous plaira d'ordonner (1). » Élisabeth fut profondément blessée de l'injure que lui faisait l'altier Paul IV; et presque toute la nation anglaise se montra indignée des étranges prétentions du pape. Élisabeth sut entretenir habilement et exciter le feu que la main imprudente de Paul IV venait d'allumer, et qui devait bientôt dévorer les débris du catholicisme. Le peuple anglais crut voir dans la conduite du souverain-pontife une détermination prise de rétablir en Angleterre le *tribut de Saint-Pierre* et les mille autres anneaux de l'humiliante chaîne du despotisme romain. D'ailleurs, Marie Tudor avait rendu le catholicisme odieux. Élisabeth, qui était devenue l'idole de son peuple, après de prudents délais, saisit une occasion favorable, et, sans grands déchirements, aux applaudissements même de la majorité de ses sujets, sépara complétement l'Angleterre de Rome.

Nous croyons que les Jésuites ne furent pour rien dans la conduite impolitique que Paul IV tint à l'égard de l'Angleterre. Ce pape se montra peu favorable à la Compagnie, qui s'en vengea, ainsi que nous l'avons dit dans notre première partie, sur les neveux du pape, quand ce dernier fut mort. Laynez, qui était alors général de l'Ordre, était trop habile pour ne pas juger qu'en cette occasion les foudres pontificales ne pouvaient que raviver l'incendie allumé par Henry VIII; d'ailleurs, le roi d'Espagne, Philippe II, cet allié des Jésuites, cherchait alors à devenir l'époux d'Élisabeth, qui le leurra longtemps de vaines promesses, jusqu'à ce qu'elle se crût assez forte pour rompre ouvertement avec Rome.

Pie IV essaya vainement par les voies de la douceur de ramener Élisabeth et son peuple au giron de l'Église romaine. Pie V entre-

---

(1) David Hume, *Histoire d'Angleterre*, Camden, Fra-Paolo, etc.

prit d'arriver au même but par la terreur religieuse. Philippe II, qui n'espérait plus devenir l'époux d'Élisabeth, unit inutilement les armes terrestres de l'Espagne aux armes spirituelles de l'Église; rien n'y fit. Les cajoleries de Pie IV, les excommunications de Pie V, la fameuse *Armada* de Philippe II, tout vint échouer contre l'opiniâtreté anglaise. Alors, comme dernier moyen, les papes lâchèrent les Jésuites contre Élisabeth.

François de Borgia avait alors succédé à Laynez. Ce troisième Général de la Compagnie de Jésus ne fut choisi que pour ses richesses, sa puissance et son nom. C'était un homme de peu de talent, et d'esprit fort borné; du reste, doué de piété et d'humilité chrétienne; on comprend que ces deux dernières vertus ne furent pas celles qui le firent nommer chef suprême de la noire cohorte. « La grâce que je vous supplie de m'accorder, disait François de Borgia aux Révérends Pères qui venaient de l'élire, c'est que vous en usiez avec moi comme les muletiers avec leurs bêtes de somme... Je suis votre bête de somme, répétait le nouveau général, usez-en donc avec moi comme on en use avec ces animaux, afin que je puisse dire : Je suis dans votre Compagnie comme une bête de somme, mais ce qui me console, c'est que je suis toujours avec vous. Relevez donc votre bête ! etc. » Les Jésuites en usèrent, avec *leur bête*, complétement à leur gré; ils la firent aller à droite, à gauche, tourner, retourner, reculer, avancer, comme ils le voulurent. Cependant, ce ne fut guère que sous le quatrième successeur d'Ignace de Loyola, Claude Aquaviva, que la Compagnie se trouve activement mêlée à tous les troubles politiques ou religieux de l'Europe. Aquaviva gouverna la Compagnie de Jésus de 1581 à 1615. Cette période de trente-cinq années est celle de toute l'histoire de la Compagnie qui fournit le plus à l'acte d'accusation dressé contre Ignace et ses noirs enfants.

Dans les îles Britanniques, on retrouve les Jésuites mêlés à toutes les intrigues qui eurent pour objet le renversement et peut-être la mort de la reine Élisabeth.

En Irlande, ils suscitèrent à diverses reprises des révoltes qui n'aboutirent qu'à faire couler des flots de sang dans ce malheureux pays.

En même temps, ils organisèrent des conspirations en Angleterre, comme celle des Pole, membres de la famille royale, auxquels Elisabeth fit grâce de la vie. Le duc de Norfolk fut moins heureux; ses machinations ayant été découvertes, il fut condamné à mort et exécuté en 1571. Le centre de toutes ces intrigues plus ou moins criminelles contre la reine Élisabeth, était la maison d'un certain Rodolphi, marchand italien établi à Londres et zélé catholique. C'était là que, sous divers travestissements, les Jésuites venaient mettre en exécution les plans conçus à Rome ou en Espagne; car Philippe II avait fait promettre au duc de Norfolk de soutenir sa révolte par une armée qui débarquerait à Warwick, sous les ordres du célèbre duc d'Albe. Ce fut autant pour se venger de la part que Philippe II prit dans ces conspirations, que par zèle pour les protestants de France, qu'Élisabeth soutint le roi de Navarre et ses partisans contre la faction espagnole et le parti des princes lorrains.

En 1581, on découvrit un nouveau complot formé contre la reine d'Angleterre par les Jésuites. Suivant De Thou (1), Élisabeth, ayant des soupçons qu'il se machinait quelque chose contre elle, avait envoyé en France des jeunes gens qui s'introduisirent, comme appartenant à des familles catholiques anglaises, dans le séminaire de Reims, vaste pépinière de pieux conspirateurs, fondée par les Guises. Par le moyen de ces affidés qui étaient au courant de tout ce qui se tramait dans le séminaire, on apprit que trois Jésuites anglais en étaient partis pour aller donner une nouvelle activité aux trames formées contre Elisabeth. Ils furent arrêtés tous les trois presque à leur arrivée sur le territoire anglais. Edmond Campien et ses deux confrères nièrent constamment qu'ils eussent dessein de rien faire contre la vie de la reine. Cependant, il leur avait fallu un motif bien puissant pour qu'ils bravassent, par le seul fait de leur venue en Angleterre, la loi qui les bannissait de ce pays sous peine de mort. D'ailleurs, des témoins attestèrent que les trois Jésuites étaient les chefs d'un complot qui devait priver du trône et de la vie la reine Élisabeth. Les espions du séminaire de

---

(1) *Histoire universelle*, livre LXXIV.

Reims firent savoir que les Jésuites s'attendaient à être soutenus par un parti formidable à la tête duquel, aussitôt qu'il éclaterait, devait se mettre un grand personnage d'Angleterre. Les trois Jésuites furent pendus en décembre 1581 ; quelques prêtres catholiques subirent le même sort comme leurs complices. Ces exécutions furent suivies d'édits plus sévères contre les Jésuites et contre tous ceux qui entretiendraient des relations avec eux. On défendit également à tout sujet anglais d'aller sur le continent étudier ou demeurer dans les colléges, séminaires et autres Maisons de la Compagnie. Les troubles qui éclataient alors avec fureur en Irlande engagèrent Élisabeth à se montrer d'une telle sévérité contre ceux qui en étaient les fauteurs les plus actifs.

Mais, de toutes les conspirations dirigées par les Jésuites contre la personne même d'Élisabeth, celle qui est la mieux prouvée eut lieu en 1584. Cette année-là, au mois de janvier, débarqua en Angleterre un certain William Parry, Anglais de naissance, mais qui depuis longtemps habitait le continent. Ce William ou Guillaume Parry avait d'abord servi dans la maison de la reine ; mais il avait été obligé de sortir de l'Angleterre, après une tentative d'assassinat qui lui aurait coûté la vie sans l'indulgence de la reine, qui se contenta de son exil. Parry était catholique, suivant Hume (1) ; De Thou, dit qu'il était protestant, mais qu'il se convertit en France (2). Quoi qu'il en soit, cet homme fut pris d'abord, dans ce dernier pays, pour un espion d'Élisabeth, et se vit repoussé par les autres réfugiés anglais. De Paris il se rendit à Lyon, et de cette dernière ville en Italie. Là, il se lia avec les Jésuites, entre autres avec un certain Père Palmio qui sut si bien échauffer le zèle catholique de Parry que ce dernier reprit le chemin de l'Angleterre avec le projet bien arrêté de rendre à son pays son ancienne religion, par tous les moyens possibles. L'historien De Thou, prouvant ainsi son impartialité, rapporte qu'un Jésuite nommé Wiat, ou plutôt Wast, fit tout ce qui était en son pouvoir pour détourner l'assassin que ses confrères poussaient de nouveau vers la reine d'Angle-

---

(1) *Histoire d'Angleterre*, race de Tudor, chap. 18.
(2) *Histoire universelle*, livre LXXIX.

terre; car il paraît prouvé que William Parry avait résolu de recourir à l'assassinat, s'il ne trouvait pas un autre moyen de renverser du trône l'hérétique Élisabeth. Mais en admettant qu'il se soit trouvé un Jésuite honnête homme, assez hardi pour s'opposer aux funestes desseins de sa Compagnie, ses efforts ne purent qu'être impuissants. D'autres Jésuites prouvèrent à Parry que tout ce qu'il projetait était bon et licite. Un nonce du pape lui donna d'avance l'absolution de tout ce qu'il pourrait faire; on lui promit, en outre, des lettres du pape qui donneraient une approbation complète à son pieux dessein. Parry écrivit au Saint-Père pour obtenir cette approbation, sans laquelle il ne voulait pas partir, et ce fut un Jésuite, le Père Codret, qui se chargea d'envoyer la lettre au pape, en promettant d'appuyer lui-même et de faire appuyer vivement par les siens la demande de Parry. Nous devons dire que ce dernier ne reçut jamais l'approbation pontificale qu'il avait sollicitée pour son projet; cependant on parvint à le décider à le mettre à exécution. Une fois en Angleterre, et comme il hésitait encore, on lui fit remettre une lettre pressante du cardinal de Como, datée de Rome, 31 janvier, dans laquelle, dit De Thou, ce prince de l'Église après lui avoir donné, à l'occasion de la chose préméditée, sa bénédiction au nom du Saint-Père, engageait vivement Parry à persévérer *dans un dessein si louable.*

Guillaume Parry, ainsi excité, n'hésita plus et se mit en devoir de faire ce qu'il avait promis. Afin de mieux réussir, il chercha à se lier avec quelques seigneurs de la cour d'Angleterre, et parvint à se procurer une audience de la reine Élisabeth, qu'il supplia de lui rendre ses bonnes grâces. Suivant l'historien Hume, Parry avait alors renoncé, du moins temporairement, à son projet d'assassiner la reine : il essaya à plusieurs reprises d'amener cette princesse à révoquer ses édits contre le catholicisme; pour obtenir ce résultat, il lui déclara même que sa vie était menacée, et qu'elle ne pouvait se soustraire aux coups des conspirateurs qu'en usant de tolérance envers les catholiques anglais. Suivant le même historien, Parry, appuyé par de hauts personnages, ennemis secrets de la Réforme, parvint à se faire nommer membre de la Chambre des Communes; mais il se fit chasser bientôt du Parlement par un discours audacieux dans lequel il blâma hautement et sévèrement les mesures de rigueur prises contre le catholicisme.

Furieux de cette déconvenue et de l'emprisonnement qui s'ensuivit, plus vivement pressé d'ailleurs par les Jésuites et par quelques prêtres catholiques tels qu'Allen, ecclésiastique anglais qui, quelques années plus tard, fut créé cardinal, Parry revint à son premier projet de renverser le protestantisme anglais en tuant la reine qui le soutenait. Il résolut de l'assassiner lorsqu'elle se promènerait, sans suite, dans ses jardins ou dans le parc de Saint-James, suivant sa coutume. Une barque devait attendre sur la Tamise l'assassin ou les assassins, qui éviteraient ainsi la première fureur du peuple. Mais, croyant avoir besoin d'un complice pour réussir, il s'associa un autre anglais nommé Nevil, son parent, dit De Thou. Nevil, suivant quelques historiens, ne se prêta aux idées meurtrières de Parry que pour les faire avorter; d'après Hume, il s'était fait de bonne foi le complice du misérable agent des Jésuites. Nevil était alors fort pauvre et peu considéré. Mais, tandis que Parry épiait une occasion favorable pour assassiner la reine, tandis que les Jésuites préparaient sourdement le mouvement qui devait éclater, à la mort d'Élisabeth, au profit de la religion catholique, le comte de Westmoreland, seigneur anglais catholique, mourut dans l'exil; et Nevil, qui était proche parent du comte, se prit à calculer qu'en se faisant révélateur d'un complot qui menaçait la vie de la reine, il pourrait obtenir le titre, les biens et les honneurs du feu comte de Westmoreland. Sans rien dire à son ex-complice, il va trouver le comte de Leicester, Hunsdon, vice-chambellan de la reine, et Walsingham, un de ses ministres, auxquels il découvre tout le complot. Aussitôt Parry est arrêté. Interrogé sur le crime qu'il méditait, il nia d'abord, et avoua seulement qu'il désirait le rétablissement de la religion catholique romaine. Mais, confronté avec Nevil, il finit par tout confesser; seulement, il rejeta tout l'odieux de l'affaire sur son dénonciateur, qu'il représenta comme le premier auteur du complot et comme celui qui seul avait osé former la pensée d'attenter aux jours de la reine. Il supplia ses juges de lui faire grâce

Complot de William Parry.

et de le traiter « non en Caïn désespérant de son salut, mais comme le publicain qui avouait ingénument ses fautes. » Il écrivit également à la reine pour obtenir son pardon, et fit valoir près d'Élisabeth qu'il valait mieux en le graciant étouffer son attentat que de lui donner, en l'envoyant au supplice, un retentissement qui ne pouvait qu'être dangereux pour elle. Il réitéra ses aveux à plusieurs reprises, et, pour atténuer son crime, il fit valoir qu'on le lui avait représenté comme une action qui serait à jamais mémorable. Ces aveux chargèrent les prêtres catholiques en général, mais particulièrement le nonce du pape, le cardinal de Como, dont on avait saisi la lettre à Parry, et surtout les Jésuites. Un membre de la Compagnie fut même arrêté à cette époque en Angleterre, où il s'était introduit déguisé sans doute pour être témoin de ce qui allait se passer et pour que son Ordre obtînt une large part dans la victoire qui se préparait, au prix d'un lâche assassinat, pour la religion catholique romaine. Ce Jésuite, nommé Creigthon, nia d'abord avoir eu connaissance du projet formé par William Parry; il finit ensuite par avouer que celui-ci lui en avait fait part; mais il soutint toujours qu'il n'avait donné à Parry aucun conseil sur son projet d'assassiner la reine, et qu'il lui avait représenté au contraire que cette maxime : *Il est bon de sauver plusieurs personnes par la perte d'une seule*, était mauvaise, à moins que, pour la suivre, on n'eût un commandement de Dieu exprès, ou une inspiration certaine.

William Parry, déclaré atteint et convaincu du crime de haute trahison, fut condamné au dernier supplice et exécuté le 2 mars 1584. On l'attacha à une potence; puis, sans attendre que la vie eût abandonné le corps du supplicié, on lui ouvrit la poitrine et on en tira les entrailles, qu'on fit brûler dans un feu allumé au pied de la potence; enfin, on coupa le cadavre ainsi mutilé en quatre quartiers qui furent exposés à quatre des portes de Londres.

Peu de temps après cette exécution, un gentilhomme du comté de Warwick, exalté par des prédications fanatiques, vint à Londres avec le dessein d'accomplir l'assassinat de la reine. Arrêté, il se donna la mort en prison. Plusieurs autres individus furent encore accusés d'avoir formé le même projet. On comprend dès lors, même sans les approuver, les rigueurs dont Élisabeth usa envers les catholiques en général et surtout envers les Jésuites. En se servant même rudement des moyens qui étaient en son pouvoir pour défendre sa couronne, en opposant activement le glaive des lois aux poignards des conspirateurs, Élisabeth ne fit qu'user du droit de légitime défense. Il ne faut pas non plus oublier que l'ordre de choses, politique et religieux, dont Élisabeth était le représentant, eut pour lui l'immense majorité de la nation anglaise. Reine illégitime, excommuniée, bâtarde, pour Rome et les partisans de Rome, Élisabeth fut pour son peuple, qu'elle éleva à un degré de prospérité jusqu'alors inconnu, une grande reine, une souveraine bien aimée : ceci tranche la question à nos yeux.

Ce fut vers cette époque, c'est-à-dire en 1587, que se termina par la hache du bourreau la grande querelle qui exista si longtemps entre la reine d'Angleterre et la reine d'Écosse, cette célèbre et malheureuse Marie Stuart. Nous devons, ce nous semble, donner quelques détails sur cette querelle, d'autant plus que les Jésuites y jouèrent un rôle important, et que d'ailleurs la plupart des conspirations qui se formèrent contre Élisabeth se firent au nom et dans les intérêts de Marie Stuart.

On sait que cette princesse, après avoir brillé quelque temps à la cour de France et sur le trône d'un roi éphémère, François II, s'en retourna, en 1561, régner en Écosse, son pays natal. On sait également que Marie Stuart avait des droits à la couronne d'Angleterre, en admettant qu'Élisabeth fût, comme le prétendirent les catholiques, l'enfant illégitime de Henry VIII. Ces droits, Marie Stuart se montra disposée à les revendiquer. Immédiatement après la mort de la sanglante Marie Tudor, Marie Stuart, alors épouse du dauphin, fils d'Henri II, écartela les armes d'Angleterre et prit le titre de reine de ce pays. Presque tous les catholiques anglais se montrèrent disposés à soutenir les prétentions de Marie Stuart, prétentions qui ne laissaient pas que d'être redoutables pour Élisabeth, qui craignait de voir les armes de la France s'unir, pour les faire triompher, aux foudres de l'Église romaine. Heureusement pour Élisabeth, François II ne tarda pas à suivre son père au tombeau, et Marie Stuart, abandonnant, les yeux en pleurs, cette belle France qu'elle aimait tant, s'en fut régner sur la sauvage Écosse.

Ce dernier pays était alors agité par les premières convulsions de la réforme. Du haut des cimes calédoniennes, la voix formidable de John Knox avait répondu aux voix de Luther et de Calvin, ces grands agitateurs. La reine régente, Marie de Guise, veuve du dernier roi et mère de Marie Stuart, luttait péniblement pour ne pas se laisser entraîner par le torrent qui grossissait chaque jour et qui menaçait d'engloutir jusqu'aux derniers vestiges de l'antique religion.

Élisabeth profita de ces circonstances, et on ne saurait l'en blâmer. L'agitation religieuse lui venait en aide, elle sut l'entretenir. Les protestants écossais furent secrètement encouragés, soutenus par elle. Elle poussa même à la révolte un frère naturel de Marie Stuart, le comte de Murray, qui finit, grâce à l'or anglais, au concours des adversaires de l'Église de Rome, grâce aussi aux imprudences de la reine d'Écosse, par priver celle-ci de son autorité et de sa liberté. Il nous répugne de prononcer des paroles de blâme contre cette reine infortunée dont la mort a payé toutes les fautes de sa vie. Nous dirons seulement, avec De Thou et avec la plupart des historiens impartiaux, que Marie Stuart sembla prendre à tâche de donner raison aux accusations de ses ennemis. Ainsi, si elle ne fut pas complice directe de la mort de Darnley, son second mari, elle parut l'être, en se mariant, quelques jours après, malgré les représentions de ses plus fidèles amis, avec l'odieux Bothwell, que tout le monde désignait comme le meurtrier du malheureux Darnley.

Parmi les détestables conseillers qui contribuèrent à égarer la jeune et imprudente reine d'Écosse, il est juste de ne pas oublier les Jésuites. Ceux-ci étaient accourus dans cette contrée, où ils dressaient leurs batteries contre Élisabeth, et de laquelle ils espéraient bientôt s'élancer à la conquête de l'Angleterre. Marie Stuart, zélée catholique, d'ailleurs rivale d'Élisabeth comme femme et comme reine, se laissait bercer de l'espoir de rétablir sur le sol anglais les autels renversés. Cette prétention qu'elle ne prit pas la peine de déguiser, alors même qu'il eût été sage d'y renoncer, fut la cause principale de sa perte. Un jour de l'année 1568, Marie, échappée avec peine aux mains armées de ses sujets en révolte, débarquait à Wirkington, sur le territoire anglais, et venait se remettre au pouvoir d'Élisabeth. Mais la malheureuse fugitive avait trop compté sur la générosité de sa rivale. Il eût pourtant été et noble et beau qu'Élisabeth, à l'heure où elle voyait Marie à ses pieds, la relevât comme une sœur, et la traitât comme une reine. Élisabeth ne sut pas se conquérir cette gloire qui manque à sa renommée. Elle ne vit en Marie Stuart qu'une ennemie vaincue enfin, qu'une rivale toujours redoutable. La reine d'Écosse devint prisonnière de la reine d'Angleterre. Ce fut pendant la longue détention de Marie qu'éclatèrent les diverses conspirations contre Élisabeth. Ces conspirations eurent toutes pour but ou pour prétexte de rendre la liberté à Marie Stuart, qu'on voulait proclamer reine d'Angleterre Le duc de Norfolk, qui paya, ainsi que nous l'avons dit, son entreprise de sa tête, avait surtout été amené à sa prise d'armes par l'espoir de devenir l'époux de la reine d'Écosse. La beauté incomparable de la prisonnière, beauté dont le souvenir vit encore dans la mémoire des peuples, servit, non moins que le zèle religieux, d'appât pour les complots contre Élisabeth. Dans tous ces complots figurèrent les Jésuites. Ce furent les fils de Loyola qui ourdirent toutes les trames dont on essaya d'envelopper la reine d'Angleterre ; ce furent eux surtout par conséquent qui contribuèrent à la mort de Marie Stuart ; car il est plus que probable qu'Élisabeth n'eût jamais imprimé cette tache sur son front, si elle n'eût craint pour la couronne qu'elle y sentait vaciller parfois sous les efforts des conspirateurs. Vers la fin de 1586, le Jésuite John Ballard raccola un nouveau conspirateur. C'était un jeune homme de Dothic, dans le comté de Derby, nommé Antony Babington. Babington appartenait à une bonne famille, et professait un grand zèle pour la religion catholique. C'était pour cette cause qu'il était passé secrètement en France. Ce fut là que le Jésuite Ballard le rencontra. Bientôt Babington, jeune homme à l'imagination vive, exaltée, devient, sur le portrait qu'on lui fait de la beauté de Marie Stuart, amoureux jusqu'au délire de la royale prisonnière, et jure de consacrer sa vie à lui rendre la liberté, le trône qu'elle a perdu, et à lui donner celui-là auquel elle a droit, suivant la décision du pape. Ce jeune chevalier errant fut mis en relation avec un fanatique d'un genre plus sinistre, nommé John Savage, sur lequel les Jésuites avaient agi par le moyen de la religion comme ils l'entendent. Ces deux hommes s'associèrent pour assassiner Élisabeth, dont la mort devait à la fois amener la délivrance de la reine d'Écosse et le triomphe de la foi romaine. On dit que l'ambassadeur d'Espagne trempa dans la conspiration, et que Marie Stuart, libre et deux fois reine, devait déshériter son fils hérétique et adopter Philippe II, qui aurait mis une flotte et une armée à ses ordres. On assure aussi que le Jésuite Ballard excita fortement Babington à assassiner Élisabeth, chose qu'il lui représentait comme des plus méritoires. Cette conspiration, qui devait éclater dans la nuit de la Saint-Barthélemi, date bien choisie, fut découverte, comme celles qui l'avaient précédée, et envoya mourir sur l'échafaud, Babington, Savage et douze de leurs complices. Suivant Hume, on obtint de la moitié des condamnés des aveux complets.

Le complot de Babington ne retomba pas seulement sur la tête de ceux qui l'avaient conçu ou qui devaient en être les instruments : Marie Stuart s'y trouva compromise fortement. Élisabeth, qui en vieillissant semble s'être ressouvenue qu'elle était la fille de Henry VIII, résolut de se débarrasser enfin des craintes que lui inspirait toujours sa rivale prisonnière. Marie Stuart, après une captivité de dix-huit ans, comparut devant des juges qui la condamnèrent à mort. Elle était dans sa quarante-sixième année. Nous n'avons pas mission de justifier la reine Élisabeth de cet acte cruel, dont elle-même a semblé rougir, en niant qu'elle l'eût ordonné, et en rejetant tout le blâme sur des serviteurs trop empressés. Elle ordonna même qu'on fît le procès à Davison, secrétaire d'État, qui avait expédié, par son commandement secret, l'ordre d'exécuter la reine d'Écosse. Cet homme d'État, malheureux bouc émissaire, fut même condamné à une forte amende, qui le ruina, et à la prison, qu'il subit pendant plusieurs années. Mais cette démonstration n'égara pas l'opinion publique. Il resta constant qu'Élisabeth avait voulu, en faisant mourir Marie Stuart, se venger d'une rivale qui l'avait humiliée, et se débarrasser d'une ennemie qui servait de ralliement à tous les mécontents de son royaume et de prétexte à ses adversaires du continent. Ce qu'il y a de certain, ce qui peut jusqu'à un certain point justifier la cruelle résolution d'Élisabeth, c'est que le peuple anglais célébra par des réjouissances spontanées cette mort qu'il regardait comme le terme probable des troubles qui agitaient l'Angleterre presque continuellement.

La mort de Marie Stuart fut pourtant le signal de nouveaux efforts tentés par tous les ennemis d'Élisabeth. Le pape et les Jésuites essayèrent de pousser le roi d'Écosse, fils de Marie Stuart, à venger la mort de sa mère : mais celui-ci, qui s'était fait protestant pour rester roi d'Écosse, se garda de se mettre mal avec Élisabeth, dont il espérait devenir l'héritier. Alors les Jésuites s'adressèrent aux Irlandais, toujours disposés à prendre les armes au nom de leur croyance proscrite. Diverses révoltes éclatèrent dans ce malheureux pays, qui ne se soumit que par épuisement et dans les dernières années du règne d'Élisabeth. En 1601, les Espagnols, que les Jésuites avaient introduits en Irlande, lors de la révolte du comte de Tyrone, en furent enfin chassés.

En même temps, le pape fulminait une nouvelle excommunication contre Élisabeth. Le roi d'Espagne, Philippe II, furieux d'avoir été joué par elle, lançait vers l'Angleterre sa fameuse *Armada* ; les princes lorrains lui suscitaient d'autres embarras sur le continent, et au sein même de son royaume s'ourdissait une conspiration qui avait pour chef le comte d'Essex, favori de la reine. Le complot du comte envoya son auteur à l'échafaud ; la flotte espagnole se brisa contre les rochers de l'Angleterre, et les foudres papales contre l'affection des Anglais pour leur reine : l'amour des peuples fut toujours le meilleur bouclier des rois.

Élisabeth mourut en 1603 ; et la mort de cette grande reine ranima les espérances des Jésuites, dont elle s'était montrée la constante et implacable ennemie. L'avènement au trône d'Angleterre et d'Irlande de Jacques, roi d'Écosse, réunit enfin les trois parties du royaume britannique. On sait que ce prince était fils de Marie Stuart. Les catholiques le virent donc arriver en Angleterre avec de grandes espérances, quoiqu'il eût embrassé la Réforme ; mais ce n'était-là, ils le disaient, qu'un vain masque dont son intérêt le forçait à se servir et qu'il rejetterait loin de lui aussitôt qu'une occasion favorable se présenterait : le fils de Marie Stuart, ne fût-il même pas catholique comme sa mère, ne pouvait du moins qu'être favorable à ceux qui avaient été les partisans, les amis de sa mère, à ceux qui pleuraient encore sa mort cruelle après avoir maintes fois tenté de la venger !... Aussitôt les fils de mille intrigues se renouent. Du séminaire des Jésuites anglais à Rome, de celui de Reims (1), partent des ordres et des agents. Le supérieur-général de la mission d'Angleterre, Henri Garnet, dont le nom va bientôt conquérir une effroyable célébrité, reçoit le mot d'ordre de Rome et le transmet à ses subordonnés.

Les querelles qui avaient éclaté entre les prêtres catholiques anglais, et dont l'esprit de domination des Jésuites pouvait revendiquer la meilleure part, sont apaisées. Ces querelles eurent lieu parce que les fils de Loyola voulurent s'arroger le gouvernement dictatorial de l'Église catholique d'Angleterre, prétentions qui, soutenues par Garnet, Watson et leurs acolytes, admises par Blackwell, archiprêtre de l'église souffrante, furent repoussées par les prêtres catholiques anglais qui n'appartenaient pas à la Compagnie de Jésus. Mais l'intérêt commun fait taire, du moins pour le moment, ces intérêts opposés et les réunit en un seul faisceau, sauf à se diviser plus tard. Enfin, tout s'agite et s'apprête pour un triomphe depuis si longtemps attendu.

On comprend de quelle rage durent être saisis les Jésuites lorsqu'ils virent le fils de Marie Stuart, trompant leurs espérances, adopter et suivre invariablement la conduite qu'avait tenue contre eux l'inflexible Élisabeth. Jacques était un monarque indolent, qui se laissa toujours gouverner par ceux qui l'entouraient ; mais profondément égoïste, ce prince, qui ne manquait pas d'ailleurs d'un esprit d'observation, s'était convaincu qu'il ne règnerait en paix qu'en laissant l'Angleterre et l'Écosse marcher librement dans la voie de la Réforme. Jacques, dont

(1) Le séminaire de Reims avait succédé à celui de Douai, que le roi d'Espagne avait donné aux Jésuites pour y élever de jeunes Anglais catholiques, et que la colère et la vengeance populaire avaient détruit. Ce fut le cardinal de Lorraine qui créa le séminaire de Reims.

la mère était morte sous la hache du bourreau, dont le fils devait aussi porter sa tête sur l'échafaud, Jacques avait juré de régner tranquillement et de mourir en paix. Loin donc de se montrer favorable aux Jésuites, il renouvela contre eux les ordonnances d'Élisabeth, et en maintint la sévère exécution. Afin de prouver à ses sujets la sincérité de son protestantisme, on le vit, soit ruse politique, soit zèle et conviction, écrire en faveur des dogmes de l'église anglicane.

Les Jésuites jurèrent de se venger. Rassemblant autour de leur haine tous les mécontentements politiques et religieux, ils essayèrent de renouveler contre Jacques Ier les attentats qui tant de fois avaient menacé la couronne et la vie même d'Élisabeth. Ils commencèrent par contester la légitimité du roi qui ne voulait pas les admettre dans ses états. Jacques Stuart était pourtant, au défaut des représentants de la ligne masculine, l'héritier légitime du trône d'Angleterre, comme arrière-petit-fils de la princesse Marguerite, fille aînée de Henry VII, femme de Jacques IV, roi d'Écosse. Il est vrai que le testament de Henry VIII excluait de l'héritage royal les membres de la ligne d'Écosse. Mais cet acte *de bon plaisir royal* pouvait-il faire loi? Nous ne le pensons pas. D'ailleurs, il est évident que la volonté de la nation anglaise avait brisé souverainement l'acte du despote, en choisissant librement ou en saluant avec joie l'avénement de Jacques Stuart. Mais les Jésuites s'inquiétaient peu au fond, comme on le pense bien, de la légitimité de Jacques; tout ce qu'ils voulaient, c'était une étiquette spécieuse à pouvoir attacher au brandon qu'ils se disposaient à jeter sur le foyer endormi, mais non éteint, des incendies politiques. On chercha donc quelqu'un à opposer à Jacques. Ce fut Arabelle Stuart, fille du comte de Lennox, qui fut choisie. Elle était proche parente du roi et descendait comme lui de Henry VII. Des mécontents embrassèrent ses intérêts, qui pouvaient donner satisfaction aux leurs. Quelques grands seigneurs et courtisans qui avaient à se plaindre du roi entrèrent aussi dans cette conspiration, qui réunit d'ailleurs les éléments les plus opposés. Ainsi, on y vit s'associer des personnages politiques disgraciés par Jacques Ier pour la part qu'ils avaient prise à la mort de sa mère, comme Raleigh et Cobham; des puritains, comme lord

Grey; des catholiques, comme Clarke; des libertins et des athées, comme Broke et Copley; enfin des individus qui n'étaient rien du tout, comme sir Griffin Markham. Le Jésuite Watson était la cheville ouvrière de ce complot, et c'était lui qui lui avait donné une cohésion singulière eu égard aux parties constituantes. Suivant De Thou, et ceci paraît présumable lorsqu'on sait que les Jésuites furent les meneurs de cette affaire, les conspirateurs avaient des rapports avec Philippe II et espéraient en être soutenus. Leur intention était de marier Arabelle Stuart avec le duc de Savoie. Suivant l'historien que nous venons de citer, ce qui fit découvrir la conspiration fut que Raleigh, à l'instant où elle allait éclater, et comme il partait pour aller se mettre à la tête des conspirateurs, dit d'un air sombre et agité à sa sœur, qu'il aimait beaucoup, « de prier Dieu pour qu'il revînt de l'endroit où il allait. » La sœur de Raleigh fit part à quelques personnes des singuliers adieux de son frère, qu'elle croyait engagé dans quelqu'un des duels si communs à cette époque. Mais, ceux qui connaissaient Raleigh se dirent que ce n'étaient pas les conséquences d'un duel qui pouvaient l'impressionner aussi vivement qu'il avait semblé l'être. Le bruit de tout cela parvint jusqu'à la cour, d'où Raleigh était pour ainsi dire banni, et où son caractère entreprenant et ferme dans ses résolutions le faisait redouter. On l'arrêta immédiatement, sans autre preuve. Les autres conspirateurs furent également mis en prison et leur procès s'instruisit rapidement. On obtint de la plupart des accusés des confessions qui prouvèrent la réalité de la conspiration : lord Cobham seul fit des aveux complets. La conspiration avait été découverte en juin 1603; au mois de novembre suivant, après des débats qui furent fort animés, un jugement intervint portant peine de mort contre Clarke, Watson, Broke, frère de lord Cobham, contre ce révélateur lui-même, ainsi que contre lord Grey et Griffin Markham. Raleigh obtint de n'être condamné qu'à une prison perpétuelle. Le Jésuite Watson fut exécuté, ainsi que Clarke, le 29 novembre, et Broke le 5 décembre. Cobham, Grey et Markham furent conduits à l'échafaud, le 7 décembre, au château de Winchester, où se tenait alors la cour, chassée de Londres par une maladie pestilentielle. A l'instant où Markham, qui devait être exécuté le premier, posait la tête sur le fatal billot, et que le bourreau levait déjà sa hache, le shériff du Hampshire arrêta le bras de l'exécuteur, sur un ordre du roi, apporté par un huissier du palais. La même chose se répéta pour les deux autres condamnés; enfin, après qu'on les eut fait passer ainsi par cette effroyable épreuve, le shériff leur annonça que le roi leur faisait grâce.

On a dit que ce complot, qui coûta la vie à trois personnes, avait été imaginé par le ministre du roi Cécil, qui voulait se rendre de plus en plus nécessaire, et qui désirait en outre se défaire de ses anciens amis, tels que Raleigh, devenus ses ennemis mortels. Cependant, il paraît certain que Raleigh, homme d'ailleurs des plus remarquables, furieux de se voir tombé dans la disgrâce de Jacques, qu'il avait contribué à faire monter sur le trône d'Angleterre, cherchait les moyens de s'en venger. Sully, qui était à cette époque ambassadeur d'Henri IV auprès de Jacques Ier, sous le nom de marquis de Rosny, nous apprend dans ses *Mémoires* que Raleigh lui avait fait secrètement offre de ses services. Cobham l'accusa formellement. Ajoutons néanmoins qu'un historien anglais, David Hume, lui-même, ne semble pas convaincu de la complicité de Raleigh dans la conspiration, dont il rejette, du reste, tout l'odieux sur les Jésuites.

Ces derniers ne tardèrent pas à essayer de prendre de leur récente défaite une vengeance éclatante, et telle que l'histoire en offre peu d'aussi effroyable. Nous voulons parler de la fameuse *Conspiration des poudres*. Cet événement extraordinaire étant le point capital de l'histoire du Jésuitisme dans la Grande-Bretagne, nous avons cru devoir donner un certain développement à cette partie de notre récit.

Dans les derniers jours d'octobre 1605, à la brune, un homme soigneusement enveloppé dans un manteau, et qui semblait cheminer avec précaution le long des rues de Londres, évitant soigneusement les plus fréquentées et choisissant les plus obscures, s'en fut frapper à la porte d'une maison située tout près du palais de Westminster. Cette maison assez grande, mais fort délabrée, semblait n'avoir pas d'habitants. Aucun bruit, aucune lumière ne passaient à travers les diverses ouvertures soigneusement closes. Noire et silencieuse, cette demeure étrange formait un contraste frappant avec Westminster, que les préparatifs pour la prochaine ouverture du Parlement, remplissaient de lueurs plaisantes et de joyeux fracas. Cependant, à peine l'homme dont nous venons de parler se fut-il approché, en rasant le mur de la porte d'entrée, sur laquelle il promena ses doigts d'une manière cadencée, qu'une sorte de guichet grillé s'ouvrit, et un dernier reflet du jour, perdu dans l'atmosphère brumeuse et enfumée du ciel de Londres, fit étinceler par cette ouverture étroite l'œil défiant d'un homme et le canon menaçant d'un pistolet. Quelques mots furent échangés à voix basse à travers le guichet, qui bientôt se referma. Alors, la porte elle-même s'ouvrit sans bruit et à moitié seulement, et l'homme du dedans livra passage à l'homme du dehors; après quoi la maison fut de nouveau soigneusement close et redevint silencieuse comme le tombeau.

L'arrivant suivit, sans prononcer une parole, son interlocuteur qui le mena dans une salle basse et humide dans laquelle se tenaient onze individus qui paraissaient engagés dans une vive discussion, quoiqu'ils ne parlassent qu'à voix basse. A l'arrivée de l'homme qui venait d'être introduit par un d'eux, tous se levèrent avec un regard de défiance, quelques-uns même portaient la main sur les armes dont chacun était largement pourvu. Mais ces symptômes menaçants se dissipèrent aussitôt que l'arrivant eut laissé tomber le manteau qui le couvrait.

— Le Père Oswald Tesmund!... s'écrièrent les onze personnages avec joie, en entourant ce dernier.

— Moi-même, mes chers frères; le pauvre et persécuté fils de l'Église catholique; le religieux abhoré de la Compagnie de Jésus!.. ou, si vous le préférez, le digne master Greenwill, épiscopal modéré et, au besoin, puritain farouche! Que Dieu fasse expier aux ennemis de son saint nom tous les mensonges auxquels ils me forcent d'avoir recours!

— Soyez le bien venu! mon Père, dit en s'avançant un des hommes qui entouraient alors l'arrivant; deux fois le bien venu, si vous nous apportez de bonnes nouvelles.

— Hélas! non, mon cher fils. Nos frères de France ne peuvent rien faire pour nous; nos frères d'Italie n'osent pas. Quant à sa majesté catholique, le roi d'Espagne et des Indes, elle a déclaré franchement qu'elle ne ferait rien pour nous. La malheureuse Église catholique d'Angleterre ne doit plus compter que sur le zèle de ses propres enfants.

— Du moins, elle peut y compter, mon Père; le monde entier en sera témoin... Mais avez-vous vu le Révérend Père Garnet? Nous espérions qu'il viendrait cette nuit.

— Notre digne supérieur-général a jugé qu'il ne serait pas prudent à lui de sortir en ce moment de sa retraite; trop d'intérêts et de trop graves intérêts sont remis entre ses mains, pour qu'il s'expose de sa personne, sans nécessité absolue. Il m'a délégué à sa place, le Père Gérard devant partir cette nuit même pour le continent, où notre supérieur-général l'envoie en mission.

Il y avait une nuance d'ironie dans la voix de celui qui prononça ces paroles; et ceux auxquels il les adressait semblèrent pour la plupart la saisir, quelque adoucie qu'elle fût.

— Je vous l'avais bien dit, murmura à l'oreille de l'individu qui semblait présider la réunion un homme à l'air farouche, aux longues moustaches grisonnantes, à la figure couverte de cicatrices; tous ces moines se ressemblent!..

— Silence, mon cher Fawkes! et un mot à l'oreille : les bons Pères sauteront le fossé avec nous, ou ils tomberont dedans; je me suis arrangé pour cela, fiez-vous-en à moi!

— A la bonne heure, morbleu!...

— Eh bien, mes chers fils, reprit alors celui que l'on avait appelé le Père Oswald Tesmund, l'heure actuelle est convenable pour la célébration des saints mystères, dont vous ne pouvez plus jouir désormais qu'en secret, à la dérobée, au prix de mille dangers, tels que les premiers chrétiens dans les catacombes de Rome! Unissez-vous donc à moi d'esprit et d'intention pour que le saint sacrifice soit agréable au Très-Haut, comme le fut jadis celui d'Abel, et appelle les sourires des anges et la bénédiction du ciel sur nous, en même temps que la foudre céleste et la malédiction éternelle sur nos persécuteurs, ces Caïns altérés de sang!...

L'individu qui venait de prononcer ces paroles se dirigea en ce moment vers une sorte de réduit qui semblait creusé dans la muraille, et que fermait une porte à coulisse, alors remplacée par une haute portière en drap noir, mais ayant une croix de satin blanc au centre. L'introducteur du Père Oswald Tesmund le suivit dans la cachette, qui s'éclaira aussitôt. Au bout de quelques minutes, pendant lesquelles les autres individus s'étaient placés en demi-cercle devant le réduit, la portière de drap fut tirée et laissa voir un petit autel devant lequel un prêtre se tenait en habits sacerdotaux. Une messe fut rapidement célébrée. Après la consécration, le prêtre s'arrêta et se tourna vers ceux qui suivaient à genoux les phases du grand mythe chrétien. Il tenait en main une assiette d'argent sur laquelle il venait de déposer douze hosties consacrées. Il semblait attendre. A cet instant, celui qui paraissait le chef des individus rassemblés dans la maison se leva et s'approcha du prêtre.

— Que demandez-vous? dit alors ce dernier.

— Le corps et le sang de celui qui se laissa sans murmure étendre et clouer sur une croix infâme afin de sauver le monde.

— Êtes-vous prêt à souffrir pour lui, comme il a souffert pour vous?

— Je suis prêt!

— A souffrir, à mourir en silence?...

— Je suis prêt!

— Sans même crier, si le supplice arrive, au lieu du triomphe, « Mon Dieu, pourquoi m'avez-vous abandonné ? » —

— Je suis prêt!...

— Recevez donc le corps et le sang de celui qui mourut sans se plaindre, parce que telle était la volonté de son père.

Et le prêtre donna alors l'hostie à l'homme qui s'était agenouillé de nouveau. Les onze autres individus s'approchèrent les uns après les autres, reçurent les mêmes demandes, y firent les mêmes réponses, et communièrent à leur tour. Un de ceux-ci, en répondant au prêtre, fut agité d'un rapide frémissement et devint fort pâle. L'homme auquel on venait de donner le nom de Fawkes fit remarquer cette circonstance à celui qui paraissait le chef de la réunion : ce dernier ne répondit qu'en levant les épaules. Ce fut le seul symptôme — et on voit combien il eût laissé d'incertitude — qui eût pu faire soupçonner à un observateur attentif que la réunion de ces douze hommes avait pour motif autre chose que la célébration d'une messe suivant le rite romain. Les paroles du prêtre étaient calculées de manière à faire supposer qu'elles ne s'adressaient au zèle de ceux qui l'entouraient que dans les limites reconnues de la religion ; et les réponses à ses questions, les moindres paroles des interlocuteurs du Père Oswald Tesmund se formulaient soigneusement d'après la même précaution attentive. Jamais pourtant ne fut conçu, et sur le point d'éclater, un complot plus vaste, plus effroyable, que celui qui réunit ces douze hommes, que celui pour la réussite duquel un prêtre sacrilége vient de célébrer la messe, celui qui est resté dans la mémoire des hommes sous le nom de *Conspiration des poudres*.

— *Ite, missa est !* prononce avec énergie le célébrant, qui, déposant ses habits sacerdotaux et reprenant son déguisement, se retire après avoir béni les douze conjurés. Ce prêtre, nous l'avons dit, se cachait à Londres sous le nom de Greenwil, et se faisait passer tantôt pour un patron de barque écossais, tantôt pour un vieux soldat des guerres des Pays-Bas ; mais son nom véritable était Oswald Tesmund : et c'était un Jésuite anglais. Le Père Tesmund était le lieutenant, le *Socius*, l'espion de Garnet le supérieur-général de la Mission d'Angleterre.

— Dieu nous soit en aide ! ont répondu les conjurés d'une voix sombre, mais ferme, en portant la main à leurs armes. Ces douze hommes étaient Robert Catesby, gentilhomme de bonne famille, et fort considéré, qu'un zèle exalté pour sa religion proscrite avait amené à concevoir son horrible complot ; Thomas Piercy, jeune débauché, de la famille du comte de Northumberland ; Thomas Winter, qui avait souffert pour sa croyance ; Guy Fawkes, soldat féroce, ancien officier au service de l'Espagne ; Francis Tresham, et Ambroise Rookwood, jeune gens qui avaient été amenés à faire partie du complot par l'ascendant qu'exerçait sur eux Catesby, le chef des conspirateurs; Robert Winter, frère de Tom ou Thomas; le chevalier Éverard Digby, homme fort distingué qui avait joui de la confiance particulière d'Élisabeth, suivant Hume; Robert Keies, Christophe Wright, John Grant, et enfin Tom Bates, valet de Catesby. Bates ayant eu soupçon de ce que tramait son maître, celui-ci avait alors jugé à propos de le faire entrer dans la conspiration. Il paraît que Bates recula d'abord devant l'horreur que lui inspirait le complot, ainsi que devant la crainte du danger que son insuccès devait attirer sur les conspirateurs : mais il savait son maître d'une énergie assez froidement calculatrice pour sacrifier un homme à la réussite de son projet : d'ailleurs Catesby chargea, dit-on, le Père Oswald Tesmund de rassurer l'âme timorée de Bates, qui, par les leçons d'un pareil professeur de morale, ne tarda pas à en venir au point où son maître le voulait.

Or voici quels étaient les projets de Catesby et de ses complices.

Dès les dernières années du règne d'Élisabeth, Robert Catesby, catholique fervent, mais probablement aussi désireux de rétablir un ordre de choses qui lui permettrait de prendre une place que son énergie incontestable et ses talents reconnus méritaient, avait résolu de se consacrer à la cause catholique. Il se mit dès lors en relations intimes et suivies avec les Jésuites. Il paraît que, d'accord avec le Père Garnet, chef des Jésuites de l'Angleterre, Catesby voulut d'abord avoir recours à une intervention étrangère : Robert Winter passa en Espagne, et par la recommandation d'Arthur Creswell, Jésuite influent dans les conseils de Castille, fut présenté à Philippe II, comme représentant des seigneurs catholiques anglais; ceux-ci, par l'organe de leur envoyé suppliaient le roi d'Espagne de leur venir en aide, promettant de prendre les armes aussitôt que paraîtrait une armée espagnole. Philippe II sembla d'abord très-disposé à faire ce qu'on lui demandait ; il nourrissait toujours l'espoir de prendre sa revanche de la défaite de sa fameuse *Armada*. Aussi dit-on qu'il promit à Winter des troupes et de l'argent. Sur ces entrefaites, Élisabeth mourut. Aussitôt, de nouveaux émissaires partent d'Angleterre pour supplier Philippe II de tenir sa promesse, en profitant de la circonstance. Les

Jésuites anglais dépêchent Christophe-Wright ; ceux de Flandre, Guy Fawkes. Catesby s'assure de complices prêts à prendre les armes au premier signal : le général des Jésuites intrigue ; le pape fait entendre secrètement les ordres du ciel ; mais Philippe II a changé d'avis ; il renonce à toute idée d'expédition en Angleterre, et envoie un ambassadeur au successeur d'Élisabeth. Les Jésuites furieux, mais espérant ramener l'occasion qui leur échappait, n'eussent pas mieux demandé que de rentrer paisiblement dans leurs retraites ; Catesby en avait décidé autrement. Il prétendit qu'on était trop avancé pour reculer ; que d'ailleurs, les circonstances étaient favorables aux conspirateurs, et qu'un coup énergique et frappé à propos pouvait tout réparer : ce coup, il se décida à le frapper.

Le premier individu auquel il s'ouvrit de ses projets fut Thomas Piercy, qui les adopta sans balancer. Thomas Winter, Wright et Grant furent ensuite initiés. Alors Catesby fit revenir de Flandre Fawkes, qu'il regardait et qui se montra en effet comme son aveugle instrument. Avant de s'ouvrir entièrement à ces cinq premiers complices, Catesby les réunit dans une maison louée par Piercy, sur l'avis de Catesby, près de Westminster ; là, le Père Garnet célébra une messe, et communia les six conjurés, qui jurèrent, sur l'hostie, de se garder rigoureusement le secret les uns aux autres et de ne révéler jamais, ni directement ni indirectement, ce qu'on allait leur communiquer ; en outre, Catesby fit prêter à chaque conjuré le serment de ne point se désister de l'entreprise sans le consentement de ses complices. Alors Catesby leur exposa ses plans.

— Le Parlement va s'assembler, dit-il ; le roi, la reine et leur fils aîné, le prince de Galles, se trouveront à l'ouverture ; c'est-à-dire que dans un même édifice seront réunis tous les principaux ennemis de la foi catholique. Ne regarderiez-vous pas comme certain le triomphe de notre Église persécutée si tous ceux-là qui entreront à Westminster n'en devaient plus sortir ?

— Sans doute, répondit-on à Catesby ; mais ce résultat, comment l'obtenir ?

— Suivez-moi, répondit simplement Catesby, qui conduisit alors ses amis dans un petit jardin entouré de murailles qu'on semblait avoir fraîchement exhaussées et qui ne permettaient à aucun regard curieux de pénétrer dans l'enceinte ainsi close, à moins qu'il n'eût été dirigé du faîte du palais de Westminster dont on apercevait à peine les girouettes dorées. Catesby marcha vers un endroit du jardin où l'on avait planté une petite croix de bois grossièrement travaillée, et dit d'une voix lente et ferme, mais très-basse, en montrant l'emblème sacré du christianisme :

— Si, au lieu de cette croix de bois, un bon outil de mineur attaquait le sol et le fouillait incessamment avant que le Parlement s'assemble, il y aurait, sous la salle même de ses séances, une mine de pratiquée. Supposez maintenant, messieurs, que cette mine fût remplie d'une certaine quantité de poudre, et qu'à un instant favorable on y jetât une mèche allumée ; ne croyez-vous pas, dites-moi, que tous les ennemis de l'Église catholique entrés dans Wesminster ne devraient plus en sortir, ou n'en sortiraient que comme sort un cadavre de la maison mortuaire ?

Il y eut un instant de silence, pendant lequel on eût pu entendre le bruit de quatre respirations oppressées ; Guy Fawkes seul semblait avoir reçu tranquillement l'effroyable confidence. Loin qu'il eût pâli, comme les quatre autres conspirateurs, sur son visage bronzé une teinte rouge avait passé, et dans ses yeux d'un gris-clair, ombragés par d'épais sourcils ardents, un éclair avait brillé. Il avait arraché la croix de bois plantée en terre, et après l'avoir pieusement baisée, il disait en se servant de la branche principale comme d'une pioche : « Hé ! voici un sol qui ne donnera pas beaucoup de mal à nos outils ! »

Comme on le voit, le plan de Catesby, s'il était atroce, était du moins fort simple : il faisait sauter le palais de Westminster à l'instant où le roi, la reine et l'héritier de la couronne ouvriraient le Parlement. Le duc d'York, que sa grande jeunesse empêchait d'assister à la séance royale, devait être assassiné. La famille royale, les ministres et tous les grands seigneurs protestants étant ainsi mis à mort, les catholiques, prêts à tout, devaient se lever et redevenir les maîtres ; chose qui serait aisée au milieu de la stupeur que répandrait une pareille catastrophe et rendue plus facile encore par la précaution que devaient prendre les conjurés de s'emparer de la seule personne survivante de la famille royale, la jeune princesse Élisabeth, qui était élevée chez lord Harrington, dans le comté de Warwick, et dont un des conspirateurs s'emparerait à l'heure où éclaterait la mine.

Cette mine fut commencée dans la nuit du 11 décembre 1604. Tant qu'on n'eut affaire qu'au sol du jardin, le travail fut facile et avança rapidement. Mais, quand on arriva au mur de Westminster, il fallut attaquer avec de mauvais outils un massif de maçonnerie solide de plus de cinq pieds d'épaisseur. Or, l'assemblée du Parlement, convoqué déjà l'année précédente, devait avoir lieu au mois de février. Le temps pressait donc, et les conjurés commençaient à craindre de ne pouvoir terminer leur mine à temps, lorsqu'ils apprirent que le Parlement était de nouveau prorogé au mois de septembre. Ils continuèrent donc leur travail avec un nouveau courage. Afin d'être moins remarqués, les travailleurs sortaient rarement. Ils avaient fait des provisions à cet effet. Craignant encore d'être découverts, tandis qu'ils creusaient leur mine, ils s'étaient munis d'armes, avec la ferme résolution de se défendre jusqu'à la dernière extrémité ; mais ils ne furent pas mis à cette épreuve. Ils eurent un jour cependant une grande inquiétude : le mur qu'ils attaquaient était presque percé, lorsqu'ils entendirent un bruit de voix venant de l'autre côté. Déjà les conjurés se croyant découverts étaient sortis précipitamment de la mine, et, laissant leurs outils de pionniers, prenaient leurs armes de soldats, lorsque Fawkes, qui s'était hasardé à passer la tête par une ouverture de la muraille, revint avec une joie extrême leur apprendre que le bruit qu'ils avaient entendu provenait d'une cause qui n'avait rien d'inquiétant et qui, au contraire, pouvait aider à leur projet : au delà du mur qu'ils trouaient existait une cave située sous la Chambre des Lords. Cette cave avait été louée à un marchand de charbon qui venait de mourir ; et c'était le bruit qu'on faisait en enlevant ce combustible qui avait alarmé les conspirateurs. Sur-le-champ, Piercy sortit et alla louer cette cave, dans laquelle Catesby fit bientôt transporter par la tranchée terminée alors, vingt barils de poudre qu'il avait pu se procurer. Ceci eut lieu dans la Semaine-Sainte de cette année; et on doit se dire que c'était là pour de fervents catholiques une assez singulière manière de se préparer à la pâque; que ne peut faire excuser non-seulement, mais encore glorifier, l'esprit du fanatisme religieux! D'ailleurs, les conjurés s'étaient mis l'esprit en repos de ce côté. Un d'entre eux avait été saisi d'un scrupule assez extraordinaire : comme parmi les membres du Parlement que l'explosion de la mine devait faire périr il se trouvait encore quelques seigneurs catholiques, Thomas Winter se demanda si lui et ses amis ne pécheraient pas en les enveloppant dans l'arrêt qui devait frapper les hérétiques. Dans la crainte que ce scrupule purement religieux n'arrêtât ses projets si bien en train, Catesby déféra aux Jésuites initiés au complot ce singulier cas de conscience, qui fut bien vite levé, comme on le pense et comme s'y était bien attendu Catesby.

Ce dernier, pendant ce temps, et en attendant l'ouverture du Parlement anglais, s'occupait à recruter de nouveaux membres à la conjuration. Suivant nous, on doit y ajouter les Jésuites Tesmund, Gérard et Henri Garnet leur supérieur. Huit autres individus furent encore initiés, soixante autres reçurent en outre la confidence de se tenir prêts à seconder un mouvement en faveur du catholicisme. Le secret fut bien gardé par tous. Chaque fois qu'il se donnait un nouveau complice, Catesby avait soin de l'enchaîner par un serment fait sur la sainte hostie, qu'un des Jésuites que nous avons nommés donnait de sa main à l'initié, après avoir célébré une messe. Une dernière fois, et près de l'heure de l'exécution, Catesby recourut encore à ce moyen, ainsi qu'on l'a vu lorsque ce récit a commencé. L'ouverture du Parlement avait été de nouveau reculée jusqu'au mois de novembre. La mine était prête; on y avait encore apporté de nouveaux barils et tonneaux qui portèrent le terrible dépôt à trente-deux barils et à quatre tonneaux. La quantité était plus que suffisante pour faire sauter, lors de l'explosion, le palais de Westminster. En attendant l'heure de l'effroyable catastrophe, Catesby, afin d'éveiller moins le soupçon, dispersa ses complices en diverses directions. Fawkes passa de nouveau en Flandre, où il s'entendit avec les Jésuites Stanley et Owen, qui devaient, aussitôt que le complot aurait éclaté, en avertir Philippe II, et presser le départ d'une armée espagnole, ce que ce monarque n'hésiterait plus à faire alors. En même temps, le Père Garnet expédiait au général de son Ordre sir Edmund Baynham.

Vers la fin d'octobre 1605, Catesby réunit de nouveau ses complices autour de lui, et, comme on l'a vu, lia les onze principaux par un nouveau serment dont la sainteté fut pour ainsi dire consacrée par la célébration d'une messe dite par le Père Oswald Tesmund, et par la communion. Cette nuit même, Catesby prit ses dernières mesures, et distribua tous les rôles. Digby partit pour le comté de Warwick, afin de s'emparer de la princesse Élisabeth, fille de Jacques Ier. Un autre fut chargé de se défaire du jeune duc d'York. Catesby et le reste des conjurés demeurèrent à Londres pour attendre l'événement et en tirer les conséquences qu'ils espéraient.

Tout était prêt; rien ne retardait plus désormais la catastrophe que les jours qui devaient s'écouler encore jusqu'à l'ouverture de la séance royale; lorsque le soir du samedi, 28 octobre, un des membres du Parlement, lord Monteagle, reçoit une lettre sans signature qu'un inconnu a remise à son valet de chambre, sans vouloir dire qui l'envoie, et dont il n'a pas voulu attendre la réponse. Cette lettre était ainsi conçue :

« Milord,

» L'affection que je porte à quelques-uns de vos amis m'engage à
» veiller à votre conservation. Si la vie vous est chère, faites en sorte
» de trouver quelque excuse qui puisse vous dispenser de paraître au
» Parlement; car Dieu et les hommes ont résolu de punir bientôt
» l'impiété de ce siècle. Ne méprisez pas cet avis ; mais retirez-vous
» au plus tôt dans vos terres, où vous pourrez attendre sans danger le
» grand événement. Quoiqu'il ne paraisse au dehors aucun mouve-
» ment, soyez sûr qu'un coup terrible sera frappé bientôt, sans que
» ceux sur lequel il tombera puissent seulement voir d'où il part.
» Gardez-vous de négliger l'avis que je vous donne ; si vous le suivez,
» il vous sera bien utile, sans pouvoir vous nuire aucunement ; car le

» danger passera en aussi peu de temps que vous en mettrez à brûler
» cette lettre. J'espère que vous en ferez bon usage ; je le demande à
» Dieu, que je prie de vous couvrir de sa sainte protection (1) ! »

Lord Monteagle fut étrangement surpris et embarrassé à la lecture de cette lettre. Il fut d'abord tenté de la regarder comme une mystification. Cependant, il se dit que si elle reposait sur quelque base, ou que seulement quelque mouvement eût lieu, sa qualité de catholique pouvait, grâce à cette lettre, le faire impliquer dans un procès politique dont il aurait bien de la peine à se tirer. Il jugea donc qu'il était prudent à lui d'aller remettre l'écrit au ministre du roi. Cécil, récemment créé comte de Salisbury, et qui dirigeait toujours les affaires de l'Angleterre, pensa ou parut penser que ce n'était là, en effet, qu'une mauvaise plaisanterie, destinée à effrayer lord Monteagle. Nous disons qu'il parut penser ceci ; car plusieurs ont pensé que le rusé homme d'état avait jugé à propos, dans l'intérêt de sa position, de laisser à son maître tout l'honneur de découvrir une conspiration dont on a même prétendu qu'il connaissait tous les détails avant qu'il en eût dit un mot à Jacques Ier. Quoi qu'il en soit, Jacques prit l'alarme ; on sait que la bravoure n'était pas le fort de ce monarque, si différent de ses ancêtres. Son intelligence était du moins digne de sa haute position. D'après les expressions de la lettre : « *Un coup terrible* qui frappera sans qu'on sache *d'où il part* ; un danger qui passe *aussi vite qu'on brûlera la lettre* qui le signale, » lui firent croire que l'on désignait ainsi les effets de la poudre et d'une mine. Le comte de Suffolk, lord-chambellan, reçut l'ordre de visiter toutes les voûtes qui régnaient sous la partie de Westminster où se rassemblaient les deux chambres, et toutes les caves mêmes qui existaient autour de l'enceinte du palais. Il fut arrêté en conseil qu'afin de ne pas donner l'alarme aux auteurs du complot, s'il en existait un, et pour ne pas effrayer inutilement le peuple anglais, en cas qu'il n'y eût rien de sérieux au fond de tout

---

(1) David Hume, **Histoire de la maison de Stuart**, *règne de Jacques Ier*. J. A. De Thou, **Histoire universelle**, livre CXXXV, etc., etc.

Remarquons que De Thou se fait aussi bien que l'historien anglais l'accusateur des Jésuites qu'il regarde comme les complices de Catesby.

cela, le lord-chambellan ne ferait cette visite que la veille de la séance royale, et de nuit. Les conspirateurs n'eurent, en effet, aucun soupçon que leur projet fût ainsi éventé.

Le 8 novembre donc, le comte de Suffolk, suivi d'une escouade de gardes, descendit dans les caveaux de Westminster, guidé par Winhyard, concierge du palais. Le grand-chambellan étant arrivé à la cave où les conspirateurs avaient placé leurs barils de poudre, Winhyard observa qu'il était bien extraordinaire que le locataire de cette cave, qui n'habitait que rarement Londres, eût fait une telle provision de bois et de charbon ; car Robert Catesby, pour cacher les tonneaux de poudre, avait fait entasser, par-dessus et tout autour, des bûches, du charbon et de la tourbe.

— Eh! quel est le nom de l'individu à qui est loué ce caveau? demanda le grand-chambellan, sans attacher beaucoup d'importance à sa question. Le concierge de Westminster répondit qu'il se nommait sir Thomas Piercy.

— Un parent du comte de Northumberland, je pense?

— Oui, milord, répondit un huissier du palais qui avait suivi le grand-chambellan, et auquel ce dernier avait adressé cette question.

— Et sans doute un fervent catholique comme le chef de sa maison?

— On l'assure, milord, répondit encore l'huissier royal.

— Et vous dites, maître Winhyard, que cette cave est justement située sous la chambre des lords?

Le concierge de Westminster répondit affirmativement, et le comte de Suffolk, qui paraissait depuis un instant préoccupé d'une idée sérieuse, et qui semblait chercher à sonder du regard les coins et recoins les plus obscurs du caveau, ordonna tout à coup à quelques-uns des gardes venus avec lui qui portaient des lanternes, de s'approcher, et d'éclairer une sorte de réduit pratiqué dans l'épaisseur d'une pile de grosses bûches. Dans ce coin, à la lumière des lanternes, on aperçut un homme qui, se voyant l'objet d'une sorte d'inquisition, se mit aussitôt à remuer et à arranger la provision de combustibles, tout en chantonnant entre ses dents, avec un air de parfaite indifférence. Le grand-chambellan lui ayant demandé comment il se nommait, qui il était, et ce qu'il faisait là à cette heure de nuit, l'individu interrogé répondit sans se troubler, et avec une sorte de naïveté bourrue : Qu'il s'appelait Johnson, était domestique de sir Piercy, locataire de la cave et d'une maison voisine, dont son maître l'avait constitué gardien en son absence ; et qu'il était descendu dans le caveau pour mettre en bon ordre la provision de combustibles dont il avait fait emplète pour les besoins de sir Piercy !

Pendant que cet homme faisait cette réponse, le comte de Suffolk l'examinait avec attention : le prétendu domestique de sir Piercy portait des vêtements conformes à la position qu'il indiquait comme la sienne ; cependant, il y avait dans ses yeux, dans son attitude, dans toute sa personne, quelque chose de fier et de farouche qui semblait donner un démenti à l'humilité de ses paroles. La figure de cet individu était surtout remarquable par une expression d'énergie peu commune, encore augmentée par de nombreuses cicatrices qui achevaient de donner un caractère presque effrayant à la physionomie du prétendu domestique. D'ailleurs, le lord-chambellan avait vu ou cru voir un instant dans les sombres regards de cet homme une expression d'effroi, bientôt remplacée par une résolution qui allait jusqu'à l'égarement. Mais, soit qu'il craignît de se tromper, soit qu'il redoutât de provoquer un acte désespéré de la part du prétendu Johnson, le comte de Suffolk sortit du caveau sans rien dire ; mais il se hâta d'aller faire part de ses soupçons au comte de Salisbury et au roi. Ce dernier fut si vivement frappé du rapport que lui fit le grand-chambellan, qu'il voulut qu'on retournât de suite à la cave, et qu'on examinât attentivement si elle ne recélait pas autre chose que du bois et du charbon ; ordre était aussi donné de s'assurer de la personne du domestique, réel ou supposé, de sir Piercy.

Ce fut sir Thomas Knevet, juge de paix, qu'on chargea de cette nouvelle perquisition qui fut exécutée, rapidement et secrètement, vers le milieu de la nuit. A la porte de la cave, sir Thomas Knevet se heurta contre un homme qui fut reconnu par Winhyard, le concierge de Westminster, lequel accompagnait encore le juge de paix délégué, pour le même individu qui se prétendait domestique de sir Thomas Piercy et gardien de la propriété de celui-ci. Sir Thomas Knevet ordonna à ses constables de se saisir de cet homme, ce qui fut fait malgré la résistance désespérée du prétendu Johnson. Dans la lutte, un poignard et un pistolet tombèrent de dessous les vêtements de l'individu arrêté, et l'on vit ensuite qu'il était botté et éperonné comme un homme qui se dispose à entreprendre un voyage ; ceci devait naturellement paraître suspect, surtout eu égard à l'heure. On fouilla le prétendu Johnson avec sévérité, mais on ne trouva rien sur lui, qu'un morceau d'amadou, trois mèches incendiaires, et un chapelet.

Pendant ce temps, sir Thomas Knevet était entré dans la cave, et faisait remuer par ses gens les combustibles de toute espèce qui l'encombraient. Un grand cri poussé par un des constables rassembla toute l'escorte avec son chef autour d'un des travailleurs qui montrait alors, à la lueur d'une lanterne, qu'il venait de retirer vivement, un petit baril qu'il avait ouvert et qui était plein de poudre.

— Oui, cherchez bien, dit une voix sombre qui se fit entendre alors, cherchez bien, vous n'avez encore trouvé que le plus petit des œufs que je gardais ; mais si j'avais été libre quelques instants de plus, vous n'auriez pas même trouvé le nid !

Le juge de paix se tourna vers l'homme arrêté par ses agents, et lui demanda ce que signifiaient les paroles qu'il venait de prononcer.

— Par notre saint-père le pape, répondit le faux Johnson avec une froide ironie, mes paroles signifient tout bonnement que si vous étiez arrivé un instant plus tard, j'aurais pu entrer librement dans ce caveau, allumer le morceau d'amadou, et avec lui les trois mèches que vous m'avez prises et que j'eusse, au préalable, placées près d'une traînée de poudre bien disposée et serpentant au milieu de certains tonneaux que vous allez voir tout à l'heure, lesquels contiennent une boisson qui eût éteint à jamais la soif du plus altéré membre de notre bien aimé Parlement !...

Ici l'homme arrêté fit entendre un ricanement lugubre. Sir Thomas Knevet donna ordre que le déblaiement et les recherches continuassent. Bientôt, comme les paroles du prétendu domestique de sir

Conspiration des Poudres.

Piercy avaient pu le faire présumer, on trouva les tonneaux et barils de poudre placés dans la cave par Catesby et ses complices.

Sir Thomas, comprenant toute l'importance de la découverte, se hâta de retourner avec son prisonnier auprès du comte de Salisbury, après avoir eu soin de laisser une forte escouade à la garde de la fameuse cave. Il était alors quatre heures du matin. Cependant, le ministre Cécil se rendit sur-le-champ dans l'appartement du roi, qu'on éveilla, lui fit part de tout ce qu'il venait d'apprendre, et concerta avec lui les mesures que la prudence conseillait. Bientôt le bruit de la découverte heureuse d'un complot si affreux se répandit dans le palais, et bientôt dans toute la ville de Londres. Le faux Johnson, traîné devant le roi et son conseil immédiatement assemblé, déclara se nommer Guy Fawkes, et avoua hautement sa part dans le complot qui menaçait la vie du roi, de la famille royale et des représentants de la Grande-Bretagne. Il soutint divers interrogatoires avec une intrépidité mêlée de mépris, répondant à ce que lui demandait le lord-chambellan « s'il ne se repentait pas ? » — Si fait, répliqua Guy Fawkes, je me repens de n'avoir pas mis le feu aux poudres lorsque Votre Grâce vint me rendre visite. Ç'aurait toujours été une consolation !....

Il refusa d'abord fermement de nommer ses complices, ce qu'il ne fit, du reste, que lorsqu'il apprit la mort ou l'arrestation de ceux-ci.

Catesby avait été informé par ses espions de l'alarme causée par la lettre adressée à lord Monteagle. Cependant, lui et ses amis étaient restés tranquillement à Londres, espérant que la connaissance du complot échapperait à la surveillance bientôt endormie des ministres. Mais, lorsqu'il apprit la visite du lord-chambellan à la fameuse cave, Catesby réunit les conjurés qui se trouvaient à Londres, et tint conseil avec eux sur la conduite qu'ils devaient suivre. Comme ils délibéraient, un affidé du Père Tesmund vint les prévenir que Fawkes était arrêté, et les engager à pourvoir à leur sûreté, comme avaient fait ou allaient le faire les Jésuites, qui comptaient se réfugier sur le continent. Mais Catesby n'était pas homme à fuir. Il avait juré de réussir dans son projet, ou de mourir ; il sut faire partager sa résolution désespérée à ses complices, sur lesquels, ainsi que nous l'avons déjà dit, il avait un grand ascendant. Il leur fit espérer, peut-être espérait-il lui-même, que le peuple anglais, mécontent de Jacques Stuart, qui favorisait trop ses sujets Écossais, que les catholiques surtout allaient se lever au premier cri bien prononcé de rébellion, autour de la bannière qu'ils verraient déployée. Ils se hâtèrent donc de monter à cheval et passèrent dans les comtés de Warwick et de Worcester, où Digby avait déjà pris ouvertement les armes; mais la jeune princesse Élisabeth lui avait échappé. Soit horreur pour les conjurés, soit affection pour le roi, Catesby ne vit guère que quelques individus accourir à ses côtés. Suivant l'historien anglais Hume, les conspirateurs avec leurs partisans ne furent jamais plus de quatre-vingts; De Thou porte leur nombre à cent.

Ce fut avec cette force si minime, que Catesby eut bientôt à lutter contre le schérif du comté de Worcester, Richard Walsh, qui accourait à la tête de plusieurs milliers de soldats; car, dans la nuit même de l'arrestation de Fawkes, les ministres de Jacques avaient donné l'ordre à tous les gouverneurs et schérifs de se rendre, avec le plus de célérité possible, dans leurs circonscriptions respectives. Les conspirateurs se virent bientôt acculés et assiégés dans le château d'un d'eux, Stephen Littleton. Catesby leur fit jurer qu'ils ne se rendraient pas; et tous s'apprêtaient, en effet, à mourir en vendant chèrement leur vie, lorsqu'un accident les priva de cette dernière consolation.

Comme ils se préparaient à l'attaque, et tandis qu'ils faisaient sécher une partie de leur poudre qui avait été mouillée, le feu y prit, et quelques-uns des conjurés furent même affreusement brûlés. Les troupes royales n'eurent plus de peine alors à pénétrer dans le château. Les deux Wright furent massacrés sur-le-champ; Grant, Digby, Roockwood, et Bates, le valet de Catesby, furent faits prisonniers. Robert Winter, Tresham, Littleton et quelques autres parvinrent à s'échapper; mais presque tous furent repris quelque temps après. Catesby, suivi de Piercy et de Thomas Winter, se retira et se barricada dans une tourelle d'où on ne put les débusquer. On fut obligé de placer autour de la position les meilleurs tireurs des assiégeants, qui tuèrent Catesby et Piercy, à coups de mousquet. Alors, il fut possible d'entrer dans la tourelle où Thomas Winter, blessé grièvement, fut fait prisonnier, et conduit à la Tour de Londres, avec les autres conjurés encore vivants.

Le procès de ces derniers s'instruisit rapidement. A l'exception du seul Fawkes, aucun ne fut soumis à la question ; cependant, tous firent l'aveu de leur crime. Fawkes lui-même, soit par lassitude, soit qu'il ne craignît plus de compromettre ses amis, fit des aveux complets. Everard Digby, celui des conspirateurs qui avait joui de la plus grande considération, convint de ce dont on l'accusait. Mais il prétendit y avoir été poussé par la conduite trompeuse du roi, qui, après avoir promis aux catholiques, lors de son avénement à la couronne, de leur accorder la liberté de conscience et l'exercice public de leur religion, avait ensuite manqué à cette promesse. On lui fit observer que le roi n'avait rien promis de semblable et que, d'ailleurs, en admettant qu'il l'eût fait, le tort de n'avoir pas tenu cet engagement ne rendait pas les conspirateurs moins coupables d'avoir formé un si affreux projet, enveloppant dans son réseau de mort non pas seulement le chef et les principaux de l'État, mais encore des individus qui n'avaient rien fait contre les catholiques, des catholiques même et des amis et parents des conjurés. Digby en convint, et dit que le crime était horrible, méritait la mort, et qu'il s'en repentait vivement.

Les accusés furent déclarés atteints et convaincus du crime de haute-trahison. La plupart subirent leur peine. Digby, Robert Winter, Grant et Bates furent exécutés le 30 janvier, près de la porte occidentale de l'église de Saint-Paul de Londres. Le 31, Roockwood, Keyes, Thomas Winter et Fawkes passèrent à leur tour par les mains du bourreau sur la place du vieux palais, près de la grande salle de Westminster, lieu ordinaire des séances du Parlement. Les plus coupables parmi les autres conjurés arrêtés furent retenus quelque temps en prison (1), après quoi ils furent à jamais bannis de tout le royaume

(1) Le comte de Northumberland, parent de Piercy et soupçonné d'avoir eu connaissance de la conspiration, resta prisonnier pendant plusieurs années. Les lords Mordaunt et Sturton furent condamnés, le premier à dix mille, le second à quatre mille livres sterling, 250,000 et 100,000 fr. environ, argent de France.

britannique. Quelques-uns de ces exilés vinrent en France, où on les reçut bien par l'ordre du roi, auprès duquel les Jésuites étaient alors en grande faveur, on sait pourquoi et comment. De Vic, le gouverneur de Calais, ayant dit à ces malheureux qu'il plaignait leur triste sort, mais que la bonté de son roi leur rendait une patrie pour celle qu'ils avaient perdue : « Nous ne regrettons pas notre patrie, répondit un de ces hommes... la seule chose que nous regrettions, c'est de n'avoir pas réussi dans le grand et salutaire projet que nous avions formé!... » De Thou, qui rapporte cette particularité (1), qu'il dit tenir du gouverneur de Calais lui-même, ajoute : « De Vic me disait en me racontant ceci, que peu s'en fallut qu'il ne fît jeter dans la mer l'individu qui osait se vanter ainsi de son crime. »

Tel est l'événement célèbre qui, dans l'histoire, a reçu le nom de *Conspiration des Poudres*. Nous arrivons maintenant à ce qui, dans la pensée du crime, dans son commencement d'exécution, dans le procès qui s'ensuivit, et dans le châtiment des coupables, est plus intimement relatif à l'histoire des Jésuites.

Les écrivains de la Compagnie ont fait tous leurs efforts pour prouver que celle-ci avait été complétement étrangère au complot de Catesby et de ses complices. Il est pourtant certain que si le projet de Catesby ne lui fut pas soufflé par le Père Garnet, ou par tout autre Jésuite, le chef de la Mission d'Angleterre et ses acolytes reçurent au moins la confidence de la conspiration. Il est parfaitement prouvé, par exemple, que quelques-uns des conspirateurs, répugnant à recourir au terrible expédient qui devait débarrasser d'un seul coup le catholicisme de tous ses principaux ennemis, et cela, non à cause de l'horreur que l'horrible projet eût dû leur inspirer, mais parce que ce projet menaçait également de mort leurs parents et amis catholiques qui se trouvaient dans le Parlement, Catesby, pour faire disparaître ce singulier scrupule, s'adressa aux Jésuites, qui décidèrent sur ce cas de conscience ainsi que s'y était bien attendu le chef de la conspiration.

Les Jésuites eux-mêmes ont été forcés d'admettre l'existence de ce

---

(1) *Histoire universelle*, livre CXXXV.

fait capital ; seulement, ils ont prétendu que les conjurés avaient fait part au Père Garnet de leurs scrupules, en les couvrant d'un voile allégorique à travers lequel le Révérend ne pouvait apercevoir la vérité tout entière. Suivant eux, le cas de conscience présenté à la décision de Garnet était ainsi formulé : « Supposé que dans une forteresse pleine d'hérétiques à laquelle des catholiques vont donner assaut se trouvent quelques individus enfants de la seule véritable Église : pour que ces derniers ne soient pas frappés de la mort qui menace les hérétiques, les catholiques doivent-ils renoncer à leur triomphe et au triomphe de Dieu, ou doivent-ils en sûreté de conscience donner l'assaut ? » Ils le peuvent, fut-il répondu par Garnet et ses casuistes, qui assurèrent ensuite avoir cru au motif littéral de la consultation et n'avoir pas soupçonné qu'il s'agissait d'autre chose que d'une forteresse. Malheureusement pour cette belle invention, il est prouvé par plusieurs témoignages, et les écrivains de la Compagnie ne le nient même pas, généralement, que Garnet, Tesmund et Gérard étaient les confesseurs de Catesby et de la plupart de ses complices. Ainsi, ils devaient savoir quels étaient les projets de ceux-ci, et, avec le plus petit effort d'imagination, il semble qu'ils pouvaient sur-le-champ identifier l'assaut de la forteresse du cas de conscience, avec la mine du palais de Westminster, le roi et ses pairs protestants, avec les soldats hérétiques de la fiction pieuse : les Jésuites anglais avouèrent même avoir dit des messes pour la réussite d'un projet formé par Catesby et ses amis, mais que ceux-ci, assurent-ils, leur cachèrent toujours ; ce qui semble bien extraordinaire, ce que nous ne croyons pas, pour notre part, ce que démentent les aveux de quelques-uns des accusés, ainsi que le soin que prirent les Pères Gérard, Tesmund et Garnet, de sortir de Londres et de se bien cacher, quelque temps avant le jour fixé pour l'explosion de la mine.

Mais suivant De Thou, on aurait les aveux même de Garnet à objecter à ses défenseurs et à ceux de son Ordre ; voici comment. Le 15 janvier 1606, le gouvernement anglais, persuadé que les Jésuites étaient les véritables fauteurs de la conspiration découverte, lança contre eux un édit où l'on promettait une récompense à quiconque arrêterait les Pères Gérard, Garnet, Tesmund et Oldcorne ; ce dernier se cachait sous le nom de Hall : nous avons dit que Tesmund se faisait appeler Greenwil, et Gérard, Hall. Ces deux derniers échappèrent à toutes les recherches, et parvinrent à gagner le continent. Garnet et Oldcorne furent moins heureux : on les arrêta à Kenlip chez un catholique nommé Abbington. Les deux Jésuites furent transportés à Londres, où on les enferma dans la prison de la Tour, avec un valet du Père Garnet arrêté en même temps que son maître. On instruisit sur-le-champ le procès des Jésuites prisonniers. Les deux Jésuites commencèrent par tout nier vaillamment. Alors, dit De Thou, pour obtenir des aveux on eut recours à ce moyen extra-légal : on mit auprès de Garnet un homme qui se présenta à ce dernier comme un catholique fervent et un ennemi forcené du roi Jacques et de tous ses hérétiques partisans. Garnet se laissa tromper par cet homme auquel il confia diverses lettres dans lesquelles, sans s'avouer précisément coupable, il en disait cependant assez pour faire asseoir contre lui une accusation de complicité avec Catesby et les autres conjurés. Ensuite, on le laissa communiquer avec le Jésuite Oldcorne, librement en apparence, quoique secrètement et à l'insu de tous, le Père Garnet le croyait du moins ; mais des témoins apostés entendirent toutes les paroles qu'échangèrent les deux prisonniers. Lorsqu'il apprit ensuite ces diverses circonstances assez peu honorables, du reste, pour Jacques et ses ministres, et qui ne sont excusables qu'en vue de la duplicité habituelle de ceux contre lesquels elles eurent lieu, le Père Garnet fit enfin des aveux assez étendus. Il convint que son confrère Tesmund lui avait confié le secret de la conspiration, mais en confession seulement, et qu'ainsi il n'avait pu rien révéler ; que Catesby avait également voulu l'instruire de tout ; mais qu'il s'y était toujours refusé, ainsi que le Saint-Père lui avait recommandé de faire.

Il paraît que, sur ce dernier point, Garnet ne dit pas la vérité. De l'aveu même d'écrivains favorables à la Compagnie de Jésus, Catesby redoutant, soit une indiscrétion, soit une dénonciation des Jésuites qu'il devait bien connaître, aurait à dessein instruit Garnet de la conspiration, afin de s'assurer ainsi de sa discrétion. Catesby pensait enchaîner ainsi le Jésuite à son projet dont il le forçait par là à courir les chances; la connaissance de ce projet, s'il était découvert, étant suffisante pour rendre Garnet coupable aux yeux du gouvernement anglais.

Du 13 février au 26 mars, Henri Garnet fut interrogé vingt-six fois. Le célèbre jurisconsulte anglais, Coke, procureur-général de la Cour de justice, conclut à la condamnation de l'accusé. Garnet fut en effet déclaré coupable de haute trahison. L'arrêt fut exécuté le 5 mai. Garnet, assure De Thou, soutint jusqu'au dernier moment qu'il avait horreur de la conspiration, qu'il la regardait comme une monstrueuse pensée, et que son seul crime était de n'avoir pas osé la révéler; que d'ailleurs, la mort qu'il allait souffrir lui faisait moins de peine que la pensée que c'étaient des catholiques qui étaient les auteurs de ce détestable complot. Il est possible, à la rigueur, que le Père Garnet eût été poussé malgré lui par les ordres venus du chef de sa Compagnie, ou par l'habileté de Catesby, à entrer dans le complot qui causa sa mort. Le valet qui avait été arrêté avec lui, afin de ne pas se laisser arracher des aveux qui eussent pu compromettre son maître et l'Ordre tout entier des Jésuites, se donna la mort dans sa prison. Il s'ouvrit le ventre avec un mauvais couteau sans pointe, et mourut malgré les secours qu'on lui donna. Le Père Oldcorne fut ensuite pendu. Suivant Rapin (1), ce dernier Jésuite, laissé en liberté, aurait été pris, jugé, condamné et exécuté pour avoir dit publiquement : « Que le mauvais succès de la conspiration n'en rendait pas le dessein moins juste! »

Quatre ans après l'exécution de Garnet, un Jésuite, nommé André Eudaimon, de Candie, publia avec l'approbation d'Aquaviva, général de la Compagnie, une *Apologie* du supérieur de la Mission d'Angleterre, où il s'efforçait d'établir l'innocence de son confrère. Mais tout ce qu'il peut trouver de mieux pour la justification de Garnet, c'est que ce dernier n'avait entendu parler de la conspiration que dans le confessionnal, et que d'ailleurs le ciel montra par un beau miracle comme quoi il était content de la conduite du supplicié; le panégyriste relate gravement et longuement ce prodige que nous raconterons

---

(1) *Histoire d'Angleterre*, tome VII, pages 42 et 49.

en quelques mots. Un catholique, témoin de l'exécution du Père Garnet, et voulant avoir des reliques de ce martyr, ramassa un épi de blé sur lequel étaient tombées quelques gouttes du sang de ce nouveau saint; car, aux termes de l'arrêt, le bourreau, après avoir pendu le Jésuite, et tandis qu'il vivait encore, lui avait ouvert la poitrine, pour en tirer le cœur, qui devait être brûlé. « Or, assure l'auteur de l'Apologie, il arriva que la femme de ce pieux catholique ayant précieusement renfermé la relique dans un vase de cristal, on s'aperçut que le sang tombé sur l'épi figurait admirablement tous les traits du bienheureux Henri Garnet ! » Les Jésuites firent grand bruit du miracle, qui leur fut contesté par les uns, et dont les autres prétendirent donner une explication, en disant que le portrait d'un Jésuite qui avait failli faire couler tant de sang ne pouvait se dessiner qu'avec du sang !...

Les Pères Tesmund et Gérard, déclarés coupables, comme leur chef, surent se soustraire au glaive des lois, nous l'avons dit. Ils essayèrent aussi de se justifier ; mais ils furent moins heureux en ceci. Le P. Gérard, qui avait célébré une messe pour les conspirateurs et qui les avait communiés de sa main, écrivit qu'il ne savait pas dans quelle intention cette messe et cette communion lui avaient été demandées par Catesby et ses amis. Mais Bates, le valet de Catesby, avait avoué que ce Jésuite avait eu souvent des conférences avec son maître peu de jours avant l'époque où la mine devait faire explosion ; il est donc fort peu probable qu'il ne sût rien du complot. Remarquons encore que ce fut chez un parent de Tresham, un des accusés, que Garnet fut arrêté. On a supposé que ce fut ce Tresham qui écrivit à lord Monteagle la fameuse lettre qui fit tout découvrir. Quelques-uns ont cru que cette lettre était de pure invention ; ceux-ci, favorables aux Jésuites, ont même assuré que toute la conspiration fut l'œuvre de Cécil, comte de Salisbury, qui voulait se rendre nécessaire au roi Jacques ; ceux-là, plus impartiaux, ont supposé que ce ne fut pas une lettre si peu claire qui avertit Jacques Stuart, mais bien une révélation complète d'un des conjurés, laquelle fut faite à Cécil, qui n'en parla pas au monarque anglais, afin de lui laisser tout l'honneur de la découverte du complot. Il y aura toujours un certain mystère répandu sur cette partie de l'histoire anglaise; mais, à travers le voile dont l'éloignement grossit les plis, on en voit assez encore pour condamner les Jésuites, comme complices sinon comme auteurs de la fameuse Conspiration des Poudres.

On comprend dès lors l'exécration et la haine que la nation anglaise porte aux Jésuites. Après la découverte de la conspiration, Jacques Ier ne garda plus aucune mesure envers la Compagnie de Jésus ; il en proscrivit de nouveau, et plus sévèrement, les membres. Quelques-uns, entre autres Thomas Garnet, neveu de l'ex-chef de la mission d'Angleterre, ayant osé braver la défense et le châtiment, furent condamnés au dernier supplice. Les Jésuites se vengèrent de Jacques en révélant quelques avances que ce prince avait faites au pape dans le temps qu'il n'était encore que roi d'Écosse. Le cardinal Bellarmin aiguisa sa plume de sophiste pour prouver ce fait et quelques autres qui devaient faire soupçonner Jacques à ses sujets protestants, mais qui, certes, ne diminuaient pas l'odieux qui pesait sur les Jésuites.

La Compagnie de Jésus ne tenta plus dès lors de s'établir de nouveau dans le royaume britannique, que sous le règne de Charles Ier, fils et successeur de Jacques Stuart. Ce prince avait épousé une catholique, et il semble avoir eu la pensée de se rapprocher de Rome, ainsi qu'on l'en a accusé. Le fameux Lawd, évêque de Londres, auquel Charles donna une grande part dans la direction des affaires ecclésiastiques, fit prendre une nouvelle intensité aux soupçons que l'Angleterre avait conçus sur son souverain. Lawd rapprocha autant qu'il le put les cérémonies de l'Église épiscopale d'Angleterre de celles de Rome. Il paraît que les Jésuites essayèrent de mettre ce prélat anglican en relation avec Rome. Ils lui proposèrent même secrètement, dit-on, le chapeau de cardinal de la part du pape. Mais Lawd refusa : il ne croyait pas encore le moment opportun, et, probablement aussi, il eût voulu obtenir du Saint-Siège des concessions qui lui eussent facilité la réunion des deux Églises. Un certain Prynne, ayant osé signaler les tendances de la cour et les projets de Lawd, eut les deux oreilles coupées, vit sa fortune confisquée et lui-même jeté dans une prison qui devait être perpétuelle. Mais les mesures extrêmes, loin de prévenir le danger, ne font souvent que le faire arriver plus tôt. L'Angleterre fait entendre un sourd murmure de mécontentement, qui bientôt se change en une clameur formidable. Charles y répond en élevant à l'archevêché de Cantorbéry, c'est-à-dire à la plus haute dignité ecclésiastique du royaume, ce même Lawd qui passe pour préparer la voie par laquelle le *papisme*, comme disaient les Anglais, doit rentrer triomphant dans la Grande-Bretagne. Charles, d'un caractère impérieux, penchait intérieurement, dit-on, pour le dogme catholique, qui accorde aux rois des priviléges imprescriptibles, et qui leur apprend qu'ils tiennent leur couronne, non du vœu de la nation, mais de Dieu seul. Bientôt, des ferments de discorde politique vinrent s'unir aux ferments des querelles religieuses. L'Écosse remue déjà, l'Irlande se révolte, et fait couler des flots de sang hérétique que laveront bientôt des flots de sang catholique. En 1641, eut lieu la grande révolte de Roger More et de Phélim O'Neale, dans laquelle, au rapport de David Hume, historien anglais et protestant, il est vrai, les catholiques irlandais commirent de nombreuses atrocités.

On sait que Charles Ier mourut sur un échafaud. Les Jésuites ont été accusés d'avoir contribué à cette mort par leurs intrigues, et cette accusation n'est pas sans fondement. Les Jésuites poussèrent, en effet, autant que cela était en leur pouvoir, le malheureux monarque dans la voie fatale qui lui coûta le trône et la vie, mais qui, s'il eût pu arriver jusqu'au bout, lui eût permis de lever, sur la Grande-Bretagne, un sceptre despotique et de droit divin, à l'abri duquel le catholicisme eût pu espérer son rétablissement, et les Jésuites un triomphe. Au milieu du fracas des armes qui retentissait à cette époque dans les trois parties de l'empire Britannique, on entendit, en effet, s'élever plus d'une fois le cri des Révérends Pères animant les combattants. Quelques-uns d'entre les meneurs en robe noire y moururent à la peine, sous la main du bourreau, et bientôt l'Ordre entier allait être obligé de plier sous le bras puissant d'Olivier Cromwell.

Pendant tout le temps du Protectorat, les Jésuites, à l'exception de quelques tentatives isolées et sans importance, furent réduits à un état d'impuissance extrême, en Angleterre. A la restauration de Charles II, ils crurent que cet état allait enfin changer ; ils se trompèrent : Charles II, instruit par l'exemple de son père, loin de favoriser les Jésuites, les poursuivit de nouveau sur la demande du Parlement. On fit de leur expulsion une condition de l'abrogation des lois faites contre tous les catholiques.

Trompée dans son attente, la noire Compagnie essaya de se préparer un règne plus favorable à ses intérêts. Charles II n'avait pas d'enfants ; l'héritier présomptif de sa couronne était son frère le duc d'York. Les Jésuites tendent autour de ce prince des filets si bien tendus, qu'ils font leur proie de l'héritier de la couronne d'Angleterre : ils devaient en faire aussi leur victime. Le duc d'York s'était fait catholique et se laissait diriger par le pape, et surtout par les Jésuites. Ceux-ci essayèrent de le porter sur le trône du vivant même de son frère ; on reconnaît à ce trait la morale des enfants de Saint-Ignace ! Diverses conspirations furent découvertes dans les dernières années du règne de Charles II, et toujours on y trouve les Jésuites plus ou moins mêlés. Le duc d'York était catholique, avons-nous dit, mais, il gardait les apparences de la religion protestante. Les Jésuites, au risque de ce qui doit s'ensuivre et pour faire constater leur influence à la face de l'Europe, le déterminent à faire profession publique de la foi catholique. Le Père Simons, son confesseur, et un autre Jésuite qui dirigeait la conscience de la reine, amènent le duc d'York à ce résultat, dont les conséquences deviennent désormais visibles pour tout regard intelligent. Le duc d'York ne doit faire que passer sur le trône d'Angleterre. C'est en effet ce qui arriva. A l'instant où les Jésuites, conduits par le Père Peters leur chef, à qui Jacques, enfin roi, a confié une partie de l'administration des affaires publiques, espèrent dominer la Grande-Bretagne, des marches du trône, où vient de s'asseoir leur élève soumis, le sol du royaume-uni s'ébranle comme par une grande commotion souterraine, et un tourbillon rapide, passant sur la tête du roi et de ses noirs et funestes conseillers, les saisit tous, les oppresse, les terrasse, et, bientôt, les jette pêle-mêle sur des rivages étrangers.

Jacques II alla mourir dans l'exil, auprès de Paris. Les Jésuites, qui ne se rendaient pas encore, essayèrent de rentrer plusieurs fois en Angleterre à la suite du chevalier de Saint-Georges, comme on appela le fils de Jacques II, auquel ils firent épouser la fille du roi régnant de Pologne, petite-fille du fameux Sobieski ; ainsi qu'avec le célèbre et romanesque Prétendant, le prince Charles-Édouard, fils du chevalier de Saint-Georges, ou de Jacques III° du nom en Angleterre et en Irlande, VIII° en Écosse, suivant les Jacobites, ses partisans. Le prince Charles-Édouard était peut-être celui des princes de la malheureuse famille des Stuarts qui méritât le moins son malheur. Pourtant, il paraît que, sous la direction des Jésuites, il s'était fait une de ces philosophies à l'usage des rois, et qui ne promettent rien de bon aux peuples amants de la liberté. Charles-Édouard mourut en Italie quelque temps après la destruction de la Compagnie de Jésus. Son frère, Henri-Benoît, duc d'York et cardinal, mourut dans les premières années de la révolution française, pensionnaire du roi Georges III d'Angleterre, qui était assis sur un trône que le cardinal-duc pouvait regarder comme le sien, d'après les doctrines légitimistes dans lesquelles il avait été élevé. A la mort de son frère aîné, qui le laissait seul représentant des Stuarts dans la ligne masculine et directe, le cardinal d'York fit frapper une médaille sur laquelle il était représenté en costume de prince de l'Église, mais ayant sur la tête et à la main les insignes de souverain temporel, avec cette exergue : *Voluntate Dei, non desiderio populi* (par la volonté de Dieu, mais non par le vœu de mon peuple) !... Ce fut la seule prétention que le dernier des Stuarts formula pour faire reconnaître ses droits, et l'on voit qu'elle fut très-innocente.

Nous avons cru devoir esquisser ici rapidement l'histoire du Jésuitisme dans la Grande-Bretagne depuis Charles Ier. A partir de Jacques II, on n'aperçoit plus guère en Angleterre que l'ombre de la noire cohorte, ombre qui suffit pourtant toujours à soulever les peuples. Si le catholicisme est encore à présent, dans ce pays, sous le poids d'une réprobation nationale, il peut en accuser les Jésuites. En Angleterre, comme partout, les Révérends Pères ont semé le trouble et la discorde, ils y ont récolté la honte et la chute, digne moisson qui les attend partout.

CHAPITRE III.

Assassinat du Prince d'Orange.

(LE JÉSUITISME EN HOLLANDE, EN BELGIQUE, EN ALLEMAGNE, ETC.)

Pour conquérir le rang qu'elle occupe parmi les nations européennes, la Hollande a dû soutenir des luttes longues et acharnées contre trois formidables ennemis : la mer, la tyrannie, et les Jésuites. L'infatigable et patient Néerlandais a su arracher le sol qu'il habite à l'avidité de l'Océan, son indépendance au despotisme de Philippe II, sa tranquillité aux intrigues des fils de Loyola ; ce sont là certainement trois victoires dont il a le droit d'être fier.

Nous ne referons pas ici l'histoire de la lutte que les Pays-Bas soutinrent si vaillamment contre la puissante maison d'Autriche et d'Espagne. On sait que la Flandre et la Hollande, après avoir longtemps souffert sous le joug de la tyrannie étrangère, se relevèrent un jour, comme l'esclave qui brise enfin sa chaîne, et demandèrent leur part du vivifiant soleil qui commençait à rayonner sur la vieille Europe, et qu'on nomme la Liberté. Avant la fin de ce seizième siècle qui vit s'accomplir de si grandes choses, les État-Unis de Hollande avaient déjà pris place parmi les nations indépendantes ; les Flandres furent moins heureuses : ce n'est que de nos jours seulement, après trois siècles, que la Belgique a pu monter enfin au rang de nation. Si elle n'a pas conquis son indépendance en même temps que la Hollande, elle peut en accuser les Jésuites. Ce furent, en effet, les fils de Loyola qui aidèrent surtout le sombre et cruel despote Philippe II à river de nouveau sur le cou des Brabançons et Flamands la chaîne à demi brisée de l'esclavage. Ces peuples étaient restés catholiques en se révoltant contre le roi d'Espagne ; tandis que les Hollandais, voulant sans doute briser, jusqu'au dernier, les liens qui les attachaient à l'Espagne, entrèrent avec enthousiasme dans les voies de la Réforme. Au plus fort de la lutte, les Jésuites conservèrent toujours une grande influence dans les Flandres ; tandis que ce ne fut jamais que grâce aux armes espagnoles qu'ils purent tenir en Hollande. La conséquence inévitable de ceci fut, nous l'avons dit, que la Hollande devint libre, puissante, heureuse ; tandis que la Belgique dut se traîner humiliée sous le poids de ses fers, pendant plus de deux siècles encore.

C'est surtout au célèbre prince d'Orange, Guillaume comte de Nassau, surnommé *le Taciturne*, que la Hollande dut de voir ses efforts couronnés de succès. Dès 1570, cet homme remarquable se mit à la tête du grand mouvement qui éclatait enfin ouvertement contre la tyrannie de Philippe II, et contre les cruautés de ses lieutenants. Bientôt, les diverses parties de la Hollande s'agrégeant en un faisceau puissant, purent lutter contre les armes espagnoles, et souvent victorieusement. Philippe II, furieux et persuadé que c'était aux talents du prince d'Orange qu'il devait attribuer les succès de ses anciens sujets révoltés, résolut d'avoir recours à tous les moyens pour se débarrasser d'un si redoutable adversaire.

On a accusé les Jésuites d'avoir servi le despote espagnol dans les projets infâmes qui avaient pour but de ramener la Hollande au joug, sur le cadavre du plus redouté de ses enfants. Nous allons voir si cette accusation est fondée.

A plusieurs reprises on attenta à la vie de Guillaume de Nassau ; ainsi, en 1582, un certain Jaureguy essaya d'assassiner ce grand homme, qui venait de battre le prince de Parme, vice-roi des Pays-Bas pour l'Espagne, et qui semblait sur le point de chasser enfin les troupes de Philippe II de toute la Hollande. Ce Jaureguy était un jeune homme d'environ vingt ans, suivant De Thou, qui était commis dans la maison d'un banquier espagnol, établi à Anvers, nommé Gaspard Anastro. Anastro était sur le point de faire banqueroute, lorsqu'un de ses compatriotes, nommé Jean de Ysunca, lui offrit un moyen de rétablir ses affaires ; ce moyen n'était autre que l'assassinat du prince d'Orange, pour lequel on offrit à Anastro une somme de quatre-vingt mille ducats, une Commanderie de Saint-Jacques, et une haute fortune. De Thou assure (1) que Ysunca donna au banquier un brevet de Philippe II qui lui garantissait toutes les promesses faites en son nom. Assez infâme pour accepter ce meurtre, Anastro n'avait même pas le courage nécessaire pour en remplir les conditions qui le concernaient. Il résolut de se faire remplacer par un autre individu, et s'ouvrit, dans cette intention, à son caissier, qui recula aussi devant la crainte, non devant l'horreur d'un pareil crime. Enfin, et sur l'avis de Venero, le caissier, Gaspard Anastro s'adressa à Jaureguy, qui, plus par fanatisme que par cupidité, jura à son maître d'accomplir la mission dont celui-ci se déchargeait sur lui. De Thou nous apprend que Jaureguy ne demanda pour toute récompense qu'une seule chose : qu'on eût soin de son vieux père ! Le 18 mai 1582, Jaureguy se prépare à remplir sa mission sanglante. Il se confessa, communia ; ce fut un moine Dominicain nommé Antoine Timermann qui lui donna l'absolution et l'hostie consacrée ; et pourtant, ce prêtre avait connaissance du crime que Jaureguy allait essayer de commettre ! On dit même que le moine eut l'infamie d'assurer au misérable jeune homme que son dessein était louable et qu'il lui mériterait une gloire éternelle sur la terre comme dans le ciel, s'il l'exécutait, non par ambition ou par cupidité, mais seulement pour le service de son roi, le bien de sa patrie et la plus grande gloire de son Dieu !... Quant au banquier Anastro, il avait quitté la ville d'Anvers depuis quelques jours, et s'était successivement rendu à Bruges, Dunkerque et Gravelines, regardant sans cesse en arrière comme pour apercevoir à l'horizon un signe qui lui apprendrait que le crime était consommé. Il fut enfin se réfugier à Tournai, auprès du prince de Parme : c'est là qu'il apprit ce qui s'était passé à Anvers le 18 mai.

(1) *Histoire universelle*, livre LXXV.

Ce jour-là était un dimanche ; le prince d'Orange après avoir assisté à l'office religieux suivant le rite introduit par la réforme, était rentré dans la citadelle où il était logé. Il sortait de table, où il s'était assis avec ses enfants et quelques convives de distinction, lorsque, passant de la salle à manger dans une autre pièce, il fut frappé par derrière d'une balle qui, entrant par dessous l'oreille droite, traversa la mâchoire supérieure et sortit par la joue gauche : Jaureguy venait de tenir sa promesse. L'assassin avait déchargé son pistolet de si près que le feu prit aux cheveux du prince d'Orange, qui tomba entre les bras de ses convives stupéfaits. Ce coup était si imprévu, que Guillaume de Nassau assura depuis qu'il avait cru, en tombant, que la citadelle s'écroulait sur lui. Aussitôt qu'il eut repris connaissance, et lorsqu'il eut appris qu'il venait d'être frappé par un assassin, il ordonna d'épargner le coupable, auquel il déclara pardonner de tout son cœur. Mais cette générosité, qui fait honneur au libérateur hollandais, ne put servir à son meurtrier : les amis du Taciturne n'étant pas maîtres d'un premier moment de fureur excusable, s'étaient jetés sur Jaureguy, et l'avaient percé de coups ; les gardes du prince avaient ensuite achevé le misérable, qui fut littéralement haché.

On trouva sur le cadavre de l'assassin diverses pièces qui expliquèrent son crime. Venero, le caissier d'Anastro, et Tinnermann, ce moine qui avait confessé, absous et communié Jaureguy, furent arrêtés, avouèrent leur part de complicité, et en subirent la peine. Le prince d'Orange, quoiqu'il se crût frappé à mort, leur fit grâce des tortures qui devaient préluder à leur exécution : Venero et le Dominicain furent étranglés; ensuite, leurs cadavres insensibles furent coupés en quatre parties, qu'on plaça aux quatre coins de la ville. Lorsque les Espagnols rentrèrent à Anvers, quatre ans après, ils décrochèrent les restes de ces misérables et les déposèrent dans un tombeau, après qu'on leur eut fait des funérailles publiques qui achevèrent de prouver la part que le roi d'Espagne avait prise dans le crime de Jaureguy ; chose qui n'a, du reste, jamais paru douteuse. Il est plus difficile d'établir la part qu'on en doit attribuer aux Jésuites. Ceux-ci, il est vrai, on été accusés d'avoir été au moins les instigateurs de l'attentat ; mais la chose n'est pas prouvée, et nous croyons devoir abandonner cette partie de l'accusation dressée contre la noire cohorte.

Il n'en est pas de même à l'égard du dernier attentat dirigé contre le prince d'Orange, et qui débarrassa enfin Philippe II de son rude adversaire. Nous devons rapporter, avec quelques détails, cet événement mémorable et dont les conséquences semblaient devoir être immenses.

Guillaume de Nassau, prince d'Orange, avait survécu à la blessure que lui avait faite l'assassin Jaureguy. Le roi d'Espagne, qui s'était cru un instant délivré de son formidable adversaire, l'avait bientôt vu se relever de son lit de souffrance, plus fort et plus terrible. La troisième femme du prince d'Orange, Charlotte de Bourbon-Montpensier, étant morte de l'effroi et de la douleur que lui avait causés le crime de Jaureguy, le Taciturne, afin sans doute de rattacher davantage sa cause à celle des réformés de France, avait épousé Louise de Coligny, fille de l'Amiral si lâchement égorgé dans la nuit de la Saint-Barthélemy. Ce mariage semblait donner une nouvelle influence à Guillaume de Nassau, qui d'ailleurs, en profond politique, avait consenti à faire alliance avec le duc d'Anjou, frère du roi de France Henri III. Le Taciturne avait même placé le manteau de duc souverain du Brabant sur les épaules de l'ancien duc d'Alençon. Il paraît qu'à cette époque Philippe II, faisant cause commune avec les Guises, qui craignaient de voir fonder si près de la France une souveraineté dont le chef était l'héritier présomptif du roi Henri III, engagea les princes lorrains à envoyer dans les Pays-Bas un homme à eux qui, par deux coups vigoureusement frappés, débarasserait l'Espagne du libérateur de la Hollande, et les Guises du nouveau duc de Brabant. Les Guises choisirent pour cette mission de sang un certain Salseda, qui avait été condamné à être pendu à Rouen, et que le duc de Guise avait sauvé de la corde afin d'avoir sous la main une vie dont il pût disposer à son gré. Ce Salseda devait entrer en Flandre à la tête d'un régiment qu'il semblerait mettre à la disposition du duc d'Anjou et du prince d'Orange. Puis, quand il se serait mis bien dans l'esprit des deux chefs de la Hollande et du Brabant, il eût cherché et trouvé une occasion favorable pour les mettre à mort. Salseda fut arrêté presque à son arrivée en Flandre. Il avoua tout le complot ; De Thou, entre autres historiens, assure qu'il déclara qu'un Jésuite l'avait encouragé dans ses projets. Les dépositions de ce misérable qui dénonçaient l'alliance qui existait entre Philippe II, pour faire rendre tous les Pays-Bas au premier et pour livrer la France aux seconds, furent communiquées à Henri III. Mais ce monarque indolent ne sembla pas s'en inquiéter beaucoup. Peut-être même n'eût-il pas été fâché de se voir débarrassé de son frère, et sans doute il craignait de pousser les princes lorrains à une révolte ouverte. Ceci se passa en 1583.

Échappé à ce danger, Guillaume de Nassau se vit bientôt après exposé à un autre. Un riche marchand de Flessingue, nommé Janssen, forma le projet de faire sauter, au moyen d'une mine, le palais que le prince d'Orange occupait avec toute sa famille. Ce forcené, chez lequel on trouva des lettres de l'ambassadeur d'Espagne en France, fut arrêté, condamné et exécuté, vers le milieu d'avril 1584.

Quinze jours après environ, le prince d'Orange laissait s'introduire auprès de lui, et s'insinuer dans sa confiance, l'homme à qui l'enfer avait réservé la sanglante auréole qu'avaient ambitionnée Jaureguy, Salseda et Janssen, sans pouvoir en couronner leur front.

Dans les premiers jours de mai 1585, Guillaume de Nassau reçut à son service un Franc-Comtois qui s'était présenté à lui comme un réformé fervent, et comme fils d'un martyr de la religion nouvelle. Le vrai nom de cet homme était Balthasar Geraerts ; mais il prétendait se nommer Guyon, comme son père, exécuté à Besançon pour sa croyance ; c'était un ancien avocat, ou procureur, qu'on nous représente comme petit et fort laid. Geraerts affectait un grand zèle religieux ; il fréquentait fort les temples, et on ne le trouvait jamais sans une Bible à la main. Tout cela n'était qu'une comédie par laquelle Geraerts préludait au drame sanglant dont il avait conçu le plan. En réalité, Geraerts était catholique. Comme il l'avoua plus tard, il avait formé le projet de tuer le prince d'Orange peut-être afin de mériter toutes les faveurs que le roi d'Espagne ne manquerait pas de déverser sur l'homme qui l'aurait aussi bien servi ; mais jamais, probablement, il

Assassinat du Prince d'Orange

n'eût consommé son forfait s'il n'y eût été poussé par les exhortations et les encouragements de plusieurs ecclésiastiques. Nous dirons tout à l'heure quels furent ces indignes ministres du Christ.

Le prince d'Orange avait envoyé Geraerts en France, d'où celui-ci revint au commencement du mois de juillet. Il fut introduit sans difficulté auprès du Taciturne, qui était encore au lit. Guillaume de Nassau apprit de celui qu'il regardait comme son fidèle émissaire la nouvelle de la mort du duc d'Anjou. Geraerts sortit de la chambre du prince, qui lui fit donner de l'argent, lui dit de revenir plus tard et qu'alors il pourrait lui confier une mission nouvelle. Geraerts avoua, dans ses interrogatoires, que ce jour-là même il avait résolu de tuer le prince d'Orange, mais que le cœur lui manqua lorsqu'il vit qu'il n'aurait aucune chance de s'échapper après son coup fait. Le Taciturne eut peut-être quelque soupçon, car lorsque, le 19 juillet, Geraerts se présenta de nouveau au palais de Delft, il ne fut pas introduit auprès du prince d'Orange, auquel il voulait, disait-il, demander ses passe-ports. Vers une heure après midi, après une attente assez longue dans la cour du palais, Geraerts vit s'avancer vers lui Guillaume de Nassau qui sortait pour se rendre au sénat. Geraerts s'approcha rapidement du prince, qui ne sembla pas s'apercevoir de sa présence, et lui tira presque à bout portant un pistolet chargé de trois balles.

— Seigneur, ayez pitié de mon âme et de ce peuple!... s'écria Guillaume en se sentant frappé à mort. Ses officiers éperdus, le voyant chanceler, le soutinrent dans leurs bras, et le firent ensuite asseoir sur les marches d'un escalier du palais. Sa sœur, Catherine, femme du comte de Schwarzembourg, qui était près de son frère lorsqu'il avait reçu le coup mortel, s'agenouilla en pleurant auprès du prince, et soutenant dans ses mains la tête du blessé, l'exhorta à se recommander à Dieu, seul arbitre véritable de la vie et de la mort. Mais déjà le Taciturne ne pouvait plus parler ; il fit seulement de la tête un signe d'acquiescement à ce que lui disait sa sœur, à laquelle il eut encore la force de sourire. On le porta alors dans ses appartements, et on le coucha sur son lit : presque aussitôt il expira dans les bras de Louise de Coligny, qui fut aussi cruellement éprouvée comme épouse qu'elle l'avait été comme fille. Guillaume de Nassau, prince d'Orange, n'avait pas encore cinquante et un ans. A la nouvelle de sa mort, un immense cri de douleur et de rage s'éleva vers le ciel : c'était la Hollande qui pleurait son libérateur et demandait vengeance de sa mort.

Cependant, aussitôt après avoir frappé sa victime, le meurtrier avait pris la fuite, et, profitant de la stupeur dans laquelle tout le monde était plongé, il avait pu sortir de la cour du palais et gagner les remparts de la ville de Delft. Déjà il se préparait à franchir le fossé, lorsque les gardes du prince d'Orange, qui s'étaient enfin mis à sa poursuite, se précipitèrent sur lui et s'en emparèrent sans coup férir, car le meurtrier, pour fuir plus vite, avait jeté un autre pistolet qui fut retrouvé également chargé de trois balles.

Lorsqu'on interrogea Geraerts, ce misérable, au lieu de répondre aux questions qu'on lui adressait, demanda brusquement une plume, du papier et de l'encre, et écrivit la déclaration suivante, à peu près formulée en ces termes :

« Je me nomme Balthazar Geraerts, âgé de vingt-six ans et quelques mois, né à Villefans dans la Franche-Comté. J'ai été attaché au secrétaire du comte de Mansfeld, Jean Dupré ; et c'est ainsi que je me suis procuré des blancs-seings du comte, avec lesquels j'ai essayé de gagner la confiance du prince d'Orange. Voici bientôt six ans que j'ai formé le dessein d'immoler Guillaume de Nassau. J'ai été amené à cette idée parce que sa réalisation semblait me promettre une haute fortune que sa majesté catholique n'eût sans doute pas refusée à l'homme qui l'eût débarrassé du prince d'Orange. J'allais même déjà partir pour exécuter ce grand dessein, lorsque j'appris que j'avais été prévenu par un homme de Biscaye (Jaureguy); ce fut alors que j'entrai auprès du secrétaire du comte de Mansfeld. Ayant bientôt appris que le coup frappé par Jaureguy n'avait pas été mortel, je résolus d'essayer si je ne saurais pas frapper mieux. Je partis poussé par l'appétit des biens humains, retenu par la crainte des châtiments célestes. J'arrivai à Trèves dans le courant du mois de mars dernier. Là, comme les cris de ma conscience commençaient à devenir trop importuns, je fus consulter un religieux avec lequel j'avais fait connaissance, puis quatre autres. Tous approuvèrent mon dessein, et le dirent béni du ciel ; tous me promirent la gloire du martyre si je succombais dans une aussi sainte entreprise. Le premier de ces cinq religieux était un Jésuite, le second un moine Cordelier de Tournai ; les trois autres étaient encore des membres de la Compagnie de Jésus. Le Franciscain se nomme le Père Géry ; je ne nommerai pas les Jésuites.

» Muni de l'approbation de ces cinq serviteurs de Dieu, je n'ai plus hésité : Guillaume de Nassau est tombé sous mes coups ; je ne me repens pas de ce que j'ai fait (1). »

Appliqué à la question, le 11 juillet, l'assassin renouvela ces aveux. Il y ajouta même un détail important. Il avoua que, comme c'était surtout en vue des récompenses terrestres qu'il avait conçu la pensée de son crime, il s'en était ouvert au prince de Parme, lieutenant du roi d'Espagne et gouverneur des Pays-Bas. Le vice-roi, suivant Geraerts, loin de le repousser, l'avait au contraire fort gracieusement reçu, et l'avait adressé à Christophe d'Assomville, chef du conseil de régence, lequel l'avait comblé de promesses sans nombre et d'espérances éblouissantes.

« Ainsi affermi dans mon projet, ajoutait l'assassin, du côté de la terre, comme du côté du ciel, j'eusse entrepris de tuer le prince d'Orange quand même il eût été entouré nuit et jour par cinquante mille hommes !..... »

Balthazar Geraerts ou Gérard fut condamné au dernier supplice, le 14 juillet. Le misérable n'avait donné aucun signe de repentir ; loin de là, il avait dit à plusieurs reprises que « si le coup était encore à faire, il le ferait, dût-on lui faire souffrir mille tortures. » Il montra jusqu'à la fin une grande exaltation, qui ressemblait parfois à de l'impudence. Ainsi, lorsqu'on lui lut l'arrêt qui le condamnait à une mort cruelle, il commença par s'écrier : « Qu'il était un athlète généreux de l'Église romaine ; qu'il saurait mourir comme étaient morts les anciens martyrs ; que les souffrances qu'il allait endurer expieraient ses anciens péchés ; mais que, quant à l'acte qui le conduisait à la mort,

---

(1) *Histoire universelle* de J. A. de Thou, livre LXXIX. Voyez aussi Basnage, *Histoire des Pays-Bas*, etc., etc.

loin que ce fût un péché à sa charge, c'était une bonne œuvre à son acquit, et qui lui donnait un droit au ciel. » Puis, prenant un air radieux, il ajouta en se désignant lui-même comme un nouveau Christ : *Ecce homo* (voilà l'homme)!.....

Le 15 juillet 1584, au milieu d'une foule furieuse et impatiente, Balthazar Geraerts fut conduit au lieu désigné pour son supplice. L'échafaud avait été dressé devant l'hôtel de ville de Delft. Là, le criminel fut tourmenté, aux termes de l'arrêt, d'une façon affreuse. On lui brûla d'abord avec un fer rouge la main qui avait commis le crime; ensuite, on arracha avec des tenailles ardentes les parties charnues de son corps. Enfin on le coupa vivant, en quatre morceaux, en commençant par le bas. Geraerts, assure-t-on, ne poussa aucun cri, ne donna aucun signe de douleur, ne fit aucune contorsion. On le vit seulement faire le signe de la croix. Les bourreaux furieux, s'acharnant sur le cadavre insensible et défiguré, lui ouvrirent la poitrine, en tirèrent le cœur, et en battirent le visage du misérable, tandis qu'un huissier disait de temps à autre d'une voix sépulcrale : « Souvenez-vous de notre père assassiné! » et que la grande voix du peuple s'élevait pour répondre par une bénédiction sur le libérateur, et par un anathème sur le meurtrier. Enfin, l'exécuteur termina cet horrible spectacle en tranchant la tête de Geraerts, et en allant placer ce sanglant trophée au bout d'une pique sur une haute tour placée derrière le palais du prince défunt. Les aides du bourreau prirent alors les quatre quartiers du cadavre, et s'en furent les attacher avec des chaînes sur quatre bastions de la ville. Le clergé catholique des Pays-Bas eut l'audace de donner d'indécentes louanges à l'héroïsme de l'assassin. Des cérémonies publiques et solennelles eurent lieu dans toutes les églises des lieux encore soumis au roi d'Espagne. Des prédicateurs éhontés osèrent faire, en chaire, l'éloge du martyr Geraerts, du nouveau saint Balthazar. C'est à peine si la victime illustre de ce misérable obtint de pareils honneurs funèbres, de la reconnaissance de ses concitoyens!

Comme on vient de le voir, les Jésuites poussèrent l'assassin du prince d'Orange à commettre son forfait. Des aveux de ce misérable, aveux précieux parce qu'ils furent obtenus sans qu'on eût recours à la torture, parce qu'ils furent volontaires et spontanés, il résulte que quatre Jésuites consultés par Balthasar Geraerts sur son odieux projet, ont tous les quatre affermi le meurtrier dans son dessein, qu'ils le lui ont présenté comme un acte glorieux et tout à fait capable de lui ouvrir à deux battants les portes du ciel!

Il est si vrai que ce furent surtout les Jésuites qui encouragèrent Geraerts à commettre son crime, que le roi d'Espagne se hâta de combler les Révérends Pères des Pays-Bas de nouvelles faveurs, pour les remercier évidemment d'avoir si bien aidé à le débarrasser d'un aussi rude adversaire que Guillaume de Nassau. Il fallait bien d'ailleurs que Philippe II dédommageât la noire cohorte des pertes que la juste indignation des Hollandais fit alors éprouver aux enfants de Loyola, qui bientôt perdirent tout espoir de remettre le pied en vainqueurs sur le sol de la république néerlandaise.

En revanche, ils devinrent riches et puissants dans le Brabant et dans la Flandre. Du vivant d'Ignace de Loyola, les Jésuites s'étaient établis à Louvain. Mais, alors, les Révérends Pères, peu ou point protégés par l'Espagne, ne firent qu'une assez triste figure. Ils avaient des Maisons à Louvain et à Tournay; mais ces Maisons n'avaient pas de revenus, et les cours qu'y faisaient les Jésuites n'attiraient aucun auditeur. Ces Maisons n'étaient pas même leur propriété, ils ne les tenaient qu'en location. Mais enfin ils réussirent à se faire bien venir de Philippe II, qui tenait alors sa cour à Anvers. Ils lui offrirent leur concours pour contenir sous le joug les peuples de cette contrée qui, s'ébranlant sous le vent de la réforme religieuse, commençaient à vouloir marcher vers la conquête de la liberté civile et nationale. La présence des Révérends Pères était si bien déjà regardée comme chose fatale, qu'aussitôt qu'on apprit en Flandre qu'ils avaient su obtenir de Philippe la permission de s'établir, universités, magistrats, haut et bas clergé, conseils municipaux, tout le pays se leva pour barrer le passage à l'ambition des noirs enfants de Loyola. Le lieutenant, l'ambassadeur d'Ignace dans la Flandre, Ribadeneira vit ses efforts échouer devant une universelle et implacable répulsion.

Voyant ceci, les Jésuites se firent modestes et petits, mais ils attendirent une occasion, déterminés à la faire naître si elle ne se présentait pas, et à en profiter quoi qu'il arrivât. En attendant donc, avec l'argent qu'on tira pour eux du trésor général de la Compagnie, ils commencèrent à se faire des partisans dans le pays. Leur esprit d'intrigue les servit encore mieux. En 1560, un riche habitant de Louvain leur donna une maison. Mais suivant la loi du pays, cette donation, pour être réelle et valide, devait être revêtue de l'approbation du Conseil. Sûrs d'avance du refus, les Révérends mirent tout en jeu pour faire appuyer leur demande. La gouvernante des Pays-Bas, Marguerite d'Autriche, fille naturelle de Charles-Quint, fit connaître aux magistrats de la ville de Louvain que son désir était de voir la requête de la Compagnie de Jésus accueillie. Le prince-évêque de Liége députa deux chanoines de son église, qui eurent pour mission d'appuyer également la demande des Jésuites. Mais, soit que l'évêque eût donné à ses députés des instructions secrètes contraires à leur mission apparente, soit que les deux chanoines cédassent au cri de leur conscience, au lieu de parler en faveur des Jésuites, ils signalèrent hardiment les conséquences fatales qui devaient résulter d'un établissement stable des Révérends Pères dans la Flandre, et conclurent à ce que défense leur fût faite d'y posséder aucun bien. La requête des Hommes Noirs fut donc repoussée.

Les Jésuites ne se tinrent pas pour battus. Ils firent agir si vivement auprès de la gouvernante, que le marquis de Berghes, au nom de Marguerite d'Autriche, signifia aux États du Brabant que sa maîtresse avait résolu d'obtenir la faveur que sollicitaient les Révérends Pères. Après une longue et vive discussion, les États cédèrent; mais en accordant le privilége demandé, ils y mirent des restrictions qui semblaient l'annuler presque complètement. Mais c'était là un bien faible obstacle pour la noire cohorte. Les États, en lui permettant de devenir propriétaire à Louvain, lui faisaient défense d'y ouvrir un collége, et voulaient qu'elle renonçât à tous ses priviléges du moment qu'elle s'établissait dans le Brabant. On comprend que les Jésuites promirent tout ce qu'on voulut, sauf à ne rien tenir de ce qu'ils promettaient. Lorsque les Pays-Bas se furent révoltés, et essayèrent de briser le joug tyrannique de l'Espagne, les Jésuites rendirent de tels services au duc d'Albe, que ce sombre et sanglant ministre de Philippe II leur permit d'acheter à Anvers une vaste et magnifique maison où ils fondèrent un séminaire Jésuitique. Cet établissement était devenu considérable, lorsque, en 1578, les Révérends Pères s'en virent expulsés violemment ; voici à quelle occasion.

Nous avons dit que la Flandre et le Brabant évitèrent de se prononcer ouvertement en faveur de la Réforme, comme le fit la Hollande. Les représentants de ces contrées, que don Juan d'Autriche essayait alors, après le duc d'Albe, de remettre sous le joug, voulurent même manifester l'orthodoxie de leurs sentiments religieux à la face de l'Europe : les États du Brabant signèrent à Gand une sorte de pacte solennel, dans lequel ils établissaient les positions respectives de Rome et de la Réforme en Belgique. Les termes de cette espèce de charte religieuse, tout en donnant des garanties au protestantisme, étaient évidemment favorables au catholicisme dont ils établissaient même la suprématie. Aussi, les catholiques s'empressèrent-ils d'adhérer à la *Pacification* de Gand. L'archiduc Mathias, appelé par les révoltés, fit renouveler ce pacte en 1578 et ordonna que les divers corps de l'État jurassent de l'accepter et de le maintenir. Le clergé brabançon ne fit aucune difficulté de prêter le serment exigé ; les Jésuites seuls s'y refusèrent : la *Pacification* de Gand semblait devoir rappeler le calme à la suite de l'indépendance dans la Flandre et le Brabant ; on comprend que les Révérends Pères, pour eux comme pour leur patron, le roi d'Espagne, ne pouvaient accepter tranquillement de pareilles conséquences. Il paraît que les Jésuites entraînèrent les Cordeliers dans leur opposition, dont, au moment du danger, ils eurent grand soin de rejeter sur eux la plus forte part de responsabilité. Lorsqu'on eut épuisé les moyens de douceur, il fallut recourir à des moyens d'intimidation ; puis enfin à la force ouverte. Bientôt, une explosion populaire eut lieu. Les Cordeliers qui, en cette circonstance, avaient servi de compères aux enfants de Loyola, furent les plus malmenés. Ils avaient, dit-on, établi des congrégations de femmes, où les maris flamands et brabançons prétendaient que le lien conjugal avait beaucoup à souffrir du cordon de

Saint-François (1). C'étaient d'ailleurs les Cordeliers qui s'étaient le plus déchaînés en public contre la Réforme. Un jour donc, tous les maris qui crurent avoir à se plaindre des Cordeliers, se réunirent, et, formant un bataillon assez compacte, s'en furent assaillir le couvent de Saint-François, où ils entrèrent, après une sorte de siége terminé par un assaut désespéré. Sept Cordeliers furent sacrifiés à l'honneur marital outragé; d'autres furent fouettés en place publique, le reste des moines fut chassé. Les Jésuites surent s'arranger de façon à ne pas être exposés à toute la furie de cet orage. On se contenta de les arrêter à Anvers et à Gand ; puis, on les entassa sur des bâtiments qui les conduisirent à Malines et, de là, à Louvain, où ils furent réunis à leur confrères de cette ville (2).

Les Jésuites se virent successivement chassés de toutes les villes où éclata le révolte contre la tyrannie espagnole. Partout aussi ils revinrent à la suite des armes triomphantes du cruel Philippe II. Ce fut ainsi qu'ils rentrèrent à Anvers, à Malines, et en divers autres lieux. Ce fut aussi à l'ombre des drapeaux espagnols, et souvent grâce aux haches des bourreaux de Philippe II, que les Révérends Pères s'établirent solidement à Bruxelles, et surtout à Louvain, dont ils parvinrent à asservir complétement l'université que les querelles des Cordeliers avec le docteur Baïus remplissaient alors d'un bruit presque aussi éclatant que celui des armes qui retentissait dans tout le reste des Flandres. Les Jésuites se mêlèrent de ces querelles vers leur fin. Ils firent tout simplement condamner Baïus par le pape Grégoire XIII. Le plus grand crime du docteur de Louvain était pourtant, d'après le continuateur de l'*Histoire ecclésiastique* et autres historiens, d'avoir censuré les désordres auxquels se livraient les Cordeliers, et d'avoir soutenu, contre ces moines, qu'on ne peut pas approcher de l'autel et y célébrer la messe en sortant des excès d'un festin, ou des bras d'une maîtresse, toutes choses qui, d'après les écrivains que nous venons de citer, non-seulement étaient familières et quotidiennes aux Francis-

---

(1) Voyez De Thou, *Histoire universelle;* Basnage, *Histoire des Pays-Bas;* Linguet, *Histoire impartiale des Jésuites*, etc., etc.

(2) Voyez les mêmes historiens.

cains de Flandre, mais que ces Pères voulaient excuser au point de vue religieux ; nous avons vu que cette doctrine impie est celle des casuistes de la Compagnie de Jésus.

Si la Flandre et le Brabant, contrées où fut poussé pourtant le premier cri de révolte contre l'Espagne, ne conquirent pas leur indépendance, comme fit la Hollande, c'est, nous le dirons encore, moins parce que leurs efforts n'eurent pas le bonheur d'être dirigés par un Guillaume de Nassau, que parce qu'ils furent contrariés, anéantis par les intrigues des Jésuites.

Après un intervalle de plus de deux siècles, les noirs enfants de Loyola ont pu tirer vengeance de leur expulsion de la Hollande et de la réprobation universelle qui leur a toujours fermé l'entrée de ce pays. Les Jésuites contribuèrent de toutes leurs forces, en 1830, à arracher la Belgique au roi des Pays-Bas. On comprend que cette conduite n'a pas été inspirée aux Révérends Pères par leur zèle pour la liberté d'un peuple. La Belgique, à l'heure qu'il est, semble enfin s'en apercevoir ; la lutte que ce pays soutient contre les envahissements du clergé, poussé en avant par les Jésuites, sera, nous l'espérons, un grand enseignement pour cette contrée, où les Jésuites dominent depuis le temps d'Ignace. Là, comme ailleurs, les Révérends Pères commencent à être connus et appréciés à leur valeur. Donc, là comme ailleurs, leur chute et leur chute définitive se prépare (1).

(1) Une petite anecdote toute récente, fort curieuse, et dont un de nos amis nous garantit l'authenticité, peut donner une idée de la manière dont opèrent à notre époque les Jésuites de Belgique. On sait que dans ce pays il n'y a plus guère que deux grands partis en présence, le parti libéral et le parti catholique. Ce dernier est poussé, dirigé par les Ultramontains et surtout par les Jésuites, fort puissants toujours en ce pays. Aux dernières élections de la Chambre des Députés belges, M. le comte L*** se présentait dans un collége comme représentant du parti libéral. Son adversaire appartenait au parti catholique, et les chances de ce dernier étaient comparativement minimes, lorsque ses amis et patrons, les Jésuites, s'avisent d'un expédient. M. le comte L*** est frère d'un ex-notaire de Paris dont le nom a conquis une triste célébrité. On jugeait le procès de l'officier ministériel parisien en même temps qu'on nommait les députés belges. Profitant de ceci, les adversaires de M. le comte L*** répandent le bruit que le notaire L*** est condamné aux galères et que son frère est également flétri par l'arrêt. Le lendemain, les journaux de Paris démentirent la calomnie, mais l'effet voulu avait été produit : le vote avait eu lieu, et M. le comte L*** ne fut pas nommé. Comment aurait-on choisi

Nous avons montré, dans la première partie de cet ouvrage, le fougueux Bobadilla poussant au carnage les bataillons impériaux, et se baignant dans le sang des protestants répandu à flots, mais non en assez grande quantité encore pour satisfaire la soif de ce tigre en robe noire. La plaine de Muhlberg ne fut pas le seul lieu qui vit des Jésuites donner le signal des combats. Il fallait alors que l'Ordre nouveau-né se distinguât du milieu de la tourbe monacale, accroupie dans son oisiveté, dans son impuissance. Mais l'empereur Charles-Quint sembla toujours se défier de l'ardeur guerroyante des Jésuites, qu'il fut en effet obligé de réprimer plus d'une fois, et il employa le moins qu'il put le concours des Révérends Pères.

Lorsque ce souverain, donnant pour la seconde fois depuis Dioclétien, le spectacle d'un empereur dégoûté du pouvoir et échangeant la paix d'une retraite obscure contre les bruyantes splendeurs du rang suprême, eut partagé ses vastes États entre son fils et son frère, les Jésuites s'implantèrent plus vite et plus solidement sur le sol germanique. Ferdinand, le nouveau chef du Saint-Empire, se montra favorable aux Jésuites, qui surent d'ailleurs faire au successeur de Charles-Quint une nécessité de la faveur qu'il leur accorda. Sous le règne de Ferdinand, les Jésuites fondèrent en quelques années des établissements aussi nombreux que riches et importants, sur tout le sol de l'empire d'Autriche, en Bavière, en Hongrie, en Pologne, en Suisse, en Savoie et même en Suède. Le nombre de leurs collèges, séminaires et maisons diverses s'accroît alors chaque année, chaque jour, et atteint un chiffre incroyable. Nous devons en convenir, les Jésuites furent alors également appelés par les peuples et par les souverains catholiques. Ils avaient eu l'art de se présenter aux uns et aux autres comme les défenseurs vigilants et infatigables de la religion menacée par le protestantisme envahisseur. Les papes aussi, à cette époque,

pour représentant d'un pays un homme qu'on disait frappé d'un jugement infamant? N'est-ce pas qu'on reconnaît bien là *l'habileté* des Révérends Pères?

Nous devons dire en terminant cette note qu'elle ne nous a été inspirée que par notre aversion pour les noirs enfants de Loyola, et non point par un sentiment d'amitié pour M. le comte L***, que nous ne connaissons même pas.

protégèrent généralement de toutes leurs forces la Société, dont les membres se montraient toujours prêts à marcher vers chaque champ de bataille religieux, à se poster sur chaque brèche, à rendre toutes sortes de services.

D'un autre côté, les Révérends Pères ne négligeaient aucun moyen d'agir sur l'esprit des peuples. Si nous n'avions pour autorités des écrivains Jésuites eux-mêmes, nous n'oserions dire jusqu'où les fils de Loyola poussèrent la fantasmagorie de leurs moyens. Ainsi, dans telle contrée, on les voyait, pour s'attirer l'admiration des populations ignorantes et fanatiques, courir les rues en jetant ces cris poussés d'une voix lugubre et comme prophétique : « L'enfer pour les pécheurs, le paradis pour les élus !... » Dans tel autre endroit, ils parcouraient les villes où ils résidaient, tous nus et se frappant de leurs disciplines. On vit à leur exemple des Compagnies de flagellants se former et lutter entre elles de fanatisme, d'indécence et de folie. Il y eut même des flagellantes, et ce ne furent-elles pas, assure-t-on qui, montrèrent le moins de ferveur (1)!...

En d'autres pays encore, ils avaient recours à de nouveaux moyens choisis d'après le caractère des populations. Ainsi, on les vit organiser des espèces de mascarades funèbres destinées à rappeler aux spectateurs terrifiés que tout homme est sujet de la mort. On nous a conservé la description d'une de ces mascarades, car nous ne pouvons leur trouver un autre titre, et le lecteur sera sans doute de notre avis. Peu après qu'ils se furent établis à Palerme, dans la Sicile, les Révérends Pères organisèrent et firent circuler le long des rues de cette ville la procession la plus étrange qu'on puisse imaginer. On voyait en tête un homme nu, sanglant et paraissant à l'agonie, que portaient d'autres hommes revêtus du costume juif, et autour duquel de jeunes et beaux garçons en dalmatiques brodées, ayant des ailes blanches au dos et tenant dans leurs mains les instruments de la passion, figuraient un chœur d'anges; tandis qu'une troupe de hideux diablotins caracolait à droite et à gauche, troublant les

(1) Voyez, entre autres historiens de ces extravagances, le jésuite Orlandin. Sacchini les a retracées également.

concerts angéliques par d'infernales vociférations, et faisant écarter la foule avec des torches de résine enflammées. Ensuite, venait la Mort sur un char tout noir et traîné par des chevaux noirs. Elle était figurée par un squelette livide, hideux et tellement gigantesque que sa tête dépassait les plus hautes maisons. De la main droite elle tenait une grande faux, tandis que de la gauche elle traînait une longue file de spectres enchaînés et gémissants qui représentaient tous les âges de la vie, tous les états de la société. De temps à autre, ces spectres criaient d'un ton lamentable à la Mort de leur faire grâce et de s'arrêter; mais la Mort impitoyable, sourde et muette, continuait son chemin, tandis qu'un chœur de pénitents psalmodiait sur un air lugubre des cantiques plus lugubres encore!.... Qui ne reconnaît, à ces pieuses extravagances ou plutôt à ces impiétés calculées, ces hommes qui au XIXe siècle devaient par des moyens semblables annoncer leur retour en France?

On comprend que ces folies qui maintenant ne pourraient que faire rire, aient pu jadis produire un grand effet sur l'imagination des populations méridionales, auxquelles elles furent particulièrement destinées. Et lorsque les esprits, par cette fantasmagorie hideuse, étaient comme couverts d'un voile de ténébreuses horreurs, les Jésuites arrivaient alors et faisaient luire un consolant rayon du soleil éternel qui resplendit sur la béatitude céleste, et dont ils faisaient jouir la ville et le pays qui consentaient à leur accorder le droit de cité, à leur laisser bâtir leurs Maisons, à doter leurs colléges, à peupler leurs séminaires, à leur abandonner enfin la direction des consciences, le maniement des esprits, la domination temporelle et spirituelle!...

Sous Maximilien, successeur de Ferdinand, les Jésuites virent leurs affaires compromises fortement en Allemagne et en Hongrie. Maximilien se montra fort mal disposé en faveur des Révérends Pères, et déjà les peuples qu'il gouvernait avaient si bien appris à connaître les Jésuites, que, dans les États de l'Autriche qui se tinrent au commencement de ce règne, les députés demandèrent avant toutes choses que les Jésuites fussent chassés du pays. Déjà aussi la colère publique avait grondé si fort contre eux à Vienne, que les magistrats pour l'apaiser avaient été obligés de chasser de cette ville catholique tous les enfants de Loyola.

La haine publique amassait alors contre les Jésuites une masse d'accusations sous laquelle il fallait nécessairement qu'ils fussent écrasés, partiellement du moins. Quelques-unes de ces accusations furent alors formulées en termes qu'il nous est impossible de répéter. Contentons-nous de dire qu'on prétendit que les bons Pères ne respectaient pas l'innocence de leurs élèves. En Bavière, et c'est Sacchini qui nous l'apprend (1), on accusa au contraire les Jésuites de mutiler les jeunes gens reçus dans leurs séminaires. Les avocats de la Société de Jésus affirment que ce fut là une calomnie lancée contre les Révérends Pères par les protestants jaloux de la pureté des mœurs des jeunes adeptes de Loyola. Le lecteur curieux peut voir dans Sacchini comment les Jésuites prouvèrent que le jeune garçon dont on les accusait d'avoir fait un eunuque était parfaitement en état de devenir père de famille.

Dans le nord de l'Italie, ce fut surtout en s'emparant de l'esprit des femmes que les Révérends Pères agirent sur l'esprit des hommes. Le patriarche de Venise, Giovanni Trévisani déféra même au Sénat de la République les plaintes qu'il avait recueillies de toutes parts à cet égard. Les chefs de l'ombrageux pouvoir qui gouvernait les Vénitiens eurent probablement peur de voir s'établir sur les lagunes de Saint-Marc un pouvoir encore plus machiavélique, encore plus mystérieux, plus terrible encore et plus concentré. Dès 1560, c'est-à-dire peu d'années après leur établissement à Venise, les enfants de Loyola se virent menacés d'être chassés de la République. On leur reprocha des désordres avec les femmes vénitiennes et surtout avec celles des personnages les plus élevés en noblesse, en dignité, en influence. Les Jésuites surent parer ces premiers coups en les détournant sur le patriarche leur accusateur, qu'ils représentèrent comme voulant réunir tout le pouvoir religieux dans ses mains, afin de lutter contre le pouvoir séculier et peut être de le dominer. « Tel est, disaient les Révérends Pères, le mobile de la haine et des accusations contre nous déchaînées.

---

(1) Voyez Sacchini, *Histoire de la Société de Jésus*, liv. I.

C'est parce que nous sommes soumis aux ordres des magistrats de la République, qu'on veut nous perdre et nous chasser. Nous n'apprenons aux dames vénitiennes qu'à faire leur salut : le patriarche voudrait s'en servir pour amener la perte de leurs maris !... De là les calomnies qui s'élèvent contre la Société ! »

Le sénat, qui avait peut-être quelques craintes à l'endroit des ambitieuses visées du patriarche, habilement signalées par les Jésuites, craignit de leur donner de la réalité ou de la force en chassant les Révérends Pères qui furent maintenus à Venise ; seulement, défense fut faite aux dames vénitiennes d'aller, comme auparavant, dans les maisons jésuitiques, et même de prendre un Jésuite pour confesseur.

A peu près à la même époque, la noire Congrégation montra clairement en Savoie ce dont sa cupidité et son ambition pouvaient la rendre capable. Les enfants de Loyola, qui avaient pénétré depuis quelque temps dans ce pays, avaient su s'emparer à tel point de l'esprit du duc régnant, que celui-ci invita lui-même le Général de la Compagnie, qui était alors Laynez, à prendre la direction de tous les colléges qu'il voulait établir dans ses états. Mais la Savoie est un pays pauvre, et les Jésuites s'en étaient bien vite aperçu. Laynez ne se montra pas très-empressé de répondre aux demandes du duc Emmanuel. Les membres de la noire Milice n'étaient pas alors très-nombreux, et il y avait encore tant de riches provinces de par le monde à leur livrer en pâture !... Laynez demanda comment seraient dotés les établissements jésuitiques en Savoie, et le chiffre de la dotation. Le duc Emmanuel répondit que, ses états étant trop pauvres pour qu'on y fît des fondations en faveur de la Société, il se contenterait d'y frapper des contributions dont le montant serait annuellement appliqué à l'entretien des Maisons et colléges de la Compagnie. Mais, par ce moyen, et Laynez s'en aperçut bien vite, les Révérends Pères de Savoie eussent été à la merci des magistrats et officiers public chargés de lever les fonds nécessaires à la subsistance des établissements jésuitiques. Puis, Emmanuel venant à mourir ou ses idées à changer, les colléges et leurs directeurs se seraient trouvés complétement à la merci d'autrui, chose que la Compagnie ne peut souffrir. Le duc de Savoie ne savait quel arrangement proposer aux bons Pères, lorsque ceux-ci lui en suggérèrent un qui pouvait lever la difficulté. A cette époque, bon nombre de protestants de communions diverses s'étaient retirés avec leurs richesses dans la Savoie, où ils avaient espéré vivre tranquilles et cachés au fond des vallées de ce pays alpestre, alors presque inconnues au reste de l'Europe, et dont quelques-unes l'étaient aux habitants du pays eux-mêmes. Le Général des Jésuites fit écrire par le pape au duc Emmanuel, « qu'un souverain catholique ne pouvait garder dans ses états de misérables hérétiques qui les souillaient par leur seule présence, et compromettaient le renom et le salut du prince qui les souffrait parmi ses sujets. » En même temps Laynez faisait demander au duc d'appliquer aux colléges qui seraient dirigés par des membres de son Ordre, le produit des confiscations opérées sur les hérétiques. Le Général de la Société des Jésuites eut, dit-on, l'habileté de faire contribuer en argent, pour la guerre contre les hérétiques de Savoie, le saint-père, que la présence de ces derniers dans l'Italie septentrionale inquiétait du reste et devait inquiéter même dans ses intérêts de prince temporel.

Les choses ainsi arrangées, le duc de Savoie se hâta d'envoyer contre les malheureux hérétiques des troupes soldées par le trésor pontifical, et que guidèrent des Jésuites. On vit même un des bons Pères, le fameux Possevin, marcher à la tête des bataillons savoyards, et l'on nous assure que sa présence fut loin d'adoucir les scènes horribles qui ensanglantèrent les vertes et paisibles vallées qui servaient de refuge aux hérétiques, et où ces derniers se défendirent avec courage et succès. L'argent du pape n'ayant pas continué de solder les troupes du duc, Emmanuel commença à laisser se refroidir son ardeur de croisade; sans doute aussi il réfléchit qu'en guerroyant contre des hérétiques il égorgeait des sujets, et qu'il appauvrissait ses états pour enrichir après tout des étrangers. Les Jésuites, qui avaient traîné leurs fatales robes noires dans les flots de sang versés à leur intention, par leurs conseils, par leurs ordres, ne recueillirent pas tous les fruits qu'ils avaient attendus de ceci.

Ce fut aussi par la force des armes qu'ils essayèrent de pénétrer en

Suède. Ce royaume, qui était alors échu à Sigismond, roi de Pologne, et catholique, avait de bonne heure embrassé la Réforme. Les Jésuites déjà établis en Pologne poussèrent Sigismond à leur ouvrir la Suède, que gouvernait un oncle de ce monarque avec le titre de lieutenant-général ou de régent. Sigismond, qui se laissait, dit-on, complétement mener par les Révérends Pères, ordonna à son oncle, le duc Charles, de recevoir les Jésuites en Suède et de leur donner des terres pour qu'ils s'y établissent. A cette nouvelle, les Suédois s'inquiètent et remuent ; le régent supplie son neveu et souverain de ne pas braver le sourd mécontentement qui gronde en Suède et qu'une démarche imprudente peut faire éclater d'une manière terrible. Sigismond, que les Jésuites ont fait aveugle et sourd, ne répond aux représentations du duc Charles que par un ordre plus formel de recevoir en Suède et d'y établir les enfants de Loyola. Remarquons, en passant, que Sigismond, lors de son couronnement et sur la demande des états de Suède, avait solennellement juré de ne point chercher à inquiéter ses sujets suédois dans leur religion, et, particulièrement, de ne pas y introduire les Jésuites.

Les Jésuites persuadèrent à Sigismond qu'il ne devait pas céder aux volontés de ses sujets, et que les Suédois, en repoussant la bannière de Loyola de leur pays, offensaient grièvement l'honneur du souverain. Sigismond, toujours escorté par ses noirs conseillers, partit à la tête d'une armée pour installer de vive force les Jésuites en Suède. Les États de ce royaume, secrètement poussés, dit-on, et ceci est possible, par le régent, levèrent aussi des troupes, qui battirent celles de Sigismond, et firent même celui-ci prisonnier. Le régent fit mettre aussitôt en liberté son neveu, qui fut obligé de jurer qu'il convoquerait les États et se soumettrait à leurs décisions ; mais, en digne élève des Jésuites, Sigismond ne fut pas plus tôt parvenu à s'échapper de Suède et à rentrer en Pologne, qu'il prétendit ne s'être engagé à rien et voulut recommencer la lutte. Heureusement ses sujets Polonais refusèrent de le soutenir désormais. D'ailleurs, les Jésuites avaient changé de visées. On sait que le duc d'Anjou, depuis roi de France sous le nom d'Henri III, succéda à Sigismond II. Les Jésuites, tout-puissants à la cour de Pologne, contribuèrent beaucoup à ce choix, qu'ils espéraient voir augmenter encore leur influence. Les Jésuites attendaient aussi beaucoup de l'avénement au trône de Suède de Jean III, qui, après avoir longtemps vacillé, après avoir même, au dire des Jésuites, abjuré le luthéranisme entre les mains du Père Possevin, retourna enfin à la religion réformée et se sépara des Jésuites, par lesquels il craignit, à juste titre, de voir compromettre sa royauté.

Ce Père Possevin formait avec Canisius et quelques autres Jésuites une classe singulière de négociateurs universels qui s'entremêlaient alors des affaires de toute l'Europe. Diplomates en robes noires, on les voyait courir de Paris à Stockholm, de Madrid et de Lisbonne à Vienne, à Varsovie et à Moscou, réglant des successions royales, négociant des trêves ou des alliances, formulant des traités de paix. Après avoir poussé les rois contre les rois, les peuples contre les peuples, les croyances contre les croyances, la Société de Jésus se démenait pour éteindre le feu qu'elle avait ou allumé ou excité pendant des années. C'est qu'autrefois elle avait besoin de la guerre et des troubles qui en découlent pour conquérir sa richesse et son importance, et que désormais elle avait besoin de la paix pour conserver ce qu'elle avait conquis. La paix, une paix générale était nécessaire à la Compagnie de Jésus pour qu'on oubliât que c'était elle-même qui avait si longtemps poussé à la guerre. Les Jésuites voulaient en être les médiateurs, pour que, le jour où l'atmosphère politique s'étant éclaircie enfin et laissant le regard interroger librement la face renouvelée de l'Europe, ils pussent placer à côté de la richesse et de l'importance souveraines qu'on leur avait laissé prendre, le grand bienfait de la paix. Les Jésuites donc essayèrent alors de réunir les peuples et les rois que les discordes politiques et religieuses séparaient. Leurs Pères Possevin, Tolet, Canisius et autres diplomates en robe noire, cherchèrent à faire marcher ensemble les princes et les peuples, catholiques et protestants, dans une croisade contre les Turcs, ennemis communs.

Mais, comme si les fils de Loyola étaient fatalement impuissants pour toute autre chose que pour le mal, leurs efforts, qui étaient peut-être sincères, parce qu'ils étaient dictés par leurs intérêts, ne purent venir à bout de nouer complétement le puissant et vaste lien qui pouvait réunir le faisceau divisé des nations européennes. Pour réunir dans une étreinte amicale et bénie des mains de frères depuis longtemps levées les unes contre les autres, Dieu veut des mains plus pures que celles des fils de saint Ignace !

D'ailleurs, les rois comme les peuples commençaient dès lors à se défier grandement des Révérends Pères; et la papauté elle-même, revenue de la terreur que lui avait causée la Réforme, cette grande tempête dans laquelle la nef pontificale s'était crue engloutie et qui avait fait surgir comme une écume la Société de Jésus sur la surface de l'Europe, mer longtemps agitée et bouillante; la papauté, disons-nous, avait appris à redouter le Jésuitisme, qu'elle avait plusieurs fois déjà essayé, mais vainement, de brider avec la courroie que les autres Ordres monastiques portent au cou pour traîner le char de saint Pierre, sans que chacun d'eux, bien entendu, oublie sa brouette particulière. Paul IV, et après lui Pie V, voulurent que les membres de la Société de Jésus fussent assujettis aux prières en commun et aux offices du chœur. Ces pontifes exigeaient également que la Compagnie abolît la clause monstrueuse de ses Constitutions, qui lie le Jésuite à son Institut, sans engager le second envers le premier. Il nous semble que ces exigences étaient bien modérées; les fils de Loyola déclarèrent pourtant fièrement au Saint-Père qu'ils ne les subiraient jamais. Quelques-unes des raisons qu'ils alléguèrent et que nous trouvons dans le Mémoire présenté à cet effet au pape Pie V par le Général de la Société, François de Borgia, *cette bête de somme* de la Compagnie, comme il se nomma lui-même, nous ont paru assez singulières pour que nous les transcrivions ici : « Cette réforme, » disait le Mémoire, « peut faire concevoir de la Compagnie une idée moins favorable..... D'ailleurs, Dieu ayant révélé à chaque fondateur d'un Ordre religieux le genre de vie qu'il voulait voir suivre par cet Ordre, il s'ensuit que le pape ne peut pas changer les règles établies par saint Ignace. » Ceci n'était pas dit aussi franchement; mais on le devinait à travers un voile assez léger. « D'ailleurs, » ajoutait le Mémoire, et c'est ce qui nous semble le plus curieux, « d'ailleurs nous sommes hommes ; et l'on ne peut mettre en doute qu'il n'y ait dans notre Société des religieux qui n'y fussent jamais entrés s'ils eussent prévu qu'on y serait un jour obligé au chœur, *exercice* pour lequel ils n'ont aucune inclination ! ».…. Voici donc les Jésuites qui avouent que parmi eux il y a des individus qui ne se soucient pas de chanter les louanges de Dieu !... ce qu'ils appellent un *exercice !...* Et de quoi donc se soucient ces étranges religieux ? Nous le savons !

Pie V tint bon pendant quelque temps ; il voulait probablement que les Jésuites devinssent les humbles confrères des Cordeliers et des Augustins. La Compagnie, de son côté, se défendit vaillamment et habilement. D'ailleurs, Lainez avait su faire reconnaître son Institut par le concile de Trente ; et, au besoin, on insinuait, on se montrait prêt à rappeler que le concile est supérieur au pape. Pie V, obligé de diminuer ses prétentions, demandait aux Jésuites qu'ils chantassent aussi vite qu'ils voulussent, mais qu'ils chantassent au chœur comme les autres religieux. Il voulait leur persuader que cela était dans leurs intérêts. « Ne faut-il pas, » disait-il à François de Borgia, Général de nom, et à Polanque, Général de fait, « que vous ayez un instant, au milieu de vos préoccupations mondaines, pour les pensées célestes ? *Sans cela, vous ressemblez aux ramoneurs qui, en nettoyant les cheminées, se salissent de toute la suie qu'ils retirent !...* »

Mais les ramoneurs spirituels tenaient, à ce qu'il paraît, à se salir à leur aise et dévotion. Après avoir diminué encore ses prétentions, après avoir exempté les colléges des Jésuites des offices en commun, après avoir demandé que deux Pères profès seulement y assistassent, Pie V fut enfin obligé de céder. Ce pontife avait aussi voulu détruire les *coadjuteurs spirituels*, en ordonnant que les Pères profès *des quatre vœux* fussent seuls admis à la prêtrise. Il lui fallut encore, sur ce point, recevoir la loi de la Compagnie.

Quelques autres défaites avaient encore humilié l'orgueil des papes, qui commençaient à redouter et à détester d'autant plus la Compagnie de Jésus, que les successeurs de saint Pierre voyaient clairement désormais que ceux qu'ils avaient pris pour d'utiles auxiliaires, étaient devenus des alliés exigeants, et qu'ils pouvaient devenir des maîtres redoutables.

Ce fut peut-être par une vengeance d'Italien que Pie V fit partir pour l'Espagne avec un légat *à latere*, envoyé vers Philippe II, François de Borgia, qui s'excusa vainement sur une maladie dangereuse et qui, aggravée par les fatigues du voyage, emporta en effet la malheureuse bête de somme des Jésuites, à laquelle cette mort donnait de nouveaux droits à ce titre.

Paul V fut également obligé d'abandonner ses projets de réforme de la Société, devant l'attitude menaçante qu'elle prit contre ce pape. Quelques années plus tard, en 1602, Clément VIII paraissant prêt à condamner Molina, les Jésuites arrêtèrent la condamnation en faisant soutenir des thèses dans l'université d'Alcala sur cette question étrange, où le pape vit une menace de révolte pour le moins : « Il n'est pas de foi de croire que tel qui occupe la chaire de saint Pierre soit réellement pape. » Plus tard encore, Innocent XI, pontife vertueux et bon, ayant osé censurer leur morale, ils firent en certains lieux des prières pour le pape *devenu janséniste*. Nous avons dit dans notre premier volume combien de fois, dans les missions étrangères, ils désobéirent au souverain pontife et malmenèrent ses légats.

On comprend que les Jésuites, ne respectant pas les décisions du pape quand sa volonté se trouvait en opposition avec leurs intérêts, devaient peu ménager au besoin les évêques et les cardinaux. La conduite qu'ils tinrent à Milan à l'égard de saint Charles Borromée, archevêque de cette ville, contribua beaucoup à éclairer les peuples. Ce prélat n'ayant pas voulu céder à des prétentions plus ou moins injustes du gouverneur du Milanais pour le roi d'Espagne, une persécution s'ensuivit pour Saint Charles Borromée. Or, l'homme qui donna publiquement et du haut d'une chaire religieuse le signal de cette persécution contre un prince de l'Église, un saint, un vertueux prélat, fut un Jésuite, le Père Mazarini. Et pourtant, l'archevêque de Milan avait comblé de faveurs les Révérends Pères. Il les avait appelés dans son diocèse, il leur avait donné la direction de son séminaire, il avait même pris un Jésuite pour confesseur ; il pensait encore, au dire d'écrivains de la Compagnie, à mettre les Jésuites en possession des établissements que les Humiliés avaient dans son diocèse. Tant de bienfaits, sans parler de la simple équité et des règles de la subordination ecclésiastique, eussent dû empêcher les Révérends Pères de prendre parti pour le gouverneur du Milanais contre l'archevêque de Milan. Mais la subordination, l'équité, la reconnaissance sont choses bonnes pour les niais, et les Jésuites sont de si habiles gens! Le gouverneur était, à leurs yeux, un personnage bien autrement à ménager que l'archevêque. N'était-ce pas le représentant de Philippe II, du patron de leur Compagnie? Le Jésuite Mazarini se déchaîna donc contre saint Charles, et cela dans la chaire d'une église que les Jésuites tenaient de la munificence du cardinal! Fût-on dix fois saint, on serait ému à la vue d'une aussi détestable ingratitude. L'archevêque de Milan fut donc fortement indigné de la conduite des Jésuites. Cette conduite, on en a donné une explication en disant que saint Charles Borromée, sur la clameur publique qui chargeait de désordres affreux les Jésuites directeurs du collége de Bréda, avait osé sanctionner l'accusation en ôtant le collége aux Révérends Pères, qui n'étaient pas hommes à supporter tranquillement un pareil coup, l'eussent-ils cent fois mérité. Les défenseurs de la Compagnie se sont souvent efforcés de contredire cette explication, qui, en motivant la conduite du Père Mazarini, chargerait un grand nombre de ses confrères. Les adversaires de la noire cohorte ont maintenu leur accusation, qui semble s'appuyer sur une base assez solide. En admettant qu'elle fût exagérée ou même complétement fausse, les Jésuites n'en restent que davantage sous le poids de la réprobation que doit inspirer la conduite qu'ils tinrent envers saint Charles Borromée. Or, si on se souvient du peu de liberté individuelle laissée aux membres de la Compagnie, dont chacun agit d'après une impulsion venant de la direction suprême, on se dira que la guerre déclarée au cardinal par le Père Mazarini et par quelques-uns de ses confrères dut être l'exécution d'un ordre, et non l'expression d'un caprice.

N'oublions pas de mentionner ici que le despotique Aquaviva était alors Provincial d'Italie. Cependant, le scandale ayant été extrême et paraissant devoir nuire à la Société, celle-ci sacrifia le Père Mazarini, le désavoua, l'interdit de la prédication pour deux ans, et l'envoya porter des excuses aux genoux de l'archevêque de Milan. Le cardinal Borromée se montra désarmé par cette comédie, « et, assurent les défenseurs de saint Ignace, il n'eût pas mieux demandé que de conserver aux Jésuites la direction des établissements qu'il leur avait confiée ; ce furent les Révérends Pères eux-mêmes qui refusèrent. » Le successeur et neveu de saint Charles, cardinal comme son oncle, mais non pas saint comme lui, et sans doute, à cause de cela, moins disposé à pardonner une injure, vengea les injures faites au prélat qu'il remplaçait : il ôta aux Jésuites le gouvernement de tous les établissements qu'ils dirigeaient dans son diocèse, et défendit même à tout individu qui aspirait à la prêtrise d'étudier dans un collége de Jésuites, sous peine de se voir refuser les ordres sacrés.

On comprend que de pareils actes devaient édifier les peuples sur le véritable caractère des Révérends Pères. Mais, ce qui acheva, à cette époque, de les faire connaître dans toute leur terrible et laide réalité, ce fut la part qu'ils prirent à un événement qui vint alors remuer la Péninsule, et qui eut du retentissement par toute l'Europe.

On a vu que ce fut un roi de Portugal, Jean III, qui, le premier des souverains de l'Europe, accueillit et établit dans ses états la naissante Compagnie de Jésus. Nous allons dire maintenant comment la noire cohorte remercia le Portugal de son hospitalité.

Jean III, ce constant protecteur de la Société de Jésus, était mort en 1557, ne laissant pour héritier de sa couronne qu'un enfant au berceau ; cet enfant fut dom Sébastien. Les Jésuites, déjà puissants, le deviennent davantage encore sous une régence dont ils sont les véritables chefs : le régent, le cardinal Henri, grand-oncle du roi mineur, se laissant gouverner complétement par les Révérends Pères. Chargés de l'éducation de dom Sébastien, les Jésuites tâchèrent de s'en faire un ami, et ils y réussirent d'abord. Mais Sébastien, couronné roi, se défie un jour ou se dégoûte de ses noirs précepteurs et conseillers, et il les chasse de sa cour. On a dit que les Jésuites, dans un but qu'on devine, avaient inspiré à leur élève l'horreur du mariage et même des femmes. En admettant avec bien des écrivains que les bons Pères fussent dès lors dans les intérêts de Philippe, on comprend facilement qu'ils se soient opposés à un mariage qui détruisait complétement les espérances que le roi d'Espagne avait de voir le Portugal courbé un jour sous son sceptre. Nous croyons plus probable que les Jésuites du Portugal n'embrassèrent le parti de Philippe II que lorsqu'ils furent tombés en disgrâce auprès de don Sébastien. Alors les bons Pères durent songer aux moyens de conserver leurs richesses et leur importance, que cette disgrâce compromettait fortement. Le moyen, dit-on, qu'ils employèrent pour cela, fut de pousser le jeune roi à porter la guerre en Afrique, à la tête d'une armée fort mal composée. Les défenseurs des enfants de Loyola nient que les Jésuites aient jamais conseillé cette imprudente résolution à dom Sébastien. Cependant ils ne peuvent nier que les Jésuites qui entouraient l'enfance de l'infortuné monarque portugais ne lui répétassent journellement « qu'un roi est obligé de faire servir sa puissance à étendre la religion catholique, apostolique et romaine, et que c'était dans cette intention que Dieu l'avait placé sur le trône, » etc., etc. (1). D'un autre côté, le jeune prince, né avec un caractère ardent, aventureux, ami des grandes choses, se montra jaloux de ceindre la couronne de célébrité qui avait orné le front de quelques-uns de ses aïeux. Les circonstances semblèrent vouloir exciter sa soif de gloire, et il crut y trouver le moyen de la satisfaire. Un empereur du Maroc, détrôné, vint à Lisbonne implorer la protection de dom Sébastien. Sur-le-champ le jeune roi croit voir là une manifestation de la volonté divine qui lui commande d'aller porter l'Evangile sur le sol africain. Le roi d'Espagne, qu'il sollicita de se joindre à lui pour partager les hasards et la gloire de cette grande entreprise, encouragea Sébastien à l'entreprendre, lui promit des secours de toute sorte, mais se garda bien de lui en envoyer aucun.

Dom Sébastien frappa sur le peuple et le clergé des impôts destinés à mettre une armée sur pied. La noblesse, qui était contraire à cette guerre, se refusa formellement à fournir les fonds. Le clergé se laissa taxer, suivant De Thou, parce que le pape avait adopté les plans du

(1) L'abbé Vertot, *Révolutions du Portugal*, etc.

roi de Portugal, auquel il ouvrit même les trésors de l'Eglise, chose à remarquer. Le Saint-Père publia même une croisade contre les Africains ; ce qui fait venir à la pensée que les Jésuites ne se montrèrent pas si fort contraires à la guerre projetée par don Sébastien, comme ils le prétendent, et que si ce prince leur retira alors sa confiance, c'est qu'ils l'avaient perdue pour autre chose que pour cela. D'ailleurs les Jésuites, presque à la même époque, ainsi qu'on vient de le voir, poussaient la plupart des souverains de l'Europe à entrer dans une ligue contre les Turcs.

Quoi qu'il en soit, à la fin juin 1578, dom Sébastien fit voile vers les côtes de l'Afrique. Il avait une flotte composée de cinq galères, de cinquante gros vaisseaux et de près de neuf cents bateaux plats. Son armée, outre les pionniers, artilleurs, et les volontaires, ces derniers, tous gentilshommes, était forte d'environ dix mille hommes. Des officiers espagnols, qui furent du reste ensuite cassés par leur souverain, avaient amené mille soldats environ. Chose singulière, ce fut un hérétique, le prince d'Orange, qui envoya le plus fort secours au monarque portugais partant pour une croisade contre les infidèles. Un des capitaines du Taciturne avait amené trois mille Allemands assez bien disciplinés. C'était à peu près l'élite de l'armée portugaise, formée en grande partie d'hommes étrangers à la guerre, et qu'un certain moine nommé frère Juan de Gama, suivant De Thou, s'était chargé de transformer en soldats.

Dom Sébastien débarqua à Arzilla et s'avança de cet endroit vers Alcaçar, où il reçut le casque et la cotte d'armes qu'avait portés Charles-Quint lorsqu'il entra triomphant à Tunis. Ce fut tout ce que dom Sébastien reçut de Philippe II ; mais il regardait comme préférable à toute autre chose ce présent du rusé Espagnol, qui chatouillait délicieusement son orgueil, et qui, comme Philippe l'avait sans doute prévu, semblait l'encourager à marcher en avant. L'armée marocaine paraissant vouloir éviter le combat, l'impétueux Sébastien se lança à sa poursuite.

Le lundi, quatrième jour du mois d'août, les chrétiens et les mahométans en vinrent aux mains. La victoire ne fut pas un instant

La mort de Don Sebastien.

douteuse. Enveloppée par les impétueuses nuées des cavaliers africains, l'armée de dom Sébastien, composée d'éléments divers, de soldats sans confiance dans leurs officiers, et de chefs sans autorité sur leurs troupes, fut presque entièrement taillée en pièces. L'aile droite seule se défendit bravement. Là était dom Sébastien ; le malheureux prince reconnaissant trop tard sa faute, mais résolu à l'expier par sa mort, se conduisit comme un lion traqué par les chasseurs. Resté seul, il combattit encore non pour vaincre, mais pour mourir glorieusement. En vain les Africains lui criaient-ils de se rendre, il ne répondait que par des coups d'épée terribles, et défiait les infidèles. Ceux-ci, qui voulaient le prendre vivant, attendirent qu'il pût à peine lever les bras; alors, fondant sur lui, ils s'en emparèrent. L'ambition d'offrir au monarque marocain son ennemi enchaîné, qui s'empara alors de tous ceux qui avaient des prétentions à la capture du roi portugais, épargna à dom Sébastien la honte de se voir captif. Comme ceux qui l'avaient pris se disputaient leur proie et allaient même décider la question par la voie des armes, un d'eux mit fin aux débats en abattant d'un coup de cimeterre la tête de l'infortuné roi de Portugal, dont le cadavre fut à l'instant percé de mille coups. Un seul officier portugais fut témoin de la mort de son prince, mort à laquelle le Portugal ne voulut pas croire pendant bien longtemps. On disait que dom Sébastien était prisonnier des Africains, et qu'il reparaîtrait un jour. Plus d'une voix poétique chanta alors le *roi caché*, dont le retour était prédit comme la fin des malheurs du Portugal.

S'il n'est pas bien prouvé que ce sont les Jésuites qui poussèrent dom Sébastien à cette fatale entreprise, il nous semble démontré que ce furent eux du moins qui poussèrent sous la griffe du vieux tigre espagnol le Portugal, cette proie depuis longtemps convoitée.

Le cardinal Henri, vieillard octogénaire, succédait à dom Sébastien, son petit-neveu. Sur l'avis des grands seigneurs portugais, amis de leur patrie, ce fantôme de roi résolut d'obtenir du pape et de la nature une postérité qui se perpétuerait sur le trône. Le roi d'Espagne, qui avait des droits à faire valoir sur ce trône, en cas que dom Henri mourût sans enfants, se hâta de traverser une résolution qui, à la rigueur, pouvait encore avoir son exécution, surtout si la femme choisie par le vieux roi était ambitieuse et habile.

De Thou dit (1) que ce ne fut point à ses ambassadeurs que Philippe II fut redevable de voir dom Henri, le préférer aux autres prétendants à la couronne et surtout à Catherine de Bragance, vers laquelle le cardinal-roi semblait pencher. « On assure, ajoute l'historien que nous citons, qu'il n'y eut que le Jésuite Léon Enriquez, confesseur de Henri, qui lui rendit ce service. » N'oublions pas de dire encore que le roi d'Espagne comptait tellement sur les Jésuites pour arriver à son but, qu'il avait joint à ses ambassadeurs titrés deux diplomates en robe noire, Rodrigue Vasquez et Louis de Molina, tous deux Jésuites célèbres alors, grands casuistes, gens disposés à tout faire pour gagner la faveur du monarque espagnol, comme ils le prouvèrent bien.

On peut faire ici un rapprochement assez curieux. Parmi les prétendants à la succession de dom Henri, on comptait la reine de France, Catherine de Médicis. Ce furent les noirs agents de Philippe II qui se chargèrent d'écarter celle-ci, ce qu'ils firent à grand renfort de calomnies, ayant pour but de faire prendre en haine par les Portugais non-seulement Catherine de Médicis, mais encore la nation française tout entière. Les agents de Philippe au Portugal allaient criant que la reine de France avait volé, du temps d'Henri II, son mari, les diamants de dom Francisco de Pereyra, ambassadeur espagnol, et que ses sujets avaient fait pis maintes fois à l'égard des vaisseaux portugais dans les Indes. Ainsi, tandis que les enfants de Loyola se tenaient humblement en France sous le manteau royal ensanglanté de Catherine, au Portugal ils le couvraient de boue insolemment : les Révérends Pères ont bien des fois joué ce même rôle double.

Les Jésuites ont fait observer avec un ton de triomphe « que ce ne fut pas un des leurs, mais bien un Dominicain, que Philippe II chargea de faire oublier au cardinal-roi l'idée qui pouvait devenir fatale pour les projets ambitieux du despote espagnol. » Ceci est vrai ; mais il faut

---

(1) *Histoire universelle*, livre LXIX.

surtout en conclure que les Jésuites, sur lesquels le peuple rejetait une partie des malheurs qui venaient de le frapper, n'osaient se mettre trop en évidence, et n'étaient pas fâchés de rejeter le fardeau sur les épaules de leurs rivaux. Nous n'en regardons pas moins comme vrai qu'ils contribuèrent puissamment à enchaîner la volonté à demi imbécile de dom Henri, qui mourut bientôt sans avoir désigné son héritier. Son confesseur, qui était Jésuite, avait vainement essayé de lui faire écrire un testament en faveur de Philippe II, au préjudice des princes de la maison de Bragance, héritiers légitimes de la couronne, mais en qui les Jésuites se disaient qu'ils auraient des ennemis irréconciliables, tandis que Philippe II était un ami nécessaire. N'oublions pas encore que dom Henri se montra hostile envers tous ceux qui avaient contribué à la disgrâce des Jésuites sous le règne précédent.

Aussitôt que dom Henri eut rendu le dernier soupir, Philippe II envoya en Portugal le sanguinaire duc d'Albe à la tête d'une armée nombreuse, dont les armes prouvèrent la légitimité des prétentions de leur maître au trône portugais. Cependant ce ne fut pas sans combat que le Portugal fut englouti par l'Espagne. Le clergé portugais, nous le dirons à sa louange, se montra disposé à tout souffrir pour rester fidèle à la légitimité opprimée. Le digne lieutenant de Philippe II fit tomber les têtes qui ne voulaient pas s'incliner devant les droits du plus fort. Le Portugal une fois conquis, le dévot monarque espagnol se fit expédier, par le pape, qui l'accorda, une bulle d'absolution pour la mort de quelques milliers de prêtres et de religieux massacrés parce qu'ils avaient osé ne pas reconnaître ses droits. A l'instant d'envahir le Portugal, Philippe II, suivant De Thou (1), avait soumis à ses grands amis, les théologiens d'Alcala, aux Jésuites et aux Cordeliers, ce cas de conscience pour se réjouir, dit l'historien français : « Si, étant convaincue de ses droits, sa majesté catholique est obligée en conscience de se soumettre à quelque tribunal ? » « Non, » répondirent les complaisants docteurs casuistes avec une touchante unanimité ! Et

---

(1) Voyez l'*Histoire universelle*, livre LXIX. Il est bon de remarquer que De Thou se montre fort indulgent pour les Jésuites dans la partie de son histoire ayant trait à dom Sébastien.

cependant le tribunal, auquel Philippe faisait allusion, était celui du pape, qui prétendait avoir le droit de décider sur les diverses prétentions au trône de Portugal!

Philippe demandait aussi à ses conseillers pieux « si les Portugais, refusant de le reconnaître, jusqu'à ce qu'à ce que ses droits eussent été reconnus supérieurs à ceux des autres prétendants, il pouvait cependant passer outre, et saisir la couronne lusitanienne, au préalable. »

On comprend que le doute ironique du roi d'Espagne fut bien vite dissipé.

Les Jésuites, nous le croyons avec une foule d'écrivains, ont donc contribué de toutes manières à l'asservissement du pays qui les avait magnifiquement accueillis. Le Portugal, envahi par les Espagnols, en 1580, et devenu bientôt une simple province de leur vaste monarchie, ne reconquit son indépendance qu'en 1640. Les fers qu'ils portèrent pendant toute cette longue période de servitude, les Portugais crurent si bien qu'ils les devaient aux Jésuites, qu'aussitôt qu'ils remontèrent au rang de nation, ils se montrèrent disposés à aider tous les efforts qui se faisaient pour délivrer le monde du noir vautour, aux serres duquel ils attribuaient les blessures à peine cicatrisées de leur patrie. Nous les verrons en effet des premiers sur la brèche, dans le grand et suprême assaut que le XVIIIe siècle livra à l'affreuse forteresse du Jésuitisme. Et le combat à outrance qu'un ministre portugais, le marquis de Pombal, livra aux Révérends Pères, n'est pas l'épisode le moins curieux de l'histoire du Jésuitisme.

A une autre extrémité de l'Europe, les Révérends Pères essayaient de jouer un rôle différent en apparence, mais tout à fait identique au fond. La Russie venait d'être le théâtre de scènes sanglantes, à la suite desquelles l'héritier du trône avait été tué. Un aventurier entreprenant et audacieux se présente alors, et, profitant du voile mystérieux qui couvre la tombe du fils de Jean Basilide et de l'affection que les Moscovites conservent pour lui, il se présente hardiment comme le véritable Démétrius. Les Jésuites, tout-puissants en Pologne, et désireux de s'ouvrir le chemin de la Russie, résolurent d'appuyer les prétentions de l'imposteur, qui plus tard devait les payer richement de leur concours. A la suite d'un contrat d'alliance, les Jésuites se déclarent en faveur du faux Démétrius; ils lui obtiennent la protection de Sigismond et même celle du pape. Grâce à eux, l'imposteur peut lever une armée et rentrer en Russie, où, après une lutte cruelle, l'usurpateur Boritz est tué, et le faux Démétrius proclamé grand-duc à sa place. Ce fut un Jésuite qui consacra le nouveau souverain. Celui-ci n'eut pas le temps de reconnaître combien est lourd le fardeau de reconnaissance qu'on accepte à l'égard des Jésuites. Il avait à peine eu le temps d'installer ses noirs alliés dans une riche maison de Moscou, lorsqu'il fut tué peu de temps après son intronisation. Les Polonais qui l'avaient aidé à conquérir la couronne furent en partie massacrés; le reste sortit de la Moscovie avec les Jésuites, et non sans maudire les intrigues des Révérends Pères qui avaient amené ce résultat.

Dans la Prusse, les Jésuites poussèrent aussi quelques reconnaissances qui n'eurent pas une grande importance. Dantzick et Thorn les virent s'emparer à leur profit d'établissements dont on les força de déguerpir presque aussitôt.

Vers la fin du XVIe siècle, c'est-à-dire après un demi-siècle environ d'existence, le Jésuitisme était une puissance réelle, mais puissance déjà détestée autant que redoutable. Elle avait fait sentir son action sur toute l'Europe; elle s'était établie victorieusement sur plusieurs points de cette partie du monde; et l'Asie, l'Afrique, les deux Amériques, le reste du monde enfin, voyaient ses pieux soldats, ses habiles colons, ses infatigables missionnaires planter sur leurs rivages sa bannière triomphante. Nous l'avons dit : les Jésuites semblèrent alors disposés à prêcher la paix entre les rois et entre les peuples... Il leur fallait organiser et récolter, après avoir conquis et semé! D'ailleurs un nuage sombre passait sur le soleil de leur prospérité.

Sixte-Quint, ce pape qui tenait un peu de Louis XI et du cardinal de Richelieu, manifesta l'intention de rogner les serres et les ailes du grand vautour noir que la détresse des papes avait laissé se percher sur les dernières marches du trône pontifical et qui maintenant planait sur lui. Les dominicains, jaloux de la faveur que les Jésuites obtenaient de Philippe II, on sait à quel prix, avaient fait citer leurs rivaux devant le redoutable tribunal de l'Inquisition, sur la dénonciation même d'un Jésuite. Sixte-Quint évoque l'affaire et semble décidé à réformer, c'est-à-dire à anéantir la Société de Jésus. Ne serait-ce pas la détruire, en effet, que de la contraindre à n'être plus qu'un simple Ordre religieux, que de forcer ses membres à devenir de pieux et modestes moines, chantant les louanges du Seigneur dans la calme obscurité de leurs cloîtres, et ne s'occupant plus de la terre que pour y faire descendre la paix, don du ciel? Sixte-Quint osa prétendre que les Jésuites ne devaient pas, ou du moins ne devraient plus s'occuper du maniement des affaires publiques et mondaines. On comprend de quelle colère et de quelle indignation durent être saisis les bons Pères devant des prétentions si monstrueuses. Déjà Sixte-Quint, vieillard à la tête de fer, préludait à la réforme de la Compagnie de Jésus en supprimant ce titre, lorsque sa mort débarrassa les Jésuites de leurs craintes. Soit que cette mort fût un enseignement salutaire, soit que les bons Pères, puissants dans le sacré Collège, aient eu le soin de diriger le vol du Saint-Esprit, au-dessus du conclave, sur l'homme de leur choix, le successeur de Sixte-Quint se hâta d'annuler tout ce que celui-ci avait fait à l'encontre des enfants de saint Ignace. Si Sixte-Quint avait eu le temps d'accomplir la réforme de la Société de Jésus, bien des malheurs eussent été épargnés au monde.

Ce fut probablement pour reconquérir leur influence sur les successeurs de Sixte-Quint que les Jésuites s'exposèrent à la proscription qui les frappa dans la république de Venise. Cette oligarchie jalouse et despotique, mais soigneuse de sa dignité et de son indépendance, avait défendu, par un décret, en 1605, qu'on établit dans ses états aucun couvent ou société religieuse sans sa permission. Le pape Clément VIII avait accepté en silence cette décision attentatoire aux droits que s'est toujours arrogés le Saint-Siège ; le successeur de Clément, Paul V, voulut la faire révoquer ; le Conseil des Dix se refusa à toute modification de l'édit promulgué. Paul V, brusquant les choses dans un moment d'irritation, jette l'interdit sur toute la république. Aussitôt, le sénat vénitien fait défense à tout sujet de la république de tenir compte de l'interdit pontifical, et aux ecclésiastiques d'interrompre la célébration du service divin. La plus grande partie du clergé régulier et tous les ordres religieux obéissent. Les Jésuites seuls déclarent que l'autorité du pape étant supérieure à celle de tout gouvernement, ils observeront l'interdit.

Nous avons dit que déjà les Jésuites avaient eu une querelle avec la république de Venise; d'ailleurs ils ne possédaient presque rien sur son territoire; ils pouvaient donc, sans grand risque, s'exposer à sa colère. Sommés par le sénat de s'expliquer sur la conduite qu'ils ont résolu de tenir, ils se rangent fièrement du côté du pape, et déclarent que, plutôt que de lui désobéir, ils sont prêts à sortir des terres de la sérénissime république.

Venise les prit au mot, plus vite probablement que les Révérends Pères ne s'y étaient attendus. Les Jésuites sortirent un soir de la ville de saint Marc, chacun d'eux portant, dit-on, au cou une hostie consacrée. Leurs confrères quittèrent tous également le sol de la république. Après leur départ, le sénat fit procéder juridiquement contre eux. L'ancienne accusation fut renouvelée. On fit comparaître des témoins, qui accusèrent les Révérends de porter le trouble dans les familles pour y régner. Des fouilles exécutées dans leurs maisons firent, dit-on, découvrir des preuves de l'attention singulière que les religieux de la Société de Jésus accordent aux choses temporelles et politiques. Une condamnation sévère s'ensuivit: la Compagnie de Jésus fut proscrite des terres de la république, et il fut décrété que jamais le gouvernement n'écouterait des propositions d'accommodement. Des mesures plus sévères encore furent prises contre les Jésuites. Il fut défendu par le sénat à toute personne, quelle que fût sa condition, d'entretenir aucune correspondance avec les bons Pères, d'avoir aucun commerce avec eux, cela sous peine d'amende, d'exil ou de galères. On ordonna même à tout sujet de la république ayant un fils ou un pupille dans un collége étranger dirigé par des Jésuites, de l'en faire sortir sur-le-champ.

Paul V fut obligé de céder. Il proposa de lever l'interdit, à condition que le sénat rapporterait l'édit de proscription des Jésuites. Le sénat ne voulut rien accorder à cet égard, et persista opiniâtrement dans sa décision, qu'il soutenait indispensable au repos de la république. Enfin le pape leva l'interdit, et les Jésuites restèrent exilés. Ils ne purent se rouvrir que cinquante ans après le territoire de Venise.

Nous avons dit, dans la quatrième partie de cet ouvrage, que les Jésuites, pour augmenter leur importance, jouèrent en Égypte une comédie qui trompa les papes Grégoire XIII et Sixte-Quint, et dans laquelle ils se donnaient le beau rôle de ramener à l'Église catholique l'Église cophte, séparée de la communion des chrétiens de l'Occident depuis les premières années du règne de l'empereur Dioclétien. On trouve dans De Thou, livre CXIV de son *Histoire universelle*, des preuves que cette prétendue réunion n'était réellement qu'une comédie, jouée par les fils de Loyola au bénéfice de leur Compagnie; mais ils y avaient obtenu un tel succès, qu'ils essayèrent d'en jouer une semblable sur un autre théâtre. Celui qu'ils choisirent, cette fois, fut la Russie. En 1595, le fameux Jésuite Possevin, sorte de chef de la diplomatie voyageuse des Révérends Pères, prétendit avoir réussi à opérer enfin la fusion des Églises grecque et romaine. Clément VIII, qui occupait alors la chaire de saint Pierre, fit dresser de cette réunion des actes qu'on répandit dans tout le monde chrétien, et ordonna des fêtes spéciales à ce grand événement. Malheureusement, le son des cloches annonçant la joie de la catholicité s'était à peine évanoui dans une dernière vibration de triomphe, que l'on apprit que l'Église moscovite était redevenue schismatique comme devant. Mais l'effet était produit: la Société de Jésus était exaltée à la face du monde, le nom de ses fils acquérait l'auréole de la célébrité; c'était probablement tout ce que les bons Pères avaient espéré obtenir de leur élucubration dramatique.

Il paraît que le zèle des fils de Loyola était entièrement réservé aux schismatiques, et que les catholiques n'y avaient aucun droit, pas plus qu'à leur amour. Quelques années avant la prétendue réunion des Églises grecque et cophte à l'Église romaine, les Jésuites, assure-t-on, avaient essayé de faire chasser les Chevaliers de Malte du rocher célèbre que ces derniers défendaient si intrépidement contre les Turcs, et duquel, comme d'un nid d'aigle, ils s'élançaient incessamment pour aller fondre sur les caravelles musulmanes ou sur les rives de l'empire ottoman. Il paraît que Philippe II, qui rêva une monarchie universelle, pensait avec raison que la possession de l'île de Malte était nécessaire à ses projets sur la Méditerranée. Les agents du despote espagnol semèrent si bien la discorde parmi les Hospitaliers, qu'une violente tempête s'éleva bientôt sur ce rocher battu des flots méditerranéens. Le grand-maître, qui était français, il faut qu'on le remarque, se vit disputer son pouvoir et soumis à des insultes, à des violences même. Il fut enfin jeté dans une prison. Mais ceux des Chevaliers de la Nation de France, qui comprennent le but secret où visent les auteurs de ces troubles, en font part à la cour de France; l'indolent Henri III, remué de son apathie ordinaire, se montre disposé à agir avec vigueur en cette circonstance, et fait aussitôt partir un ambassadeur pour Rome. Le pape est sommé par lui d'intervenir dans cette affaire, promptement et efficacement, sinon, les biens appartenant en France à l'Ordre de Malte seront confisqués et donnés à celui des Chevaliers du Saint-Esprit, nouvellement institué. Cette menace aiguillonna le zèle du souverain pontife, qui se montra disposé à faire rendre justice au grand-maître déposé. De Chaste, l'ambassadeur français, s'en fut alors porter à Malte des ordres menaçants de la part de son souverain. Les meneurs, effrayés, se turent et se cachèrent; le grand-maître est tiré de prison et supplié de reprendre son bâton de commandement. Il refuse et vient à Rome, en même temps que celui des Chevaliers de Malte qu'on avait voulu mettre à sa place.

Mais le pape se trouvait fort embarrassé de terminer cette affaire, tiraillé qu'il était entre les demandes publiques du roi de France et les ordres secrets du roi d'Espagne. Les Jésuites, bien entendu, intriguaient de toutes leurs forces en faveur de leur patron, le démon du Midi : un de ces hasards que l'on retrouve fréquemment dans l'histoire de la noire cohorte trancha la difficulté : le grand-maître et son antagoniste moururent tous deux à peu d'intervalle l'un de l'autre.

Les intrigues des Jésuites, en cette occasion, contribuèrent probablement à faire tomber sur eux le coup qui les frappa lorsque le conseil de l'Ordre de Malte les chassa, dans le siècle suivant, de cette île sur une accusation de désordres et de crimes honteux.

La bannière de Loyola fut aussi portée par ses noirs soldats en Bohême, en Transylvanie et jusqu'à Constantinople, pendant la période que nous résumons ici. La Mission de Turquie n'eut jamais une grande importance. Ce fut Henri IV qui la fit établir après qu'il eut rappelé la Compagnie en France. Il cédait en ceci à l'influence qu'avait sur lui le Père Cotton, son confesseur, ou plutôt à un sentiment très-naturel qui lui eût fait trouver fort bon d'envoyer loin de la France tous les docteurs et professeurs, auxquels on devait des élèves et adeptes tels que Barrière et Jean Châtel.

En Transylvanie, les Jésuites furent tour à tour et rapidement admis et proscrits. L'*Image du premier siècle de la Société de Jésus*, ce panégyrique effronté de saint Ignace et de sa noire cohorte, nous apprend gravement (1) que les Turcs se chargèrent plusieurs fois de venger les persécutions que les Transylvains firent souffrir aux bons Pères par d'affreux ravages et de grandes défaites. — En 1606, les Jésuites étaient une dernière fois chassés de ce pays, ainsi que de la Bohême, où ils avaient aidé les empereurs d'Allemagne à arracher, par lambeaux ensanglantés, la nationalité et la liberté de ce peuple.

Vers la même époque, la Compagnie de Jésus était également expulsée de la Hongrie, de la Moravie, de la Silésie, et, malgré la protection des rois de Pologne, de tout le district de Riga en Lithuanie.

Nous trouvons dans l'*Image du premier siècle de la Société de Jésus* un détail à peu près ignoré de l'histoire des bons Pères : c'est que les Jésuites accompagnaient, sous le Généralat de Laynez, les flottes espagnoles qui allaient croiser ou débarquer des troupes sur les côtes de l'Afrique et des Pays-Bas. C'est ce qu'on appelait la MISSION NAVALE. « Cette Mission était fort dangereuse, » dit l'*Imago primi sœculi*; « cependant elle était fort recherchée des nôtres. Elle ne fut

---

(1) *Imago primi sœculi Societatis Jesu*, livre IV, chap. 9.

nulle part complète et constante que pour la Belgique, par les côtes de laquelle on pouvait pénétrer chez les Hollandais. » Comme on le devine, ce fut moins pour réformer les mœurs des marins que pour étendre les conquêtes de leur Société que les Jésuites créèrent leur Mission Navale. Ajoutons, à propos de la Belgique, que, pour maintenir ses enfants dans ce pays, saint Ignace, après sa mort, se mit à y faire des miracles, gravement relatés par l'*Imago primi sæculi*. Saint François Xavier ne voulut pas céder cette part d'honneur à son chef. Dunkerque et plusieurs autres endroits furent également témoins de miracles faits par l'apôtre des Indes, et, en général, comme ceux du fondateur, au profit des femmes, nous le faisons remarquer.

On comprend que, dans cette rapide esquisse de la physionomie générale de la Société de Jésus, pendant les dernières années du xviᵉ siècle et les premières du xviiᵉ, nous avons dû nécessairement passer sur plus d'un détail important. Nous espérons pourtant que nos lecteurs se sont formé une idée à peu près exacte de cette physionomie étrange et terrible, que le pinceau de l'histoire dessine avec du sang, sang de peuple aussi bien que sang de roi, de catholique aussi bien que de protestant.

CHAPITRE IV.

Les Jésuites mis sur l'Échafaud (1).

(DIX-SEPTIÈME SIÈCLE).

Au commencement de l'année 1648, une foule immense et dans laquelle on comptait les citoyens les plus éminents, par leur rang ou par leurs talents, des Provinces-Unies de Hollande, entourait la chaire d'un des principaux temples calvinistes de Leyde. Cette chaire était vide encore à l'instant où nous faisons commencer notre récit ; aussi, l'office divin suivant le rite de Genève étant terminé, le long des voûtes antiques et saintes, roulait un murmure confus et fort mondain, au milieu duquel une oreille attentive pouvait à grand'peine saisir quelques phrases complètes comme celles-ci : « Est-ce donc bien un véritable Jésuite, Herr Vanburg ?» — On l'assure, voisin Duerer. Et c'est certainement un grand triomphe pour notre pays et pour notre foi ! — Hum ! Herr Vanburg, est-ce qu'on le pendra en expiation du meurtre du grand Guillaume de Nassau ? — Chut donc, voisin ! Ne vous ai-je pas dit ?... Mais voici le personnage en question. Par l'âme de Calvin ! les chefs de la ville, du Consistoire et de l'Université l'accompagnent en grand costume !... Quel honneur pour lui !... — Ainsi, on ne le pendra pas, après tout !.....

Cependant, sur l'invitation des hauts personnages composant son

---

(1) Nous donnerons tout-à-l'heure l'explication de ce titre.

escorte, l'individu sur le compte duquel s'échangeaient mille propos à peu près semblables à ceux que nous venons de rapporter, monta dans la chaire, du haut de laquelle il sembla, par un geste, réclamer l'attention de l'assemblée : un grand silence s'établit aussitôt.

L'orateur, qui se préparait à prendre la parole, était un homme grand, maigre, et dont la figure, sans être belle, avait cependant quelque chose de remarquable. Sous un front large, les yeux étincelaient d'un feu rougeâtre et qui semblait jaillir en étincelles vers le but du regard. Cet homme semblait avoir environ quarante ans, quoique la pâleur maladive du visage, les rides nombreuses du front et l'air fatigué de toute la personne pussent paraître en accuser davantage.

Cet individu parut hésiter un instant avant de faire entendre sa voix ; ses premiers mots semblèrent sortir péniblement de ses lèvres serrées, et on vit des gouttes de sueur perler à ses tempes déjà dénudées.

Il parla enfin :

« J'ai nom Pierre Jarrige, dit-il d'une voix sourde et saccadée. Je suis né à Tulle en 1605. Il y a quelques jours à peine, j'étais encore revêtu de la funeste robe noire que j'ai portée pendant vingt-quatre ans, de la robe de Jésuite !..... Oui, j'ai été Jésuite ! Et, en faisant cet aveu, je crains de voir s'entr'ouvrir subitement sous mes pieds le sol que je foule aujourd'hui et que l'Ordre sinistre dont j'ai été membre a couvert d'un sang si précieux. Ombre de Guillaume de Nassau, n'apparais pas ici pour me repousser loin de cette terre hospitalière ! Si, par une fatalité que je déplore, j'ai fait partie de la bande immonde et assassine qui se décore avec une audace si impie du doux nom de Jésus, l'agneau sauveur et sans tache, j'ai été aussi sa victime, et aujourd'hui je suis son accusateur. Puisse la vérité des paroles que je prononce maintenant servir d'expiation au mensonge perpétuel de mes actions d'autrefois ! Qui, mieux que moi, peut élever la voix contre les Jésuites ? J'ai été Jésuite et Profès du quatrième vœu, c'est-à-dire que tout ce que j'avancerai contre l'antre funeste dont j'ai pu m'échapper, et contre les tigres, les renards et les loups qui l'habitent, je l'ai vu, je l'ai entendu, je le sais de science certaine. Je ne parlerai donc que des choses qui se sont passées autour de moi, tout près de moi, et dans la Province même de Guyenne où je résidais.

» Pendant les vingt-quatre ans que j'ai passés dans la Compagnie de Jésus, j'ai été tenté plus d'une fois de me retirer de ce bourbier impur; une fausse honte, des terreurs très-réelles m'en empêchèrent longtemps. Mais enfin, Dieu, qui voulait sans doute que je misse entre moi et les Jésuites un mur plus complet, m'a éclairé de sa divine lumière. J'étais encore couvert de la robe noire, lorsque déjà j'appartenais à la religion réformée. Comme j'étais bien persuadé que ma mort suivrait immédiatement la connaissance de ma conversion, je résolus, Dieu me pardonne cette ruse dont les Jésuites me font si grand crime à cette heure, de ne découvrir le changement qui s'était opéré en moi que lorsque je serais loin des cachots, sous les voûtes desquels la noire Compagnie étouffe les cris de ceux qui désobéissent à ses ordres, ou que révoltent ses actes. Le 25 décembre 1647, je faisais profession de la religion évangélique devant le Consistoire calviniste de La Rochelle. Quelques jours après j'étais en Hollande, en sûreté, parmi des frères, tandis que mes noirs ennemis me brûlaient en effigie sur une place publique de La Rochelle (1).

» Heureux d'avoir recouvré ma liberté, heureux de me voir accueilli comme je l'ai été, heureux surtout de ne plus sentir sur moi, comme une autre tunique empoisonnée du Centaure, la fatale robe noire dont j'étais parvenu à me délivrer, je pensais vivre parmi vous tranquille, ignoré. La rage des Jésuites ne veut pas qu'il en soit ainsi. Leurs chefs lancent l'anathème contre moi; leurs sycophantes vont partout jetant leur bave impure sur mes actions; ma vie même est menacée par eux. C'est une guerre, une guerre à mort désormais déclarée contre moi. Eh bien, qu'il en soit ainsi. Cette guerre, je l'accepte; et voici ma déclaration d'hostilités....... »

A ce moment, l'ex-Jésuite, dont la parole était désormais rapide, la voix forte, l'œil plus étincelant que jamais, frappa fortement sur un manuscrit qu'il avait placé sur le rebord de la chaire.

« Les Jésuites, » continua-t-il alors avec un redoublement d'éner-

---

(1) Ce fait est parfaitement historique.

gie, « m'ont fait monter sur un bûcher, parce que j'avais fui loin de leur antre fatal et souillé. Eh bien, voici que je veux les faire monter sur un échafaud, sur un échafaud du haut duquel la terre entière contemplera leur ignominie. Voici ma réponse aux calomnies de mes ex-confrères. Je la dédie aux chefs du pays qui m'offre son hospitalité généreuse et fraternelle, aux États-Généraux des Provinces-Unies. Et cette réponse, je lui donne pour titre : Les Jésuites mis sur l'Échafaud, *pour plusieurs crimes capitaux par eux commis dans la Province de Guyenne, par le sieur Pierre Jarrige, ci-devant Jésuite, profès du quatrième vœu, et prédicateur* (1).

» Oui, je veux faire de mon livre un échafaud d'ignominie, sur lequel je traînerai à la face du monde les *dangereux Inconnus*, les *Traîtres travestis en Saints*, auxquels j'arracherai leurs masques de comédiens et leurs manteaux d'hypocrisie, afin que chaque peuple, qui voudra être libre et heureux, les vomisse de son sein, en leur disant comme Venise leur a dit lorsqu'elle les chassa : « Allez, n'emportez rien, et ne revenez plus ! » ou que, comme l'Angleterre et la Hollande, il les punisse ainsi que des assassins et des empoisonneurs.

» Citoyens des Provinces-Unies, j'ai surtout écrit ce livre pour vous, comme un payement que je voulais vous offrir pour l'hospitalité que vous m'avez accordée. Mais j'espère qu'il profitera au monde entier. Les droits divin et humain me commandaient d'ailleurs d'élever la voix contre les ennemis de Dieu et des hommes !...

» J'attaque donc les Jésuites dans le pays où je les ai connus ; je les peins tels que je les ai vus dans la province de Guyenne ; je me servirai contre eux des armes qu'eux-mêmes m'ont fournies. La multitude et la variété des crimes dont j'accuse les Jésuites que j'ai connus, fera sans doute penser à l'univers qu'un Ordre dans lequel se trouvent de tels misérables, doit être tenu pour dangereux à l'égal des loups féroces, et, comme tel, chassé et pourchassé en tous lieux. Oh ! je ne vous ménagerai pas, moi, dangereux loups, à la mine d'agneaux ! Eh ! dois-je le faire, quand je vous vois, pour me faire la guerre, recourir

---

(1) Tel est en effet le titre de l'ouvrage que Jarrige publia contre ses anciens confrères les Jésuites.

au fer et à la flamme? Je sais à quoi je m'expose en osant lutter contre vous : j'ai vu naguère la place où tomba le grand Guillaume de Nassau, et je ne me suis pas senti découragé ; loin de là, j'ai cherché sur les marches du palais de Delft les traces du noble sang versé par les Jésuites, et je me suis dit : « Peut-être mon sang coulera-t-il par les mêmes mains ; mais du moins je ne tomberai pas sans m'être vengé, et vengé en confondant ma vengeance dans celle du monde entier, qui battra des mains à l'aspect de l'échafaud sur lequel, ô Jésuites! je vais vous traîner enfin !..... »

» Citoyens des Provinces-Unies, pour qui mourut Guillaume de Nassau ; Anglais, qui avez assisté au supplice des Parry et des Garnet ; France, qui as vu frapper trois fois un de tes rois par le même couteau ; Portugal, qui n'es plus une nation ; peuples de l'Asie et de l'Amérique, qu'on exploite au nom de Jésus ; hommes de tous les pays, de toutes les communions, qui avez senti frémir le sol que vous habitez par ces commotions souterraines, infernales, qui dénoncent la présence fatale des Jésuites, écoutez, regardez, applaudissez : voici donc les JÉSUITES SUR L'ÉCHAFAUD!!.. (1) »

A ces mots, l'ex-profès de la Compagnie de Jésus, ouvrant enfin le manuscrit dont il n'avait encore donné que le titre à la foule impatiente, se prit à lire d'une voix haute, lente et qui avait une expression terrible, l'acte d'accusation formulé par lui contre ses ex-confrères.

Nous ne voulons ni ne pouvons placer ici les accusations du Jésuite Pierre Jarrige, qui, dans l'édition de 1677, publiée sans nom d'imprimeur et sans indication du lieu de l'impression, en format très-petit in-12, n'occupent pas moins de cent vingt-huit pages, non comprises la dédicace et une *Réponse* au Jésuite Beaufés, qui s'était fait l'exécuteur public de l'individu assez hardi pour renier ses noirs confrères et se soustraire à leurs châtiments. Quelques-unes de ces accusations, d'ailleurs, demanderaient, pour qu'on pût les formuler, un

(1) Tout ce qu'on vient de lire se retrouve dans la dédicace placée par Jarrige à la tête de son ouvrage dédié *aux très-hauts et très-puissants seigneurs*, *les États-Généraux des Provinces-Unies*, ou dans le livre même.

huis-clos rigoureux; car elles ont trait à des vices honteux, à des crimes infâmes dont le nom seul peut souiller, dont le nom n'existe même pas!.... Cependant, le livre de Jarrige a fait, lors de son apparition, un bruit tel, que nous nous décidons à en faire, pour nos lecteurs, l'analyse la plus chaste qu'il nous sera possible.

Ce livre est divisé en douze chapitres ou discours; les titres seuls de ces douze parties, dont nous allons donner l'énonciation et le résumé, feront comprendre la difficulté qu'il y aurait à donner une analyse complète de l'œuvre de Pierre Jarrige.

La chapitre 1er, qui n'est guère qu'une introduction, est consacré à démontrer que *la coutume des Jésuites est d'attaquer toujours ceux desquels ils peuvent avoir une juste appréhension qu'ils révèlent leurs crimes*. Le chapitre II contient les *crimes de lèse-majesté commis par les Jésuites*. Après avoir rappelé les divers attentats commis par ses ex-confrères contre la vie des princes et des rois, que nous avons déjà rapportés, Pierre Jarrige en mentionne plusieurs autres, et s'applique à démontrer que c'est surtout envers les souverains de la France que les enfants de Loyola se sont montrés constamment hostiles. Ainsi, il affirme que les armées de Louis XIII ayant essuyé une défaite sur les frontières de Picardie, tandis que tout le reste de la France était plongé dans la douleur, les Jésuites seuls en témoignèrent de la joie. « Dans le Collége de Bordeaux où j'étais, » dit Jarrige, « la joie en fut si grande, qu'une dizaine de Jésuites ayant transporté, secrètement et sans bruit, les balais de leurs chambres et quelques fagots sur la voûte du clocher de leur église, y firent un feu de joie et y chantèrent un *Te Deum*, avec les victoires de l'Empereur et de l'Espagnol par la lecture de poésies qu'ils avaient composées à la louange de leur valeur et de leurs exploits. Le bruit s'étant répandu sourdement dans la Maison que l'excès de joie avait transporté quelques-uns à ce degré d'insolence, le Recteur, qui le sut, dissimula, et le Provincial, qui en fut averti, pria le bon Français qui l'avait informé de ne pas faire éclater cette affaire... Or, se taire n'est-ce pas consentir?... »

D'après Jarrige, ce Recteur du Collége de Bordeaux, homme doux et craintif, aurait souffert les excès de ses subordonnés par faiblesse seulement. Il en donne la preuve en disant, plus bas, que «regardant, un jour, dans la chambre de ce même Recteur une carte des Pays-Bas, autour de laquelle on avait gravé les portraits des divers princes qui avaient gouverné ces provinces, et voyant qu'on avait effacé celui du duc d'Alençon, il avait témoigné son indignation au Recteur, qui lui avait répondu en levant les épaules : « Que voulez-vous ! nos gens ne peuvent pas supporter les images des princes français ! » « Et qu'on fasse bien attention, » ajoute Jarrige, « que Louis XIII, à lui seul, a donné plus d'un million à ces gens-là !... »

Un Jésuite allemand, qui était venu à Fontenay-le-Comte avec le Prédicateur de sa Compagnie, ayant entendu, dans un banquet, quelqu'un parler des grands desseins qu'avait eus Henri IV, et qui pouvaient changer toute la face de l'Europe : « La grâce de Dieu et le soin des gens de bien y a mis bon ordre, » osa dire ce Jésuite, d'après Jarrige.

Mais voici une révélation curieuse et dont la vérité pouvait être bien facilement démontrée, ou la fausseté reconnue : Les Jésuites, comme les religieux des divers autres Ordres, avaient une prière quotidienne pour le roi du pays où ils habitaient. Dans cette prière on suppliait Dieu de rendre le roi vainqueur *de ses vices et de ses ennemis*. « Eh bien, » disait Pierre Jarrige, « qu'on tâche de se trouver à huit heures dans une de nos Maisons, ou plutôt qu'on demande les cahiers sur lesquels cette prière est écrite, et l'on verra que les Jésuites ne demandent plus à Dieu que le roi, le roi de France, soit vainqueur de ses ennemis ! Et cela se conçoit : l'ennemi constant de la France, n'est-ce pas le protecteur et patron constant des Jésuites, le roi d'Espagne ? Ce fut un Provincial (Jarrige le nomme Pitard) qui fit supprimer la phrase en question dans la prière du soir, et qui la fit effacer sur les cahiers. »

Jarrige nous apprend encore, dans le même chapitre, que les Jésuites supportaient impatiemment le joug impérieux que le cardinal de Richelieu fit peser sur leurs têtes. Car ce grand et terrible ministre fut loin d'être aimé des Révérends Pères, ainsi que nous le dirons.

Le chapitre III du livre de P. Jarrige révèle les *usurpations et antidates* (faux) *commises par les Jésuites*. Suivant l'écrivain que nous analysons, les crimes de ce genre sont en grand nombre à sa connaissance. Il se contente d'en citer deux exemples, qu'il a escortés d'arguments et de preuves qu'il défie qu'on détruise. « Les Jésuites, » dit-il, « sont devenus possesseurs du prieuré de St-Macaire-sur-Garonne, en un temps auquel il ne valait que cinq écus de revenu ; ils ont cherché tant d'inventions à l'augmenter, qu'aujourd'hui il vaut douze mille livres de bonne rente : prenez garde s'il n'a pas fallu saccager des maisons et ruiner des familles pour le porter si haut ! » Et, pour démontrer ce qu'il avance, Jarrige invoque le code ou la charte des terres de ce bénéfice. Il affirme que tout malheureux tenancier qui n'a pas un titre de son bien (chose fréquente alors), est sûr de se voir attaqué et dépouillé. Jarrige, dans le second exemple qu'il cite, affirme, en invoquant les investigations de la justice et les témoignages de plusieurs personnes vivantes, que les Jésuites du Collége de Bordeaux se sont faits faussaires pour s'approprier la terre noble du Tillac, qui appartenait de droit à un gentilhomme bordelais, lequel fut évincé, grâce à l'habileté des Pères Malescot et Sabbatheri, le premier chef, le second procureur de la Province. Un membre de la Compagnie, un vieux prêtre nommé Dubois, eut connaissance du fait et fut assez imprudent pour le laisser voir à son Provincial. Celui-ci se montra disposé à recourir aux voies extrêmes pour forcer le Père Dubois au silence. Ce dernier, se méfiant des intentions de son supérieur, voulut ou répartir le fardeau qu'il supportait seul, ou se donner des armes contre les mauvais desseins de son Provincial. Il fit donc cacher dans sa chambre, un jour, trois prêtres considérés ; et, alors, il fit prier un certain Rivière, à cette époque Écolier du collége des Jésuites, et depuis curé dans l'archevêché de Bordeaux, de le venir trouver, puis de lui répéter ce qu'il lui avait dit déjà sur les manœuvres frauduleuses des Pères Provincial et Procureur. Ce Rivière se croyant seul avec un homme en qui il avait confiance entière, renouvela sa confidence. Néanmoins, il pria le Père Dubois de garder le silence là-dessus, « de peur, » dit-il, « que quelqu'un de nous ne soit pendu ! » Fort de ceci, le Père Dubois opposa aux mauvais traitements que son Provincial lui fit essuyer, une dénonciation au Général, qui était alors Mucio Vitelleschi. « On comprend que les chefs de l'Ordre étouffèrent en toute hâte l'affaire, ajoute Jarrige. Le Père Dubois fut nommé Procureur de la maison de Bordeaux, et Malescot quitta la Province. Mais pour aller où? demande l'accusateur des Jésuites; à la roue, au gibet? Oh! non pas; mais simplement au Rectorat de Tournon! Quant à M. Dedie, il ne recouvra point sa terre. Mais qu'il profite de ma déclaration, qu'il fasse citer les témoins que je lui indique, et qui tous, ou presque tous, sont encore vivants, et il obtiendra justice, en faisant condamner les Jésuites comme voleurs et faussaires!..... »

Pierre Jarrige termine son troisième discours en annonçant que plus tard il publiera « comment les Révérends Pères de la soi-disant Compagnie de Jésus prennent occasion, en confessant les concubines des prélats, de s'emparer de l'esprit et des bénéfices de leurs *ruffiens.* » Il cite dès lors, comme exemple, la manière dont le prieuré de Ligugé, dans le diocèse de Poitiers, est venu en la possession des Jésuites.

Le chapitre IV du livre de Pierre Jarrige a pour sommaire cette accusation : *Meurtre des petits enfants trouvés commis par les Jésuites.* C'est là quelque chose d'énorme et qui demanderait, pour être admis, les preuves les plus palpables. Nous devons dire que Pierre Jarrige n'en donne que de vagues. Il accuse les Jésuites de laisser mourir de faim les malheureuses victimes de la débauche ou de la misère; il supplie la ville et le Parlement de Bordeaux de mettre fin à de pareilles horreurs; mais il ne fournit que son témoignage, et, en bonne justice, le témoignage de l'accusateur n'est admis qu'autant qu'il est bien appuyé. Voici du reste ce que dit Jarrige, en résumé :

Il y avait à Bordeaux, dans la grande-rue-des-Fossés, près de l'Hôtel-de-Ville, un hôpital destiné à recevoir et héberger les pèlerins de Saint-Jacques en Galice, ainsi qu'à recueillir et à élever les enfants-trouvés. De riches dotations tenaient à cet hospice. Les Jésuites le demandèrent et l'obtinrent, avec ses charges et bénéfices. Or, Jarrige affirme que, quoique les expositions d'enfants fussent très-communes à Bordeaux, cependant jamais on ne voyait qu'un très-petit nombre de ces innocentes victimes dans l'hospice où la charité publique leur avait consacré un asile. D'où venait ceci ? L'ex-Jésuite répond : De ce que les Jésuites se débarrassaient de leurs fardeaux en les confiant, pour de modiques sommes, à de misérables créatures, à des femmes publiques, qui laissaient mourir de faim, ou par accident, les pauvres petits enfants. Jarrige donne son témoignage là-dessus, comme ayant présidé une fois à l'enterrement d'une de ces infortunées victimes : « Une seule fois, » dit-il ; « car, m'étant aperçu que la mort de l'enfant n'avait pas été naturelle, j'en fis l'observation ; mais il me fut répondu par François Yrat, Recteur du Collége, « que l'on aurait trop à faire ; que d'ailleurs l'enfant était en paradis et ne requérait pas que l'argent du Collége fût employé à venger un forfait qui l'avait tiré de la misère ! » Ces paroles seraient déjà à elles seules une accusation terrible contre les Jésuites, si Jarrige prouvait, par un autre témoignage que le sien, qu'elles ont été réellement prononcées par un des chefs de son Ordre. Jarrige prétendait, il est vrai, que rien n'était plus facile que d'avoir les preuves de la vérité de ce qu'il avançait. « Cela est si aisé, » répète-t-il à plusieurs reprises, « que le seul examen qu'il plaira aux Jurats et magistrats de Bordeaux d'en faire, convaincra les Jésuites d'être ou les meurtriers formellement de ces petits enfants, ou les causes et instruments de leur mort. »

Jarrige affirme que, par contre, les enfants dont les parents fournissaient secrètement de l'argent pour l'entretien des fruits de leurs amours cachées, venaient au contraire fort bien !...

Jarrige fait encore remarquer que les Jésuites avaient obtenu que cet hôpital fût soustrait à la juridiction du Parlement de Bordeaux, et placé sous celle du Parlement de Grenoble. Pourquoi ? L'accusateur des Révérends Pères en donne deux raisons, qui peuvent paraître assez plausibles : l'une est qu'en faisant évoquer les causes à un tribunal si éloigné, ils évitaient d'avoir pour juges des magistrats sous l'œil desquels ils se trouvaient placés ; l'autre, que, de cette façon, les Jésuites de Bordeaux obtenaient, par la crainte des longueurs et des dépenses occasionnées par l'éloignement du tribunal, des sommes d'argent de ceux qu'ils accusaient d'être les parents des enfants exposés. « En sorte, » dit **Jarrige,** « que, d'après l'aveu qui m'en a été fait par le Père Philoleau, qui est chargé de ces affaires depuis que les causes du Collége de Bordeaux sont portées à Grenoble, les Jésuites se font, aujourd'hui, plus d'argent en un an qu'ils n'en faisaient auparavant en vingt ! »

Les chapitres V, VI, VII, VIII, IX et X ont été consacrés par Jarrige à formuler des accusations d'impudicité contre les Jésuites : *Impudicités dans leurs classes* ; *impudicités en leurs visites* ; *vilainies commises dans leurs églises* ; *impudicités dans leurs maisons* ; *impudicités en leurs voyages et aux maisons des champs* ; enfin, *impudicités de Jésuites dans les couvents de nonnains*.

Nous ne pouvons ni ne voulons remuer la boue infâme dans laquelle l'auteur des *Jésuites mis sur l'Échafaud* traîne longuement, impitoyablement ses anciens confrères, qu'il accuse de n'avoir respecté, dans leurs débordements effroyables, ni l'âge, ni même le sexe de leurs victimes. Dans les six chapitres dont nous venons de transcrire les sommaires, Jarrige cite des faits nombreux, des noms propres ; il invoque des témoignages vivants. Il semble en vérité se complaire à la description la plus minutieuse des ébats orduriers auxquels il prétend que ses ex-confrères se livraient dans son Collége, dans sa Province. Seulement, lorsque l'expression est de nature à faire rougir même un mousquetaire, l'ancien Révérend a recours à son latin, dont la crudité surpasse encore celle de sa phrase française !...

Le chapitre XI accuse les Jésuites *de faire de la fausse monnaie* ; mais ces accusations, dont Jarrige offre de fournir la preuve juridique, ne frappent, en tous cas, que sur quelques membres de l'Ordre, dont il donne les noms.

Le chapitre XII, dans lequel Jarrige pouvait donner à son acte d'accusation une ampleur extrême, reproche aux Jésuites leurs *vengeances et ingratitudes*. Là, Jarrige est mal servi par sa haine ; il pouvait trouver là les matériaux non plus d'un chapitre de neuf pages, mais de volumes sans nombre. Jarrige ne donne que quelques traits de l'ingratitude et de la vengeance jésuitiques, alors qu'il pouvait en trouver des milliers. Mais n'oublions pas que l'ex-Jésuite n'avait entrepris de mettre sur son *Échafaud* que les seuls Jésuites de sa Province. Après avoir passé sur les indignités que les bons Pères firent subir, de son temps, à un Primat d'Aquitaine, archevêque de Bordeaux, à un évêque de Bazas, etc.; après les avoir dépeints s'agenouillant aux pieds des évêques, et *ôtant même leurs calottes* pour leur baiser les mains, alors qu'ils se préparent à les calomnier, à les persécuter de toutes manières, Jarrige, précisant ses accusations, rappelle que le duc d'Épernon fut l'ami, le protecteur constant de la Société de Jésus. « Ce fut surtout à ce seigneur, » dit-il, « et toute la France le sait, qu'elle dut son rappel en France, d'où elle avait été bannie après l'attentat de Jean Châtel. Et cependant, lorsque le duc, qui était gouverneur de la Guyenne, eut un grand différend avec l'archevêque de Bordeaux, les Jésuites de cette province non-seulement se déclarèrent pour l'archevêque, prêchèrent l'interdit lancé par le Primat, etc., etc.; mais encore publièrent des libelles diffamatoires contre le Gouverneur, dans l'un desquels ils traitaient le duc d'Épernon de tyran, de persécuteur de l'Église, de Néron cruel, etc., et cela avec tant d'insolence, qu'un prince de l'Église, le cardinal de Lavalette, fit informer contre l'auteur de ce dernier livre, et en fit activement rechercher l'auteur, qui ne put être trouvé. Aujourd'hui, continue Jarrige, je veux que l'on sache quel était cet écrivain : il se nomme Léonard Alemay; c'est un des Pères de la Compagnie; en 1647, il enseignait avec moi l'éloquence à Bordeaux ! Et ce fut par l'ordre de ses supérieurs, et sur les notes et documents qu'ils lui fournirent, que ce Jésuite rédigea son libelle infâme. Qu'on interroge à cet égard les Pères Fontenay et Chabanal, sans parler de plusieurs autres qui en eurent connaissance. Dieu, termine Jarrige, Dieu lui-même semble vouloir punir ceux qui favorisent l'Ordre des Jésuites. Cela ne semble-t-il pas résulter de ce que nous venons de rapporter? Cela ressort plus évidemment encore d'une autre particularité relative au même duc d'Épernon. Ce seigneur avait donné aux Révérends Pères l'abbaye de La Tenaille, en Saintonge. Cependant, après donation, il avait cru pouvoir bâtir une fort belle maison pour son agrément sur un fonds que les Jésuites tenaient de sa libéralité. Ceux-ci pourtant ne craignirent pas de faire un procès en cette occasion à leur bienfaiteur, qui, pour jouir du logis qu'il avait fait bâtir, de ses deniers, sur un sol qu'il pouvait regarder

encore comme à lui, fut obligé de payer une somme de dix mille livres à ces ingrats éhontés!. . . . .
. . . .

» Et maintenant, » s'écria l'ex-Jésuite Pierre Jarrige en s'adressant de nouveau à l'auditoire qui entourait sa chaire, « et maintenant, qu'on le remarque bien : si, après avoir parcouru tous les colléges, tous les noviciats, toutes les résidences, toutes les Maisons des Jésuites, j'avais trouvé les crimes desquels je les accuse et prétends les convaincre, le mal ne serait pas petit, ni la honte légère pour la Compagnie. Mais je n'ai pas parcouru toutes les Provinces jésuitiques de l'univers, non toutes celles de France, non pas même toutes les Maisons de la Province de Guyenne, la plus petite de toutes; mais seulement quatre ou cinq de celles où j'ai vécu. Et l'on se dira sans doute qu'il faut que la corruption soit bien grande dans cette Société, puisqu'en examinant quatre ou cinq de ses demeures, j'y trouve des *Faussaires*, des *Faux-Monnoyeurs*, des *Sodomites*, des *Sacriléges*, des *Meurtriers*, etc., et ceux-ci coupables, non pas d'un ou de deux attentats, mais de vingt, de cinquante et de cent. Qu'on juge à présent la Société entière sur un pareil échantillon!...

» Citoyens de la République des Provinces-Unies, Réformés mes frères, qui m'écoutez ; royaumes et pays de toute la terre ; hommes de toutes les croyances auxquels parviendront les échos de mes paroles, si j'ai mis les Jésuites sur l'échafaud, c'est pour votre bien à tous, c'est, en me servant, mais avec vérité, d'une phrase que l'on répète si souvent et si faussement dans l'Ordre maudit dont j'ai pu m'échapper, *pour la plus grande gloire de Dieu!* Amen (1). »

On comprend quelle dut être la rage des Jésuites lorsqu'ils se virent ainsi traînés aux gémonies de l'univers entier et par la main d'un de leurs anciens compagnons. A peine les derniers mots de la voix accu-

(1) *Les Jésuites*, ou plutôt, comme l'écrit Pierre Jarrige, *les Jésuistes mis sur l'échafaud*, se terminent par un treizième et dernier chapitre contenant cinq *Réflexions sur les douze Discours précédents*, dont la fin du discours de Jarrige est extraite fidèlement. La Bibliothèque Royale possède l'édition faite en 1677 du livre de l'ex-Jésuite; très-petit in-12. Nous y renvoyons ceux de nos lecteurs qui douteraient de l'exactitude de notre analyse.

satrice avaient-ils été répétés par les échos de l'Europe attentive, qu'un Jésuite, Jacques Beaufés, se levait et répondait à l'accusation. L'argumentation du défenseur de la Compagnie de Jésus se réduit à peu près à ceci : Pierre Jarrige est un infâme renégat qui ne mérite aucune créance, 1° parce que tout ce qu'il avance contre la Compagnie qu'il a lâchement abandonnée ne lui a été inspiré que parce que celle-ci n'a pas voulu lui accorder les dignités qu'il voulait obtenir dans son sein; 2° parce que tous les crimes dont il charge ses confrères, il en est lui-même coupable, etc.... La réplique de Jarrige ne se fit pas attendre (1). « Si je suis un scélérat, comme le prétend Beaufés, » disait-il, « pourquoi la Compagnie de Jésus m'a-t-elle gardé si longtemps dans son sein ? Si je suis un homme inepte, sans raison, une bête brute, comme on l'annonce, pourquoi m'a-t-elle reçu Profès, et Profès-des-quatre-vœux ? Pourquoi m'a-t-elle confié la mission de Prédicateur ? Mais quel est donc celui qui m'attaque ? » Là-dessus portrait de Jacques Beaufés, qui ne cédait en rien à celui que ce Jésuite a fait de Pierre Jarrige. Nous renonçons à donner une idée de cette joute, spectacle curieux donné au monde chrétien, qui ne laisse pas que d'y puiser distraction amusante et enseignement précieux.

Malheureusement, le protestantisme paraissant devoir se faire une arme contre tout le catholicisme des révélations de Jarrige sur les Jésuites, Rome, après quelques hésitations, descendit dans la lice au secours de ses tirailleurs en désordre. La face du procès fut donc changée au grand profit de la noire Cohorte. D'ailleurs, quand le protestantisme voulut une dernière fois faire paraître son témoin, l'ex-Jésuite, à la barre du tribunal de la justice des nations, on ne put trouver celui-ci : Pierre Jarrige avait disparu. Immédiatement un cri général s'élève, et son énergie, son unanimité seules suffisent pour prouver en quelle estime étaient tenus dès lors les Révérends Pères dans le fond des esprits : « Pierre Jarrige, l'ex-Jésuite, l'accusateur de la Compagnie dont il avait dévoilé les crimes et les turpitudes, était, disait-on,

---

(1) La *Response aux calomnies de Jacques Beaufés* se trouve à la suite de l'édition faite en 1677 du livre de Jarrige. On y a joint encore les *Avis secrets* des Jésuites, ainsi que les *Secrets et les Aphorismes de la Doctrine* des enfants de saint Ignace.

tombé sous les poignards des *Dévoués* en robe noire. Tout au moins il avait été enlevé par eux, transporté, caché, enfermé vivant dans quelqu'un des terribles et sourds *in-pace* où l'Ordre savait habilement dérober à la vue des hommes tout ce qui pouvait lui être nuisible. »

Il paraît qu'il n'en était rien. Pierre Jarrige, après avoir mis ses anciens confrères au ban de l'humanité, saisi bientôt, assailli, oppressé, enchaîné par les terreurs dont on l'entoura habilement, incessamment, et dont on retrouve les premières traces dans ses *Jésuites sur l'Echafaud*, était rentré dans les rangs des fils de Loyola. Nous devons dire que les adversaires des Jésuites ont toujours soutenu que ceux-ci, après avoir enlevé leur accusateur, l'avaient jeté dans un de leurs cachots où ils l'avaient laissé pourrir. A ceci, les défenseurs de la noire Cohorte opposent le témoignage d'écrivains qui, tels qu'Etienne Baluze, peuvent être justement soupçonnés de partialité envers les Jésuites. Baluze affirme que Pierre Jarrige, retiré d'abord chez les Pères d'Anvers, vint ensuite passer six mois dans la Maison-Professe de Paris, et qu'ensuite il retourna à Tulle, où il vécut honoré et estimé, *même des Jésuites*, jusqu'à l'année 1670, époque de sa mort. « On l'enterra, » dit-il, « le 27 septembre, dans le sanctuaire de l'église de Saint-Pierre. » Ce fut de la Maison des Jésuites d'Anvers que sortit, en 1651, une rétractation vraie ou fausse, volontaire ou imposée, de Pierre Jarrige. Cette rétractation même laisse encore subsister en partie les accusations lancées contre la noire Compagnie par Pierre Jarrige. Quelle que soit la main qui tint la plume, elle condamne en masse comme calomnieux les dires anciens de Jarrige, sans motiver les nouveaux, sans discuter les premiers un à un, et par conséquent sans justifier complétement les seconds. Remarquons que, dans la rétractation de Jarrige (page 77), celui-ci continue à soutenir « que les Pères Rousseau et Beaufés avaient usé de mille supercheries et inventions pour le faire condamner au feu; et ceux-ci, dit-il, ayant bâti leurs accusations sur des apparences, il était bien raisonnable que je bâtisse de grièves accusations sur un petit fondement. »

Du reste, nous attachons assez peu d'importance à toute cette affaire du Père Jarrige. Nous croyons très-volontiers que cet homme sortit de la Compagnie de Jésus parce qu'il n'y trouvait pas les honneurs et les profits que son ambition avait espérés, ainsi que le dit le défenseur des Jésuites. Et il peut encore paraître assez probable que ce fut la même raison qui lui fit abandonner, au bout de trois ans, la religion calviniste, dont les membres ne lui faisaient pas, d'après son dire même, un accueil bien fraternel. Il paraît que Jarrige se mit en colère de ce que l'Église calviniste ne voulait pas lui faire grâce des quatre années d'épreuves imposées à tous ceux qui *venaient de la Papauté*, avant d'être prédicateurs de l'Evangile. La *Lettre d'un marchand de Leyde* accuse même Jarrige de mauvaises mœurs.

Mais, ce que nous tenons beaucoup à faire ressortir de tout ceci, nous allons le dire : c'est que, si Jarrige était aussi grand misérable que le fit écrire et crier la Compagnie, lorsqu'il s'en déclara l'accusateur, nous ne voyons pas trop pourquoi cette même Compagnie tenta de si grands efforts pour ramener à elle ce renégat dont elle eût dû être grandement satisfaite de se voir débarrassée. Les écrivains de la Compagnie célèbrent à l'envi la prudence et la dextérité que mirent en usage le Jésuite Ponthelier et quelques autres Pères, qui, bravant les risques qu'ils couraient en Hollande, allèrent y relancer Jarrige, et parvinrent, par cette prudence et par cette *dextérité*, à emmener à Anvers leur ancien confrère. Puis encore ceci : si Jarrige était un impie, un débauché, un homme souillé de tous les vices, un exécrable, un détestable, un abominable, et digne d'une autre douzaine d'épithètes aussi honorables, dont l'ont gratifié les Jésuites courroucés, comment donc l'ont-ils souffert si longtemps parmi eux, pendant vingt-quatre ans ? Et pourquoi ont-ils mis, ensuite, tant d'empressement et de *dextérité* à le faire rentrer dans leurs rangs ? Jarrige, dans sa Rétractation, nous apprend que « les Jésuites lui obtinrent, de sa majesté très-chrétienne, une des plus belles patentes de grâce et d'absolution qui fut jamais. Si bien, dit-il, que je ne crains plus Bordeaux pour mon livre, ni La Rochelle pour la sentence de mort. J'ai reçu, en deuxième lieu, des lettres d'*assécuration* de notre Saint-Père le Pape, et un passeport de l'archiduc Léopold pour toutes ses terres. Enfin, le Général de la Compagnie, François Piccolomini, m'a envoyé patentes pour entrer derechef parmi les Jésuites, où je suis avec *entière absolution, sans aucune pénitence, ni satisfaction!* » Nous pensons que les Jésuites redoutaient plus les révélations ultérieures que Jarrige semble promettre, dans son livre, sur l'organisation et sur la conduite politique de leur Ordre, qu'ils n'étaient irrités des accusations de vices même odieux, pour lesquels leur ancien confrère les attachait au poteau d'infamie. Jarrige n'avait pas dit son dernier mot dans ses *Jésuites mis sur l'Echafaud*, et c'est ce dernier mot sans doute que les Jésuites ont voulu arrêter; c'est pour l'arrêter qu'ils ont déployé cette prudence, cette *dextérité* dont ils s'applaudissent, qu'ils ont reçu si gracieusement le fugitif lui-même, à son retour, avec entière absolution, sans pénitence!...

— Enfin, Pierre Jarrige est mort estimé et honoré *même des Jésuites*, au dire des défenseurs de la Compagnie. Nous, nous dirons pour conclure, que ce n'est pas le plus grand éloge qu'on puisse faire de l'Ordre et de l'individu. Passons. Un autre livre, qui a fait et qui devait faire un bien autre bruit que celui des *Jésuites mis sur l'Echafaud* est l'ouvrage qui porte pour titre: *La Monarchie des Solipses*. Ce mot de *Solipses*, rapproché de celui de *Monarchie*, signifie « gens qui veulent être seuls à régner; » et il paraît que ce titre fut jugé convenir si bien aux Jésuites, que chacun le leur appliqua dès que le mot eut été créé. Ce livre singulier est d'ailleurs, sous un voile allégorique, la plus complète révélation qui nous soit parvenue sur la mystérieuse Société de Jésus. Nous en donnerons également une analyse rapide en nous servant, pour l'intelligence des noms et des choses, de la *clef* ou explication qui fut jointe à l'édition publiée en Hollande dans l'année 1648.

Après avoir donné une idée générale de *la Monarchie des Solipses* ou de la Compagnie de Jésus, après avoir dit que le pouvoir du chef de cette Monarchie étrange est si grand, si absolu, que, quelle que chose qu'il fasse ou commande de faire, quelque opposés que soient ses ordres à la raison, à la justice ou à la morale, aux lois divines comme aux lois humaines, ses *sujets* doivent obéir aveuglément et sans réflexion, l'auteur nous fait arriver avec lui dans la capitale de l'empire des *Solipses*, et nous donne un aperçu des moyens employés par les Jésuites pour attirer dans leurs rangs de jeunes recrues appartenant à des familles riches ou puissantes, et pour les y retenir. Remarquons ici que, contrairement à ce qu'on a tant répété, l'auteur du livre que nous analysons atteste que le pouvoir tyrannique dont est revêtu le Général de la Société est la source de tiraillements continuels dans le sein de cette Société. Il nous décrit ensuite la magnificence des maisons, ou plutôt des palais que les Jésuites possédaient à Rome et dans la Campagne Romaine, et la splendeur vraiment royale dont s'entourait le despotique Aquaviva, cet *Avidius Cluvius* qui, le premier, à l'imitation des papes et des souverains, donna sa main à baiser à ses ministres et dignitaires. Il nous apprend que les Jésuites, ce que nous avons déjà dit, savaient, dans leur intérêt, sacrifier à tous les autels, soutenir à Rome ce qu'ils niaient à Paris, condamner aujourd'hui ce qu'ils défendaient demain. Aussi l'historien de la *Monarchie des Solipses* note que ces derniers sont d'accord avec les Pharisiens sans se séparer des Hérodiens, et tout en se conformant aux croyances des Saducéens ; trois sectes religieuses ayant des dogmes bien opposés. C'est-à-dire que les Jésuites ne croient à rien, — qu'à eux !

Passant aux colléges des Jésuites, l'auteur de la *Monarchie des Solipses* en fait un tableau fort peu flatteur et qui donnerait un démenti complet aux prétentions des écrivains panégyristes de la Compagnie, si l'on ne savait, et c'est aussi l'explication fournie par notre auteur, que ce n'est que dans les villes considérables, et notamment dans celles qui sont pourvues d'une Université, que les Révérends Pères s'adonnent avec soin à l'éducation de la jeunesse. « Voulez-vous connaître, » dit-il dans le chapitre VI de son histoire allégorique, « les principales questions que les *Solipses* agitent dans leurs cours de philosophie ? En voici le fidèle résumé : *Les taches qui se voient dans la lune sont-elles produites par l'aboiement des chiens ?...* En théologie, par exemple, les questions deviennent plus sérieuses : on y discute sur la couleur des Esprits, ou bien on y prouve que les Intelligences se complaisent aux sons du tambour. N'est-ce pas admirable ?... » Dans ce même chapitre VI et dans le suivant, on devine l'intention de l'auteur qui est de signaler les funestes lois secrètes qui régis-

Les Solipses.

sent la Société de Jésus et ses détestables doctrines. On y révèle aussi diverses coutumes des Jésuites : ainsi, suivant l'écrivain que nous suivons, ils affectent de ne point observer les bienséances en marchant, de regarder de côté et d'autre en balançant les bras, en retroussant leur robe, en ne saluant personne de ceux qu'ils rencontrent, à moins qu'ils n'en attendent quelques services : oh! alors, ils les accablent de politesses!.....

« La vénération que les autres chrétiens montrent au pape, lit-on dans le chapitre VII, n'est absolument rien auprès de celle dont les Jésuites font profession pour leur Général. Que quelqu'un d'eux prononce son nom, aussitôt les autres frappent des pieds. L'aperçoivent-ils lui-même, ils se prosternent sur-le-champ, et se jettent la face contre terre. Ils se terrassent, marchent les uns sur les autres pour en approcher et lui rendre les services dont il peut avoir besoin..... » Suit une assez amusante description des festins du chef de l'Ordre et de ses Satrapes.

L'auteur de la *Monarchie des Solipses*, passant à la forme du singulier gouvernement des Jésuites et à leurs dignitaires, atteste que, dans l'un, il n'y a ni justice, ni moralité; et, chez les autres, ni moralité, ni justice! « Les principales charges, » dit-il, « sont d'ordinaire remplies par les plus ineptes, ou données en récompense aux plus grands crimes..... Parmi les dignitaires, on doit compter encore les délateurs, extrêmement nombreux. Leur *charge* est le meilleur chemin pour s'élever aux plus hauts emplois de l'Ordre..... »

L'auteur de la *Monarchie des Solipses* divise les Jésuites en cinq classes, qui sont : les Profès-des-quatre-vœux, les Coadjuteurs-spirituels, les Écoliers et Profès simples, les Coadjuteurs-temporels ou Jésuites laïques, enfin les Novices. Il nous apprend que ces Jésuites laïques, extrêmement nombreux, étaient devenus si puissants dans l'Ordre, si intrigants et si turbulents, que les Profès-des-quatre-vœux, qui se voyaient forcés de rechercher leur amitié et de se soumettre à leur domination ou de se voir persécutés par eux et éloignés des dignités, résolurent, pendant un interrègne, de les réduire à leur primitive humilité. Mucio Vitelleschi, qui fut alors nommé Général, promit, jura même que cela serait fait par lui. Mais les Coadjuteurs-temporels firent si bien face aux projets de leurs adversaires, et effrayèrent tellement leur nouveau Général, que ce dernier dut céder et se courber devant l'orage qu'ils avaient excité et qui menaçait de tout emporter. Ils restèrent donc en possession du pouvoir qu'ils avaient usurpé. Ce pouvoir était grand, si nous nous en rapportons à notre auteur, qui affirme, par exemple, qu'étant Procureur de la Province de Sicile, il avait dû dénoncer lui-même un de ses subordonnés, coupable de plusieurs crimes, à l'autorité civile, qui l'avait jugé et condamné à être pendu. « Cependant, » dit l'auteur que nous analysons, « les Coadjuteurs-temporels firent si bien auprès du Général, que ce dernier sauva le misérable de la corde qu'il méritait bien. Ils firent même plus, ils lui firent donner aussitôt une charge de Recteur. Ayant osé m'étonner de ceci, il me fut répondu que l'individu en question avait bien été condamné dans les formes et avec justice pour vol, brigandage et autres crimes au premier chef, et que c'était justement pour cela qu'on avait cru devoir lui donner la charge de Recteur. — Comment! me recriai-je. — Sans doute, me fut-il répliqué. Ne voyez-vous donc pas que les preuves de ces infamies étant trop évidentes, il fallait les détruire, non pas seulement par une absolution, mais encore par des faveurs accordées au coupable, qui serait ainsi justifié complétement aux yeux du monde.. .. Je trouvai cette nouvelle jurisprudence si singulière, que je donnai alors ma démission de l'emploi dont j'étais revêtu. »

Le chapitre X de la *Monarchie des Solipses* est particulièrement digne de remarque. C'est là que sont expliquées, dans une forme toujours allégorique, mais parfaitement compréhensible, les lois qui régissent la Société de Jésus. « Le nombre de ces lois est immense, » y lit-on, « jusqu'à remplir cinq cents volumes. Elles sont composées d'une infinité de règlements pour ce qui regarde la Société en général, de déclarations particulières des Généraux de l'Ordre, d'ordonnances et de statuts qui descendent dans les plus petits détails, tant pour les charges que pour les personnes, et généralement pour tout ce qui a rapport à la Compagnie. Outre cela, chaque Province a ses lois;

les Colléges et Maisons ont aussi leurs priviléges particuliers. Ce qu'on remarque dans ces lois, c'est surtout la soumission des Jésuites envers leur chef, et leurs continuels efforts pour lui soumettre tout l'univers, par toutes voies que ce puisse être, légitimes ou non. Les préceptes de l'Evangile ne peuvent pas leur apprendre à modérer leur ambition, car ils ne connaissent pas ce livre divin!... Voici du reste un résumé de ces lois étranges et cachées soigneusement, même à la plupart des membres de la noire Cohorte :

1° Quiconque est une fois rangé sous l'étendard de Saint-Ignace, de quelque manière qu'il y soit venu, par choix ou par hasard, de gré ou de force, doit renoncer à tout autre souverain, et se soustraire à toute autre loi, même à celle de la nature.

2° Il n'aura de respect pour qui que ce soit que par l'ordre de son chef suprême, qu'il vénérera d'ailleurs par-dessus tous.

3° Toutes les paroles de ce chef suprême, toutes ses actions seront pour chacun de ses sujets autant de choses sacrées... Et quelque mauvaises qu'elles lui paraissent, quelque contraires qu'elles soient même à la nature, il est obligé de les louer et de les appuyer de bonnes et solides raisons.

4° Les ennemis du Général seront ceux de tout membre de l'Ordre, ennemis que l'on devra chagriner et perdre par tous les moyens, etc. »

Toutes les lois du Jésuitisme sont ainsi reproduites, dans toute leur nudité hideuse, par l'auteur de la *Monarchie des Solipses*.

Nous devons encore une mention à l'article X, qui, traduction fidèle du sens intime des *Constitutions*, ordonne à tout Jésuite « de ne pas plus s'inquiéter de sa réputation que de celle des autres, quand il dénonce, justement *ou non* !..... la réputation de tout membre de l'Ordre n'étant plus à lui, dès l'instant qu'il est entré dans cet Ordre. « Ces lois, » dit le Jésuite révélateur, «sont suivies des rudes châtiments qui attendent ceux qui osent les enfreindre. Mais, pour encourager à l'obéissance, on lit à la fin cette sentence, qui est comme l'âme de ces lois : Quiconque est sous la domination du chef de la Compagnie doit moins se regarder comme un homme que comme une bête sauvage, domptée et apprivoisée. » Les révélations contenues dans le chapitre XII du singulier livre que nous analysons sont vraiment effroyables. L'auteur nous y laisse entrevoir les abîmes d'iniquité qui règnent au fond de la Société de Jésus, et dans lesquels les faibles et les innocents sont engloutis et disparaissent, tandis que les criminels audacieux et puissants passent tranquillement par-dessus en insultant encore à leurs victimes. On y voit que la mort, la mort réelle et violente est un des châtiments en usage parmi les Jésuites : révélation que Mariana lui-même n'a pas craint de faire. On y trouve encore un portrait du Général Vitelleschi, le successeur d'Aquaviva, bien différent de celui qu'en ont tracé les pinceaux jésuitiques.

L'auteur de la *Monarchie des Solipses* nous fait ensuite connaître les moyens employés par les Jésuites pour étendre partout leur influence et leur domination. Il nous édifie également à l'égard des nombreux ouvrages dus aux plumes de la Compagnie, et qui sont destinés plus à éblouir qu'à éclairer, sans faire d'exceptions même pour leurs *Histoires* et *Relations* pieuses, qui ne sont, suivant lui, la plupart du temps que des *Romans*.

Deux chapitres sont ensuite consacrés à mettre sous leur vrai point de vue les travaux des Jésuites en Chine, travaux fort peu apostoliques. Le chapitre XVIII, qui a pour titre : *Les Mariages des Solipses et l'éducation de leurs enfants,* nous initie aux rouerics dont se servent les fils de Saint-Ignace pour s'emparer de l'esprit des femmes et surtout des riches veuves, et pour amener les fils de famille à se jeter d'eux-mêmes dans la noire Congrégation. Dans les notes de ce chapitre, qui accompagnent l'édition d'Amsterdam, on trouve un exemple de la manière dont s'y prenaient les Jésuites pour arracher à l'amour des parents les jeunes gens dont les dispositions brillantes, ou les richesses à venir, faisaient une proie désirable. Pierre Airault, lieutenant-criminel au Présidial d'Angers, avait mis chez les Jésuites son fils, qu'il destinait à remplir sa charge. Aussi, tout en recommandant aux bons Pères de soigner son éducation, les avait-il instamment priés de ne rien faire pour amener cet enfant à entrer en religion. Les Jésuites promirent tout ce que voulut le père, et n'en agirent pas moins sur l'esprit du fils, et si bien, qu'au bout de deux années d'études dans leur Collége, ils lui donnèrent l'habit de l'Ordre, en 1586. Le lieutenant-criminel, désolé, irrité, somme les fils de Loyola de lui rendre son fils. On lui répond qu'on ne sait ce qu'il est devenu. Un arrêt du Parlement est rendu, sur la plainte d'Airault, et ordonne aux Révérends de rendre le jeune homme à son père. Les Révérends n'écoutent pas plus la voix de la justice que le cri de la nature. René Airault est expédié vers un Collége de Lorraine, d'où il est successivement transporté en Allemagne, puis en Italie. On le fait changer de nom pour plus de sûreté. Aussi, lorsque, sur la demande du père infortuné, Henri III fait agir dans cette affaire auprès du Saint-Siége par son ambassadeur à Rome, et que le pape, pour satisfaire au vœu du fils aîné de l'Eglise, se fait montrer la liste de tous les Jésuites du monde, le Général se hâte-t-il de fournir le document où l'on ne trouve, bien entendu, aucune trace de la présence de René Airault parmi les enfants de Loyola!... Le lieutenant-criminel légua, par acte passé devant notaire et témoins, sa malédiction à son fils ingrat. Mais il ne put le priver de sa succession, qui revint aux Jésuites, parmi lesquels René Airault vécut et mourut. On reconnaîtra sans doute, dans cette anecdote, le modèle qui nous servit à tracer le tableau que nous avons présenté à nos lecteurs dans le chapitre III de notre première Partie.

L'auteur de la *Monarchie des Solipses* nous parle ensuite des richesses immenses des Jésuites, dont il découvre en partie les sources. Il nous décrit quelques-unes des mauvaises affaires que la noire Cohorte s'est attirées par sa cupidité, par son arrogance ou son ambition, ainsi que la grande querelle et les disputes si bruyantes et non moins ridicules que firent éclater le Jésuite Molina et son livre fameux, dont nous parlerons bientôt.

Le dernier chapitre du livre singulier que nous avons cru devoir analyser est destiné, par son auteur, à laisser entrevoir les guerres intestines qui déchirèrent souvent le sein de la Compagnie de Jésus, guerres acharnées, à ce qu'il paraît, d'autant plus terribles, que nul bruit ne devait en venir au dehors, et que le triomphe devait être muet comme la défaite!

Malgré les voiles bizarres et malheureusement parfois trop redoublés, dont l'auteur de la *Monarchie des Solipses* a recouvert son œuvre, ce n'en est pas moins encore le tableau le plus complet, le plus curieux, le plus instructif que nous ayons sur la Compagnie de Jésus, l'éclair qui permet à notre regard effrayé de plonger un instant dans les profondes et ténébreuses horreurs que renferme l'antre du Jésuitisme.

Maintenant, quel est l'auteur de ce livre? C'est une question qui a été bien des fois controversée. C'est un Jésuite, tout le monde en demeure d'accord, même les Jésuites. Il n'y avait en effet qu'un complice et qu'une victime de la noire Cohorte qui pût si bien en révéler ainsi les secrets. On a cru longtemps que l'auteur de la *Monarchie des Solipses* était un Jésuite de Vienne, nommé Melchior Inchofer, qui entra dans la Compagnie en 1607. Cette opinion, qui paraît être celle de Bayle (1), fut d'abord partagée par les Jésuites eux-mêmes. Le livre de la *Monarchie des Solipses* venait de paraître, et, d'après ce que dit un chanoine de Verdun, alors député des évêques de France, dans la relation de son voyage, à laquelle nous empruntons ces détails, il obtint un succès immense. On n'appelait plus les Jésuites que Solipses, tant on trouvait la Société de ceux-là bien représentée dans la Monarchie de ceux-ci. Le Général et ses Assistants, bien persuadés qu'un Jésuite seul pouvait avoir écrit cette œuvre accusatrice, cherchèrent donc parmi eux le faux-frère à punir. Leurs soupçons s'arrêtèrent tout d'abord sur Melchior Inchofer, qui avait, à la mort de Vitelleschi, osé présenter au pape un *Mémoire* dans lequel il demandait la réforme de son Ordre. Suivant les formes expéditives, que nous fait connaître la *Monarchie des Solipses*, l'accusé fut jugé et condamné sans citation, sans accusation, sans audition de parties ni de témoins, et son arrêt exécuté sans appel ni délai. Un grand seigneur de Rome, Jésuite *in-voto*, prêta son carrosse, ses gens et son aide pour la mise à exécution du jugement. Il fut visiter Inchofer, au Collége des Allemands, et le Père l'ayant reconduit jusqu'à la porte, le

---

(1) Voyez le *Dictionnaire historique et critique*, article *Inchofer*.

grand seigneur le fit saisir par ses estafiers et jeter dans sa voiture, qui partit aussitôt au galop. Le chanoine Bourgeois dit que le lieu d'exil où l'on avait l'intention de reléguer le Jésuite condamné était quelque coin isolé du Nouveau-Monde. Cependant les séminaristes du Collége allemand, dont Inchofer était le supérieur, et dont il était fort aimé, allèrent aussitôt porter la nouvelle de ce qui se passait aux cardinaux amis du Père Melchior. Quoique tout eût été fait jusqu'alors par le grand seigneur en question, et que les Jésuites n'eussent pas même paru, le pape et les cardinaux n'en conclurent pas moins que tout s'était fait par leur commandement. Ordre fut sur-le-champ porté au Général des Jésuites de venir parler, à l'heure même, à Sa Sainteté. Le Général essaya d'abord de paraître ignorer toute l'affaire ; mais le pape n'en persista pas moins à lui ordonner de délivrer le Père Inchofer, et lui déclara qu'il le rendait personnellement responsable de tout ce qui arriverait de fâcheux au prisonnier. Les ordres du pape furent si sérieusement donnés, que, le lendemain, Melchior Inchofer était réintégré dans le Séminaire des Allemands. Il est probable que les chefs de la Compagnie de Jésus se convainquirent ensuite de l'innocence du Père Melchior ; car ils le laissèrent mourir paisiblement à Milan, en 1648.

L'individu qu'on regarde aujourd'hui généralement comme le véritable auteur de la *Monarchie des Solipses* est Jules-Clément Scotti, également Jésuite. L'édition de ce livre, publiée à Amsterdam en 1648, donne à choisir entre Inchofer et Scotti pour le véritable nom de l'auteur qui s'était caché sous le pseudonyme de Lucius Cornélius Europæus (1). Quel que soit son nom, l'auteur de ce livre a, bien plus réellement que Pierre Jarrige, traîné les Jésuites *sur l'échafaud*. D'autres écrivains complétèrent leur supplice, au grand jour et sans crainte. Vers cette même époque, Pasquier publiait son *Catéchisme des Jésuites*, attaque pleine de finesse et de malice ; Nicolas Perrault et Antoine Arnauld, le grand Janséniste, édifiaient le monde sur la

---

(1) *La Monarchie des Solipses* fut écrite en latin et fut imprimée, pour la première fois, à Venise, en 1645, sous ce titre : **Lucii Cornelii Europæi Monarchia Solipsorum**. La première traduction française est de Restaut, Amsterdam, 1754, in-12.

morale des fils de Loyola, le premier par des extraits de leurs propres écrivains casuistes et docteurs; le second par les actes mêmes de la noire Cohorte. Enfin, le célèbre Pascal, entrant à son tour dans la lice, achevait la défaite des noirs soldats du Jésuitisme, qu'il accablait sous cette grêle de traits aussi acérés que vigoureusement décochés, qu'on appelle les *Provinciales*. Nous reviendrons bientôt sur ce livre unique, chef-d'œuvre éternel de style, de goût, de logique et d'esprit, ainsi que sur la *Morale pratique* d'Arnaud.

Or, à toutes ces attaques, et nous n'avons encore indiqué que les plus terribles, les plus retentissantes, les Jésuites répondaient orgueilleusement en étalant la carte du monde et en énumérant le nombre de leurs Provinces, de leurs Colléges, de leurs Résidences, de leurs Maisons et possessions diverses. Voici quel était en effet, après cent ans d'existence, le gigantesque développement de la création d'Ignace de Loyola.

La bannière du Jésuitisme flottait triomphalement sur l'Italie, la Sicile, la Sardaigne, l'Espagne, la France, la Belgique, l'Allemagne, l'Autriche, la Bohême, la Pologne, la Lithuanie, sur les îles et le continent de l'Asie, sur les deux Amériques.

L'Italie était divisée en quatre Provinces jésuitiques : Province de Rome, de Venise, de Milan et de Naples; la Sicile en deux : Province Occidentale, Province Orientale; la Sardaigne n'en formait qu'une seule. Les Jésuites comptaient cinq Provinces en Espagne, y compris celle de Portugal; les quatre autres étaient celles de Tolède, de Castille, d'Aragon et de Séville; cinq en France : celle de France, dont Paris était le chef-lieu, et qui s'appelait Province de France; celles de Guyenne, de Toulouse, de Lyon et de Champagne; deux en Belgique : Provinces d'Anvers et de Douai; cinq en Allemagne : Province du Bas-Rhin, Province du Haut-Rhin, Province de la Germanie-Supérieure, Province d'Autriche, Province de Bohême; deux en Pologne : celle de Pologne proprement dite et celle de Lithuanie. Il y avait bien une Province d'Angleterre; mais ses Séminaires, Colléges, Résidences et Maisons diverses étaient en Belgique, en Espagne ou en Italie. Il y avait aussi quelques Résidences en Écosse et en

Irlande. La Turquie avait également quelques Résidences faisant partie de diverses Provinces jésuitiques.

En Asie, il y avait les Provinces de Goa, de Malabar, du Japon et des Philippines. La Chine n'était qu'une Vice-Province, la Cochinchine qu'une Résidence.

Les deux Amériques, cette moitié du globe, ne comptaient que pour cinq Provinces jésuitiques, qui étaient celles du Mexique, de la Nouvelle-Grenade, du Pérou, du Brésil et du Paraguay (cette dernière était bel et bien un royaume). Le Chili formait seulement une Vice-Province, et le Canada ne comptait que pour une Résidence.

Voici maintenant le chiffre des divers établissements Jésuitiques, par Provinces, ainsi que celui de leurs noirs habitants (1) :

PROVINCE DE ROME : 1 Maison-Professe (Rome), 2 Maisons-de-Probation (Rome et Florence), 34 Colléges ou Séminaires, 6 Résidences et 850 Jésuites.

PROVINCE DE VENISE : 1 Maison-Professe (Venise), 3 Maisons-de-Probation (Novellara, Busseto et Bologne), 20 Colléges ou Séminaires, 5 Résidences et 435 Jésuites.

PROVINCE DE MILAN : 2 Maisons-Professes (Milan et Gênes), 3 Maisons-de-Probation (Gênes, Arona et Chiara), 16 Colléges ou Séminaires, 6 Résidences et environ 500 Jésuites.

PROVINCE DE NAPLES : 1 Maison-Professe (Naples), 2 Maisons-de-Probation (Naples et Atri), 26 Colléges ou Séminaires, 1 Résidence et 630 Jésuites au moins.

PROVINCE DE SICILE OCCIDENTALE : 1 Maison-Professe et 1 Maison-de-Probation (toutes deux à Palerme), 12 Colléges ou Séminaires, et plus de 370 Jésuites.

PROVINCE DE SICILE ORIENTALE : 1 Maison-Professe et 1 Maison-de-Probation (toutes deux à Messine), 10 Colléges ou Séminaires, et 300 Jésuites.

---

(1) Nous ne donnerons généralement ici l'indication des lieux que pour les principaux établissements jésuitiques, leurs Maisons de Profession et de Probation, toujours placées avec soin, comme on le remarquera, auprès des palais souverains et dans des centres d'action séculière.

Province de Sardaigne : 2 Maisons-Professes (Sassari et Cagliari), 1 Maison-de-Probation (Cagliari), 6 Colléges ou Séminaires, et 210 Jésuites.

Province de Portugal : 1 Maison-Professe (Lisbonne), 2 Maisons-de-Probation (Lisbonne et Villa-Viciosa), 17 Colléges ou Séminaires, 4 Résidence et près de 700 Jésuites.

Province de Tolède : 2 Maisons-Professes (Tolède et Madrid), 2 Maisons-de-Probation (Madrid et Villarejo), 22 Colléges ou Séminaires, 4 Résidences et près de 700 Jésuites.

Province de Castille : 1 Maison-de-Probation (Villa-Garcia), 29 Colléges (dont les principaux sont à Valladolid, Salamanque, Burgos et Pampelune), 2 Résidences et 567 Jésuites.

Province d'Aragon : 1 Maison-Professe (Valence), 1 Maison-de-Probation (Tarragone), 14 Colléges et Séminaires, 3 Résidences et 444 Jésuites.

Province de Séville : 1 Maison-Professe (Séville), 2 Maisons-de-Probation (Séville et Baeça), 27 Colléges et Séminaires, 2 Résidences et plus de 650 Jésuites.

Province de France : 1 Maison-Professe (Paris), 2 Maisons-de-Probation (Paris et Rouen), 20 Colléges et Séminaires (les principaux sont ceux de Clermont, à Paris, de Rouen, de la Flèche, de Rennes et de Moulins), 7 Résidences (dont 1 au Canada) et plus de 600 Jésuites.

Province de Guyenne : 1 Maison-Professe et 1 Maison-de-Probation (toutes deux à Bordeaux), 10 Colléges et Séminaires, 3 Résidences et 360 Jésuites.

Province de Toulouse : 1 Maison-Professe et 1 Maison-de-Probation (toutes deux à Toulouse), 17 Colléges et Séminaires, et plus de 450 Jésuites.

Province de Lyon : 1 Maison-Professe (Grenoble), 2 Maisons-de-Probation (Lyon et Avignon), 17 Colléges et Séminaires, 9 Résidence et plus de 500 Jésuites.

Province de Champagne : 1 Maison-de-Probation (Nancy), 17 Colléges ou Séminaires (les principaux à Reims, Pont-à-Mousson et Dijon), 1 Résidence et 370 Jésuites.

Province d'Anvers ou Flandro-Belge : **1** Maison-Professe (Anvers), **2** Maisons-de-Probation, **19** Colléges et Séminaires, **6** Résidences, plus les Résidences de Hollande placées dans cette Province, et les **2** Missions guerrières (Mission Navale et Mission des Camps), et de **8** à **900** Jésuites.

Province de Douai ou Gallo-Belge : **3** Maisons-de-Probation (Tournay, Huy et Armentières), **21** Colléges et Résidences (les principaux à St-Omer, Liége, Tournay, Lille, Cambrai, Namur, Luxembourg, Arras et Mons), **2** Résidences et près de **800** Jésuites.

Province Anglaise (1) : **3** Maisons-de-Probation (Liége, Watenes et Gand), **17** Colléges et Séminaires (tous sur le Continent, et dont les principaux sont à Liége, Saint-Omer, Rome, Madrid, Séville, Lisbonne, etc.), **8** Résidences (dont une est à St-Domingue, l'autre dans le Maryland, et parmi lesquelles ne sont pas comptées les Résidences à peu près nominales d'Écosse et d'Irlande), et environ **300** Jésuites.

Province du Bas-Rhin : **1** Maison-de-Probation (Cologne), **19** Colléges ou Séminaires (les principaux sont ceux de Coblentz, Munster, Dusseldorf), **8** Résidences, **3** Missions (la principale est celle de la Frise Orientale), et **450** Jésuites à peu près.

Province du Haut-Rhin : **19** Colléges et Séminaires (Spire, Witzbourg, Bamberg, Worms, Heidelberg), et **434** Jésuites.

Province de la Haute-Allemagne : **2** Maisons-de-Probation (OEttingen et Landsperg), **25** Colléges et Séminaires (Ingolstad, Augsbourg, Hall, Lucerne et Fribourg avaient les principaux), **26** Résidences (dont 3 au Wurtemberg), **4** Missions, et près de **800** Jésuites.

Province d'Autriche : **1** Maison-Professe (Vienne), **2** Maisons-de-Probation (Vienne et Leoben), **22** Colléges et Séminaires (dont 2 en Transylvanie et 1 pour la Hongrie, à Vienne), **7** Résidences, et environ **460** Jésuites.

Province de Bohême : **1** Maison-Professe (Prague), **1** Maison-

---

(1) Nous avons dit qu'il n'y avait pas de véritable Province d'Angleterre.

de-Probation (Brunn), 33 Colléges et Séminaires (dont quelques-uns en Silésie et Moravie), 3 Résidences, et plus de 300 Jésuites.

Province de Pologne : 1 Maison-Professe et 1 Maison-de-Probation (toutes deux à Cracovie), 17 Colléges et Séminaires, 8 Résidences, et 532 Jésuites.

Province de Lithuanie : 2 Maisons-Professes (Varsovie et Wilna), 1 Maison-de-Probation (Wilna), 15 Colléges (dont un à Riga et un autre à Smolensk), 4 Résidences (Novogorod en était une), et près de 480 Jésuites.

Province de Goa : 1 Maison-Professe et 1 Maison-de-Probation (à Goa), 11 Colléges et Séminaires (dont un à Mozambique, et de la plupart desquels dépendaient de nombreuses Résidences sur le littoral de l'Afrique depuis le cap de Bonne-Espérance, sur les îles asiatiques et en Abyssinie), 1 Mission Ethiopienne avec 4 nouvelles Résidences, 320 Jésuites.

Province de Malabar : 2 Maisons-de-Probation (Cochin et Ternate), 12 Colléges (dont quelques-uns avaient plusieurs Résidences, comme ceux de Cochin qui en avait 4, Colomba 7, Saint-Thomas 4), 13 Résidences principales (Calicut, Cranganor, Pegu, Malacca, Maduré et Jafanapatnam, chef-lieu de 6 autres Résidences), et 190 Jésuites.

Province des Philippines : 1 Maison-de-Probation (Manille), 3 Colléges, 6 Résidences, et 128 Jésuites.

Vice-Province de la Chine : 2 Colléges (Pékin et Nankin), 4 Résidences, et 30 Jésuites. En outre, 3 Résidences en Cochinchine.

Province du Japon : 1 Maison-de-Probation (Nangasaki), 6 Colléges (Meaco, Macao, Nangasaki et Arima), 22 Résidences, et 140 Jésuites.

Province du Mexique : 1 Maison-Professe et 1 Maison-de-Probation (Mexico), 16 Collége, 8 Résidences, et 365 Jésuites.

Province de la Nouvelle-Grenade : 2 Maisons-de-Probation (Quito et Tunja), 6 Colléges et Séminaires (Santa-Fé, Carthagène et Quito avaient les plus importants), 5 Résidences, et 200 Jésuites.

Province du Pérou : 1 Maison-de-Probation (Lima), 44 Colléges et Séminaires (principaux à La Plata, Cusco, Lima, Santa-Cruz et Potosi), 3 Résidences, et 390 Jésuites.

Vice-Province du Chili : 1 Maison-de-Probation et 3 Colléges (le principal à La Conception), et 60 Jésuites.

Province du Paraguay : 1 Maison-de-Probation (Cordoue), 7 Colléges (les deux principaux à l'Assomption et à Buenos-Ayres), et 121 Jésuites.

Province du Brésil : 4 Maisons centrales (dont celle de Rio-de-Janeiro était la première), 4 Colléges (Fernambouc, Rio-de-Janeiro, Baya), 17 Résidences, et 180 Jésuites.

Le Canada ne comptait que pour une Résidence, et faisait partie de la Province de France. La Turquie avait les Résidences de Chio, Constantinople, Smyrne, Belgrade, comprises dans diverses Provinces, et 2 Colléges à Rome, tout cela peu peuplé.

L'Empire Jésuitique comptait donc, au bout d'un siècle d'existence, 37 Provinces et 3 Vice-Provinces, 9 Missions, 232 Résidences ou plus, 598 Colléges et Séminaires, 59 Maisons-de-Probation, 26 Maisons-Professes, et enfin 16,000 Jésuites environ ; Jésuites s'avouant tels et portant le noir uniforme (1), et non compris les Jésuites *in-voto*, les Écoliers des Jésuites, les Sujets volontaires ou esclaves des Jésuites, ce qui donnerait peut-être un effrayant chiffre de deux ou trois cent mille, comme celui de la terrible Cohorte marchant sous la bannière de Loyola !.....

Il est beaucoup plus difficile d'écrire le chiffre des revenus dont jouissait alors la Compagnie. Ce chiffre devait être énorme. L'ingénieux auteur de la *Monarchie des Solipses* nous dit, dans son chapitre XIX, « que la plus grande partie de tout l'or, de toutes les pierreries, de toutes les drogues précieuses, de toutes les richesses enfin qu'on tire du lit des fleuves, de la surface ou des entrailles de la terre, est entre les mains des Jésuites, et que leur Société est à elle seule

---

(1) *Socii, Compagnons*, dit l'*Imago primi sæculi*, sur les données duquel, ou à peu près, nous avons fait nos calculs.

plus riche que tous les royaumes de la terre. » Des commentateurs ont prétendu que par ces mots : « tous les royaumes de la terre, » il fallait entendre les autres Ordres religieux ; mais, en acceptant cette explication, on trouverait encore des proportions colossales au coffre-fort de la Compagnie de Jésus. Nous pensons que le chiffre moyen de 15,000 francs de revenus, pour chacun des 400 Colléges Jésuitiques, n'est pas le moins du monde exagéré. Voilà donc déjà, à peu de chose près, un million qui coule annuellement dans les poches des Révérends Pères. Les Résidences devaient être beaucoup plus productives encore. Pour ne parler que de celles de l'Amérique et de l'Asie, et en rappelant ce que nous avons démontré dans nos deuxième et troisième Parties, combien, entre les mains des dignes Pères, devaient être productives des Résidences telles que celles des Provinces du Mexique, du Pérou, du Brésil, de Goa, du Malabar, du Japon et de la Vice-Province de la Chine ! L'auteur de la *Monarchie des Solipses* devait le savoir, et il l'a dit : « La plus grande partie de toutes les richesses que roulent les eaux des fleuves, qui s'épanouissent à la surface de la terre ou se cachent dans son sein, est entre les mains des Jésuites !... » Nous restons peut-être bien loin encore de la vérité, en écrivant que, cent ans après la mort d'Ignace de Loyola, la *minime* Société de pauvres religieux-mendiants, fondée par lui, était riche de cent millions ! Ces cent millions mis de côté, en réserve, dans le Trésor-Général de la Compagnie, dissimulés habilement au moyen de transferts, s'augmentant chaque jour par l'accumulation des intérêts !..... Nous ne donnons pas, dans la crainte d'ennuyer le lecteur, les calculs auxquels nous nous sommes péniblement livrés pour arriver à ce chiffre que nous maintenons.

Afin de cacher son opulence, et pour ne pas arrêter la munificence des pieuses âmes, les Jésuites ont toujours soigneusement caché le chiffre de leurs richesses, en faisant parade de celui de leurs établissements et des membres de leur Compagnie. Aussi, et sans doute dans un but de précaution et de conservation, ils se sont toujours bien gardés d'acheter des biens-fonds, à l'exception de leurs Maisons diverses, qu'ils avaient encore la plupart du temps l'habileté de se faire donner pour rien. Ce n'est donc que par approximation que nous donnons le chiffre de cent millions comme celui de la fortune du Corps jésuitique, vers le milieu du xvii⁰ siècle. Cent millions, neuf cents forteresses, seize mille soldats réguliers, plusieurs centaines de mille d'irréguliers, sorte de Kabyles invisibles et embusqués dans chaque recoin de la Société, toujours prêts à faire feu sur l'ennemi : telle était donc, vers la moitié du xvii⁰ siècle, la force dont pouvait disposer le Jésuitisme ; voilà ce qui en faisait un si puissant levier, que, pour expliquer complètement les grandes oscillations de cette époque, l'historien doit à chaque instant en tenir compte....... Nous allons maintenant essayer de donner à nos lecteurs un résumé rapide de l'histoire des Jésuites en Europe, depuis les premières années du xvii⁰ siècle jusqu'aux premières du xviii⁰.

Sous le gouvernement faible, incertain, chancelant de la régente, Marie de Médicis, veuve d'Henri IV, les Jésuites firent de rapides progrès en France. L'arrêt du feu roi, qui rappelait les Révérends Pères en France, contenait, entre autres restrictions, « que Paris n'était pas compris dans les lieux où les Jésuites pouvaient s'établir. » Ils obtinrent bientôt de la Régente que cet arrêt fût brisé et cette défense levée ; enfin, le 15 avril 1618, par un second arrêt, il leur fut permis, à l'avenir, « de faire lecture et leçons publiques, en toutes sortes de sciences et tous autres exercices de leur profession, au Collége de Clermont, à Paris, » etc. Ils avaient eu l'adresse d'intéresser à leur cause les prélats de France, qui, dans les États de 1614, rompirent des lances pour la Compagnie de Jésus en même temps que contre les libertés publiques. Nous ferons remarquer que le clergé inférieur se prononçait toujours énergiquement contre les Jésuites. Ceux-ci pourtant ne craignaient pas, à l'occasion, de malmener les évêques. Le fameux Père Cotton en donna une preuve en 1617. Ce Jésuite venait d'être nommé Provincial de Guyenne : Louis XIII, qui semble avoir chargé sa mère de l'assassinat de son père, voyait sans doute, dans l'ex-confesseur d'Henri IV un complice de Marie de Médicis, et, comme tel, désirait son éloignement. Le Père Cotton convoitait le Collége d'Angoulême. L'évêque de cette ville semblant mal disposé en faveur des

prétentions des Jésuites, le Père Cotton profite d'une absence du prélat pour se faire adjuger le Collége. L'évêque d'Angoulême, à cette nouvelle, interdit et suspendit les Jésuites, qui n'en passèrent pas moins outre.

Cette même année vit la Compagnie de Jésus mettre le pied à Orléans, où les appela un certain prêtre, auquel ils jouèrent, peu après, le tour de s'emparer pour eux d'un terrain qu'il convoitait pour lui. Bientôt les Jésuites, alors établis fort modestement dans la rue de la Vieille-Monnaie, apprennent que les Minimes sont en traité pour acheter le Prieuré de Saint-Samson. Sur-le-champ, un Jésuite, habile agent d'affaires, va trouver les moines de ce Couvent, leur offre des conditions meilleures, et obtient une vente notariée. Il paraît que les Jésuites firent là une excellente affaire. Un seul bénéfice dépendant du Prieuré de Saint-Samson rapportait annuellement 6,000 livres de revenu. Le Collége d'Orléans devint donc prospère, d'autant plus que les Jésuites, qui avaient bien su trouver pourtant les fonds nécessaires à l'acquisition dont nous venons de parler, se présentaient toujours comme si pauvres, qu'ils avaient obtenu pour le Collége un secours annuel de 2,500 livres, qui devait cesser de leur être continué aussitôt qu'ils n'en auraient plus besoin. On comprend qu'ils en eurent besoin toujours! Ils obtinrent également 3,000 livres pour leur Collége de Rennes. Ils eurent alors des Colléges dans la plupart des principales villes du royaume.

Les Jésuites furent si puissants en France sous la Régence de Marie de Médicis et dans les premières années du règne de Louis XIII, qu'ils annihilaient le pouvoir des magistrats et des Parlements. En 1611 ou 1612, un écolier du Collége des Jésuites de Dijon, nommé Guényot, osa soutenir qu'il valait mieux tuer *trente* rois que de pécher en jurant. Quoique Dijon fût tout à fait favorable aux fils de saint Ignace, le procureur-syndic de la ville ne crut pas devoir se dispenser de faire mettre en prison le digne élève des bons Pères, qui surent faire bientôt élargir leur adepte et étouffer l'affaire. En 1620, un Jésuite, le Père Grangier, à la suite de quelque mécontentement, osa bien prêcher publiquement d'une façon tellement séditieuse, que le Parlement de Rouen se saisit de l'affaire, qui semblait promettre un bout de corde au prédicateur. Mais, aussitôt les confrères de celui-ci obtiennent un arrêt d'évocation au Conseil du roi, où l'affaire s'oublie à dessein. Il en fut encore ainsi, à peu près vers la même époque, pour une autre affaire toute semblable. Ambroise Guyot, Jésuite, était dans les prisons de Rouen, sous la prévention d'avoir trempé dans un complot contre le roi. Les Jésuites de Rouen arrachèrent de vive force et par voie de fait, des prisons du Parlement, leur confrère, pour lequel le Père Cotton obtint un nouvel arrêt du Conseil, qui consignait le coupable entre les mains de ce dignitaire Jésuite, lequel s'engagea à le représenter toutes fois qu'il en serait requis..... c'est-à-dire jamais !

Nous avons déjà dit que les Jésuites avaient été rétablis par Henri IV dans le Béarn ; mais ils n'y rentrèrent qu'en 1620 et 21. Ils s'établirent alors à Pau avec 12,000 livres de rentes, que leur accorda Louis XIII. Il paraît que le clergé catholique de cette Province eut beaucoup à se plaindre des usurpations des Révérends Pères, qui non-seulement refusaient de leur payer la dîme, mais qui leur soutiraient encore leurs rentes dîmeresses. Il paraît aussi que longs furent les combats que se livrèrent, à ce sujet, les curés et les Jésuites du Béarn ; car, sous Louis XV, nous voyons, entre autres exemples, un curé Desbarats soutenir contre la noire Cohorte un combat qui ne dura pas moins de sept ans (1726-1733), et qui, après avoir retenti devant toutes les juridictions, ecclésiastiques et civiles, se termina par une lettre de cachet, que les Révérends Pères obtinrent du jeune roi, et avec laquelle ils firent exiler le pauvre curé qui avait osé lutter contre eux (1). Les Jésuites paraissent avoir joué un double rôle dans la querelle qui divisa Louis XIII et sa mère, aussitôt après que le premier fut roi, et qui se termina par l'exil de Marie de Médicis et par sa mort sur une terre étrangère, dans un galetas. Enfin, le cardinal de Richelieu vint soutenir de sa main puissante le sceptre, qui, dans les faibles mains de Louis XIII et de la Régente sa mère, n'était presque plus que le bâton sur lequel s'appuyait le Jésuitisme pour s'élancer par bonds dans sa course rapide et triomphante.

(1) L'arrêt du Conseil, en cette dernière affaire, est daté du 18 février 1625.

Richelieu n'aima pas les Jésuites, et ce n'est peut-être pas le plus petit éloge qu'on puisse faire de ce grand homme. Prêtre par hasard, cardinal par convenances, Richelieu fut, par goût et de fait, un homme politique, un grand ministre; et, comme tel, il ne s'inquiéta jamais des choses de religion, que dans les points où elles se trouvaient liées et confondues avec les choses du monde. S'il écrasa le Protestantisme en France, c'est qu'il voulait, complétant la pensée de Louis XI, établir solidement l'unité, l'indivisibilité de la monarchie française. Aussi protégea-t-il — chose remarquable! — le Protestantisme en Allemagne; c'est que, là, il voulait, et par tous les moyens, abattre la Maison d'Autriche, dont l'altière puissance lui semblait une menace perpétuelle pour la France, et un empêchement complet pour l'équilibre du monde.

Lorsque éclatèrent les grandes commotions de la *guerre de Trente-Ans*, on vit les troupes françaises, sur l'ordre d'un cardinal, d'un prince de l'Église romaine, s'élancer sur les champs de batailles, à l'opposé des armées romaines, et les drapeaux d'un roi très-chrétien, qui avait pour confesseur un Jésuite, se heurter contre les drapeaux bénits par le pape, et mêler fraternellement leurs plis avec ceux des bannières suédoises et allemandes, sur quelques-unes desquelles on lisait : « A bas Rome, la grande prostituée! Mort aux Jésuites, ces infâmes assassins !..... »

Richelieu avait voulu qu'il en fût ainsi.

La guerre de Trente-Ans donna beau jeu aux Jésuites. Cette guerre fut à la fois religieuse et politique : les petits souverains allemands y luttèrent pour se sauvegarder contre l'absorption dont les menaçait la puissante Maison d'Autriche; les peuples protestants, pour y gagner la liberté de conscience et, par elle, toutes les libertés; la France, représentée par Richelieu, pour abaisser la puissance des successeurs de Charles-Quint et brider leurs ambitieuses visées; les Jésuites, brochant sur le tout, se firent de ces querelles, de rois et de peuples, une vaste et sanglante litière dans laquelle, retrempant leurs forces, ils réparèrent leurs anciennes défaites et firent de nouvelles conquêtes.

Si Richelieu poussa les princes protestants sur les champs de bataille de l'Allemagne, les Jésuites, cela est évident pour nous, n'y poussèrent pas moins l'empereur et les princes catholiques de l'empire. Ferdinand d'Autriche, Maximilien de Bavière et plusieurs autres souverains allemands avaient alors des confesseurs Jésuites; les deux premiers étaient même des élèves de saint Ignace. Les écrivains de la Compagnie de Jésus, en niant que l'influence de ces confesseurs ait contribué aux sanglantes guerres de ce temps, avouent pourtant,—que disons-nous?— crient avec orgueil que ce fut le confesseur Jésuite de l'empereur, le fameux Père Martin Bécan, qui poussa par ses exhortations Ferdinand II à s'engager, par un vœu public, à faire triompher la religion catholique dans *tous* les États de l'Empire germanique, c'est-à-dire à faire couler à flots le sang des protestants et des catholiques, jusqu'à ce que les premiers eussent reconnu, comme les seconds, la suprématie que réclamait le César autrichien.

On sait de combien de scènes atroces est rempli ce grand et lugubre drame que l'histoire appelle Guerre de Trente-Ans.

Il n'existe peut-être pas un point de la terre germanique où le sang catholique et le sang protestant n'aient alors confondu leurs flots, pas une ville qui n'ait été prise et reprise, pillée, saccagée ou brûlée. Nous ne voulons pas dire que les protestants se soient abstenus des épouvantables horreurs qui signalèrent cette guerre; tant s'en faut, malheureusement; mais c'est surtout l'empereur Ferdinand II qui a le plus entaché sa mémoire à cet égard. Les panégyristes de la Compagnie de Jésus ont osé comparer Ferdinand II d'Autriche à Charles V de France. Comme le règne de Charles, le règne de Ferdinand fut une ère de haute lutte, de sanglantes batailles et de grandes secousses politiques. Comme Charles, Ferdinand dirigea ses armées du fond de son cabinet, et, retenant le sceptre de la souveraineté, confia l'épée du commandement aux mains de ses lieutenants militaires. Mais, Charles V, prince naturellement doux, ne fit pas couler le sang de ses sujets par ses ordres, à plaisir, et ne lutta que pour sauver son royaume envahi par l'étranger; tandis que Ferdinand, prince sombre, cruel par tempérament, et, — ne l'oublions pas, — élève des Jésuites et leur pénitent! — fit verser, par calcul ou par colère, le sang des peuples sur lesquels

Dieu l'avait appelé à régner et dont il lui avait confié le bonheur. Mais le roi de France avait son brave Duguesclin pour connétable, et l'empereur d'Allemagne un féroce Tilly pour lieutenant. Mais l'histoire a décerné à Charles V le titre de *Sage*, et flétri Ferdinand II de celui de *Sanguinaire!* Mais la France a béni son roi ; l'Allemagne maudit encore son empereur !...

Les Jésuites reparurent donc sur les champs de bataille. Pendant toute la guerre de Trente-Ans on les vit marcher avec les armées de Ferdinand II et de Ferdinand III, fils du premier, et qui fut l'héritier des projets de son père comme de sa couronne impériale. Les historiens Jésuites en font une gloire à leur Société. Ils appellent cela : *soutenir les combats de la foi dans les armées impériales.* Tilly, Walstein, Piccolomini, Colloredo, Lichstenstein, Wrangel, tous les généraux de l'Empereur ont des Jésuites à leur côté, lorsqu'ils donnent le signal qui va faire réduire une ville en cendres, ou s'entr'égorger cent mille hommes ; et chacun de ces noirs Conseillers reçoit son mot d'ordre de Bécan ou de Lamormaini, directeur de l'Empereur, qui reçoit le sien du chef de son Ordre. Tilly, il est peut-être bon de le faire remarquer, Tilly, le plus féroce des généraux qui parurent dans cette terrible guerre de Trente-Ans, Tilly, qui sembla se baigner à plaisir dans le sang, avait été écolier des Jésuites, Novice et peut-être même Jésuite ! Il se laissa toujours diriger par les Révérends Pères. Walstein et Piccolomini étaient aussi élèves des fils de saint Ignace !...

A la célèbre bataille de Leipsick, où Gustave-Adolphe battit le vieux Tilly, on trouva des Jésuites parmi les morts et les blessés. Chassés de la Bohême avec les Impériaux, ils y rentrèrent avec eux. On les vit, plus d'une fois, en ce pays, ne pas se contenter du rôle de conseillers et de prédicateurs, et conduire, le sabre ou la pique à la main, les catholiques au combat : en 1648, lorsque Charles-Gustave vint bloquer Prague où s'était jetée l'arme impériale, commandée par Wrangel, on vit le Père Dubuisson combattre parmi les assiégés, à la tête d'une compagnie de soixante-dix Jésuites, et le Père Plachy conduire aux remparts les étudiants de l'Université de Prague, réunis en bataillon. Les Jésuites s'étaient emparés de cette Université, et ils voulaient en rester maîtres, ce qui ne pouvait avoir lieu que tant que le pouvoir de l'Empereur serait reconnu dans la ville. Quand la Bohême fut envahie par Maximilien de Bavière, élève des Jésuites, une vingtaine de ces Pères, ayant à leur tête Jérémie Drexel, condottieri en robe noire, marchaient sous ses drapeaux et les poussaient en avant.

On comprend dès lors la haine dont les protestants étaient animés, à cette époque, contre les enfants de Loyola, et dont ils donnèrent de terribles preuves dans le cours de cette sanglante guerre de Trente-Ans. Christian de Brunswick, un des principaux chefs des armées protestantes, avait, dit-on, dans son armée une bannière qu'on portait devant lui, sur laquelle se lisaient ces mots : *L'ami des hommes, l'ennemi des Jésuites*! C'est que, apparemment, les Jésuites n'étaient pas du tout regardés comme les amis des hommes à cette époque.

Le cardinal de Richelieu, qui, dans l'intérêt bien entendu de la France, faisait alliance avec les protestants d'Allemagne, dut nécessairement être en butte à la haine des Jésuites (1). Mais ce grand ministre était trop puissant pour que les Jésuites osassent se prononcer ouvertement contre lui. Ils essayèrent donc de le faire en dessous. Toutes les conspirations de la noblesse française, humiliée à cette époque, contre la puissance dictatoriale du cardinal-ministre, avaient un ou plusieurs fils tenus par une main de Jésuite, tout en semblant n'être dirigées que par un Cinq-Mars ou un Montmorency. Observons que, lorsque moururent ces deux hommes qui avaient osé se croire de force avec le géant qui se nommait cardinal de Richelieu, ils choisirent deux Jésuites pour confesseurs. Le faible et lâche Gaston d'Orléans, frère du roi, qui mettait d'ordinaire en train ces conspirations, pour s'en faire absoudre plus tard par le cardinal, auquel il abandonnait ses malheureux instruments, était grand ami des Jésuites. Richelieu, se fiant à sa force qu'il connaissait, avait permis à son maître d'avoir des Jésuites

---

(1) Les Jésuites ont crié et fait crier à l'anathème contre le ministre du roi très-chrétien, cardinal lui-même, osant faire alliance avec des ennemis du catholicisme. Mais ne sait-on pas que les bons Pères étaient les négociateurs intermédiaires entre le roi d'Espagne et les protestants de France, toujours prêts pour la révolte, et que Richelieu écrasait en France, tandis qu'il relevait leurs frères en Allemagne ?

pour confesseurs, quoique lui-même eût toujours évité d'en avoir un auprès de lui. Ces confesseurs excitèrent bien des fois contre le cardinal-ministre de royales bourrasques, que ce dernier savait toujours arrêter d'un mot, d'un geste; quand il le croyait nécessaire à sa sûreté, le cardinal chassait même le confesseur, comme il fit du Père Caussin, qui avait tenté de faire révolter Louis XIII contre la dépendance où le tenait le grand ministre, vrai roi et bien plus digne de l'être que celui qui en portait le titre. Richelieu, quoique cardinal, voulait fortement l'indépendance de la France même à l'égard du Saint-Siège; nul ministre ne se montra plus soucieux que ce prince de l'Église des libertés gallicanes. Les Jésuites, profitant de ceci, essayèrent de le brouiller avec Rome. Mais le pape n'osait se créer un si formidable adversaire. Les Jésuites alors lui dénoncèrent le cardinal-ministre comme ayant l'intention d'arracher au Saint-Siège l'Eglise de France, dont il voulait se rendre le chef, sous le nom de Patriarche. Cette accusation était-elle véridique? Les quelques démarches de Richelieu qui y firent croire furent-elles autre chose qu'une menace? La mesure dénoncée était-elle un crime, comme le prétendirent les Jésuites, ou une chose permise, comme l'assurèrent des docteurs et même des prélats? Peu nous importe. Ce que nous voulons faire remarquer, le voici : A la même heure où les Jésuites, de la voix et de la plume, jetaient un lamentable cri d'alarme au pied du trône pontifical, un Jésuite, le Père Rabardeau, justifiait le cardinal-ministre. Toutes ces intrigues avaient pour but d'empêcher le cardinal de prêter le secours de la France aux protestants d'Allemagne. Mais ce fut vainement que les Jésuites y eurent recours : Richelieu continua de jeter des aliments au foyer qui consumait la Maison d'Autriche.

Tout ce que les Révérends Pères purent obtenir de Richelieu, malgré les pressantes et quotidiennes sollicitations de Vitelleschi, Général de la Compagnie, fut une intercession de Louis XIII, qui sollicita et obtint des chefs du parti protestant des lettres de sûreté pour les Jésuites placés sur le théâtre de la guerre. Ces lettres obtenues par les Jésuites prouvent que les Révérends Pères commençaient à trouver la guerre et ses hasards des choses un peu rudes. Cependant les résultats en étaient très-satisfaisants pour eux. Partout où les armes de l'Empereur avaient ramené le calme de la paix, ou le silence de la mort, les Jésuites avaient eu le pouvoir de planter leurs tentes. Mais, le pays dévasté ne leur promettant pas de riches établissements, les fils de saint Ignace avaient demandé et obtenu un édit impérial qui leur concédait les biens et propriétés des protestants morts ou bannis, dans la Bohême, la Saxe, le Bas-Palatinat et le duché de Wurtemberg. Des défenseurs de la Compagnie ont cherché à détruire l'odieux de cet acte, que nos lecteurs sauront qualifier, en affirmant « que ces *riches épaves* de l'apostasie, » comme ils nomment les dépouilles des malheureux protestants, « furent offertes et à diverses reprises aux Jésuites, qui ne les acceptèrent que sur l'autorisation du Saint-Père. »

D'autres, au contraire, ont effrontément loué cette manière d'agir des noirs enfants de Loyola, dans laquelle un écrivain moderne trouve, sans chercher, *qu'il y a autant de prévision que d'intelligence politique* (1)! Oh! mon Dieu!...

Ferdinand III, qui succéda à son père Ferdinand II, fut moins heureux que lui. Pressé d'un côté par Weimar et Tortenson, de l'autre par Turenne et Condé (ce dernier était pourtant élève des Jésuites), il se vit réduit à demander humblement la paix, qui lui fut accordée, en 1648, par le traité de Westphalie. Les Jésuites étaient alors sans doute fatigués de la guerre; cependant la paix semblait devoir leur être funeste; celle-ci menaçait de leur reprendre tout ce que celle-là leur avait donné. Mais les Révérends Pères continuèrent, pour leur compte, une petite guerre dirigée cette fois contre les Universités, Bénéfices, Couvents, Prieurés, dont les armes impériales n'avaient pu leur ouvrir les portes, et dans lesquels la ruse ou même la violence les introduisit. Longue est la liste de leurs exploits en ce genre, que quelques écrivains, entre autres Antoine Arnauld, ont eu la patience de dresser. On peut consulter, à cet égard, le Mémoire ou *Factum*, présenté au conseil du roi, en 1654, par un religieux et vicaire général de l'Ordre de Cluny (qu'on remarque bien ceci), Dom Paul Willaume;

---

(1) Voyez l'*Histoire religieuse, politique et littéraire de la Compagnie de Jésus*, par M. Crétineau-Joly, tome III, chap. vi, page 393.

ainsi que deux livres curieux autant qu'édifiants, écrits sur le même sujet de 1635 à 1657, par un autre religieux, le Père Hay, Bénédictin. Voici un exemple de la manière dont opéraient les bons Pères.

Il y avait en Alsace, Province qui appartenait alors à la Maison d'Autriche, un riche Prieuré, dit de Saint-Morand, lequel convenait fort aux Jésuites. Et ce n'était pas sans raison, ledit Prieuré étant approvisionné de bonnes rentes comme il convient à toute dévote Maison, et, de plus, y ayant, comme dit un des Mémoires présentés au procès, grande et fructueuse fréquence de pieux pèlerins. Malheureusement, ledit Prieuré était, depuis longues années, en la possession de moines Bénédictins, qui n'avaient nulle envie de s'en défaire. Les Jésuites commencèrent par obtenir de l'Archiduc, souverain d'Alsace, que deux de leurs Pères pussent s'établir sur les terres de Saint-Morand, et cela sous le prétexte que les Bénédictins étaient peu fervents et ne s'acquittaient pas bien de leurs devoirs religieux envers leurs ouailles ordinaires ou passagères. Cela fait, les Jésuites se font donner, sous de faux titres, nous l'espérons, une bulle par laquelle le Prieuré de Saint-Morand passe à la Compagnie de Jésus. La bulle obtenue, ils chassent aussitôt les Bénédictins malgré leurs réclamations. Ceci n'avait fait que mettre les dignes fils de Loyola en appétit. Regardant autour d'eux, ils s'aperçurent que deux autres Prieurés, ceux de Saint-Ulrich et d'Ellemberg, étaient si rapprochés, qu'ils semblaient faire partie de celui de Saint-Morand; ils se dirent qu'ils devaient achever ce qu'ils avaient si bien commencé. Là-dessus, ils firent représenter devant l'Archiduc, à l'occasion d'une fête, une tragédie à la fin de laquelle, par forme d'épilogue, saint Augustin (les deux nouveaux Prieurés étaient sous la règle de ce saint) s'avançait et, après s'être plaint vivement du relâchement de ses religieux, offrait les deux Prieurés à saint Ignace, qui apparaissait à propos en ce moment, qui acceptait fort tranquillement le cadeau, en déclarant que nuls n'étaient plus dignes que ses enfants de posséder Saint-Ulrich, Ellemberg et autres gras Prieurés..... Lorsque l'Alsace passa à la France, les Bénédictins attaquèrent les Jésuites ravisseurs. Saint-Morand fut donné en bénéfice à un religieux de l'Ordre de Cluny, qui partit sur-le-champ avec une communauté pour s'y établir, croyant trouver toutes portes ouvertes. Mais il avait compté sans les Jésuites. Ceux-ci essayèrent de se maintenir de vive force dans leur conquête. Ils firent même venir quelques soldats allemands pour leur prêter main-forte, en cas de siége. Cependant, se voyant forcés de déguerpir, ils se bornèrent à demander à leurs rivaux qu'on les laissât encore quatre jours tranquilles dans les murs de Saint-Morand, après quoi ils promettaient d'en sortir de bonne volonté. Ce délai leur fut accordé, et on va voir comment ils en profitèrent.

Lorsque le nouveau Prieur et ses moines de Cluny se présentèrent au bout de quatre jours devant l'Abbaye, ils n'eurent pas de peine à y entrer, il n'y avait plus ni portes ni croisées! ils pénètrent dans les dortoirs et refectoire : plus de meubles! ils courent aux granges et cellier : pas un tonneau, pas un sac de grain! ils vont alors au chartrier et à l'église : l'église et le chartrier ont été dévalisés comme le reste de l'Abbaye; il n'y a plus un seul titre, pas une aube, pas un seul ornement, pas la plus petite bribe de tout ce qui faisait jadis l'orgueil et la splendeur de Saint-Morand! La plupart des statues avaient même été enlevées, ainsi qu'une certaine quantité de marbres et de belles pierres! Et, en ce moment, les Jésuites s'occupaient, en souriant d'un air de dépit satisfait, à répartir ces dépouilles opimes dans leurs deux autres Prieurés de Saint-Ulrich et d'Ellemberg, qui depuis lors écrasèrent de leur luxe l'Abbaye triste, humiliée, de Saint-Morand!.....

Toutes les fois que les Jésuites furent ainsi obligés de rendre gorge, ils s'arrangèrent de façon à ce que l'objet de la restitution fût de tous points conforme au vœu de pauvreté le plus rigide, tel que le prescrivaient les règles des divers Ordres, même de ceux où on l'observait le moins.

Nous pourrions en citer bien d'autres exemples.

Et ce n'était pas seulement en Allemagne que les bons Pères faisaient cette petite guerre aux Bénéfices et Prieurés. En 1661, le Parlement de Metz eut à juger un procès élevé entre les Jésuites de Lorraine et les religieuses Ursulines de Mâcon. Voici le résumé de ce procès fort singulier et très-instructif, tel que nous le prenons dans l'arrêt du Parlement.

Au commencement de 1649, le Recteur des Jésuites de Metz eut connaissance que les Ursulines de Mâcon désiraient venir établir à Metz une communauté de leur Ordre. Justement les Révérends Pères possédaient alors, dans cette dernière ville, une maison dont ils ne savaient que faire, et qu'ils louaient pour la modique somme de cent soixante livres tournois environ. Cette maison, petite et en fort mauvais état, ne convenait nullement aux projets d'établissement des Dames Ursulines; mais les Jésuites tenaient beaucoup à s'en défaire. Aussi le Recteur, un Père Forget, décida que les sœurs de Sainte-Ursule prendraient ladite Maison, et qu'elles la payeraient, en outre, un bon prix. Voici de quels expédients il s'avisa pour arriver à ses fins. Un Jésuite artiste trace un plan magnifique de la maison en vente; sur ce plan, l'édifice s'élève en bon état, du rez-de-chaussée à la toiture, coquettement sculpté et décoré, au milieu d'un vaste enclos frais et fleuri, ombreux et qui semble inviter les oiseaux à venir chanter dans l'épaisseur de ses masses de verdure. On y voyait figurer aussi une charmante église avec son petit clocher pointu terminé par un brillant coq doré. Une coupe de l'intérieur présentait de larges et beaux dortoirs, réfectoires, etc. Or, la vérité était que l'édifice tombait en ruines, était petit, sans enclos ou à peu près, fort malsain par le voisinage d'un ruisseau bourbeux et des latrines publiques. Il n'y avait pas une chambre habitable. En un mot, le prospectus du Père Forget était aussi menteur qu'un prospectus peut l'être. Néanmoins, le digne Recteur se présente hardiment, avec son plan, devant la Supérieure des Ursulines de Mâcon, qui, séduite par les gentillesses du dessinateur, et se fiant à la parole du Révérend Père, achète pour quatre-vingt mille bons francs, argent de Metz, ou environ trente mille livres tournois de France, une bicoque qui n'en valait pas la moitié, et qui ne convenait pas en outre le moins du monde aux Religieuses de Sainte-Ursule. La supérieure des pieuses filles ayant voulu faire vérifier les assertions du Recteur sur la maison vendue par lui, celui-ci avait trouvé moyen d'empêcher l'arrivée des experts nommés,

Un prospectus Jésuitique.

gens de condition de Mâcon, en les effrayant par un épouvantable tableau des chemins, etc., etc. Bref, le marché passé, la somme versée, les Ursulines arrivent pour s'établir à Metz. Grand fut leur désappointement. Leur Supérieure, bien édifiée par elles, demande au Père Forget à résilier le marché. Le bon Père fait la sourde oreille, comme on le pense. La querelle s'envenime, et un procès s'engage.

Le 10 mai de l'an 1661, le Parlement de Metz annula la vente, donna main-levée aux demanderesses des saisies opérées sur leurs biens par les Jésuites, et déclara le jugement rendu contre le Recteur des Jésuites de Metz commun au Provincial..... Ne voilà-t-il pas une curieuse et très-édifiante histoire? Et qu'on le remarque bien : ceci n'est point le fait d'un individu isolé, mais celui d'un homme agissant au nom de l'Ordre dont il fait partie, et cela est si vrai, que l'arrêt du Parlement rend le Provincial des Jésuites, à défaut du Général insaisissable, solidaire des actes du Recteur de Metz. Mais on sait que la Compagnie de Jésus a l'habitude de prendre pour elle, comme corps, tout ce qui peut lui apporter gloire ou profit dans les actes de ses religieux, et de rejeter sur ses membres, individuellement, tout ce qui peut noircir l'Ordre ou l'appauvrir, ces membres n'eussent-ils agi que par commandement exprès de leurs supérieurs. Un nouvel exemple va prouver la vérité de ce jugement; nous voulons parler de la banqueroute des Jésuites de Séville, prélude de celle plus fameuse encore et non moins mémorable qui, dans le siècle suivant, s'appellera banqueroute du Père La Valette.

La Province jésuittique de Séville, en Espagne, vers la fin de la première moitié du XVIIe siècle, était une des plus considérables de l'Ordre. Elle ne renfermait, ainsi que nous l'avons dit, pas moins de trente-deux Maisons différentes, et de 7 à 800 Jésuites. La ville de Séville, à elle seule, avait six établissements dédiés à saint Ignace. Un de ces établissements, le Collége de Sainte-Hermenigilde, avait pour Procureur ou Administrateur temporel un certain Frère André de Villar. Cet homme, voulant accroître la richesse et partant l'importance du Collége qu'il dirigeait, conçut le projet de faire le commerce au compte et pour le profit de son Collége. Prit-il, à cet égard, les ordres de ses supérieurs ? C'est ce qui est certain si on s'en rapporte aux assertions des créanciers du Père Villar, et à celles du Père Villar lui-même ; c'est ce qui est plus que probable, à ne s'en rapporter qu'aux règles d'obéissance absolue prescrite par les lois jésuitiques à l'inférieur envers son supérieur, et au système d'espionnage et de délation qui forme le fond du gouvernement de la noire Cohorte.

Voici donc le Jésuite André de Villar qui se fait négociant. Mais, pour réaliser ce dessein, il fallait de l'argent, beaucoup d'argent. Frère André s'adresse, pour ce qu'il nomme une œuvre pie, aux âmes dévotes et aux consciences timorées, auxquelles il promet les récompenses célestes ou le pardon divin ; il a même recours aux cupidités de ce monde, auxquelles il offre l'appât du lucre. Bref, et ses confrères l'aidant de toutes leurs influences réunies, il trouve moyen d'emprunter de divers individus la somme, énorme à cette époque, de quatre cent cinquante mille ducats. Avec cet argent, le Jésuite, se faisant à la fois agronome, marchand, constructeur, armateur, industriel de tout genre, bâtit des maisons, achète des propriétés, des troupeaux, des toiles, du fer, du safran, de la cannelle, revend le tout, en achète de nouveau, fait construire des vaisseaux, les charge de ses marchandises, les envoie aux colonies espagnoles, d'où ses commis et subrécargues rapportent les produits coloniaux qu'il vend dans ses magasins d'Europe. D'abord, la maison Villar et compagnie réalise d'assez beaux bénéfices ; puis, soit malheur, soit maladresse, soit encore improbité, un jour le négociant en robe noire répond à ses créanciers ou commanditaires qui lui demandent leurs fonds : « qu'il n'a plus un sou dans sa caisse et qu'il ne sait comment les rembourser ! » On comprend quel cri s'éleva contre les Jésuites à cette nouvelle. Deux ou trois cents familles se trouvaient, par la banqueroute dont elles se voyaient menacées, sous le coup d'une ruine plus ou moins complète. A ce moment, le Provincial intervient et, le 8 mars 1646, dans une assemblée de créanciers, qui se tint à la Maison-Professe de Séville, propose à ceux-ci cinquante pour cent sur chaque créance. Refus énergique des créanciers, qui prétendent, avec raison, que ce n'est pas à

Frère Villar, mais bien à la Compagnie de Jésus elle-même qu'ils ont prêté leur argent, et que, si la caisse de Frère Villar est à sec, celle de la Compagnie est assez bien garnie pour qu'ils soient remboursés intégralement. On se sépare là-dessus. Le surlendemain, 10 mars, les créanciers des Jésuites apprennent qu'un d'entre eux a accepté les propositions du Provincial, et qu'on instrumente pour les amener tous à cet arrangement. Les Jésuites avaient fait immédiatement nommer un conservateur de la faillite, qui, sur-le-champ, avait versé les cinquante pour cent à ceux qui s'étaient présentés pour les recevoir. Il paraît que ce conservateur, homme de confiance des Révérends Pères, faisait ces paiements d'après une liste dressée par ses patrons et sur laquelle figuraient soit des créanciers fictifs, soit des individus amis de saint Ignace et de sa bande. Les créanciers réels, indignés, formulèrent une plainte vigoureuse et bien appuyée de preuves, qu'ils adressèrent au roi d'Espagne, Philippe IV. Les Jésuites répondent à cette plainte en faisant emprisonner Frère André de Villar, qu'ils accusent d'avoir, sans la permission de ses supérieurs, entrepris un négoce en dehors de la Compagnie et contraire aux règles de son Institut. Frère André de Villar, de son côté, ne fut pas plus tôt mis en liberté par un ordre du Conseil, qu'il produisit deux lettres de ses chefs prouvant que ceux-ci avaient sinon approuvé, du moins su et souffert la création de sa maison de commerce. Ce qui surtout dénonça le plus vivement les Jésuites à l'indignation générale, fut une lettre du Père Provincial, restée au procès, et dans laquelle ce dignitaire de la Compagnie, répondant à Frère André de Villar, lequel lui conseillait de ne pas faire un procès aux créanciers, lui répondait ceci en substance : « Nous devons trop pour que nous payions. Notre crédit est perdu, n'y pensons plus ; mais sauvons notre argent comme nous le pouvons !... etc. »

Il nous est impossible de rapporter toutes les phases de ce procès, qui dura longtemps et qui fit grand bruit. Nous nous bornerons à dire que les Jésuites trouvèrent moyen d'échapper, au moins en partie, aux jugements que leurs créanciers obtinrent péniblement de la justice du roi. La justice du peuple ne les en flétrit pas moins du nom de banqueroutiers (1). Quant à Frère André de Villar, jugeant bien après tout ceci qu'il n'avait rien de bon à attendre de ses confrères, il jeta la robe noire, rentra dans le monde et s'y maria même en face de l'Eglise, après s'être toutefois fait relever de ses vœux, qu'il avait répétés plusieurs fois pourtant; « Mais, dit Arnauld à ce propos, ce sont des Professions de Jésuites, auxquelles personne ne comprend rien. »

Nous ajouterons que cette banqueroute des Jésuites de Séville mit encore au grand jour une autre infamie des Révérends Pères. Sur la plainte des créanciers de la banqueroute, le Conseil royal de Castille ayant commis un de ses membres, président de l'audience royale de Séville, pour connaître du procès, celui-ci se fit représenter tous les livres de compte du Collége des Jésuites, ainsi que ceux de la caisse de la Procure. Parmi ces livres, on en vit un qui avait pour titre: *Livre des œuvres pies*. En le parcourant avec attention, on y trouva la preuve que les bons Pères retenaient indûment une somme de 85,000 ducats, appartenant à un gentilhomme de Séville, nommé don Rodrigue Barba Caveça de Vaca, laquelle somme avait été confiée par un oncle de ce gentilhomme, une trentaine d'années auparavant, aux Jésuites du Collége de Sainte-Hermenigilde de Séville. Cet oncle avait voulu soustraire ainsi la somme aux chances d'un procès que lui intentait une femme qui prétendait être sa fille et qu'il refusait de reconnaître en cette qualité. Juan de Monsalva, l'auteur du dépôt, avait prié les dépositaires de conserver, en tous cas, à son neveu, cette somme sur le revenu de laquelle il les autorisait seulement à prélever, chaque année, huit cents ducats qu'ils emploieraient en bonnes œuvres. Or, il parut que les bons Pères, don Juan étant mort, avaient jugé à propos de garder tout, principal et intérêts. Ils avaient pourtant poussé la générosité jusqu'à payer annuellement, à titre d'aumônes, au neveu de don Juan si effrontément volé, une petite rente destinée à remplacer les bonnes œuvres auxquelles Monsalva avait voulu consacrer huit cents ducats!..... Le délégué du Conseil royal de Castille fit rendre gorge aux Jésuites, et don Rodrigue fut

---

(1) Voyez à cet égard le livre espagnol intitulé: *Teatro Jésuitico*, sanglante satire lancée contre les bons Pères.

mis, par ordre du Conseil, mais non sans peine, en possession des 85,000 ducats.

Vers la même époque se place un épisode qui peut venir, après la banqueroute de Séville, comme une petite pièce après une grande. C'est une anecdote qui a du moins le mérite d'être fort gaie.

Un honnête maréchal ferrant, de Madrid, ne sachant que faire d'un fils qu'il avait, jugea qu'il assurerait son avenir en le faisant entrer dans la Compagnie de Jésus, où le jeune homme fut reçu en effet et avec un empressement qu'explique une somme de deux mille ducats que le novice apporta avec lui aux Révérends. Mais ce garçon était tellement idiot, que les Jésuites le renvoyèrent bientôt à son père. — Eh bien, fils, dit le maréchal en revoyant sa progéniture à la mine encore plus hébétée qu'auparavant, eh bien, il ne faut pas se désoler. Tu ne seras pas Jésuite, tu deviendras forgeron. Après tout, si tu as plus chaud sur la terre, tu auras peut-être, comme cela, moins de chances d'être grillé dans l'enfer! Tout est pour le mieux..... Mais, où sont donc mes deux mille ducats? » Les deux mille ducats étaient restés entre les mains des Jésuites. L'artisan les redemanda. Les bons Pères répondirent à sa demande de remboursement par un long mémoire de frais pour nourriture, éducation, édification, sanctification, etc., prodiguées par eux à son fils. Bref, ils eurent le crédit de faire déclarer par un magistrat qu'il y avait balance égale. Mais, le forgeron qui ne se tint pas pour battu, chercha un moyen de rentrer dans ses fonds, et voici comme il y parvint. A l'heure même, il affubla son grand nigaud de fils de son costume de Jésuite, et le conduisit, ainsi vêtu, à sa forge, où, dès lors, toute la ville de Madrid accourut pour voir le nouvel *Oculi* en robe noire, tirant avec gravité le soufflet paternel, ou frappant sur l'enclume retentissante..... On s'amusa tellement du spectacle, que les Jésuites, pour faire cesser le scandale, rendirent au malin forgeron ses deux mille ducats. Peut-être se vengèrent-ils de lui plus tard. L'écrivain espagnol, auquel nous empruntons en partie ces détails, affirme qu'en Espagne les Jésuites recoururent plus d'une fois au poison pour se défaire de ceux qui leur pouvaient nuire; il ajoute qu'ils firent même mourir, vers cette époque, un des leurs dont tout le crime était d'avoir empêché uue veuve riche et à moitié idiote de dépouiller, par testament, ses héritiers légitimes au profit de la noire Compagnie !

Pour s'expliquer les nombreux échecs judiciaires qu'éprouvèrent alors les Jésuites d'Espagne, il faut savoir que les rois de ce pays croyaient avoir à se plaindre des Révérends Pères. Voici à quelle occasion.

Nous avons dit que les Jésuites avaient aidé de tout leur pouvoir Philippe II à s'emparer du Portugal après la mort de don Sébastien, et à la fin du triste règne de don Henri, l'ex-cardinal. Tant que vécut Philippe II, les Jésuites, grâces aux services que nous avons mentionnés, jouirent d'une protection très-grande dans les parties diverses de la monarchie espagnole, à l'exception toutefois de la Péninsule même : là dominaient l'Inquisition et les moines de Saint-Dominique, rivaux éternels et redoutables des enfants de Loyola ; sous Philippe III et Philippe IV, le soleil de la faveur royale s'éclipsa presque entièrement pour les bons Pères, et réserva ses plus vifs rayons pour Saint-Dominique et ses enfants. Dès lors, et plus d'une fois, Saint Ignace se fit malmener par son terrible confrère ; les Familiers du Saint-Office rudoyèrent les Dévoués de la Compagnie ; et, à plusieurs reprises, l'Inquisition lança de son redoutable tribunal des accusations, des condamnations mêmes, sur des Jésuites et sur l'Ordre entier des Jésuites. Ceux-ci, n'osant s'attaquer à l'Inquisition, s'en prirent aux rois qui la protégeaient. Sentant le sol de l'Espagne trop mal affermi sous leurs pieds, ils allèrent chercher dans un coin de la Péninsule un terrain où ils savaient que la haine contre les Espagnols était comme le gramen vigoureux qui survit à toute saison et dont une main habile peut faire, à la fois, un abri et une défense. On comprend que nous voulons parler du Portugal ; là les Révérends Pères savaient qu'ils trouveraient une haine vigoureuse à greffer sur leur haine.

Le Portugal, en effet, frémissait toujours de colère et de rage sous les fers dont l'Espagne l'avait chargé, grâce aux mains des Jésuites, nous l'avons dit ; les Portugais s'en souvenaient parfaitement, mais ils l'oublièrent, ou parurent l'oublier, lorsqu'ils virent les fils de Saint-

Ignace, prêchant l'indépendance nationale, après avoir aidé le despotisme étranger, unir leurs voix nasillardes aux voix chaleureuses et éclatantes qui criaient l'heure de la liberté au Portugal ému et tressaillant.

Les historiens de la Compagnie n'ont pas même essayé de nier que les Jésuites prirent part en grand nombre à la révolution qui, arrachant le Portugal à l'Espagne, replaça le premier de ces deux pays parmi les nations; ils ont seulement voulu faire croire que les efforts de ceux-ci ne furent ni inspirés, ni dirigés par les chefs de la Compagnie, ne furent en un mot que des efforts individuels. Cela est assez difficile à croire en présence des faits. Le premier individu qui salua du nom de roi le chef de la Maison de Bragance, depuis Jean IV, fut un Jésuite, le Père Gaspard Correa; et ce Père ne fut ni puni par ses supérieurs de Portugal, ni rappelé par ses supérieurs de Rome. Quatre ans après, ce Jésuite, sommé de venir se justifier à Madrid, alléguait, il est vrai, qu'en promettant une couronne à Jean de Bragance, il ne prétendait parler que d'une couronne..... céleste. L'équivoque jésuitique ne le sauva pas de l'exil. Mais il laissait en Portugal des confrères qui continuèrent et achevèrent l'œuvre commencée.

On comprend que nous ne faisons pas un crime aux Jésuites d'avoir aidé le Portugal à reconquérir son indépendance, loin de là! Si les bons Pères avaient agi franchement, nous leur en ferions une gloire au contraire. Mais, on le voit, les Jésuites eux-mêmes n'osent avouer la part qu'ils ont prise à l'insurrection portugaise. Serait-ce par modestie, et comme il convient au belles âmes? Non, vraiment! C'est seulement que, tandis qu'ils poussaient le Portugal à la révolte, ils assuraient au roi d'Espagne qu'ils faisaient tout ce qui était en leur pouvoir pour la comprimer. C'est qu'ils sentent que les bienfaits de Philippe II les obligeaient au moins à la neutralité envers Philippe IV.

En 1640, le Portugal reprit, sous la Maison de Bragance, son rang de nation indépendante. Et, malgré leurs démentis de toute participation dans ce grand événement, les Jésuites se hâtèrent néanmoins d'en réclamer le prix auprès du trône nouvellement rétabli; et ils surent l'obtenir. Jean IV, monarque faible et craintif, combla les Pères de faveurs; ou plutôt ce fut la reine Louise Gusman de Medina-Sidonia, femme de tête, qui gouvernait son mari, conjointement avec un ministre, le célèbre Pinto, qui leur accorda tout. Les Jésuites devinrent les confesseurs de la famille royale et les conseillers secrets de la reine, qui s'en servit même comme de négociateurs et ambassadeurs à l'étranger. On comprend, maintenant, que les Jésuites devaient attendre assez peu de faveur de la royauté espagnole.

Quels étaient, à cette époque, les sentiments de la nation portugaise à l'égard des Jésuites? On peut conjecturer que la joie de voir leur patrie redevenir libre emplissait tellement tous les esprits, qu'elle n'y laissait plus de place aux vieux souvenirs. Mais peu à peu l'orgueil, l'avarice, les nouvelles intrigues des Jésuites se chargèrent de rappeler aux Portugais que, si les bons Pères avaient contribué un peu à leur délivrance, ils avaient contribué beaucoup à leur asservissement; et que, surtout, ils avaient été guidés, en 1640, par animosité contre l'Espagne, comme ils l'avaient été, en 1580, par zèle pour Philippe II, leur patron.

A peu près à la même époque où les Jésuites essayaient, par leur ingratitude envers l'Espagne, de faire oublier au Portugel l'ingratitude dont ils s'étaient auparavant rendus coupables envers le dernier de ces deux pays, ils furent chassés de Malte. Les écrivains de la Compagnie assurent que ce fut à l'occasion d'une intrigue dirigée contre les Révérends Pères par les jeunes Chevaliers, qui trouvaient en eux de trop rudes censeurs de leurs désordres; les adversaires de Saint-Ignace affirment au contraire que ce furent l'inconduite d'un Jésuite, l'ambition et l'avarice de tous les autres qui les firent exiler alors. Suivant ces derniers, il y avait alors grande disette de grains dans l'île de Malte; or, un Jésuite, le Père Cassia ou Cassiéta, ayant alors commis un crime de la nature la plus odieuse, les justiciers de l'Ordre de Malte, en arrêtant ce Père, reconnurent que le Collége des Jésuites regorgeait de grains, de farines et d'approvisionnements de toutes sortes. Ce fait, une fois connu et joint au crime du Jésuite arrêté, causa une telle indignation contre les fils de Saint-Ignace, que, sur-le-champ, on les jeta dans une felouque qui les conduisit en Sicile. Ce qui, dans cette narration, rendrait la conduite des Jésuites plus indigne, c'est que les pieux commerçants, tandis que leurs greniers étaient pleins de provisions, qu'ils comptaient bientôt vendre bel et bien aux affamés, se disaient fort misérables et touchaient régulièrement leurs parts de ration. Ce qu'il y a de certain, c'est que les Jésuites furent alors chassés de Malte, et que le Grand-Maître, Lascaris, fort dévoué aux Jésuites, ne put leur épargner ce châtiment, qu'ils l'eussent mérité ou non. Vertot, dans son *Histoire de Malte*, dit que cette expulsion des fils de Loyola eut pour auteurs les jeunes Chevaliers, mais que les anciens, le Conseil et les Grand'Croix n'en parurent pas trop fâchés ; Lascaris, le Grand-Maître, se laissant diriger complétement par les bons Pères, au détriment de l'Ordre (1). Les panégyristes de la Compagnie de Jésus ont écrit que le grand crime de leur Père Cassiéta était d'avoir improuvé et fait défendre par le Grand-Maître des représentations théâtrales, auxquelles tenaient beaucoup les jeunes Chevaliers. A ce propos, nous rappellerons que les Jésuites (leurs écrivains eux-mêmes l'avouent) avaient de pareilles représentations dans leurs Colléges. Arnauld, parlant du crime du Père Cassiéta, dit « qu'il est si horrible dans toutes ses circonstances, qu'il croit devoir le passer sous silence ; » c'est également ce que nous ferons.

A peu près aussi dans le même temps, les Jésuites jouaient un tout autre rôle que celui qu'ils se donnent eux-mêmes dans leur expulsion de l'île de Malte. Ici ils avaient été chassés parce qu'ils étaient, disent-ils, trop sévères et trop rigides ; là, ils furent gardés, parce qu'ils se montrèrent faciles et complaisants. Le duc de Lorraine, Charles IV, prince débauché et tant soit peu fou, avait pour épouse une femme qui ne lui plaisait plus, Nicole de Lorraine ; et il en aimait éperdument une autre, Béatrix de Cusance, veuve, quoique jeune encore, du comte de Cante-Croix. Charles IV, duc de Lorraine, eût fait volontiers de Béatrix une maîtresse adorée ; mais la comtesse voulait être femme respectée et duchesse de Lorraine. La chose était difficile à

---

(1) Voyez à ce sujet le *Teatro jesuitico*, la *Morale pratique* d'Arnauld, l'*Histoire de Malte*, de Vertot, etc. Ce dernier place l'événement en 1639, tandis que les autres écrivains donnent la date de 1643 ou 44.

faire du vivant de la pauvre Nicole. Heureusement Charles IV pensa à prendre un Jésuite pour confesseur, et, sur-le-champ, les impossibilités s'effacèrent, les difficultés s'aplanirent : le duc de Lorraine, huit jours après avoir pris pour directeur spirituel le Père Didier Cheminot, de la Compagnie de Jésus, convolait en secondes noces, et du vivant de sa première femme, avec la belle et ambitieuse Béatrix, veuve du comte de Cante-Croix. Après avoir approuvé, conseillé même le mariage, le Jésuite eut encore l'effronterie de vouloir le justifier; et il publia à ce sujet un Mémoire apologétique. La bigamie du duc de Lorraine eut du retentissement. L'Église s'en émut. La Compagnie de Jésus, qui avait retiré de la coupable complaisance du Père Cheminot les fruits qu'elle en attendait, ne se fit pas faute de désavouer ledit Père, qui, de son côté et peut-être d'après des ordres venus de ses supérieurs, continua à défendre la conduite de son pénitent. Cela dura plus de trois ans. La Compagnie de Jésus, pendant tout ce temps, reçut, par le canal du Père Cheminot, tous les bienfaits dont le duc combla les fils de Saint-Ignace. Quant au malheureux Père Cheminot, il fut excommunié par le Saint-Siége..... L'auteur de la *Monarchie des Solipses* ne nous a-t-il pas dit que chaque Jésuite n'a pas le droit de veiller à sa propre réputation, qui est devenue une chose appartenant à son Ordre, du moment où il y est entré!

Quelques Jésuites, mal informés des secrets de l'Ordre, voulurent d'abord écrire en faveur de leur confrère : on se hâta de les faire taire et de supprimer leurs écrits. Le Général de la Compagnie fit dénoncer à son inférieur l'excommunication vers la fin d'avril 1643. Il paraît que les enfants de Loyola avaient encore besoin de la présence de Cheminot auprès du duc de Lorraine, car ce ne fut qu'au mois de septembre que le malheureux excommunié se soumit à la sentence pontificale. D'après le dire des écrivains de la Compagnie, il fut reçu avec indulgence par le Général, qui était alors Vitelleschi. Il n'eût plus manqué qu'une chose à cette comédie, c'est qu'on eût puni le Jésuite Cheminot de ce qu'il avait été trop obéissant, de ce qu'il s'était montré entre les mains de ses chefs *comme un cadavre*, suivant l'atroce commandement jésuitique!.....

HISTOIRE DES JÉSUITES. 263

Cependant, le bruit des guerres s'éteignait en Europe ; Richelieu, bientôt suivi de son triste maître, sous le nom duquel il avait gouverné la France et remué le monde, Richelieu était descendu dans la tombe, et s'était endormi tranquille malgré les grondements de l'aristocratie française qu'il broyait, les plaintes des catholiques allemands qu'il humiliait, et les criailleries des Jésuites dont il se moquait. Ce grand ministre était mort en devinant à l'horizon politique de l'Europe l'aurore de la paix de Westphalie (1), si glorieuse pour la France, si humiliante pour la Maison d'Autriche, si avantageuse pour les princes et les peuples protestants. A Richelieu succéda Mazarin ; comme au grand Corneille on fait succéder parfois, sur la scène, quelque saltimbanque dramatique. Après les grandes commotions de la guerre de Trente-Ans en Allemagne et des guerres religieuses en France, vinrent les burlesques combats de la Fronde. Le rôle des Jésuites dans cette ridicule comédie fut, nous devons le dire à leur louange, fort peu apparent. Pendant que le Parlement luttait contre la cour, le cardinal de Retz contre le cardinal Mazarin, plutôt à coups de chansons et d'épigrammes, qu'avec le sabre ou le mousquet, les Révérends Pères se contentèrent sagement d'étendre leur influence dans les Provinces de France, d'y augmenter le nombre de leurs Colléges, de leurs Maisons, de leurs adeptes et de leurs richesses, ce qu'ils n'avaient pu faire que fort petitement sous le précédent règne, gênés qu'ils étaient par le respect où les tenait la jalouse vigilance du cardinal Richelieu.

En même temps ils continuaient la petite guerre de maraude que nous les avons montrés commençant contre les Couvents et Bénéfices de la Lorraine et de l'Autriche. Ils essayaient alors aussi de rentrer en Angleterre avec l'aide de Charles Ier, qui bientôt montait sur un échafaud. En même temps ils obtenaient du pape, de leurs intrigues et, dit-on, aussi de leurs richesses, leur rentrée dans l'état de Venise, après un exil de cinquante années environ. Ils luttaient encore, mais vainement, pour prendre pied en Hollande, où le fils de Guillaume de Nassau se vit exposé aux mêmes poignards qui s'étaient rougis dans

(1) Ce célèbre traité fut conclu en 1648. Il consacra l'existence des nations protestantes et la grandeur des vues du cardinal Richelieu.

le sang de son père. Enfin, toujours dominants en Pologne, ils espéraient voir la Suède s'ouvrir également à leur influence. Mais ce pays fut assez heureux pour se préserver du fléau qui menaçait de s'abattre sur sa presqu'île, baignée par la mer du Nord. Tout ce que purent faire les Jésuites, ce fut de transformer la reine de Suède, la fameuse Christine, en catholique et, dit-on, en Jésuitesse. Si l'écho des galeries de Fontainebleau n'est pas menteur (1), ce qu'il murmure, depuis bientôt deux siècles, à propos de cette reine, ne doit pas nous donner une grande idée de la catéchumène des fils de Loyola, ou de la rigidité de ses convertisseurs.

Les limites que nous nous sommes prescrites pour cet ouvrage nous obligent à nous contenter d'esquisser rapidement l'histoire de la Société de Jésus pendant la seconde moitié du xviie siècle. Le trait le plus saillant de la physionomie de l'Ordre, pendant cette période, est assurément la guerre du Jansénisme. Avant d'en raconter sommairement les phases, nous croyons devoir placer ici quelques mots sur Molina et sur son fameux livre : *De la concordance du Libre-Arbitre avec la Grâce divine.*

Molina, Jésuite portugais, publia ce livre en 1688. Nos lecteurs tiennent fort peu sans doute à ce que nous leur décrivions longuement, scolastiquement, les principes de ce livre. Tout ce qu'il est indispensable qu'on en sache, c'est qu'il soumettait au Libre-Arbitre la Grâce divine qu'on avait jusqu'alors, dans l'Église catholique, regardée comme la voie principale, sinon unique, du salut des hommes. Ce que l'on trouvera peut-être beaucoup plus grave, c'est que de ce livre découle de funestes principes, qui ont fait dire justement à un écrivain célèbre de notre époque que son auteur est « la mort en morale, comme Spinosa l'est en métaphysique, et Hobbes en politique (2). » Pour donner une idée de l'importance fatale qu'on attacha, en Europe, à cette œu-

---

(1) Christine, lors du séjour qu'elle fit à Fontainebleau, sous le règne de Louis XIV, fit poignarder dans cette résidence royale Monaldeschi, son grand-écuyer et son amant, dont elle était jalouse. Les mœurs de cette reine, même après sa conversion, furent des plus effrénées.

(2) *Du Prêtre, de la Femme et de la Famille*, par M. Michelet. A l'instant où l'on mettait cette feuille sous presse, nous nous sommes aperçu que notre citation étai

vre jésuitique, il nous suffira de dire que l'auteur d'un livre publié dans le xviii° siècle, sous ce titre : *Réflexions sur le désastre de Lisbonne*, etc. (1), sans se soucier beaucoup des théories sur les soulèvements volcaniques et des autres hypothèses de la science, formule cette idée, « que la cause du fléau qui détruisit la capitale lusitanienne n'est autre que la protection que le Portugal accorda au Jésuitisme naissant, mais *surtout le malheur pour ce pays d'avoir été le lieu de naissance et le théâtre des funestes élucubrations du Jésuite Molina !...* »

Molina eut l'adresse de faire approuver son livre par le Grand-Inquisiteur de Portugal, adresse qui n'eut, au reste, pas de bien grandes difficultés à vaincre, si nous nous en rapportons aux Dominicains, qui nous apprennent que ce Grand-Inquisiteur était alors un tout jeune homme devant sa place à son titre d'Archiduc et de frère de l'empereur Rodolphe, et que ce fut sa mère, une Jésuitesse, qui dirigeait ce cardinal Albert. Les Dominicains se hâtèrent de dénoncer le livre du Jésuite au Grand-Inquisiteur d'Espagne, comme contraire à la doctrine professée par toute l'Eglise. La vérité, nous le croyons, est que Molina professait dans son œuvre une morale contraire à celle qu'enseignaient les Dominicains, et que ceux-ci s'inquiétaient plus probablement pour leurs Ecoles que pour l'Eglise entière ; et puis on sait la rivalité acharnée qui exista toujours entre les deux Ordres. Bref, saint Thomas et saint Augustin menaçant de se prendre aux cheveux, dans la personne de leurs champions, les Jésuites et les Dominicains, le pape Clément VIII évoque l'affaire à son tribunal, probablement à l'instigation et par l'influence des Jésuites, qui se savaient plus forts sur les marches du trône pontifical que dans les caveaux de l'Inquisition. Clément VIII, en effet, ne prononça pas son jugement dans cette affaire, pour l'examen de laquelle il avait établi les célèbres Con-

inexacte : ce n'est pas de Molina, mais bien de Molinos que Michelet a porté le jugement que nous rappelons. Molinos vécut plus d'un siècle après Molina. C'était également un fils de Saint-Ignace ; et, à notre avis, le livre qui a pour titre *De Justiniá et jure (de la Justice et du droit)*, que Molina publia en 1588, contient une morale plus relâchée encore et plus dangereuse peut-être que celle du *Guide spirituel* qui a fait décerner à Molinos, son auteur, par l'Inquisition, qui en condamna soixante-huit propositions, en 1687, le nom d'*Enfant de perdition*.

(1) Voyez ce curieux ouvrage, publié en 1756 sous le titre indiqué, in-12.

grégations appelées *de Auxiliis*. On a dit que la mort seule empêcha ce pape de publier une Bulle qui eût condamné Molina et sa doctrine. Les Congrégations créées à l'occasion de cette affaire se réunirent à soixante-sept reprises, de 1598 à 1612. « Dans une des dernières, assurent les adversaires de la Compagnie de Jésus, un Jésuite, le Père Valentia, défenseur du livre de Molina, eut l'effronterie de falsifier, pour les besoins de sa cause, un passage de saint Augustin. L'avocat des Dominicains, le savant Lemoz, ayant signalé la supercherie de l'enfant de Saint-Ignace, le pape en fut si courroucé, qu'il fit des reproches fort durs au Jésuite, qui tomba évanoui de honte. » Clément VIII étant mort sans avoir prononcé son jugement, Paul V reprit cette affaire qu'il semble avoir voulu terminer. Il présida lui-même en personne dix-sept Congrégations. Les Jésuites qui s'étaient résolus à considérer cette affaire comme une affaire de corps, firent jouer tant de ressorts autour du tribunal pontifical, qu'ils parvinrent à arrêter l'arrêt que Paul V se préparait à rendre. En 1607, ce pape déclare qu'il juge à propos de suspendre la publication de sa décision. Les fils de Loyola considérèrent cette suspension comme un triomphe, et peut-être avec raison; car, si elle ne donnait pas gain de cause au livre de Molina, elle démontrait au monde chrétien l'influence suprême et le pouvoir de sa Compagnie. On dit que les Jésuites de la Péninsule la fêtèrent comme une véritable victoire; la déclaration du pape y fut reçue par eux avec des feux de joie, des arcs-de-triomphe, par la fermeture des classes de leur Collége, par des représentations théâtrales où la puissance de Saint-Ignace et de ses enfants était exaltée, etc., etc. Sur les arcs-de-triomphe on les vit graver ces mots : *Molina triomphant !*.... Paul V fut, dit-on, fort indigné de ces démonstrations qui proclamaient l'humiliation du pouvoir pontifical. Peut-être s'en fût-il vengé; mais la mort le prévint. Dans la suite, Grégoire XV, Urbain VIII, Innocent X et Innocent XI furent en vain pressés ou essayèrent inutilement de terminer cette affaire, qui resta toujours pendante.

Le monde chrétien avait oublié à peu près complétement Molina et son livre, lorsque les querelles du *Jansénisme* vinrent les remettre en mémoire.

Bien des gens ont cru et ont écrit que le Jansénisme fut inventé par les Jésuites, qui supportent impatiemment la paix et l'obscurité, et qui, au besoin, font naître la guerre pour reparaître en lumière. On ne s'attend pas sans doute à trouver ici l'histoire complète du Jansénisme ; nous n'avons ni le temps ni la science nécessaire pour l'écrire, et, disons-le aussi, ni la patience. Nous avouons d'ailleurs, et très-humblement, n'avoir jamais pu bien comprendre ce que c'était que le Jansénisme, ni en quoi son existence menaçait le dogme orthodoxe de l'Église romaine. Nous nous contenterons donc d'indiquer ici rapidement quelques jalons qui serviront au lecteur curieux à se diriger dans cette plaine aride et ennuyeuse d'aspects.

Baïus, le docteur de Louvain, fut, à ce qu'il paraît, le précurseur de Jansénius. Ce dernier, évêque d'Ypres, dans un livre sur saint Augustin, renouvela quelques idées de son précurseur. Les congrégations *de Auxiliis* étaient alors en pleine floraison, sans porter de fruits, comme on l'a vu. Et les Jésuites n'eussent pas mieux demandé que d'avoir le prétexte d'une diversion! Malheureusement, le livre de Jansénius ne fut imprimé qu'après la mort de son auteur. Alors, l'abbé de Saint-Cyran se met à prêcher et préconiser les doctrines du défunt évêque d'Ypres, son ami, qui devint ainsi, suivant l'expression de Voltaire (1), chef de secte après sa mort. Les Jésuites sollicitent la condamnation du livre de Jansénius, qu'ils représentèrent comme une suite de l'ouvrage de Baïus, dont ils avaient obtenu la condamnation en 1567. Le pape condamna donc également le livre de Jansénius. De là grand bruit et longue querelle en France. La Faculté de théologie de Paris condamna cinq propositions de l'évêque d'Ypres. Mais soixante Docteurs en appelèrent au Parlement comme d'abus. Celui-ci ordonne la comparution des parties; aucune ne comparaît, et l'affaire s'embrouille de plus en plus. L'Université, comme les évêques, se partageait sur les cinq fameuses propositions, que bien des gens, à

---

(1) Voyez le *Siècle de Louis XIV*. Voltaire a fort cavalièrement traité toute cette affaire du Jansénisme. Seulement, au milieu de l'ironie de son récit, on voit clairement que s'il regarde les Jansénistes comme de *graves fous*, il regarde les Jésuites comme de bien *dangereux sages*. Voltaire fut élève des Jésuites !...

ce qu'il paraît, ne comprenaient guère, ou n'avaient même pas lues, du moins dans l'original. L'arrêt d'Innocent XI ne cite même pas les pages du livre d'où elles sont tirées ; le juge suprême s'était contenté de lire les cinq propositions dans l'acte d'accusation. Le cardinal Mazarin, qui n'aimait pas la guerre, fit recevoir la condamnation pontificale par l'assemblée du clergé de France. La paix semblait rétablie, lorsque les Jésuites, par des violences calculées sans doute, ravivèrent ce feu mal éteint, et la querelle éclata de nouveau et avec une nouvelle énergie.

Les Révérends Pères firent refuser, par un curé de Saint-Sulpice, l'absolution à un duc de Liancourt, *parce qu'il ne croyait pas que les cinq propositions fussent dans Jansénius*. L'auteur de la *Morale pratique*, Antoine Arnauld, fut chassé de la Sorbonne, grâce à une légion de docteurs, moines mendiants, dont la présence fit dire plaisamment à Blaise Pascal : « Il est plus aisé de trouver des moines que des raisons ! » Le célèbre Pascal vengea tous les Jansénistes par ses fameuses *Lettres Provinciales*, auxquelles nous renvoyons le lecteur, non pas seulement s'il veut être édifié sur le Jansénisme, mais aussi s'il désire connaître le tableau le plus piquant des folies scolastiques dont les Jésuites se faisaient alors les prôneurs et les soutiens.

Le coup fut, à ce qu'il paraît, vivement senti par la noire Cohorte, qui, ne pouvant répondre par les mêmes armes, eut recours à la violence. Les Jansénistes avaient établi auprès du Monastère de Port-royal-des-Champs, communauté dirigée par Arnauld et par l'abbé de Saint-Cyran, une Maison où s'était retirée l'élite du parti, tous hommes graves et non moins considérés par leur savoir que par leurs vertus. La vengeance des Jésuites s'abattit comme un oiseau de proie sur cette paisible retraite. Le Couvent des religieuses de Port-Royal fut un jour envahi par la force armée ; les saintes filles se virent elles-mêmes emmenées par de grossiers soldats ; la maison des Jansénistes fut abattue ; ceux d'entre eux qui n'avaient pas voulu prendre la fuite furent enchaînés et conduits à la Bastille. Parmi ceux qui subirent ce dernier sort, on compte Sacy, l'auteur de la Traduction de la Bible. La colère des noirs enfants de Saint-Ignace, insatiable vautour, ne s'abattit pas seulement sur la tête des vivants, elle s'en fut encore remuer les ossements des morts. Lorsque Port-Royal fut démoli de fond en comble, on déterra les cercueils placés dans l'église et dans le cimetière pour les jeter ailleurs. Les débris du parti Janséniste furent persécutés dans les Pays-Bas par Philippe V, à l'instigation des Jésuites !....

Pour donner une idée de ce procès singulier, nous ne pouvons mieux faire que de rapporter les termes dont se sert Voltaire pour en peindre le fond.

« Les Jésuites, dit-il dans son *Siècle de Louis XIV*, à l'article Jansénisme, prétendaient que Molina avait découvert précisément comment Dieu agit sur les créatures, et comment ces créatures lui résistent. Ils distinguaient, avec leur docteur, l'ordre naturel et l'ordre surnaturel, la prédestination à la grâce, et la prédestination à la gloire, la grâce prévenante et la coopérante.... Molina fut l'inventeur du concours concomitant, de la science moyenne et du congruisme. Cette science moyenne et ce congruisme étaient surtout des idées rares : Dieu, par sa science moyenne, consulte habilement la volonté de l'homme, pour savoir ce que l'homme fera, quand il aura sa grâce ; et ensuite, selon l'usage qu'il devine que fera le libre-arbitre, il prend ses arrangements en conséquence, pour déterminer l'homme, et ces arrangements sont le *Congruisme*... »

Nos lecteurs ne pensent-ils pas que voilà de bien belles choses ! Et qu'ils ne disent pas que Voltaire a fait une caricature d'un tableau : tout ce qu'il dit se trouve dans Molina et dans les adversaires du Jansénisme : seulement c'est beaucoup plus ennuyeux.

On peut encore lire les lettres Ire et IIe des *Provinciales* de Pascal, pour se faire une idée de ce que c'était, au dire des Jésuites, que le *pouvoir prochain*, et la *grâce suffisante*, qui n'est point la *grâce efficace*, etc., etc. Ou plutôt qu'on lise en entier le livre du spirituel avocat des Jansénistes, auxquels nous sommes du moins redevables d'un des plus beaux produits de l'esprit humain, que Voltaire plaçait, justement, avant les satires de Boileau, et à côté des meilleures pièces de Molière.

Ce résumé rapide et par conséquent incomplet de l'histoire du Jansénisme et de la guerre que lui firent les Jésuites, peut être regardé comme une sorte d'initiation à l'histoire du Jésuitisme en France, sous le règne de Louis XIV.

Dans les premières années de ce règne, les Jésuites luttèrent assez péniblement pour garder les positions qu'ils avaient conquises en France. Sur la fin, ils ne luttaient plus : ils dominaient, ils opprimaient. Louis XIV devenu vieux favorisa les Jésuites, qui ne le chagrinaient pas sur les amours de sa jeunesse. On sait que madame de Maintenon devint sa femme, grâce à l'influence du confesseur jésuite. Aussi, la Compagnie de Jésus devint-elle puissante sur la fin de ce règne : le Père Le Tellier gouvernait, à dire vrai, ou plutôt tyrannisait toute l'Église de France.

Dans les premières années où Louis XIV saisit les rênes de son royaume, pendant ces années où le jeune monarque brillait dans de splendides carrousels, sous les yeux des Olympe Mancini, des Lavallière et des Montespan, tandis que Turenne et Condé faisaient respecter au loin le nom français, les Jésuites reçurent plus d'un coup porté sous les yeux et quelquefois avec l'approbation de l'autorité royale. Ainsi, lorsqu'ils voulurent s'introduire à Troyes, cette ville résista opiniâtrément, et, pour barrer le passage aux Révérends Pères, présenta même au roi un mémoire où elle retraçait énergiquement ses motifs d'opposition qui étaient au nombre de dix. Ce mémoire, qui fut accueilli favorablement, renferme plus d'un passage curieux. « Les charges sont grandes à Troyes, y lit-on ; les Jésuites s'en exemptent partout, et ils deviendraient eux-mêmes une charge nouvelle, plus insupportable que toutes les autres... Qu'on en juge : ils sont déjà venus parmi nous, en 1638, ils y restèrent six mois à peine ; et, dans ce bref espace de temps, ils avaient déjà trouvé le secret d'acquérir 40,000 livres ! D'ailleurs, l'exemple des autres villes qui les ont reçus, de gré ou de force, n'est-il pas là pour nous donner un salutaire avertissement ! Châlons se repentira longtemps de leur avoir ouvert ses portes... Charleville n'oubliera jamais que ce sont ces Pères qui engagèrent le duc de Mantoue, son seigneur, à doubler l'impôt sur le sel, cela au profit et pour l'entretien de leur Collége!... On connaît leur adresse pour s'insinuer partout, pour gagner les bonnes veuves, pour leur faire faire des testaments à leur profit, etc... A Rhétel, ils ont escroqué plus de 60,000 livres à mademoiselle Brodard, pour leurs belles Missions de la Chine !... Qui ne sait qu'ils se mêlent de tout, se fourrent partout, se rendent arbitres de tout?... Point de secret dans les familles... Ce sont des espions éternels !... Il n'y a point de plus grands négociants que ces Religieux ; tout leur est bon, pourvu qu'ils y gagnent !... Sous prétexte d'aider certains marchands et de grossir leur négoce, ils leur prêtent de l'argent et en tirent de grands profits, sans rien risquer. Ils mettent en vogue ces marchands, et discréditent les autres. Que l'on s'informe à Lyon, entre les mains de qui est aujourd'hui le commerce des drogueries et des épices, qui occupait autrefois plus de cent des meilleures maisons... »

Comme nous le disions, il y a des détails fort instructifs dans ce mémoire de la ville de Troyes. Saint-Quentin éprouvait la même répulsion pour la noire Cohorte, qui essaya néanmoins de s'y faire introduire par une expression de la volonté du roi auquel elle assurait que, nulle part, elle n'était si désirée que dans cet endroit. Heureusement, les habitants de Saint-Quentin eurent vent de l'affaire, et mirent au grand jour le mensonge des Jésuites, qui ne purent vaincre l'entêtement picard.

Vers la même époque, ceci se passait en Gascogne : un pauvre charpentier avait trouvé un trésor ; les Jésuites du lieu firent tant et si bien, qu'ils en devinrent les maîtres. Le charpentier eut l'audace de se plaindre du procédé. Les bons Pères se vengèrent de ses criailleries en le ruinant complétement. Ils le réduisirent même à la mendicité ; ce qu'ils firent en obligeant tous ceux qui les aimaient ou qui les craignaient à ne plus employer cet artisan. « Le mémoire que celui-ci présenta alors à la cour y fit une impression très-grande, » dit l'écrivain auquel nous empruntons ce détail, mais qui ne nous apprend pas si on y fit justice, ce qui eût été mieux.

Tant que Louis XIV fut jeune, le cri des victimes du Jésuitisme put, du moins, parvenir jusqu'à lui. Il permit même qu'on fît contre la terrible Congrégation la plus sanglante et la plus publique des satires, nous voulons parler de *Tartufe*. Cette pièce inimitable fut jouée en 1667. On reste toujours étonné de l'audace qu'il fallut à Molière pour livrer à la risée du monde une puissance aussi effroyable que celle à laquelle il s'attaquait. Rien, en effet, n'égale cette audace, si ce n'est le talent de l'auteur de ce chef-d'œuvre. La France presque entière battit des mains et applaudit l'ouvrage de son premier comique, du grand philosophe. Les Jésuites se vengèrent de lui, en le condamnant, dans la chaire des églises, au feu éternel, et en lui refusant, après sa mort, la sépulture ecclésiastique. Il fallut même un ordre royal pour qu'un des plus grands écrivains dont s'honore la France pût obtenir un petit coin de terre pour sa dépouille mortelle !

Mais, aussitôt que Louis XIV fut devenu vieux, les Jésuites s'emparèrent peu à peu de son esprit et finirent par dominer ce caractère si despotique. Madame de Maintenon fut l'utile alliée des Pères Lachaise et Le Tellier. Alors Louis XIV révoque l'Édit de Nantes, et chasse de France cent mille familles de protestants, qui vont, loin d'une patrie ingrate, porter leurs richesses et leurs talents (1). Alors commencent les affreuses *Dragonnades* des Cévennes, cette large et dégoûtante tache de sang qui suffit pour éteindre le soleil que Louis XIV avait pris pour emblème et qui sembla, pendant quelques années, une allégorie assez juste. Alors, enfin, les Jésuites devenus tout-puissants, ne laissent plus parvenir jusqu'au pied du trône le cri des malheureux qu'ils dépouillent ou qu'ils oppriment.

« Dans les dernières années de ce règne, raconte l'auteur de l'*His-*

---

(1) Ce fut Henri IV qui accorda aux Calvinistes le célèbre Édit de Nantes. Cette sorte de Charte des Protestants de France accordait à ceux-ci protection et différents droits. Ainsi, tout seigneur de fief haut-justicier pouvait avoir dans son château le plein exercice de la religion réformée. L'entier exercice de cette religion était accordé dans tous les lieux qui ressortissaient immédiatement à un parlement. Les Calvinistes pouvaient faire imprimer des livres. Ils étaient aptes à posséder toutes les charges et dignités de l'État, etc.

Lorsque Louis XIV eut supprimé l'Édit de Nantes, il voulut empêcher les Calvinistes d'aller chercher à l'étranger une liberté de conscience qu'ils n'avaient plus en France. On condamna aux galères des Protestants des classes industrielles qui voulaient sortir de France. En outre, on confisquait les biens des Calvinistes nobles ou riches, si ces derniers sortaient de France avant un an. Et c'étaient les Jésuites qui poussaient à ces actes d'une tyrannie qui rappelle celle de Tibère !...

toire générale de la naissance et des progrès de la Compagnie de Jésus (publiée en 1741), on voyait dans les rues de Paris une pauvre mendiante qui racontait à ceux qui lui faisaient l'aumône sa triste histoire, où les Pères Jésuites figuraient comme ils ont si souvent et si malheureusement figuré ailleurs. Cette mendiante avait été femme de chambre d'une dame qui avait pour confesseur le Jésuite De La Rue. Cette dame, étant tombée dangereusement malade, remit à son confesseur une somme de 10,000 livres qu'elle voulait donner, après sa mort, à sa femme de chambre. Or, craignant que ses héritiers ne cherchassent à chicaner sa domestique à ce sujet, elle confiait la somme au Père pour qu'il la remît, après la mort de la donatrice, à la personne qu'elle voulait récompenser de ses longs et bons services. Le Jésuite, obligeant, prit les écus et les garda bien; si bien, que, lorsque, la dame morte, la femme de chambre vint réclamer les 10,000 francs au Révérend, celui-ci nia le dépôt. La malheureuse ayant osé se plaindre, les Jésuites la firent mettre à la Bastille, dont elle ne sortit qu'après la mort de Louis XIV. Dans les premières années de la Régence, on la voyait encore, vieille, infirme, et allant, de porte en porte dans Paris, implorer la pitié des personnes charitables et leur racontant ses malheurs. »

Il nous est impossible de rapporter ici toutes les accusations plus ou moins prouvées qui tombèrent à cette époque sur le Jésuitisme, puissamment couvert pourtant par l'égide du pouvoir royal, qui ne laissa pas que d'y perdre lui-même de sa splendeur et de sa solidité; car c'est le propre des Jésuites de ne se sauvegarder jamais eux-mêmes qu'en ruinant et abîmant leurs protecteurs. Nous regrettons surtout que le défaut d'espace ne nous permette pas de tracer le tableau des intrigues qui entourèrent Louis XIV dans ses dernières années, alors que ce roi, astre éteint, ne se révélait plus au monde que par madame de Maintenon et par le Jésuite Le Tellier: une vieille maîtresse et un confesseur hypocrite.

Nous ne dirons rien non plus de l'affaire du *Quiétisme*, dont on peut trouver les détails dans toutes les histoires du temps. Nous ferons seulement remarquer que les Jésuites, dans cette affaire, firent croire au doux et bon Fénelon qu'ils le soutiendraient ; mais dès que Louis XIV se fut prononcé, ils firent le plongeon, et découvrirent quarante erreurs dans le livre des Maximes des Saints, cause de cette querelle où Bossuet se montra le plus fort docteur, et Fénelon le meilleur chrétien.

Il semble que les Jésuites aient à dessein fait élever tous ces bruits de querelles religieuses autour du trône de Louis XIV défaillant et qui semblait s'y complaire : comme on voyait jadis les chefs de l'empire romain dégringolant vers sa chute s'occuper de frivoles discussions de dogme, ou des querelles de l'hippodrome. Peu de temps avant la mort de Louis XIV, les Jésuites soufflèrent sur les cendres presque éteintes du Jansénisme et en firent sortir encore l'affaire de l'abbé Quesnel et la bulle *Unigenitus*, deux choses qui ranimèrent l'ardeur des combats religieux en France. On trouve dans les *Mémoires du duc de Saint-Simon* les détails suivants, que nous avons jugés assez curieux pour les insérer ici. Après avoir dit quelques mots du livre de Quesnel, livre qui, suivant lui, fut le prétexte d'une insurrection générale de la Compagnie de Jésus, le duc de Saint-Simon nous apprend que « les honnêtes gens voulaient qu'on mît l'auteur de ce livre (1) en demeure de rectifier les propositions mal sonnantes de son œuvre. »

« Mais ce n'était pas là le jeu du Père Tellier, » continue le duc de Saint-Simon. « Il voulait *étrangler* cette affaire par autorité, et s'en faire une *matière à persécutions à longues années*, pour établir en dogme la foi de l'École jésuitique, à grand'peine jusqu'alors tolérée par l'Église de France... Il voulait donc une condamnation *in globo*, qui tombât sur le tout, et se sauvât par un vague qui se pouvait appliquer ou détourner au besoin... Pour atteindre ce but, la Compagnie désirait engager dans la querelle le Pape et le Roi de France, afin que, portée sur les deux puissances également, son école éblouît

---

(1) Ce livre était une sorte de résumé des doctrines de saint Paul, de saint Thomas et de saint Augustin. En tout cas, si nous en croyons une anecdote insérée dans le *Siècle de Louis XIV*, il était si peu dangereux pour la foi chrétienne, que Clément XI, qui le lut avant qu'on pensât à le poursuivre, en fit publiquement l'éloge ; ce qui ne l'empêcha pas de le condamner quand les Jésuites le voulurent.

l'ignorance ou la faiblesse de certains évêques, attirât les autres par l'ambition, forçât tout théologien d'être publiquement pour ou contre, grossît infiniment le parti jésuitique, et lui permît d'anéantir l'autre, une fois pour toutes, par une persécution ouverte et une inquisition contre les gens également en butte à l'autorité de Rome et à celle du Roi ; par là, accoutumer toute tête à ployer sous ce joug, et de degré en degré l'ériger en dogme de foi... Et c'est malheureusement ce que nous voyons aujourd'hui !... »

D'Aubenton et Fabroni, deux ardents Jésuites, assiégèrent le Pape jusque dans son cabinet, et l'y tinrent comme en charte privée, pour lui arracher la bulle qui leur donnerait raison et condamnerait le Père Quesnel. Le Pape objecta vainement qu'il avait pris un engagement solennel à cet égard envers le Sacré-Collége et le cardinal de La Trémoille. « Fabroni, continue le duc de Saint-Simon, s'emporta de colère et traita le Pape de petit garçon, lui soutint la bulle belle et bonne, toute telle qu'il la fallait, et que, s'il avait fait la sottise de donner cette parole, il ne fallait pas la combler en la tenant... »

Le duc de Saint-Simon raconte aussi que le Père Le Tellier le consulta sur l'effet que produirait cette bulle à la cour et à la ville. Rien de plus curieux que le récit de l'entrevue entre le Jésuite et le grand seigneur.

«... Alors, dit Saint-Simon, le Père se fâcha, parce que j'avais mis le doigt sur la lettre, malgré ses adresses et cavillations... N'étant plus maître de soi, il s'échappa à me dire des choses dont je suis certain qu'il aurait après racheté très-chèrement le silence ; il me dit tant de choses sur le fond et sur la violence pour faire recevoir la bulle, si énormes, si atroces, si effroyables, que j'en tombai en véritable syncope... Je le voyais, bec à bec, entre deux bougies, n'y ayant du tout que la largeur de la table entre deux ; éperdu tout à coup par l'ouïe et par la vue, *je fus saisi*, tandis qu'il parlait, *de ce que c'était qu'un Jésuite !...* »

Ce que nous devons observer, pour caractériser l'alliance des Jésuites avec Louis XIV, c'est que lorsque ce monarque impérieux eut des démêlés avec Rome, à la suite desquels il força le successeur de saint Pierre à s'humilier devant le successeur de saint Louis, les Jésuites se rangèrent toujours du côté de la puissance temporelle.

Il ne semble pas que le clergé de France ait vu avec grand plaisir les Jésuites dominer en ce pays. En 1668, l'évêque de Pamiers excommunia trois Jésuites de son diocèse, et celui d'Arras censura l'ouvrage du Père Gobat et toute la Compagnie, qu'il représente « comme une pépinière où s'élèvent des gens destinés à ravager la vigne du Seigneur. » Enfin, en 1701, l'assemblée générale du clergé fit éclater son zèle contre la morale des Jésuites.

N'oublions pas une anecdote qui montrera comment les confesseurs de Louis XIV usaient du pouvoir que leur accordait celui-ci. « En 1680, le Père La Chaise voulut se rendre maître du monastère de Charonne, situé dans un faubourg de Paris. Il paraît que les Jésuites n'avaient pas entrée dans ce couvent, ce qui les irritait. D'ailleurs, le Père La Chaise convoitait des terrains appartenant à ces religieuses. Il persuada donc au roi et à l'archevêque de Paris d'y mettre une abbesse pour y rétablir, disait-il, le bien spirituel et temporel. Bien entendu qu'on y devait placer une créature des bons Pères. Malheureusement, les constitutions de l'Ordre de Cîteaux, auquel appartenait le couvent de Charonne, défendent de nommer des abbesses dans ses Maisons. Les Religieuses de Charonne, fortes de ceci, refusent de recevoir la Jésuitesse dans leur couvent. Le Pape, consulté, leur donne raison. Mais le Père La Chaise voulait qu'elles eussent tort, et il le leur fit bien voir. Le Parlement, se faisant l'instrument servile du confesseur royal, qui avait d'ailleurs eu l'adresse de mettre en avant les libertés gallicanes, rendit un arrêt, en exécution duquel la communauté fut déclarée éteinte, la Maison vendue, et les Religieuses enlevées avec violence par des archers. Quelques-unes furent réduites à mendier.

Les Jésuites enfin ne craignirent pas d'accuser l'austère Bérulle d'avoir engrossé une carmélite, pour s'emparer de la direction d'un autre couvent qu'ils convoitaient !...

Jamais les enfants de Loyola n'avaient été ni ne furent aussi puissants en France que dans les dernières années du règne de Louis XIV. On sait que les Révérends Pères ont été accusés d'avoir contribué aux malheurs qui fondirent sur la France à cette époque. En thése générale, on peut dire que partout où ils dominent, c'est aux dépens de la gloire des souverains comme du bonheur des peuples. Le xvii° siècle a réellement consacré la puissance du Jésuitisme par toute la terre ; cependant, c'est pendant son cours qu'ont été portés les plus rudes coups à la noire Cohorte, ces accusations terribles qui préparèrent le grand jugement du xviii° siècle. C'est enfin dans le xvii° siècle que les Jésuites, par différentes mains, se virent véritablement *mis sur l'échafaud* (1).

(1) Il nous a été impossible, nous tenons à le répéter, d'enregistrer toutes les infamies dont les Jésuites se sont rendus coupables en France pendant le règne de Louis XIV. Nous voulons mentionner encore cependant l'histoire du pauvre Morin, innocent visionnaire que les Jésuites firent brûler en 1663, et dont tout le crime fut dans sa folie, folie douce et dans laquelle il se croyait le Saint-Esprit ; folie commune, à ce qu'il paraît, dans le moyen-âge. Un familier des Jésuites, Desmarets, s'introduisit auprès de cet insensé si peu dangereux, lui prit ses papiers, avec lesquels le Père Canard, ou Annat, confesseur du roi, alluma le feu du bûcher.

Nous avons également passé sur le diacre Pâris et ses *Convulsionnaires*, et sur tout ce que Voltaire, dans son *Siècle de Louis XIV*, appelle si justement les folies de Paris. Nous répondrons ici au reproche qu'on nous a adressé de ne pas nous être étendu davantage sur la querelle du Jansénisme. Ce que nous avons à dire, à cet égard, c'est que cette querelle ne peut avoir qu'un médiocre intérêt pour les lecteurs du xixe siècle ; voilà pourquoi nous y avons consacré peu de place. Certes, d'ailleurs, et malgré le talent de Pascal, l'érudition d'Arnauld, on eût peu fait attention aux Jansénistes s'ils n'eussent eu les Jésuites pour persécuteurs. On rit, de notre temps, en apprenant que Racine, l'auteur de *Mithridate* et d'*Athalie*, prit la fièvre parce que son royal maître le soupçonna d'être Janséniste. Mais, alors, c'était une accusation sérieuse : « Il valait mieux, en ce temps, passer pour athée que pour Janséniste, » a dit un écrivain ; c'est qu'en ce temps Janséniste voulait dire ennemi des Jésuites.

Rappelons encore, pour terminer, que, lorsqu'on défendit les représentations de *Tartuffe*, Molière s'étonnant de ce qu'on permettait en même temps de jouer une autre pièce où la morale et la religion étaient également attaquées : « C'est tout simple, observa le prince de Conti, ces *gens-là* veulent bien qu'on se moque du bon Dieu, dont ils s'occupent fort peu, mais non pas d'eux-mêmes !... »

CHAPITRE V.

La belle Cadière, — Damiens, — et la Banqueroute du P. La Valette.

Le 10 octobre 1731, une foule incroyable et incessamment grossissante s'amoncela, dès le matin, autour du palais de Justice de la ville d'Aix. Quelques centaines d'intrépides curieux avaient même bivouaqué toute la nuit aux portes du vieil édifice, afin de pouvoir s'emparer des meilleures places. Ces derniers, en général, semblaient étrangers à la ville d'Aix et portaient presque tous le costume des pêcheurs et marins provençaux. Il semblait qu'il y eût plus que de la curiosité chez ceux-ci ; on devinait qu'ils étaient poussés par une de ces animations fébriles qui ne se trahissent d'abord que par quelques rauques et sourds grondements, et qui, tout à coup, éclatent comme la foudre et dévastent comme elle. Cette animation se retrouvait, du reste, à un degré plus ou moins fort, sur toutes ces figures méridionales brunes et énergiques, et qui sont si expressives, si belles même, lorsqu'elles ne sont pas brutales.

Tout le Midi de la France semblait avoir envoyé des représentants à ce congrès en plein air ; et des visages plus pâles, des gestes moins accentués, des costumes plus soignés, qu'on apercevait çà et là, annonçaient la présence dans la foule d'individus venus des parties septentrionales du royaume et probablement de la capitale même.

Et ce n'étaient pas seulement des gens du commun qui se pressaient alors autour du palais de Justice. Aussitôt que les portes de l'édifice eurent été ouvertes, on y vit entrer un grand nombre des plus hauts seigneurs du pays, des dames des premières familles, des prélats du plus haut rang. Ces êtres privilégiés obtinrent, bien entendu, les premières et les meilleures places, non sans difficulté toutefois, et non sans que besoin fût de recourir aux hallebardes des archers de la ville et aux crosses des mousquets du régiment de Picardie, qui tenait alors garnison dans la ville d'Aix.

C'est que jamais aussi le Parlement de cette ville n'avait eu à connaître d'une affaire qui eût fait autant de bruit que le procès alors pendant devant son tribunal. Ce procès était celui du Jésuite Girard et de la belle Cadière. Nous allons essayer de résumer aussi brièvement que possible cette affaire, qui eut un si grand retentissement à son époque, et à laquelle nous devons attacher une certaine importance en ce qu'elle influa fortement sur les destinées du Jésuitisme.

En 1728, les Jésuites eurent le crédit de faire nommer au Rectorat du séminaire royal de la marine, à Toulon, un des leurs, nommé le Père Jean-Baptiste Girard. Le Père Girard, qui dans sa Compagnie faisait partie de la classe des prédicateurs, arrivait alors de la ville d'Aix, où il avait demeuré pendant environ dix ans, et où, dit-on, il s'était acquis dans la chaire une grande réputation, qui l'avait précédé à Toulon et lui préparait de plus brillants succès dans sa nouvelle résidence. Bientôt, en effet, on ne parla plus que du Père Girard, à Toulon, parmi la gent dévote. On s'écrasait aux portes de l'église où il prêchait; et, les devoirs de sa nouvelle charge ne lui permettant plus que rarement de monter en chaire, on se battit autour du confessionnal où le Révérend, d'une voix moins solennelle, mais plus pénétrante encore, faisait entendre la voix de Dieu à ses pénitents et surtout à ses pénitentes. Car ce furent surtout les femmes, à ce qu'il paraît, qui professaient, à l'endroit du Père Girard, le plus grand enthousiasme; et ce n'était certes pas sans de bonnes raisons. Le Père Girard avait une grande instruction, et, chose plus rare, il savait en adoucir les angles les plus altiers, de manière à ne froisser jamais l'ignorance. Il possédait, en outre, un organe magnifique, dont l'harmonie ajoutait une nouvelle puissance à sa parole. Son débit était agréable, son geste émouvant. Sans être belle, sa figure avait quelque chose de rêveur et d'expressif à la fois. Ses yeux petits, mais pleins de feu, que voilaient souvent de longs cils bruns, étaient surmontés d'un front large et légèrement fuyant en arrière, tel qu'on suppose celui d'un enthousiaste. Le Père Girard avait alors quarante-huit ans à peine.

Il n'était bruit à cette même époque, dans toute la ville de Toulon, que d'une jeune fille appelée la Cadière, ou la belle Cadière, et qui était, suivant les uns, une folle, suivant les autres, une sainte. Cette jeune fille appartenait, du reste, à une famille honorable de Toulon; mais privée d'une sage direction venant de ses parents, elle s'abandonna de bonne heure à toutes les folles imaginations d'une âme naturellement ardente et brûlée par les ardeurs du feu mystique. Au lieu de faire rentrer au niveau de la raison les flots désordonnés de cette intelligence d'enfant, sous laquelle bouillonnaient déjà les pensées d'une jeune fille, on lui laissa le champ libre. A quinze ans, la belle Cadière lisait des livres ascétiques, plus dangereux peut-être que de mauvais livres pour les intelligences jeunes, vives et qui aspirent la passion humaine, à leur insu, dans le souffle le plus divin. A seize ans, elle avait dévoré toutes ces élucubrations pleines d'une fausse spiritualité, qui ne sont, souvent peut-être, que l'écho des âpres rêveries d'une imagination en désordre, du délire d'une fièvre intérieure et cachée, ou pis encore! A dix-sept ans, la belle Cadière passait sa vie dans les églises, les chapelles, les lieux de dévotion, ou dans un petit oratoire qu'elle s'était arrangé dans sa maison. Elle priait et jeûnait à dix-sept ans plus qu'un bon vieux prêtre ne le fait à soixante. Elle se confessait tous les jours, communiait chaque dimanche; passait souvent les nuits à prier, les pieds nus sur les dalles de son oratoire; se donnait la discipline parfois avec une énergie qui déchirait sa peau fine et satinée; car la belle Cadière méritait bien ce surnom, qu'elle dédaignait pourtant pour celui de sainte. Une longue et soyeuse chevelure d'un noir d'ébène, que la richesse du sang faisait se tordre légèrement à la nuque, aux tempes, à la racine des cheveux, couronnait royalement une tête admirable, d'un galbe délicieux et fin. Sa figure, de ce blanc mat des contrées méridionales et que relevaient des tons chauds, avait un caractère de beauté saisissant, un peu âpre et comme mordant au cœur, qui eût étonné Raphaël, ce peintre de l'âme, mais qu'eussent adorée Rubens et Titien, ces deux peintres de la vie. Mais, soit qu'elle ignorât sa beauté, soit qu'elle voulût l'offrir en holocauste au Seigneur, la belle Cadière passait toujours, lentement, priant et recueillie, à travers la haie que les jeunes gens de la ville, les plus beaux et les plus riches, formaient d'habitude, aussitôt qu'elle paraissait dans la rue, et sous de brûlants regards méridionaux dardés sur elle comme des flèches de feu, et qui s'émoussaient toujours et s'éteignaient, hélas! sur ce beau marbre insensible, sur ce charmant bloc de glace!

Du reste, il n'eût pas fait bon qu'on eût osé, seulement du regard, faire insulte à la belle sainte Cadière. La populace eût, sans nul doute, fait un mauvais parti à l'isolent effronté. Les hommes du port surtout, les pêcheurs et marins, classe d'hommes fort superstitieuse par-dessus toutes, avaient une croyance ferme et profonde en la sainteté de la belle Cadière, depuis que, par un jeu du hasard, l'enfant d'un deux, abandonné par les médecins et dont la mère préparait déjà le linceul en pleurant, avait été subitement rappelé à la vie et à la santé, sous les blanches mains de la jeune fille amenée par le désespoir paternel et invitée par ces simples créatures à appeler la clémence divine sur l'unique gage d'une union toujours heureuse, mais aussi toujours stérile jusqu'alors. Ce miracle mit définitivement au front de a belle Cadière le nimbe des bienheureux; et, la croyance populaire réagissant sur l'exaltation de la jeune fille, cette dernière se crut réellement en communication directe avec le ciel, sa véritable patrie; elle eut de fréquentes extases, des visions célestes; elle entendit les voix des anges, ses frères aux blanches ailes, qui l'appelaient et conversaient avec elle : sainte Thérèse allait se voir dépassée... Ce fut alors que ie Père Girard fut nommé Recteur du séminaire royal de la marine, à Toulon.

Dans l'intérêt de son Ordre, et, sans parler d'un autre sentiment, probablement aussi par un mouvement d'amour-propre personnel, le

La belle Cadière, le P. Girard, et le Paradis du Jésuite Henriquez.

Jésuite fut bientôt désireux d'avoir pour pénitente la jeune et belle sainte, qui d'ailleurs appartenait, ainsi que nous l'avons dit, à une maison riche et honorable de Provence. De son côté, la belle Cadière, toute sainte qu'elle était ou pouvait être, fut singulièrement flattée des avances du Révérend Père, dont la réputation était déjà établie à Toulon aussi bien qu'à Aix ; elle espérait probablement aussi que le membre d'un Ordre dont le chef avait composé les *Exercices spirituels* lui aiderait à se rapprocher du ciel par ces voies mystiques inconnues au commun des fidèles et dont elle croyait avoir découvert quelques-unes. Le Père Girard, en effet, loin de calmer les troubles de cette jeune âme, qui n'étaient peut-être que le reflux de l'effervescence des sens, les échos mal interprétés de la voix de la nature, l'encouragea à de nouvelles folies. Le Jésuite, loin de défendre à sa pénitente la lecture des livres ascétiques, lui en indiqua de plus dangereux encore. Le petit oratoire de la belle Cadière fut transformé en *chambre des méditations* !... Le Père Girard n'oublia pas de faire connaître à sa jeune pénitente les écrivains de sa Compagnie ; il lui mit entre les mains, par exemple, le livre du Jésuite Louis Henriquez, qui a pour titre : *Occupations des saints dans le ciel*, et dans lequel, étrange profanation ! l'auteur, qui semble un fils de Mahomet bien plus qu'un disciple du Christ, nous montre les bienheureux jouissant largement, et avec toute l'énergie des aspirations célestes, des plaisirs les plus vifs qu'offre la terre. Ainsi, on y voit les saints et les saintes réunis par couples gracieux, passer sous des ombrages frais et mystérieux, où s'épanouissent les fleurs les plus belles et les plus parfumées ; ou bien, et toujours par couples, danser, dormir, savourer de divins nectars ; ou bien encore s'y marier et avoir des enfants... Tout cela au bruit des harpes célestes et des divins cantiques, et tandis que les séraphins secouent au-dessus de ces voluptés célestes les flammes brûlantes qui sont leur propre essence, et que les mignons chérubins, témoins discrets, tapis dans les feuillages doucement agités, battent de leurs petites ailes blanches comme pour rafraîchir l'atmosphère embrasée et pour applaudir au bonheur que goûtent leurs nouveaux compagnons !... (1)

(1) Le livre du Père Louis Henriquez, dont nous sommes bien loin d'exagérer les

Le Père Girard semblait s'être entièrement consacré à sa jeune, belle et sainte pénitente. Pas un jour ne se passait sans qu'ils ne se vissent, soit que le prêtre fût trouver la jeune fille dans son oratoire, soit que celle-ci vînt s'agenouiller dans le confessionnal de la chapelle de celui-là. Tellement, que les autres pénitentes du Révérend Père, moins saintes, moins jeunes, moins belles peut-être, s'en montraient fort piquées et commençaient à en médire. Cependant, telle était la confiance presque unanime en la sainteté de la jeune fille et dans la vertu du prêtre, que nuls propos méchants n'osaient encore se produire ouvertement à leur occasion ; seulement, au-dessus de cette intimité spirituelle, un observateur attentif eût pu voir poindre le nuage de la médisance qu'un instant fait grossir. Soudain ce nuage creva, et terrible fut l'orage qui en jaillit.

Dans l'hiver de 1730, la ferveur ascétique de la belle Cadière avait redoublé ; elle soumettait son corps charmant et déjà amaigri à de véritables tortures : on assurait même qu'elle avait passé le carême de cette année sans prendre aucune nourriture. Enfin, le Vendredi-Saint, comme pour compléter la ressemblance avec le Christ dans sa Passion, elle fut trouvée dans son oratoire renversée et baignée dans son sang qui s'échappait d'une blessure qu'un ange, suivant son récit, lui avait faite au côté...

Quelques semaines après, les méchantes langues de Toulon donnaient à la maigreur de la belle Cadière, à ces extases, à ce sang, à tout ceci qu'ils traitaient de comédie, une explication purement physique et passablement scandaleuse. Le premier qui se hasarda à laisser voir cette opinion faillit être assommé par les gens du port, qui traitaient tout ceci de calomnies atroces et soutenaient de leurs bras vigoureux la sainteté chancelante de la belle Cadière. Les pêcheurs et marins se seraient probablement montrés plus faciles à l'endroit du Père Girard : mais comme les traits lancés sur la robe noire menaçaient de rejaillir sur la robe blanche, les dignes enfants du Midi protégeaient également l'une et l'autre de leurs voix rauques et de leurs

divagations béatement érotiques, fut publié en 1631, avec approbation du Provincial de Castille.

poings pesants. Un jour, néanmoins, sous une décharge plus terrible et presque générale, force leur fut de s'effacer en sacrifiant au moins un de leurs deux protégés.

La voix qui s'élevait, ce jour-là, pour convertir en accusation ce qui jusqu'alors n'avait été regardé que comme une médisance ou une calomnie, appartenait à un individu trop respecté et jouissant lui-même d'une estime trop générale pour qu'il fût possible de lui imposer silence par un des moyens à l'usage des pêcheurs et gens du port. Cette voix n'était rien moins que celle du Prieur du couvent des Carmes ! Ce qu'elle disait, d'ailleurs, était dirigé beaucoup plus contre le Père Girard que contre la belle Cadière. Les avocats populaires de celle-ci laissèrent donc s'élever à peu près en liberté la rumeur et s'accroître le scandale. En revanche, les confrères et amis du Père Girard s'émeuvent, prennent parti pour le Jésuite ; et, pour étrangler l'affaire, comme ils disent, ils ne trouvent rien de mieux que de solliciter et d'obtenir contre la Cadière un ordre de réclusion au couvent des Ursulines, avec défense de laisser communiquer la jeune fille avec qui que ce soit du dehors.

Cet étrange abus d'autorité, loin de prévenir le scandale, ne sert qu'à le faire éclater plus vite et plus bruyamment.

La nouvelle de l'arrestation et de l'enlèvement de la belle Cadière ne s'est pas plus tôt répandue dans Toulon, que les pêcheurs et marins, tout le menu peuple, s'émeuvent, s'agitent, se lèvent et s'écrient. Les parents de la jeune fille, soutenus par une grande partie des notables habitants de Toulon, dénoncent aux magistrats compétents l'abus d'autorité dont la Cadière est victime. Un arrêt du Conseil du roi intervient et ordonne que le Parlement d'Aix connaîtra de l'affaire, qui s'instruit aussitôt, malgré la résistance des Jésuites, de leurs amis et patrons secrets ou reconnus. Alors, les Conseils de la belle Cadière présentent à cette Cour une requête, faite au nom de celle-ci, contre le Père Girard. Enfin, le 10 octobre, l'affaire est appelée.

On comprend maintenant l'affluence de monde que nous montrions, au début de ce chapitre, tout autour du palais de Justice de la ville d'Aix ; et l'on doit penser qu'aux premiers rangs étaient les pêcheurs et gens du port de Toulon, toujours persuadés de la sainteté de leur belle Cadière, mais qui, désormais, en revanche, chargeaient le Jésuite Girard des forfaits les plus inouïs.

Aussitôt que les membres du Parlement, à grand'peine introduits dans le lieu des séances, eurent pris place, le Président donna l'ordre d'amener la plaignante et l'accusé. Le Père Girard, tant était grande l'irritation populaire, avait été transféré, dès la veille et de nuit, dans une pièce attenante à la Cour. Quant à la belle Cadière, grâce à ses nombreux et déterminés champions, elle ne parut pas plus tôt, accompagnée de sa mère et d'une religieuse d'un couvent d'Aix où la Cour lui avait assigné un asile, qu'un large passage lui fut ouvert.

La jeune fille semblait marcher et se soutenir avec difficulté, et seulement à l'aide des bras de sa mère et de la religieuse qui l'accompagnait. Néanmoins, elle était toujours si belle que, lorsque pour remercier la foule de sa complaisance à lui livrer passage, elle souleva un grand voile qui l'enveloppait presque entièrement, en prononçant d'une voix émue quelques paroles qu'on devina putôt qu'on ne les entendit, comme un frisson électrique parcourut la multitude; quelques sanglots éclatèrent, mais s'éteignirent aussitôt dans une furieuse imprécation lancée contre le Père Girard.

Parvenue devant la Cour, la belle Cadière, toujours digne de ce nom, rejeta son voile, sur l'ordre du Président; et, après avoir répondu aux questions d'usage : « qu'elle se nommait Catherine Cadière, et qu'elle était âgée de dix-huit ans, » formula de vive voix son accusation contre le Jésuite.

Il nous est impossible d'insérer ici cette déposition : la plainte de la Cadière ne remplit pas moins d'un volume dans une édition de ce procès célèbre. D'ailleurs, le crime reproché au Père Girard, fût-il cent fois prouvé, ne serait toujours que celui d'un Jésuite, et c'est à l'Ordre entier que nous nous attaquons. Nous n'avons même résolu de parler de toute cette affaire que parce que le contre-coup s'en fit rudement sentir à la Compagnie de Jésus tout entière, et qu'elle nous amènera à la situation qu'occupait celle-ci dans les premières années du XVIIIe siècle.

Après avoir raconté comment elle avait connu le Père Girard, comment celui-ci, s'emparant de son esprit, dirigeant sa conscience, et exaltant encore son imagination en délire, l'avait guidée, poussée dans les routes les plus ardues de la vie ascétique, la belle Cadière, expliquant ensuite dans quel but infernal le Jésuite excitait dans sa jeune âme en délire de brûlantes et séraphiques ardeurs, formula nettement contre le Père Girard une accusation *de magie et de sorcellerie, d'inceste spirituel*, et, enfin, *de séduction réelle*.....

Le Père Girard fut interrogé à son tour. Bien entendu, son récit fut tout différent de celui de la plaignante. Il avoua que, lorsqu'il se fut chargé de la direction spirituelle de la jeune fille, il avait, pendant quelque temps, autorisé les exercices de dévotion de cette dernière ; mais il affirma constamment qu'il avait bientôt voulu la retenir dans cette voie de dévotes folies, qu'il soupçonnait unies à des intentions mondaines, et que ce fut parce qu'il ne put y parvenir qu'il avait cessé d'avoir aucune relation avec sa pénitente.

On introduit alors le Prieur des Carmes de Toulon. Ce religieux, nommé le Père Nicolas, dépose que Catherine Cadière est venue se confesser à lui, et que, sur sa demande, elle a répété cette confession devant témoins. Cette confession, qu'il lui est à présent permis de faire connaître à la justice, charge gravement le Père Girard.

Après le Carme, on fait paraître deux frères de la jeune fille, tous deux prêtres, et dont les dépositions confirment ce que viennent de déclarer les précédents témoins. La correspondance épistolaire entre le Jésuite et sa jeune pénitente est aussi mise sous les yeux de la Cour.

Alors les avocats des deux parties prennent la parole et s'efforcent, bien entendu, de déverser à qui mieux mieux le ridicule et l'odieux sur la partie adverse. L'avocat de la belle Cadière traite le Jésuite de séducteur infâme et même de meurtrier ; l'avocat du Révérend s'écrie « que la plaignante est une folle et pis encore, que poussent par derrière les ennemis de la Société à laquelle appartient son client !... » La riposte n'attend pas l'attaque. Les gros mots volent et tombent comme grêle : Le Père Girard a séduit la jeune fille par des moyens surnaturels, ou en employant la violence et même le poignard qui s'est teint d'un sang innocent et pur… — La Cadière est une misérable folle, ses frères sont deux intrigants, le Prieur des Carmes est… quoi donc? un Janséniste!…

Tout à coup des cris affreux se font entendre, et l'on aperçoit la belle Cadière qui, s'arrachant des bras de sa mère et de la religieuse qui veulent en vain la contenir, arrache ses beaux cheveux, déchire ses vêtements et se roule par terre, demi-nue et dans d'affreuses convulsions, tandis que ses dents serrées laissent échapper des mots comme ceux-ci :

« Oh!… le démon!… sa proie!… Misérable, tu m'as perdue!… Sainte Catherine de Sienne, ma patronne, ne le croyez pas!… Je ne suis pas à lui!… O Père Girard!… Infâme!… Et moi, infanticide!… Oh!… Démon!… Mon Dieu!… » Et la jeune fille perd connaissance entièrement.

L'audience est suspendue un moment. Le président ordonne qu'on transporte la jeune fille au couvent où elle demeure. Cet incident a produit un effet terrible sur les juges comme sur l'auditoire ; et on entend, au dehors, de terribles cris qui arrivent jusqu'au pied du tribunal malgré l'épaisseur des murailles, et qui demandent vengeance du Jésuite…

La Cour se retire enfin pour rendre son arrêt. Lorsqu'elle revient de la chambre des délibérations, la nuit est tombée depuis longtemps ; cependant la foule est toujours aussi compacte, au dehors comme au dedans ; et l'on entend, de moment à autre, de sourds rugissements pareils à ceux que fait entendre un lion enchaîné quand approche l'heure où on lui jette sa pâture. Tout à coup le silence règne de nouveau. Le Président lit le jugement de la Grand'Chambre. L'arrêt, rendu après de longs et tumultueux débats dans la salle des délibérations aussi bien que dans celle des plaidoiries, trompa toutes les prévisions : il ordonnait purement et simplement que la Cadière fût renvoyée à sa mère, avec invitation à celle-ci de veiller de plus près sur sa fille, et mettait le Jésuite Girard hors de Cour (1).

---

(1) Les pièces du procès de la Cadière ont été imprimées, en 1731, à la Haye, et forment 2 volumes in-folio ou 8 volumes in-12. On peut voir aussi un extrait de ce procès célèbre dans les *Causes intéressantes* de Richer, vol. 2.

Le P. Girard et la belle Cadière.

Lorsque la foule qui stationnait aux abords du palais de Justice apprit les termes de cet arrêt, elle sembla remuée comme par une même impulsion, et des cris terribles, des clameurs de mort s'élevèrent de son sein. Excitée par les pêcheurs et les marins de Toulon, la rage populaire arriva promptement à un degré qui fit peur aux magistrats, qui se hâtèrent de s'échapper, et aux autorités de la ville, qui firent mettre vite sous les armes tout ce qu'ils avaient de troupes. Cependant les maisons de quelques-uns des membres du Parlement, soupçonnés d'être partisans des Jésuites, eurent leurs vitres cassées, et on essaya de mettre le feu au Collége des Jésuites. Ces Pères furent même obligés de ne pas paraître de quelque temps en public avec leur costume. Quant au Père Girard, ce ne fut qu'en se déguisant avec soin, et en profitant d'une nuit obscure, qu'il put sortir vivant de la ville d'Aix. La ville de Toulon lui offrant de plus grands dangers encore, il lui fallut aller se cacher dans une Maison éloignée ; deux ans après, il mourut à Dôle. On n'entendit plus parler de la belle Cadière.

Les écrivains Jésuites se sont efforcés de nous montrer dans leur Père Girard un prêtre vertueux, mais crédule, trompé, égaré par les ruses mystiques de sa pénitente ; ce qui paraît assez difficile à croire, lorsqu'on pense à la différence d'âge, d'expérience, de savoir, qui existait entre la belle Cadière et le Père Girard. Suivant eux, c'est parce que le Jésuite ne voulut pas aider la Cadière à se faire passer pour une nouvelle sainte Catherine-de-Sienne que celle-ci chargea son confesseur de crimes odieux. Ils ajoutent encore que les scandales du procès furent dus surtout aux Jansénistes, qui poussèrent sur la scène la jeune fille par les mains du Prieur des Carmes et des frères de la Cadière ; ces derniers étaient tous deux prêtres.

Cependant, sur les vingt-cinq conseillers du Parlement qui formaient le tribunal devant lequel fut jugé le procès, treize seulement déclarèrent le Père Girard innocent ; les douze autres le reconnurent coupable, et votèrent pour qu'il fût brûlé vif.

Et, cependant, si l'on s'en rapporte à plus d'une opinion hautement formulée dans le temps, entre autres, à celle de l'auteur des *Mémoires touchant l'établissement des Jésuites dans les Indes d'Es-*

pagne (1), les Jésuites semblent avoir compté assez peu sur la bonté de la cause de leur confrère, puisqu'ils essayèrent de lui concilier à prix d'argent l'esprit de ses juges. « La veille du jour de cet infâme procès, » dit l'écrivain que nous copions, « deux Jésuites se présentèrent chez un magistrat qui devait siéger dans l'affaire, homme d'une grande probité, et qui passait pour défavorable à la Société de Jésus. Après le premier salut, ces Pères lui déclarent qu'ils sont chargés de lui faire une restitution considérable. Le magistrat ne se laisse pas éblouir ; il reconnaît le piége, et le tourne contre les tentateurs. Persuadé que la somme que ces Jésuites lui annoncent comme une restitution est le prix de son suffrage, il leur répond que la modicité de sa fortune ne lui permet pas d'avoir jamais fait une pareille perte. « Il n'est pas douteux, ajoute-t-il, qu'il y a erreur, ou dans le nom ou dans la personne. Cette restitution, en un mot, ne peut me regarder. » Les Jésuites cependant s'obstinent à soutenir qu'elle le regarde ; bref, ils laissent la bourse sur le bureau et s'en vont. Le magistrat, sachant alors à qui il a affaire, prend cette bourse et va en distribuer le contenu aux différents hôpitaux de la ville… Le procès de la Cadière arrive ; notre magistrat, persuadé de la culpabilité du Père Girard, opine pour sa condamnation, et le plus vigoureusement.

« Les Jésuites, instruits par leurs émissaires, reviennent alors chez le conseiller ; là, d'un ton patelin et béat, ils disent à celui-ci : « qu'il avait eu grandement raison de leur soutenir, la veille, que la restitution ne le regardait point ; qu'ils avaient vu la personne avec laquelle on l'avait confondu, et qu'ils étaient pénétrés de la plus vive douleur de lui redemander la somme qu'ils lui avaient remise. » — Halte-là, mes Révérends, dit alors brusquement le magistrat ennuyé de leurs doléances hypocrites. Voyant, hier, que vous persistiez à me laisser cette bourse dont je ne voulais point, j'ai pensé que ce que j'avais de mieux à faire, ce que vous désiriez sans doute, était d'en distribuer le contenu aux pauvres, ce que j'ai fait !… » Les bons Pères commen-

---

(1) Cet ouvrage, adressé manuscrit au ministre de Louis XIV, Pontchartrain, dès 1710, ne fut imprimé qu'en 1758, in-12.

çaient déjà à sourire méchamment, lorsque le conseiller leur mit sous le nez le récépissé qu'il avait eu soin de tirer des receveurs des hôpitaux, auxquels il renvoya, en fin de compte, les Révérends, furieux de se voir joués par plus honnête et plus fin qu'eux !... »

Pour terminer cette rapide esquisse du procès de la belle Cadière, nous ajouterons qu'il parut alors, sur ce sujet, une foule d'écrits, livres et pamphlets, dans lesquels les Jésuites étaient fort maltraités. On fit même une pièce de théâtre sur cette affaire, et l'auteur, qui regardait sans doute la Cadière comme une seconde Lucrèce, intitula son œuvre : *Le Nouveau Tarquin, comédie*. On trouve aussi, dans quelques exemplaires de l'édition in-folio des pièces de ce procès, des gravures fort obscènes, d'ailleurs, mais qui mettent en pleine et entière évidence les crimes reprochés au Père Girard.

Ce procès eut un retentissement énorme ; le scandale qui en rejaillit fit un tort immense à la Compagnie de Jésus ; et cela devait être. L'acquittement d'un Jésuite, dignitaire de son Ordre, vivement protégé et publiquement soutenu par lui, à une seule voix de majorité, tandis que douze autres voix, sur vingt-cinq, concluaient à la culpabilité de l'accusé et demandaient qu'il fût brûlé, cet acquittement, disons-nous, équivalait à une condamnation, surtout si l'on admet les moyens de captation, d'intimidation des confrères du Père Girard, si l'on pense à leur esprit d'intrigues et à l'influence immense dont ils disposaient encore alors ; car la Compagnie de Jésus avait été loin de décroître dans les commencements du XVIIIe siècle. En 1710, suivant le Père Jouvenci, les calculs faits par l'*Imago primi seculi*, sur l'état de la Société, avaient dû recevoir de nouveaux chiffres. Ainsi, pour cette année 1710, le Père Jouvenci trouve 1,390 établissements jésuitiques, au lieu de 900, et 20,000 Jésuites au lieu de 16,000. Le Père Jouvenci eût pu ajouter, ce qu'il se garda bien de faire, que les revenus des Jésuites s'étaient accrus à peu près dans les mêmes proportions.

Dans les dernières années du règne de Louis XIV, immense est le nombre des lettres-patentes royales qui dotent de belles et bonnes rentes les établissements de saint Ignace. Partout où les Jésuites sont protégés, ou dominants immense encore est le nombre des réunions de bénéfices faites aux profits des Maisons jésuitiques. « Ce sont des faits de notoriété publique, » disent des *Requêtes* et *Mémoires* divers, présentés aux conseils du roi Louis XV, et dont on a imprimé en 1761 les plus importants, qui forment deux volumes in-12.

La Régence du duc d'Orléans, pendant la minorité de Louis XV, n'arrêta pas non plus les progrès de la Compagnie de Jésus. Nous devons mentionner ici que le ministre favori du Régent, le trop fameux cardinal Dubois, fut l'ami des Jésuites; et il était bien digne de le devenir. On sait que ce ministre, aussi célèbre par ses vices infâmes que par ses talents réels, fut fait cardinal en 1720; il était déjà archevêque de Cambrai. Ce fut Massillon qui eut la lâcheté de le sacrer. On rapporte que, lors de la cérémonie, Dubois ayant demandé préalablement et successivement au célèbre prédicateur la prêtrise, le sous-diaconat, les quatre mineurs et la tonsure, toutes choses indispensables à l'investiture d'un prélat, Massillon, impatienté, s'écria : « Ne vous faut-il pas aussi le baptême ? » On assure, du moins, que c'était le jour de la première communion du successeur de Fénelon, du nouveau prince de l'Église. On a dit, de plus, que ce cardinal était marié. Il mourut en 1723, peu de temps avant son patron, le duc d'Orléans. Il laissa une fortune considérable et une mémoire justement flétrie (1). Dubois avait établi de nouveaux impôts, et achevé d'épuiser la France. Il mourut sans recevoir le viatique; le Régent son patron expira, lui, entre les bras de sa maîtresse : ce qui fit dire « que le duc d'Orléans était mort entre les bras de son confesseur ordinaire. »

Sous Louis XV, le cardinal de Fleury, qui d'abord simple précepteur de ce prince en devint, peu après la mort du duc d'Orléans, le premier ministre, et gouverna la France, se montra encore plus favorable

---

(1) Nous nous risquons à donner ici l'épitaphe populaire, et fort juste dans sa licencieuse expression, qui fut faite pour cet homme que Rome avait fait cardinal, et que Paris vit *sanctifiant* les orgies de son patron le régent. Voici cette épitaphe :

Rome rougit d'avoir rougi
Le m........ qui gît ici.

Ce furent les Jésuites qui firent obtenir à Dubois le chapeau de cardinal : service dont cet étrange prince de l'Église les récompensa en les protégeant !...

aux Jésuites, avec lesquels il semble avoir été lié par un pacte secret. On a souvent confondu le cardinal de Fleury avec l'abbé Fleury, auteur de l'*Histoire ecclésiastique*. Ce dernier, prêtre vertueux, instruit et sans ambition, fut confesseur de Louis XV, et ce fut le cardinal qui lui ôta ce poste pour le donner à un Jésuite, le Père de Linières. Nous devons dire à quelle occasion.

Le roi avait épousé Marie Lekzinscka, fille de Stanislas de Pologne, princesse belle et vertueuse, mais froide, un peu bigote, et plus âgée d'ailleurs que Louis XV, qui n'était guère encore qu'un adolescent. Louis aimait sa femme, et lui était fidèle, malgré l'ardeur de ses sens et les piéges tendus sous ses pas. La vile tourbe des courtisans en était toute consternée ; elle se disait avec raison qu'elle n'avait rien à attendre d'un monarque sage : elle résolut donc d'avoir un roi débauché. Parmi les noms des Séjans corrupteurs qui poussèrent Louis XV dans le bourbier de ses scandaleuses orgies, au fond duquel il devait trouver une mort prématurée et la haine de ses sujets, on trouve le nom du cardinal de Fleury. Non pas que ce cardinal-ministre fût un autre Dubois ; mais il était avide de pouvoir; et surtout la princesse de Carignan, qui gouvernait le cardinal, et qui, dit-on, en était la maîtresse, en était avide. Or, la princesse de Carignan, se faisant l'écho de la cour, fit comprendre au cardinal-ministre que le jeune roi devant avoir tôt ou tard des maîtresses, il valait beaucoup mieux qu'il en eût tout de suite, pourvu qu'elles lui fussent données par des mains amies et expérimentées !...

Une trame est ourdie autour de la sagesse royale ; madame de Mailly est choisie pour supplanter la reine dans le cœur du roi. Mais celui-ci, par cela peut-être qu'il se sent entraîné par ses penchants secrets, redouble d'assiduité dans la couche nuptiale. Alors, on fait agir un autre ressort. Un jésuite est donné pour confesseur à Louis XV; la reine en avait déjà un. Ce dernier, mettant au service d'un ignoble intérêt mondain la voix céleste parlant par sa bouche, fit entendre à la reine, « qu'ayant rempli les devoirs de son état en donnant un héritier au trône, elle ferait une chose très-édifiante pour la terre et très-agréable à Dieu en se sevrant autant que possible désormais des voluptés charnelles, et en se dévouant à la plus excellente des vertus de la femme chrétienne, la chasteté. »

Dévote, et surtout froide par tempérament, fatiguée peut-être de ses couches répétées, la reine entra facilement dans la voie qu'on lui indiquait. Là-dessus, le roi son époux, qui commençait à s'abandonner de son côté à ses conseillers pervers, s'étant grisé dans un petit souper, vient cependant prendre sa place dans la couche royale. Marie, assure-t-on, repoussa des caresses dont la vivacité était sans doute augmentée par l'ivresse, avec un dégoût si prononcé, que le roi, blessé dans son amour-propre, jura qu'il ne recevrait pas deux fois un pareil affront, et sortit de la chambre à coucher de sa femme pour n'y plus rentrer.

De ce moment, et sous l'influence des conseillers corrupteurs qui l'entouraient, Louis XV se livra à toute l'effervescence de ses passions. La comtesse de Mailly fut sa première maîtresse; mais le roi lui associa bientôt sa sœur, madame de Vintimille. On sait combien est longue la liste des courtisanes titrées qui se déroule de madame de Mailly à Jeanne Vaubernier, dite comtesse Dubarry. Tandis que Louis XV, dans ses *petits appartements*, passait sa vie à table ou dans les bras de ses maîtresses, le cardinal de Fleury gouvernait la France et la gouvernait fort mal, quoi qu'on en ait dit; protégés par le cardinal-ministre, les Jésuites crurent voir s'ouvrir pour eux une ère de prospérité brillante. Mais déjà, sur l'horizon du monde, apparaissait le nuage renfermant la foudre qui allait frapper et briser pour un temps l'édifice du Jésuitisme. On avait entendu ses premiers grondements lors du procès de la belle Cadière; l'attentat de Damiens, bientôt suivi de la banqueroute du Père La Valette, allait le faire éclater dans toute sa force.

Le cardinal de Fleury était mort en 1743; des ministres, moins bien disposés en faveur de la Compagnie de Jésus, avaient succédé à ce constant protecteur des fils de saint Ignace. Le feu des querelles religieuses était assoupi, presque éteint; on avait oublié complètement la fameuse bulle *Unigenitus*, les Jansénistes; on commençait même à ne plus guère s'occuper des Jésuites, si ce n'est peut-être la papauté, qui depuis Innocent XIII (1), montrait des velléités de reprendre contre la Société de Jésus des projets de réforme si souvent entrepris et toujours abandonnés ; le successeur de ce dernier pontife, mécontent des Jésuites, avait même commencé les hostilités contre la noire Cohorte. Cette dernière se dit qu'une diversion nouvelle et suffisamment puissante est nécessaire ; elle se promet de saisir la première qui se présentera, et d'en faire naître une au besoin.

Le Jansénisme expirant essayait alors de se rendre à la vie par le moyen des miracles du cimetière de Saint-Médard, du diacre Pâris et des convulsionnaires. Les Jésuites s'emparent de cette circonstance et l'exploitent habilement. Le cimetière Saint-Médard est fermé, et les disciples du nouveau saint sont réduits à ne se livrer à leurs convulsions et extravagances diverses qu'en cachette. Mais les Jésuites avaient trouvé là une étincelle avec laquelle ils espéraient ranimer le feu sommeillant des disputes religieuses. Ils ne se trompèrent pas. On recommence à se quereller sur la bulle ; des prélats osent se prononcer contre elle ; en revanche, à l'ordre de l'archevêque de Paris, les curés de Saint-Sulpice et de Saint-Étienne-du-Mont refusent les sacrements à ceux de leurs pénitents et pénitentes qui ne croient pas devoir s'y soumettre. Le Parlement se saisit de l'affaire et condamne les curés ; le conseil du roi annulle l'arrêt du Parlement ; celui-ci résiste, la cour l'exile : grand bruit dans toute la France. Et, là-dessus, les Jésuites de se frotter les mains, aux premiers souffles de ce nouvel orage, et de jeter de nouveaux aliments au foyer qu'on croyait éteint et dont la fumée est un voile qui les cache à l'attention, en attendant que sa lueur fasse reparaître sur la scène leur silhouette triomphante.

Mais, tout à coup, dans l'atmosphère où soufflent ces rafales de discordes et les dominant, un grand cri s'élève et apprend à la France, au monde étonnés, que Louis XV vient d'être frappé par un assassin !

Le 5 janvier 1757, veille des *Rois*, de six à sept heures du soir, la compagnie des gardes de service au château de Versailles venait de

(1) Innocent XIII ayant osé dire un jour qu'il se proposait de réformer la Compagnie de Jésus, mourut, le lendemain, de mort subite !

recevoir l'ordre d'accompagner le carrosse qui allait conduire à Trianon le roi et le Dauphin. Louis XV avait l'intention d'aller souper et coucher à Trianon. Le duc d'Ayen, capitaine de service, avait déjà pris place à la droite de la voiture ; bientôt on vit le roi s'avancer sous la voûte d'entrée, accompagné du Dauphin et suivi par une foule de courtisans empressés, en tête de laquelle étaient le maréchal de Richelieu, le chancelier de Lamoignon et le garde-des-sceaux, Machault. Les Cent-Suisses présentèrent les armes au souverain, qui se hâta de se diriger vers le carrosse ; car il faisait un froid excessif. Nous avons dit qu'il était près de sept heures du soir, par conséquent il faisait nuit obscure, et la scène était assez mal éclairée par quelques lumières que tenaient des valets royaux ; on ne vit donc pas un homme se glisser adroitement au milieu des gardes et se mêler à la foule des courtisans et grands officiers qui entouraient le roi. Ce dernier, cependant, faisait un mouvement pour monter dans sa voiture, lorsque soudain on le vit se retourner vivement, tandis que sa main, fouillant sous l'ample redingote qui le couvrait, et semblant comme interroger la poitrine, en ressortait teinte d'un peu de sang.

Cependant un tumulte effroyable a lieu ; le duc d'Ayen tire son épée et s'élance vers le roi, que soutient le Dauphin ; les gardes s'agitent et brandissent leurs armes ; on crie à l'assassin, et tous les regards cherchent l'auteur du crime dans la foule qui remplit la Cour-de-Marbre. « C'est cet homme qui m'a frappé ! » dit en ce moment Louis XV, dont la main désigne un individu, qui, par un mouvement presque inaperçu au milieu du mouvement général, s'était rejeté dans la foule ; seulement, il avait oublié d'ôter son chapeau comme tous ceux qui entouraient le roi. Le duc d'Ayen s'élance aussitôt vers ce personnage, que ses yeux égarés semblaient effectivement signaler comme l'auteur de la tentative d'assassinat, et qu'on arrête sans qu'il essaye de fuir ou de réclamer. Tandis qu'on l'entraîne dans le vestibule du palais, il ne dit que ces mots : « Qu'on prenne garde à Monsieur le Dauphin ! et qu'il ne sorte pas de la journée !... » On comprend que ces paroles ne firent que redoubler la terreur de tous ceux qui les entendirent.

L'homme arrêté fut alors traîné dans une pièce du rez-de-chaussée, dite Salle-des-Gardes. Là, il fut fouillé, et l'on trouva sur lui un couteau assez petit, garni de deux lames dont l'une était un canif. Comme on supposa d'abord que ce n'était pas avec une telle arme qu'il avait essayé d'assassiner le roi, on continua la fouille, et on finit par le mettre tout nu, sans néanmoins qu'on pût trouver autre chose que ce couteau d'apparence assez peu meurtrière.

Cependant l'exaspération était extrême dans le groupe nombreux et singulièrement mêlé qui entourait l'accusé. Le duc d'Ayen était désespéré que l'attentat eût été commis sous ses yeux ; les gardes de sa compagnie, qui avaient ouvert leurs rangs à l'assassin, le prenant pour un homme du service du roi, étaient transportés d'une rage telle que, lorsqu'ils eurent mis nu l'individu arrêté, deux d'entre eux se saisirent de pincettes, et, les ayant fait rougir au feu, en brûlèrent diverses parties du corps du misérable, tandis que le duc d'Ayen, le chancelier, et Rouillé, secrétaire d'État, lui criaient de confesser son crime et le nom de ses complices. Suivant Voltaire, le garde-des-sceaux prit surtout une grande part à cette besogne de bourreau. On dit même que, sans la prompte arrivée du lieutenant du grand-prévôt, Le Clerc du Brillet, auquel appartenait la connaissance de l'affaire, l'homme arrêté eût été expédié avec la même hâte qui avait sauvé autrefois la torture à Jacques Clément, et, aux complices de ce moine, le danger de voir leurs noms révélés.

Cependant le bruit s'était répandu jusqu'à Paris que le roi venait d'être assassiné ; et la grande ville s'emplissait de rumeurs de nature diverse. On était alors au milieu de la lutte des Parlements contre les prétentions ultramontaines d'un côté et le pouvoir royal de l'autre, et le destin du roi ne pouvait, quel qu'il fût, rester indifférent aux partis, qui tous avaient quelque chose à espérer ou à craindre d'un changement de gouvernement. Il paraît que les Jésuites ne furent pas des derniers à essayer d'exploiter la circonstance : madame de Pompadour, la favorite régnante, était, pour diverses raisons, hostile au parti de saint Ignace ; le confesseur jésuite obtint du royal blessé, qui ne connaissait pas encore le plus ou le moins de gravité de sa blessure, qu'on éloignât la marquise. Déjà les courtisans se tournaient vers le Dauphin, qui devait avoir dorénavant ses entrées aux conseils du roi, lorsqu'on apprit que la blessure de Louis XV était tout à fait insignifiante : l'arme qui l'avait frappé avait à peine pénétré de quatre lignes dans les chairs du flanc droit, au-dessous de la cinquième côte.

Louis XV s'était mis au lit avec un peu de fièvre, mais surtout avec une grande agitation d'esprit. Rassuré par les médecins sur la gravité de sa blessure, il avait ensuite redouté que l'arme dont on l'avait frappé ne fût empoisonnée. Mais, bientôt, toutes craintes cessèrent à cet égard ; la blessure du roi n'était réellement qu'une égratignure, qui se cicatrisa d'elle-même en quelques jours. Aussitôt, il rappela près de lui madame de Pompadour, qui revint triomphante et plus puissante que jamais.

L'assassin du roi se nommait Robert-François Damiens. Il était né le 9 janvier 1715, à Tieuloy, petit village de l'Artois, situé près d'Arras, dans la paroisse de Monchy-le-Breton ; il avait donc, en conséquence, quarante-deux ans, lors de son attentat. Son père avait été fermier, mais s'était ruiné et avait fait banqueroute. Damiens, se trouvant sans ressources du côté de sa famille, s'était fait successivement laquais, soldat, serrurier, cuisinier, etc. C'était, à ce qu'il paraît, un homme de peu de valeur intellectuelle et morale, esprit sombre, mécontent et tant soit peu détraqué, assure-t-on ; il avait déjà, par des injures ouvertement proférées contre le gouvernement, attiré sur lui les soupçons de la police, qui l'avait même arrêté et lui avait fait passer quelque temps à la Bastille, d'où Damiens sortit l'âme plus exaltée, le cœur plus ulcéré, et l'esprit plus disposé à recevoir l'impulsion qui devait plus tard le pousser à frapper son roi. De quel côté lui vint cette impulsion meurtrière ? Il est à peu près impossible de le dire. Le nom des Jésuites fut tout d'abord prononcé, surtout après qu'on eut appris que Damiens, — circonstance au moins fort remarquable ! — avait servi à deux reprises, comme garçon de cuisine et de réfectoire, dans le Collége des Jésuites de Paris. Ce qui contribuait encore à faire charger de nouveau la noire Cohorte d'un crime qui tant de fois lui fut imputé, c'est que, lors de son premier interrogatoire, à Versailles, par le lieutenant du grand-prevôt, Damiens n'avait donné aux questions pressantes qu'on lui fit sur les motifs qui l'avaient poussé à son crime que cette réponse unique et obstinée : « Si j'ai attenté sur le roi, *c'est à cause de la religion !...* »

En étudiant enfin les écrits de cette époque, on en tire cette conclusion que, si les Jésuites ne furent pas ceux qui poussèrent secrètement Damiens à commettre son crime, ce furent eux, du moins, que la conviction publique désigna comme les complices et les excitateurs de ce misérable. Mais il paraît aussi qu'on essaya de donner une autre direction à l'opinion, et qu'on voulut rendre les Parlements et tous ceux qui se prononçaient pour les droits de la nation et du peuple, contre toute tyrannie royale ou religieuse, complices du crime de Damiens. On comprend que ce procès dut avoir un grand retentissement au milieu de l'excitation générale ; on ne s'entretenait plus que de cela à Paris et par toute la France.

Cependant ce procès s'instruisait. Le comte d'Argenson, ministre de la guerre, avait minuté lui-même la lettre du roi, que, dit-on, le président Hénault avait dictée, et dans laquelle le roi demandait une vengeance éclatante de son assassin. Cette lettre avait été portée aux vingt-deux conseillers de la Grand'Chambre, débris du Parlement. Des lettres-patentes qui saisissaient la Grand'Chambre de cette affaire furent expédiées le 15 janvier. Dans la nuit du 17 au 18, Damiens fut enlevé de la geôle des gardes-du-corps à Versailles, et transféré à la prison du Palais, où il fut enfermé dans la tour dite de Montgommery. On mit à ce transport un appareil extraordinaire. Trois carrosses à quatre chevaux reçurent Damiens, des exempts et des magistrats. Ces voitures étaient entourées par une compagnie des gardes et précédées par un fort détachement de la maréchaussée. Un certain nombre de soldats avaient des torches allumées à la main, tandis que les autres tenaient leurs sabres nus. En outre, une autre compagnie des gardes joignit l'escorte aussitôt qu'elle fut arrivée à Vaugirard, par où elle eut ordre de passer, sans doute pour éviter tout obstacle ; et, depuis la barrière jusqu'au palais de Justice, les rues étaient bordées par le guet à pied et à cheval, par des Suisses et le reste des gardes. On a même dit que défense avait été signifiée à tout individu de se trouver sur le passage de ce cortége singulier, et que les soldats avaient l'ordre de tirer sur ceux qui se mettraient aux fenêtres pour le voir passer. Voltaire a démenti cette assertion, qui nous semble bien un peu exagérée. Cependant les précautions prises en cette circonstance ne laissent pas à elles seules que d'étonner.

Il est à remarquer que, tout en déférant au Parlement l'affaire de Damiens, Louis XV n'en exila pas moins plusieurs conseillers, du 27 au 30 janvier. Ces conseillers furent tenus comme en prison dans leurs demeures par des archers du guet, jusqu'à ce qu'ils eussent quitté Paris. Cela fut cause que l'on soupçonna plus tard la Grand'Chambre de n'avoir pas voulu, pour obéir à des ordres venus d'en haut, faire tomber la responsabilité du crime de Damiens sur des complices qu'on désirait ménager justement parce qu'ils étaient les ennemis du Parlement.

Le 26 mars, l'instruction du procès étant terminée, Damiens comparut devant la Grand'Chambre, composée de douze présidents-à-mortier, de sept conseillers d'honneur, sept conseillers ordinaires, et de quatre maîtres-des-requêtes ; sur l'ordre du roi, et conformément à leurs priviléges, cinq princes du sang et vingt-deux ducs et pairs avaient pris place au tribunal, dont le chef était le premier président Maupeou.

Une foule immense entourait le palais de Justice ; mais personne, excepté les magistrats, les princes du sang, les pairs, les gens du roi, les huissiers et quelques privilégiés, n'avait pu obtenir d'entrer dans l'enceinte du tribunal. Un grand déploiement de troupes avait encore été ordonné en cette occasion.

Damiens, dit-on, montra pendant tout le cours de son procès un courage extraordinaire et une gaieté presque insolente. Il soutint toujours que la religion l'avait déterminé à frapper le roi, mais qu'il n'avait jamais eu l'intention de le tuer. On assure même que ses discours respiraient une véritable affection pour Louis XV. Du reste, ses réponses, pleines de divagations et accusant une folie évidente, déblatéraient tour à tour contre l'archevêque de Paris (1), et les membres du Parlement qui luttaient ou qui avaient lutté contre l'autorité royale. Si l'on s'en rapporte aux *pièces* du procès, qui existent encore, Damiens soutint toujours aussi qu'il n'avait aucun complice; que son projet était conçu depuis trois ans, mais que jamais il n'en avait dit un mot à qui que ce fût. Il semble qu'on ait voulu amener Damiens à charger le Parlement, et à faire remonter sur ce corps, assez audacieux pour lutter contre l'Église et la royauté, la complicité de l'attentat et plus encore. Mais la déposition d'un des témoins vint donner une direction différente et forcée à l'accusation. Vareille, enseigne aux gardes, qui avait arrêté Damiens, soutint toujours que celui-ci avait dit, dans la Salle-des-Gardes, à Versailles, que *si l'on avait coupé le cou à quatre ou cinq évêques, il n'aurait pas assassiné le roi.* La seule rectification de Damiens porta sur les mots *couper le cou*; il prétendit qu'il avait dit seulement « qu'il eût fallu punir ces prélats. » On remarqua aussi que le président Maupeou ayant demandé à l'accusé « s'il croyait que la religion permît d'assassiner les rois? » par trois fois, Damiens refusa de répondre.

En lisant les actes de ces procès, on compare involontairement Damiens à un autre misérable, qu'un procès moderne et de même nature a rendu fameux : nous voulons parler de Fieschi. Damiens eut à peu près la même contenance dans les débats. Il fit des allocutions à ses juges, il tâcha de se donner une tournure héroïque, il se donna comme égaré par de mauvais conseils. Il fit, pour ainsi dire, assaut de bonnes manières avec le premier président Maupeou, comme Fieschi avec le président de la Cour des pairs. Moins heureux que cet autre misérable, on ne lui fit grâce d'aucune des tortures qui constituaient alors le supplice d'un régicide.

Aussitôt après qu'il eut entendu sa condamnation, on l'appliqua, séance tenante, à la question ordinaire et extraordinaire. Cette question,

(1) « C'est ce coquin d'archevêque qui est cause de tout! » répéta-t-il à diverses reprises. Voyez les *Pièces du procès de Damiens*; Voltaire, *Siècle de Louis XIV*, jugement de Damiens; le *Siècle de Louis XV*, année 1757, par Laffray, etc., etc.

aux termes de l'arrêt, fut même portée d'une demi-heure, durée ordinaire, à deux heures. Après lui avoir serré fortement les jambes entre deux planches de chêne, le tortureur-juré fit entrer, à coups de marteau et successivement, huit coins de fer entre ses genoux, qui furent broyés. Damiens, — du moins, ainsi le disent les actes de sa question, — ne fit guère que répéter ce qu'il avait déjà dit auparavant. Aux derniers coins, il inculpa seulement un domestique d'un sieur Ferrières, frère d'un conseiller au Parlement, auquel il prétendit avoir entendu dire, en présence de son maître, « qu'on ne pouvait finir les querelles de l'époque qu'en tuant le roi, et que ce serait une œuvre méritoire. » On fit venir sur-le-champ ce domestique, nommé Gauthier, et son maître, qui n'eurent pas de peine à se disculper. Gauthier demeura seulement une année en prison, après quoi il fut élargi.

Le 28 mars, à quatre heures et demie de l'après-midi, Damiens fut extrait de la prison du Palais et transporté sur la place de Grève. C'était là que devait avoir lieu son supplice. Des préparatifs extraordinaires, inusités, presque solennels, avaient été faits. Vis-à-vis la grande porte de l'Hôtel de Ville, on avait formé une espèce de lice en palissades, de cent pieds en tout sens. Une double ligne de soldats, composée du guet à pied et à cheval, l'une en dehors, l'autre en dedans de la palissade, entourait cet espace, au milieu duquel s'élevait un échafaud également carré et assez élevé pour qu'on pût en apercevoir la plate-forme par dessus les palissades. Les gardes françaises occupaient toutes les avenues de la Grève, et, en outre, les Suisses faisaient la haie sur le chemin que devait suivre le criminel, de sa prison au lieu de son supplice. A quatre heures trois quarts, Damiens montait sur l'échafaud, ou, plutôt, on l'y portait, car la question lui avait brisé les jambes. Le bourreau et ses aides s'emparèrent de leur proie, dont remise leur fut faite légalement par les officiers du Parlement. Alors commença la torture la plus effroyable dont on nous ait conservé la description.

Damiens fut mis nu. Les aides de l'exécuteur l'attachèrent fortement à un poteau, au moyen de cordes et de cercles de fer. On lui remplit la main droite de soufre et autres matières inflammables, puis on plaça cette main, qui tenait le couteau, au-dessus d'un brasier ardent. Le feu prit aussitôt, et on entendit grésiller la chair du misérable. Damiens ne jeta qu'un cri ; et, quand sa main eut été brûlée jusqu'au poignet, il regarda avec une sorte de curiosité le moignon d'un noir rougeâtre qui terminait son bras droit. Ce n'était là encore que le premier acte de cette abominable tragédie. Au signal de leur chef, les valets du bourreau se saisirent de fortes tenailles qu'on avait fait rougir au feu, et, se rapprochant de Damiens, lui arrachèrent des lambeaux de chair aux bras, aux cuisses, aux mamelles ; le misérable ne fit entendre que quelques hoquets d'angoisse. Mais quand le bourreau, s'avançant à son tour, une longue cuillère de fer à la main, versa du plomb fondu mêlé à de la résine, sur les plaies vives et saignantes du misérable, on entendit enfin des hurlements affreux qui semblèrent faire sourire les valets du bourreau, que l'impassibilité du patient choquait peut-être dans leur orgueil...

On détacha alors Damiens, et on lui permit de se reposer, ou de souffler, suivant l'expression de l'exécuteur des hautes-œuvres. Cependant on faisait avancer quatre chevaux, montés par quatre individus bottés et éperonnés. On a dit que ces quatre chevaux avaient été fournis par un grand seigneur, et que ce furent même quatre de ses gens qui les montèrent. Nous voulons croire, pour l'honneur des vieux noms, que ceci est une pure invention de romancier. Quoi qu'il en soit, les aides du bourreau attachèrent ces quatre chevaux à quatre cordes qui s'enroulèrent fortement aux quatre membres de Damiens ; puis, les chevaux, sous le fouet et l'éperon, bondirent et s'élancèrent en sens différents. Les membres du misérable s'allongèrent énormément, mais ne se séparèrent pas du tronc. Damiens ne laissa échapper que quelques sons rauques, qui ressemblaient aussi bien au rire de l'ironie qu'au cri de la douleur. Les chevaux furent aiguillonnés plus activement ; les articulations se déboîtaient, les muscles s'étiraient, les os craquaient horriblement, mais les membres n'étaient pas arrachés, et déjà les chevaux semblaient fatigués : depuis trois quarts d'heure durait l'horrible torture. Alors, enfin, le bourreau donna quelques coups de couteau sur les tendons principaux ; les chevaux, dont le fouet et l'éperon ensanglantèrent les flancs, firent un effort désespéré ; et on vit trois d'entre eux, emportés par leur élan, toucher les palissades de leurs naseaux fumants, traînant après eux, l'un un bras, les deux autres chacun une jambe. Un des aides de l'exécuteur, à l'aide du couteau, permit au dernier cheval d'aller rejoindre ses camarades. Damiens respirait encore ; et ce ne fut que lorsque cette boucherie affreuse fut terminée qu'on cessa d'entendre sa respiration entrecoupée. Sa torture avait duré cinq quarts d'heure !...

Alors, les aides du bourreau s'en furent ramasser çà et là ces membres déchirés, ce tronc informe et sanglant ; puis, ils jetèrent le tout sur un bûcher élevé à dix pas de l'échafaud, et auquel l'exécuteur des hautes-œuvres mit le feu aussitôt. Un quart d'heure après, il ne restait plus pour témoins de cette horrible curée humaine que quelques débris méconnaissables et un monceau de charbons et de cendres.

Les applaudissements que les spectateurs de ce lugubre drame accordèrent à son dénoûment cruel furent dus à la haine contre les Jésuites bien plus qu'à l'amour pour le roi, qui signait encore Louis XV *le Bien Aimé*, mais avec un droit aussi réel à cette épithète qu'au sobriquet de roi de Navarre. L'opinion générale était que Damiens avait été un instrument direct ou indirect de la même main qui avait poussé vers le trône de France Châtel et Ravaillac. Les actes du procès du dernier régicide ne chargeant pas particulièrement la noire Cohorte, on crut qu'ils avaient été tronqués à dessein, et que le roi avait obtenu des débris de son Parlement, épuré de tout ce qu'il y avait d'indépendance et de patriotisme, que toute cette affaire restât à l'état d'énigme, jusqu'à ce qu'il jugeât le moment favorable pour que le vrai mot pût en être donné. On fit même circuler une anecdote qui, si elle était vraie, donnerait une consistance réelle à cette opinion. On assurait que la première fois que le président Molé, qui avait siégé dans le procès de Damiens, reparut à la cour après l'exécution du régicide, Louis XV avait dit au magistrat : « Si vous saviez d'où part le coup qui m'a frappé, vos cheveux se dresseraient d'horreur (1)!... »

---

(1) Cette anecdote se retrouve dans le *Siècle de Louis XV*, et dans quelques autres écrivains du temps,

Exécution de Damiens.

Répétons-le : l'opinion publique attribua aux Jésuites la tentative d'assassinat commise sur Louis XV par Damiens. Il parut alors une foule d'écrits où cette opinion se révélait appuyée sur des preuves plus ou moins claires, sur des présomptions plus ou moins fortes. On y rappelait que jamais Damiens ne voulut faire connaître les noms de ses confesseurs, et il paraît établi que c'étaient des Pères de la Compagnie de Jésus. On y faisait observer encore que l'assassin avait été le pensionnaire des Jésuites à Béthune, qu'il avait été leur valet au Collége de Paris, qu'il était né et avait été élevé tout près d'une ville alors toute jésuitique, Arras ; qu'il avait été ouvertement parmi eux pendant cinq ou six ans, et que, contradictoirement à ses dépositions, il était avéré que le Père de La Tour, Jésuite, était son confesseur, et qu'un autre membre de la Société, le Père Delaunay, lui était venu en aide à diverses reprises. Et, ici, il est bon de dire que, lorsqu'on fouilla Damiens, on trouva sur lui une assez forte somme en louis d'or.

On crut, à cette époque, comme nous l'avons dit, que Damiens avait fait des aveux, mais que, par ordre venu d'en haut, on les avait tronqués ou supprimés. Nous voyons dans un des écrits du temps que, sur ce bruit d'aveux faits par l'assassin, cinq Jésuites de Paris quittèrent furtivement leur Collége et gagnèrent en toute hâte la barrière du Trône, où les attendait un carrosse attelé de bons chevaux qui les emmenèrent aussitôt vers la frontière de France la plus rapprochée.

Quel intérêt les Jésuites auraient-ils eu à la mort de Louis XV ? Nous avons dit que ce prince ne se montrait pas favorable à la Compagnie, tandis que le Dauphin leur était dévoué. On voit donc le motif qui pouvait faire désirer aux Jésuites un changement de règne.

Ce furent probablement les sollicitations de quelques membres de sa famille et surtout les terreurs que les Révérends Pères lui inspiraient, qui empêchèrent le roi de se prononcer dès lors contre la Société de Jésus.

Si réellement Louis XV attendait une occasion favorable pour oser se déclarer ouvertement contre les Jésuites, il fut bientôt servi à souhait, et ce furent les Révérends Pères eux-mêmes qui lui fournirent cette occasion : nous voulons parler de la fameuse banqueroute du Père La Valette.

En 1742, un Jésuite de France, le Père Antoine de La Valette, descendant, assure-t-on, du célèbre grand-maître de Malte, débarquait aux Antilles françaises, où il commença par être curé du Carbet, petite paroisse située à une lieue environ de la ville de Saint-Pierre. Le Père La Valette était alors dans toute la force de l'âge ; il était né en 1707, près de Sainte-Affrique, et par conséquent il avait à peine trente-cinq ans lorsqu'il arriva à la Martinique. C'était un homme entreprenant, intelligent, assez instruit, actif et surtout désireux de réputation et d'influence. Il fut bientôt nommé Procureur de la Maison jésuitique de Saint-Pierre de la Martinique.

A cette époque, les Missions jésuitiques étaient, ainsi que nous l'avons dit déjà, bien déchues de leur splendeur passée : il paraît que le Père La Valette conçut le projet de leur rendre leur importance première. On va voir par quels moyens le Jésuite entreprit d'arriver à ce but. On sait quelle a toujours été, quelle est encore l'importance du commerce du riche archipel du golfe du Mexique avec l'Europe ; ce commerce, le Père La Valette tenta de s'en faire l'agent général, l'unique intermédiaire. La Mission jésuitique des Antilles possédait de grandes concessions de terrains; mais il fallait de l'argent, beaucoup d'argent pour les mettre en pleine valeur; voici ce qu'imagina le Père La Valette pour s'en procurer.

Dans les Antilles françaises, l'argent de la mère-patrie avait cours pour une valeur de moitié en sus de la convention légale, c'est-à-dire que deux mille francs, par exemple, étaient acceptés à la Martinique pour une valeur de trois mille. De même, l'argent des colonies françaises perdait un tiers de sa valeur dans la métropole. C'était là une rigoureuse entrave imposée au commerce des colonies ; or, un jour, le Père La Valette offrit de la faire disparaître. Il annonça aux colons que, désormais, tous ceux d'entre eux qui auraient des fonds à faire passer en France pouvaient les remettre entre ses mains, et qu'il se chargerait de faire toucher, dans la mère-patrie, la somme intégrale, pourvu qu'on acceptât ses lettres de change à longue échéance, deux ans au moins. Cette condition était peu de chose en raison de la perte qu'elle évitait aux colons, pourvu toutefois que la signature du Révérend banquier en robe noire fût de bon aloi. Les correspondants du Père La Valette ayant fait honneur à sa signature, dans les premières transactions qui eurent lieu entre le Jésuite et les colons, ceux-ci se décidèrent bientôt à n'avoir plus recours qu'au fils de saint Ignace, tout en se disant qu'il fallait qu'il fût fou puisqu'il n'était pas fripon, et qu'incontestablement tout ce qu'il avait à attendre de son système de banque c'était une belle et bonne ruine. Néanmoins, loin que cette prédiction se vérifiât, les affaires du Père La Valette semblèrent prospérer rapidement, tout en prenant bientôt une progression colossale. En peu d'années et successivement, le Père La Valette établit à la Dominique, à Marie-Galande, à la Grenade, à Sainte-Lucie, à Saint-Vincent, des comptoirs qui avaient pour centre la Maison de Saint-Pierre de la Martinique. Il ne négligea pas non plus de se former des correspondants en Europe; et bientôt les meilleures maisons de Marseille, Nantes, Lyon, Paris, Cadix, Livourne, Amsterdam, etc., etc., furent en relations suivies et considérables avec la banque jésuitique des Antilles.

En même temps, et comme pour utiliser les capitaux provenant de ses bénéfices inconcevables, pour devenir le plus grand propriétaire de l'archipel comme il en était devenu le négociant le plus important, ou mieux, presque l'unique négociant, le Père La Valette met en pleine culture les terrains appartenant à la Maison jésuitique de Saint-Pierre; il achète en outre d'immenses propriétés, non-seulement à la Martinique, mais encore sur divers autres points des Iles-du-Vent; à la Dominique seulement, une de ces exploitations n'avait pas moins de trois lieues de long. Les bras manquant sur ces terrains, le Père La Valette achète en fraude des nègres à la Barbade, s'en procure au moyen de navires négriers; puis alors, cultive en grand les denrées coloniales; bâtit de vastes hangars et magasins, les voit s'emplir de sucres, de cafés, etc., dont il charge ensuite des bâtiments qui lui appartiennent et qui partent incessamment pour l'Europe, dont, au retour, ils rapportent les produits. Mais les colons et négociants des Antilles, qui s'étaient grandement loués du banquier, commencent à se plaindre du négociant. Celui-ci néanmoins continue tranquillement ses opérations multiples et fructueuses ; son rêve s'est réalisé : ses magasins contiennent la plus grande partie des denrées coloniales, sa caisse renferme à peu près toutes les espèces en circulation dans les Antilles françaises : intermédiaire obligé, dispensateur souverain, il dîme à son aise sur les deux branches de son industrieux système de négoce.

Les bénéfices réalisés par le Père La Valette, et surtout les bénéfices à réaliser, parurent si grands et si beaux aux supérieurs du Révérend, que ces derniers ne s'occupèrent nullement des plaintes des colons ; le tintement continuel et enivrant des piles d'or que leur jetait le négociant en robe noire ne permettait pas d'ailleurs que ces plaintes parvinssent aux oreilles de ses chefs. Les bénéfices réalisés par la Maison de la Martinique s'élevèrent, pour la seule année 1753, à la somme énorme de près d'un million de francs !

Ici, nous donnerons un aperçu des combinaisons financières qui avaient valu ce résultat.

Nous avons dit que l'argent des colonies perdait en France un tiers, et que le Père La Valette se chargeait néanmoins de faire passer sans perte les sommes que les habitants des Antilles envoyaient dans la mère-patrie. Voici comment opérait le Révérend banquier. Un négociant de la Martinique apportait au Jésuite une somme de 10,000 fr., par exemple, qu'il voulait envoyer à Marseille, et pour laquelle le Père La Valette lui remettait une traite de pareille valeur, tirée sur les Frères Lioncy, ses correspondants de Marseille, à deux ans ou deux ans et demi d'échéance. Par ce moyen, le colon ne perdait que 1,000 fr. environ, en mettant l'intérêt à cinq pour cent ; souvent même il ne perdait rien, la traite étant reçue comme argent comptant ; tandis qu'en envoyant directement ses fonds en France, il eût perdu plus de 3,000 : il avait donc un gain tout clair et fort grand à s'adresser au Jésuite banquier.

Maintenant, le Père La Valette, au lieu d'envoyer en France les 10,000 fr. déposés en espèces entre ses mains, les convertissait en denrées coloniales, comme sucres et cafés, qu'il expédiait, pour Amsterdam, Lisbonne ou Marseille. Le sucre et le café vendus, il ne rentrait pas encore dans la somme intégrale des 10,000 fr. Alors, il faisait acheter des pièces de Portugal, sur le pied de 42 livres, qu'il revendait ensuite à la Martinique sur le pied de 66. Il réalisait donc déjà un bénéfice de 3,000 livres environ. Or, comme cinq mois suffisaient grandement pour une opération de ce genre, il pouvait donc la recommencer quatre fois au moins jusqu'à l'époque où il devait faire les fonds de sa traite, qui était toujours à deux et même trois ans d'échéance : c'est-à-dire que chaque fois que le Père La Valette se chargeait, à des conditions onéreuses pour lui en apparence, de faire passer en France une somme de 10,000 livres, il réalisait un bénéfice net de 12,000 livres, ce qui constitue certes un joli escompte. Or, maintenant, il faut songer à ce que devenaient ces bénéfices lorsque les terrains achetés par le Père La Valette, et mis en valeur par des milliers de nègres, lui fournissaient les produits des colonies qu'il envoyait vendre en Europe, sur des vaisseaux appartenant à sa Maison !...

On comprend que les négociants des Antilles aient souffert et surtout se soient effrayés grandement d'une concurrence aussi redoutable. Leurs plaintes, incessamment et toujours plus hautement renouvelées, parvinrent enfin jusqu'au pied du trône du roi de France : on se décida à y faire droit. Ordre est donné au gouverneur des Antilles de faire passer en France le Père La Valette, qui part effectivement et arrive au Havre, en janvier 1754. Quelques jours après, il entrait dans Paris, où il était reçu en triomphe par le Père de Sacy, Procureur-Général des Iles-du-Vent, et le Père Forestier, tous deux correspondants des plus actifs du noir banquier des Antilles.

En quittant la Martinique, le Père La Valette avait eu le soin, comme on pense, de se munir de bons certificats. En général, ces attestations semblent surtout destinées à faire décharger le Jésuite des accusations de commerce étranger, chose défendue, comme on sait, aux colonies françaises ; mais elles ne prouvent pas du tout la fausseté des plaintes des colons, chose impossible.

Grâce à ces attestations plus ou moins intéressées, grâce surtout aux démarches actives des confrères du Père La Valette, celui-ci, au bout d'une année, put retourner à la Martinique, mais sous la condition expresse qu'il ne s'occuperait plus de commerce, et qu'il se bornerait à remplir ses fonctions religieuses. On devine que le Jésuite n'eut rien de plus pressé que de manquer à cette promesse, faite par lui et par ses supérieurs. Cependant, comme les fils de Loyola savent tirer parti de toute chose, ils utilisèrent la prétendue renonciation du Père La Valette ; sous prétexte de remplir les engagements que ce dernier avait pris et auxquels il ne pouvait plus satisfaire puisqu'on détruisait sa maison de commerce, ils ouvrirent et parvinrent à faire couvrir un emprunt de 600,000 livres, dont les fonds permirent, comme on le comprend, au Père La Valette, de donner une nouvelle activité à ses opérations. En outre, et dans le même but, le Jésuite se hâta de tirer sur ses correspondants pour des sommes énormes, et, avec l'argent comptant qu'il recevait contre sa signature, il se remit à augmenter l'étendue, la valeur et le rendement des propriétés par lui acquises. Ses affaires prirent donc un nouvel essor ; ses navires couvraient les mers, son négoce tournait au monopole. Les chefs de sa Compagnie, pour récompenser son zèle, son talent et ses heureuses combinaisons, l'avaient décoré des titres de Visiteur-Général et de Préfet apostolique des Missions jésuitiques aux Antilles. On ajoutait peut-être de nouveaux compartiments au coffre-fort général de la Compagnie, et ses chefs songeaient déjà sans doute à reconquérir la puissance qu'ils sentaient leur échapper, lorsque, tout à coup, le souffle d'une tempête fit évanouir ce rêve brillant.

Le Père La Valette était revenu à la Martinique, en mai 1755 ; en février 1756, les principaux correspondants du Révérend banquier, les frères Lioncy de Marseille, qui se trouvaient à découvert de plus d'un million et demi, n'ayant pas été remboursés de ces valeurs par le Père La Valette et n'ayant obtenu du Père de Sacy qu'une promesse de messes et prières, choses qui peuvent être excellentes, mais qui ne peuvent être négociées sur la place, furent forcés de déposer leur bilan. Dans le *Mémoire* des frères Lioncy, auquel nous renvoyons le lecteur, on lit que « Gouffre, l'associé de la maison de Marseille, s'étant rendu en poste à Paris, pour implorer, du Père de Sacy et des autres dignitaires Jésuites, les moyens d'éviter à d'honorables négociants la honte d'une faillite, le Père de Sacy, après d'évasives paroles, finit par répondre durement : « Que la Compagnie ne pouvait rien pour eux ! — Mais, nous ne périrons pas seuls ! » aurait répondu Gouffre ; « nos correspondants, et ils sont nombreux, bien d'autres maisons liées d'affaires avec nous, périront avec nous… — *Périssez tous!* se serait écrié le Jésuite ; nous ne pouvons rien pour vous !… »

Au retour de leur associé, les Lioncy se mirent en faillite ; leur maison, distinguée sur la place de Marseille, faisait plus de 30 millions de livres d'affaires par an : sa chute, ainsi qu'il était facile de le prévoir, fit sentir son contre-coup sur toutes les places de commerce de la France et sur plusieurs même de l'étranger ; et une infinité de malheureux se trouvèrent enveloppés dans sa ruine.

On a dit que les Jésuites essayèrent de prévenir l'éclat de cette banqueroute, et que ce fut la mort de leur général qui mit obstacle à leurs intentions ; qu'alors, voyant que l'éclat était fait, ils pensèrent que ce n'était plus la peine de dépenser leur argent. Ils se mirent donc fort tranquillement en devoir de tirer de leurs propriétés des Antilles le plus qu'ils pourraient ; pour cela, ils choisirent un nouveau correspondant à Marseille. Quant au Père La Valette, il avait disparu complétement, et on ne le revit plus.

Les frères Lioncy s'exécutèrent en gens d'honneur ; ils firent à leurs créanciers l'abandon de tout ce qu'ils possédaient. Le syndic de la faillite attaqua alors le Père La Valette, en sa qualité de chef des Jésuites aux Antilles, et le Père de Sacy, comme Procureur-Général des Missions de ces îles. Il demanda que ces deux dignitaires de la Compagnie fussent condamnés à donner bonne et valable caution pour le payement d'une somme de 1,502,266 livres 2 sous 1 denier, montant de toutes les traites tirées par le Père La Valette sur les frères Lioncy et non acquittées ; faute de quoi, ils seraient condamnés à payer toutes ces traites.

Les Jésuites, attaqués, usèrent de mille chicanes et détours pour n'être point obligés de comparaître. Ils espérèrent même faire appointer éternellement cette affaire, suivant leur vieille tactique. Mais, sur ces entrefaites, eut lieu l'attentat de Damiens ; aussitôt, les magistrats — chose qui peut donner à réfléchir — se montrent plus disposés à agir contre la noire Cohorte, ou paraissent plus libres de le faire. Le Père de Sacy comparaît enfin par un fondé de pouvoir ; le Père La Valette fait toujours défaut. Un premier jugement intervient et adjuge au syndic de la faillite ses conclusions contre le Père La Valette, mais remet à un autre jour ce qui concernait le Père de Sacy.

En même temps, un autre créancier prenait une voie différente, et, s'attaquant à la Société de Jésus tout entière, voulait la rendre responsable des actes d'un de ses dignitaires, qu'elle avait approuvés tant qu'ils lui avaient apporté des profits, et qu'elle répudiait seulement depuis qu'ils menaçaient de lui causer des pertes. Les Jésuites, d'ailleurs, étaient obligés de convenir que l'administration du temporel de tout leur Ordre est subordonnée à l'autorité du Général ; et cet aveu seul était décisif en faveur des créanciers du Père La Valette. Un premier jugement donna condamnation dans ce sens contre le Père de Sacy et contre toute sa Compagnie. Aussitôt, le syndic des frères Lioncy et tous les créanciers du Père La Valette s'empressent d'entrer dans cette voie qu'on vient de leur ouvrir. De toutes parts pleuvent sur le Père de Sacy des assignations, dont quelques-unes s'envolent jusqu'à Rome et sont signifiées au Général même de la Société. Ces premiers jugements avaient été rendus par la juridiction consulaire de Marseille ; un autre, rendu par défaut, le 29 mai 1760, déclara la sentence exécutoire contre toute la Société établie en France. Par là on pouvait enfin arriver aux moyens possibles de saisir la Compagnie sérieusement, réellement. Mais les fils de Loyola se hâtent de parer ce coup, dont ils comprennent toute la portée. Mettant en jeu tout ce qui leur reste d'influence, ils obtiennent, le 17 août 1760, un arrêt du Conseil, revêtu de lettres patentes, par lequel le roi évoque par-devers lui toute cette affaire, qui est alors renvoyée en la Grand'Chambre du Parlement de Paris. Ce fut une faute commise par les Jésuites, suivant Voltaire (1), puisque le Parlement s'était toujours montré l'ad-

(1) Voyez le *Siècle de Louis XIV*. Voltaire dit que ce fut par le conseil de M. de la Grandville que les Jésuites, qui pouvaient appeler de la sentence des Consuls par-devant la Commission du Conseil établie pour juger toutes les difficultés ayant rapport au commerce de l'Amérique, se résolurent à porter l'affaire au parlement de Paris.

versaire des Jésuites. Mais les Révérends Pères espéraient pouvoir empêcher qu'on ne plaidât l'affaire au fond, et user, à force d'appels, de renvois, de conflits, de faux-fuyants et d'ambages judiciaires, la patience de leurs créanciers. Il en fut tout autrement ; l'affaire fut instruite rapidement et, en temps convenable, mise en état et appelée. En vain les Jésuites imaginèrent de faire protester les chefs des Provinces jésuitiques de Champagne, de Guyenne, de Toulouse et de Lyon, et de les faire établir opposants à tout ce qui tendrait à établir la solidarité entre les diverses Maisons de l'Ordre ; le Parlement n'eut aucun égard à ces moyens et à mille autres tour à tour présentés.

Le 8 mai 1761, la cause fut plaidée avec la plus grande solennité, et devant une foule immense. Le célèbre avocat Gerbier plaida avec un grand talent et un succès immense contre les Jésuites, au nom des créanciers du Père La Valette. L'avocat-général, Lepelletier de Saint-Fargeau, donna des conclusions conformes au dire de l'avocat des demandeurs ; et la Cour, admettant que La Valette et le Père de Sacy, étant l'un Visiteur, l'autre Procureur-Général des Missions jésuitiques, s'étaient faits banquiers et avaient agi comme tels ; que le Général de l'Ordre est administrateur de toutes ses Missions ; et que, par conséquent, les chefs de ces Missions ne sont que ses délégués, rendit un arrêt par lequel le chef de la Société et toute la Société étaient rendus responsables des actes de commerce du Père La Valette, et, comme tels, condamnés à payer les lettres de change tirées par La Valette sur la maison Lioncy de Marseille ; en 50,000 livres de dommages-intérêts et aux dépens.

« Le prononcé de ce jugement, dit Voltaire, fut reçu du public avec des applaudissements et des battements de mains incroyables. Quelques Jésuites, qui avaient eu la hardiesse ou la simplicité d'assister à l'audience, furent reconduits par la populace avec des huées. La joie fut aussi universelle que la haine... »

Le jugement du Parlement de Paris, dans cette affaire scandaleuse, est parfaitement conforme à la justice et à l'équité. En vain la noire Cohorte, suivant une tactique qui lui fut toujours familière, sacrifia le Père La Valette à l'indignation générale et voulut faire retomber tout l'odieux sur ce Père ; en vain elle produisit une déclaration de ce dernier, dans laquelle il assumait sur lui toute la responsabilité et tous les torts ; en vain, elle plaida que les lettres de change n'engageaient que ceux qui les avaient souscrites, acceptées ou endossées ; la Grand'Chambre, le livre des Constitutions à la main, déclara et dut déclarer que la Société de Jésus est un tout indivisible, que chaque chef d'une Maison jésuitique n'est qu'un commissionnaire du Général, au nom duquel tout se fait et qui seul est apte à sanctionner toutes les transactions qui s'opèrent dans ces Maisons. Il était également impossible de s'arrêter à l'objection dérisoire mise en avant par les Jésuites : « Que la Compagnie avait été complétement étrangère aux opérations commerciales du Père La Valette, et que nul des confrères du banquier en robe noir n'avait autorisé, conseillé ou approuvé ce commerce ; qu'il n'y en avait pas un seul qui eût eu aucune sorte de participation ou de connivence dans les affaires des Antilles. »

Cependant, il est inconstestable que le Père de Sacy, Procureur-Général des Missions aux Iles-du-Vent, et résidant en France, avait été un correspondant actif du Père La Valette ; cependant, il est impossible que les chefs du Père La Valette aient ignoré les actes de banque et de négoce de ce dernier ; et il est si vrai que ces actes eurent leur approbation, que, dénoncés par les colons des Antilles, ils n'empêchèrent pas le Père La Valette d'être renvoyé à la Martinique et même avec un grade plus élevé, qu'on pouvait assurément regarder comme une récompense de ce dont on demandait la punition. Mais, surtout, qu'ils aient ignoré ou connu les opérations auxquelles se livra le Père La Valette, les supérieurs de son Ordre, qui avaient encaissé, innocemment et sans réflexion, — nous le voulons bien, — les bénéfices de la Maison de Saint-Pierre, devaient du moins, en stricte justice, rapporter à la faillite ces bénéfices acceptés par inadvertance et dont la restitution eût comblé le déficit et empêché la banqueroute. Car il paraît que cette banqueroute fut plus considérable que les pertes prouvées par le Père La Valette : le passif fut évalué à trois millions de francs, environ, argent de l'époque. Or, ce qui, d'après les dires des Jésuites, amena la déconfiture du Père La Valette, ce fut la prise par les Anglais de deux vaisseaux sur lesquels le Révérend négociant avait embarqué des produits des Antilles en quantité suffisante pour couvrir les frères Lioncy de la valeur des lettres de change tirées sur eux. Ces marchandises, vendues en Angleterre, ne produisirent pourtant qu'une somme de 1,200,000 livres de France.

D'ailleurs, les Jésuites auraient dû, s'ils avaient voulu se tenir à l'écart, en ce qui concernait la faillite du Père La Valette, abandonner les terrains et propriétés, les nègres et fabriques, que le Père avait dans les Antilles. La meilleure, la plus forte preuve que les Jésuites se regardaient comme solidaires de leur négociant de la Martinique, c'est qu'au premier cri de détresse poussé par les Lioncy, le nouveau Général de la Société autorisa le Père de Sacy à emprunter, au nom de la Société, jusqu'à la concurrence de 500,000 livres, pour venir en aide à la maison de Marseille et dégager la signature des frères Lioncy; mais le bilan de ces négociants était déposé lorsque le Père de Sacy reçut les ordres de son Général. Voyant alors que l'éclat avait eu lieu, les Jésuites essayèrent de sauver du moins leur argent, aux dépens des malheureux créanciers et dût leur propre réputation en souffrir.

Mais il arriva que les choses allèrent bien plus loin que ne l'avaient pensé les bons Pères. Le procès du Père La Valette et la banqueroute des Jésuites venaient de raviver profondément les défiances, les haines, les terreurs, qui sont partout comme l'inévitable milieu dans lequel doit vivre la Compagnie. En vain, devinant l'orage et voulant le détourner, les Jésuites semblèrent-ils vouloir se soumettre à l'arrêt qui venait de les frapper; en vain commencèrent-ils à désintéresser les créanciers de la banqueroute (1); en vain, dit-on, le nouveau Procureur-Général des Missions des îles d'Amérique versa-t-il, dans cette intention, 1,200,000 livres; rien n'y fit : la publicité donnée aux débats du procès, l'immense retentissement de l'affaire avaient été les indices précurseurs de la foudre qui, depuis si longtemps suspendue sur la noire Cohorte, allait enfin la frapper.

---

(1) Ils étaient bien forcés de le faire, le Général des Jésuites ne pouvant être contraint, les Jésuites de France le furent, aux termes de l'arrêt du Parlement.

Lorsque l'arrêt du 18 mai 1761 fut rendu, les fameuses Constitutions de la Société de Jésus venaient d'être publiées à Prague. Ce fut ces Constitutions à la main que les avocats des créanciers du Père La Valette prouvèrent qu'il y avait solidarité entre toutes les Maisons jésuitiques : la Société étant un tout indivisible et son chef seul étant apte à posséder au nom de l'Ordre entier. Les avocats des Jésuites essayèrent, chose impossible, de rétorquer ces arguments et prétendirent décliner la solidarité, au moyen de ces mêmes Constitutions. Le Parlement ne laissa pas échapper l'occasion : dès le 17 avril, les Chambres assemblées avaient ordonné que les Jésuites produiraient le livre des Constitutions et règles de leur Institut. Les Révérends Pères essayèrent de parer le coup, et parvinrent encore à obtenir de Louis XV une déclaration qui réservait la connaissance des lois jésuitiques au roi seul en son Conseil. Le Parlement enregistre la déclaration royale, le 6 août; mais, le même jour, il fait brûler par la main du bourreau quatre-vingt-quatre ouvrages de théologiens Jésuites ; et, bientôt, en même temps qu'il remet au roi l'exemplaire des Constitutions de la Compagnie de Jésus, il ordonne aux Jésuites, toutes chambres assemblées, d'en déposer un second exemplaire, sous trois jours, au greffe de la Cour. Les Jésuites furent forcés d'obéir.

Ces fameuses Constitutions furent alors, pour la première fois en France, livrées au grand jour de la publicité. Tous les bons esprits furent effrayés des principes subversifs de tout gouvernement qui y sont contenus. Le *Compte-rendu* de l'abbé Chauvelin, membre du Parlement, qui se fit une grande réputation dans cette affaire célèbre, ce *Compte-rendu*, tableau complet de la Compagnie de Jésus, décida surtout le Parlement de Paris à rendre son arrêt (1).

Ce qui se passait alors en Europe et en Portugal, ce dont nous parlerons bientôt, contribua sans doute à accélérer la ruine du Jésuitisme en France. Le courage du marquis de Pombal donna sans doute plus

---

(1) On a fait sur ce magistrat, qui était contrefait, le distique suivant :

Que fragile est ton sort, Société perverse !
Un boiteux t'a fondée, un bossu te renverse.

d'assurance au duc de Choiseul. Le ministre de France fut l'ennemi des Jésuites, dont il avait, dit-on, à se plaindre, et dont il avait eu d'ailleurs, pendant son ambassade à Rome, occasion de découvrir les intrigues, l'espionnage universel, toutes les menées enfin avec lesquelles la noire Cohorte troublait le repos du monde.

Nous ne pouvons décrire toutes les phases de ce procès célèbre. Nous nous contenterons de dire qu'après de solennels débats, le Parlement de Paris, qui avait déjà prononcé un arrêt préparatoire le 18 avril 1761, en rendit un définitif le 6 août 1762. Voici les principales dispositions de cet arrêt :

« Déclare lesdits soi-disant Jésuites inadmissibles, même à titre de Société et Collége; ce faisant, ordonne que tant ledit Institut que ladite Société et Collége seront et demeureront irrévocablement et sans retour bannis de France, *sous quelque prétexte, dénomination et forme que ce puisse être*..... Faisant ladite Cour très-expresses inhibitions et défenses à toutes personnes *de proposer, solliciter, ou demander en aucun temps et en aucune occasion, le rappel desdits Institut et Société*, à peine pour ceux qui auraient fait lesdites propositions, ou qui y auraient assisté ou acquiescé, d'être personnellement réputés conniver à l'établissement d'une autorité opposée à celle du roi, même de favoriser la doctrine régicide constamment et persévéramment soutenue dans ladite Société...... »

Cette doctrine des Jésuites, le même arrêt la qualifie « de perverse, destructive de tout principe de religion et *même de probité*, injurieuse à la morale chrétienne, pernicieuse à la société civile, séditieuse, attentatoire aux droits et à la nature de la puissance royale, à la sûreté même de la personne sacrée des souverains... propre à exciter les plus grands troubles dans les États et à *former et entretenir la plus profonde corruption dans le cœur des hommes !*... »

L'arrêt du Parlement de Paris, achevant son ouvrage, fait défense aux sujets du roi de fréquenter, tant au dedans qu'au dehors même du royaume, les Colléges, Séminaires, Retraites, Missions, Congrégations, Pensions, Écoles de la Société; intime aux Jésuites l'ordre de vider toutes les Maisons, Colléges, Séminaires, Noviciats, Résidences,

Maisons-Professes ou de Probation, et généralement tous leurs Établissements, quelle que fût leur dénomination; leur permettant toutefois de se retirer dans tel endroit du royaume qu'il leur plairait pour y résider sous l'autorité des Ordinaires, sans qu'il leur fût permis de vivre en commun, de reconnaître l'autorité de leur général et de porter l'habit de l'Ordre. Il était également interdit aux Jésuites de pouvoir posséder aucun bénéfice, canonicat, chaire ou autre emploi à charge d'âmes ou municipal, si ce n'est en prêtant un serment dont la formule était rédigée par l'arrêt du Parlement, qui accordait aux Jésuites, sur une requête qu'ils pourraient présenter, des pensions alimentaires strictement nécessaires.

Tel fut le coup de foudre qui abattit en France l'orgueilleux édifice du Jésuitisme. C'est, de l'avis des jurisconsultes, l'arrêt le plus fortement motivé dont il soit fait mention dans les Annales judiciaires.

Les Parlements de Rouen et de Rennes suivirent, les premiers, l'exemple que leur avait donné celui de Paris. Quelques autres y mirent plus de lenteur. Celui de Flandre, surtout, province où les Jésuites étaient dominants depuis deux siècles, semblait ne pouvoir se résoudre à unir sa voix au grand cri de proscription qui s'élevait enfin contre le Jésuitisme. Des troubles même commençaient par cet état de choses et pouvaient devenir plus sérieux. Le duc de Choiseul fit rendre enfin par le roi (novembre 1764) un édit qui ordonnait que la Société de Jésus n'aurait plus lieu en France.

Le Parlement de Paris ajouta à l'édit royal, par un nouvel arrêt qui enjoignait à chaque Jésuite français de résider dans le diocèse de sa naissance, lui défendant d'approcher de plus de dix lieues de la capitale; et, lui recommandant de vivre et se comporter désormais en bon et fidèle sujet, voulait qu'il se présentât, deux fois par an, devant le substitut du procureur-général du roi, aux bailliages et sénéchaussées de sa résidence. C'étaient là, il faut l'avouer, de bien rigoureuses mesures; mais sans doute que ceux qui ont suivi avec attention notre récit, se diront qu'elles étaient nécessaires et méritées.

Cependant, on a assuré que Louis XV, cédant aux sollicitations de sa famille, ne voulait pas réellement la destruction complète des Jésuites. Par son ordre, les commissaires du Parlement nommés pour examiner l'affaire des Jésuites, leurs Constitutions, leurs principes, etc., désirèrent avoir les avis du clergé. Douze prélats furent nommés pour donner réponse sur quatre questions capitales : et cette réponse fut « qu'il était nécessaire de *modifier* l'Institut. »

Là-dessus, le roi s'empresse de faire dresser un plan d'accommodement qui est envoyé au Pape, Clément XIII. Mais, à toutes les ouvertures de conciliations, ce pontife, mal conseillé à l'égard des véritables intérêts des Jésuites, ne répondit que par les paroles dont s'était servi Laynez lorsqu'on voulait, dès les premiers pas de l'Ordre, lui faire subir des modifications jugées nécessaires : « *Sint ut sunt, aut non sint* (qu'ils soient ce qu'ils sont, ou qu'ils ne soient plus!...) » : « Qu'ils ne soient donc plus! » finit par répondre le roi de France, et l'arrêt de proscription fut maintenu dans toute sa rigueur, aux applaudissements du pays, aux applaudissements du reste du monde, qui allait bientôt suivre la France dans la voie qu'elle venait d'ouvrir, et que le chef de l'Église chrétienne allait enfin consacrer lui-même.

Les Jésuites avaient soutenu la lutte en France avec toute l'énergie désespérée que l'on connaît à la trop fameuse Société. Ils avaient inondé le pays de leurs panégyriques et de leurs apologies. Leur cause fut plaidée contradictoirement devant tous les Parlements par des avocats de talent. Les arrêts ne furent rendus que sur le vu des pièces pour et contre, après de longues délibérations. Ces arrêts divers furent sanctionnés par deux édits royaux de 1764 et de 1777, qui leur donnèrent tous les caractères d'une loi d'état. Les Jésuites mirent en jeu tous les ressorts qui pouvaient servir à leur défense, et, dit l'auteur du *Siècle de Louis XV*, ils firent même alors repentir plus d'une fois de leur fermeté les magistrats qui prononcèrent ces arrêts. Ils excitèrent même en Bretagne un soulèvement qui fut bientôt réprimé et qui justifia toutes les rigueurs que la magistrature, soutenue d'un côté par le pouvoir royal, poussée de l'autre par l'opinion publique, déploya contre eux. Comment! on exigeait des Jésuites « qu'ils vécussent désormais en bons et fidèles sujets, qu'ils se soumissent aux lois, qu'ils ne fussent plus que de simples et honnêtes particuliers. » Véritablement, c'était exiger d'eux cent fois plus qu'on ne peut attendre de la nature jésuitique ; et les Révérends Pères ne pouvaient tranquillement s'asservir à un pareil état de choses. Aussi essayèrent-ils de s'y soustraire et par tous les moyens. Mais l'heure était venue : le Jésuitisme devait disparaître, du moins de nom, de la surface de la terre. On ne sait que trop qu'ils devaient reparaître un jour !

CHAPITRE VI.

Assassinat de don Joseph de Bragance, roi de Portugal. — Mort du Pape Clément XIV. — Le Jésuitisme proscrit par toute la terre.

Au moment où la grande clameur qu'avaient fait naître la banqueroute du Père La Valette et l'attentat de Damiens semblait près de s'éteindre, un écho lointain, arrivant d'une des extrémités de l'Europe et qui parlait encore de meurtre sur une personne royale, vint lui donner une intensité nouvelle.

Le 13 janvier 1759, *la Gazette de France*, journal officiel de ce temps, publiait, d'après des lettres de Lisbonne, le récit d'une conspiration tramée contre le roi de Portugal et de l'assassinat de ce prince. La Gazette annonçait, en même temps, l'arrestation de dix-huit personnes du plus haut rang ; elle ajoutait que les Maisons des Jésuites de Portugal avaient été investies et que bon nombre de leurs habitants avaient été jetés en prison comme fauteurs ou complices de la conjuration. On doutait encore de l'authenticité de cette nouvelle étrange, lorsque les lettres des ambassadeurs et les actes émanés du gouvernement portugais vinrent lui donner un caractère officiel.

Voici, d'après ces divers documents que nous avons consultés, le bref récit de cet événement, ses causes et ses conséquences, en ce qui regarde la fameuse Société dont nous avons entrepris de retracer les fastes si souvent tracés en caractères sinistres.

Il y avait alors, en Portugal, un ministre, homme de tête et d'énergie, à qui l'histoire donne parfois le titre de Richelieu portugais, titre mérité en plusieurs points. Ce ministre s'appelait don Sébastien-Joseph Carvalho ; mais le nom sous lequel il est généralement connu et que nous lui donnerons, était celui de marquis de Pombal. Pombal fut le plus rude adversaire qu'ait jamais rencontré le jésuitisme ; et c'est peut-être à lui que le xviiie siècle dut de voir s'écrouler la puissance jésuitique, sous un arrêt universel sanctionné par l'autorité pontificale et béni par la main du successeur de saint Pierre. A ce titre, nous lui devons une mention particulière.

Pombal naquit en 1699, à Soura, bourg du diocèse de Coïmbre. Ce fut dans cette dernière ville qu'il termina ses études, qui, par le désir de sa famille, étaient dirigées en vue de la magistrature. Mais, cet avenir sembla, de bonne heure, trop calme, trop étroit, trop peu brillant, à l'esprit fougueux, entreprenant du jeune homme, qui rêvait sans doute de bien différentes destinées. Il crut d'abord que la carrière des armes pouvait lui offrir un moyen de réaliser ses rêves splendides. Bientôt, il s'aperçoit que son peu de noblesse l'empêchera toujours de parvenir. Il est forcé de quitter l'uniforme des gardes du roi. Mais sous cette livrée brillante, et grâce à une beauté peu commune, Pombal a su se faire aimer d'une femme de la première noblesse, d'une fille du *sang bleu* (sangre azul), comme disent les orgueilleux *fidalgues* portugais ; la plus orgueilleuse noblesse du monde, doña Teresa de Noronha-Almada, qui appartient à l'ancienne et puissante maison d'Arcos. Doña Teresa, entraînée par la violence de son amour, et sachant que sa famille ne consentira jamais à son mariage avec un petit gentillâtre de province, se fait enlever par son amant, qui l'épouse alors, en dépit de la fureur et des efforts de tous les d'Arcos et de leurs alliés. Quelque temps après ce mariage, Paul Carvalho, chanoine de la chapelle royale de Lisbonne et favori du cardinal de Motta, personnage en grande faveur à la cour de Portugal, parvient à faire obtenir à son neveu le poste d'envoyé extraordinaire en Angleterre. C'est désormais dans la carrière politique que Pombal veut marcher à la réalisation du brillant avenir qu'il a entrevu dans ses rêves.

En 1745, il était envoyé à Vienne avec le titre de plénipotentiaire médiateur et avec la mission de travailler à l'arrangement des différends qui s'étaient élevés entre le Pape et la célèbre impératrice Marie-Thérèse. Ce seul fait prouve que Pombal doit avoir parcouru avec talent l'épineuse carrière diplomatique.

Ce fut pendant cette ambassade que Pombal, devenu veuf de sa première femme, dut un nouveau succès à sa bonne mine. Il épousa alors la comtesse de Daun, nièce du feld-maréchal autrichien de ce nom, célèbre dans les guerres d'Allemagne de cette époque, et qui battit, en 1758, le grand Frédéric de Prusse, à la bataille de Hotkish, en Lusace. Ce nouveau mariage fit prendre à la fortune de Pombal une marche rapidement ascendante. La comtesse de Daun était la compatriote et l'amie intime de la reine de Portugal, Marie-Anne-Joséphine, et il est probable que Pombal avait réfléchi aux conséquences qu'il pouvait tirer de cette intimité lorsqu'il épousa la nièce d'un feld-maréchal autrichien. Peu de temps après ce mariage, en effet, nous voyons Pombal en faveur à la cour, poussé par la reine, suppléant un premier ministre malade, et, après la mort de Jean V, nommé enfin ministre d'État, par Joseph Ier, sur la vive recommandation de la reine douairière.

Le grand cardinal de Richelieu dut également ses premiers pas vers la haute position où il sut s'asseoir si royalement, à la protection de la reine-mère, Marie de Médicis, et ce n'est pas le seul point de ressemblance qui existe entre Pombal et Richelieu. Mais, bien différent du grand et terrible cardinal, qui eut, toute sa vie, à lutter contre la haine jalouse et tracassière de son maître, Pombal sut se faire aimer tout d'abord de don Joseph de Bragance, augmenter sans cesse et conserver toujours cette royale amitié, qui ne lui fit jamais défaut, et qu'il put opposer avec succès, comme un bouclier impénétrable, aux coups de ses nombreux ennemis.

Bientôt Pombal fut tout-puissant en Portugal, plus puissant peut-être que ne le fut jamais Richelieu en France. Comme le grand cardinal, il obtint le privilège royal d'avoir des gardes. Il fut successivement créé comte d'Oeyras, puis marquis de Pombal. Sa famille tout entière eut part à cette pluie de faveurs dont on convient généralement que Pombal sut se rendre digne.

Le Portugal était alors bien déchu du rang qu'il avait occupé parmi les nations à l'époque d'Emmanuel et d'Albuquerque. En l'arrachant au joug de l'Espagne, la révolution de 1640 et l'intronisation de la maison de Bragance n'avaient pu rendre à ce pays sa première énergie de liberté, et l'avaient laissé depuis lors comme un captif délivré, mais à qui la durée de l'esclavage et l'épuisement qui en est la conséquence ont donné une démarche morbide et chancelante qui fait croire que les fers pèsent encore sur ses membres engourdis. Un effroyable désordre, progressivement accru et qui avait dépassé toutes bornes dans les dernières années de Jean V, prédécesseur de Joseph Ier, régnait dans toutes les branches de l'administration. La justice n'avait plus ses balances que pour peser l'or qu'on y jetait ; ce qui restait des anciennes colonies, jadis si nombreuses et si riches, était à peu près sans relations avec la mère-patrie. Le commerce extérieur était à peu près en entier entre les mains des Anglais ; la plus grande partie des revenus publics était dévorée par le clergé régulier et séculier, qui partageait encore le sol avec la noblesse, et, brochant sur le tout, les Jésuites s'attribuaient, tant à l'extérieur qu'à l'intérieur, tout ce qu'ils pouvaient arracher à ces autres vautours.

Pombal lutte à la fois contre l'Angleterre et les Jésuites, contre la noblesse et le clergé. A sa voix, la vigueur revient dans les diverses branches de l'administration ; la justice tient ses balances d'une main plus ferme ; le commerce se ranime ; l'agriculture délaissée refleurit ; l'ordre se rétablit : le Portugal marche de nouveau parmi les nations.

Les Anglais tiraient, chaque année, une énorme quantité d'or du Portugal : Pombal leur en défend l'extraction. Il prohibe également tout commerce fait par des prêtres et des religieux. Les droits et revenus volés ou arrachés par le clergé et la noblesse, il les fait rendre à la couronne ou en dote l'industrie. Il oblige les pirates barbaresques à respecter le pavillon portugais qui flotte de nouveau avec gloire sur toutes les mers. Il règle définitivement avec l'Espagne le partage des colonies américaines et fonde le magnifique commerce du Brésil.

En même temps, il établit une police sévère qui va saisir le coupable jusque dans les plus hautes classes. Ce fut surtout cet oubli et cette violation de ce qu'ils osaient appeler leurs priviléges qui irritèrent la noblesse portugaise contre le marquis de Pombal. D'ailleurs, cette fière noblesse avait vu d'un œil plein de colère et de mépris arriver au pouvoir un homme qu'elle comptait à peine dans ses derniers rangs. Elle fit, à diverses reprises, pour renverser le premier ministre, des tentatives que déjoua celui-ci, appuyé qu'il était sur la faveur royale et sur la reconnaissance populaire, et auxquelles il sut répondre avec une vigueur qui étonna ses adversaires.

Mais les ennemis les plus formidables de Pombal furent toujours les Jésuites. Les écrivains de la Compagnie ont écrit « que cet homme d'État remarquable avait juré la perte des Jésuites dès le moment où il saisit le pouvoir. » Nous pouvons admettre, et cela très-facilement, que Pombal, voyant qu'il n'était pas possible de remédier à l'état déplorable où se trouvait réduit le Portugal tant que le jésuitisme dominerait, résolut, en effet, dès son entrée aux affaires, de l'expulser du sol lusitanien. La première déclaration de guerre ouverte entre le ministre et les Révérends Pères eut lieu à l'occasion du Paraguay. Nous avons vu que les Jésuites avaient fondé, sur ce point de l'Amérique méridionale, un singulier mais véritable empire qui, appartenant, de nom, à l'Espagne, ne relevait, de fait, que du Général de la Compagnie de Jésus. Sous le règne de Jean V, les gouverneurs des colonies portugaises avaient persuadé à la mère-patrie qu'il serait avantageux pour elle de devenir maîtresse du Paraguay. Les rapports de ces gouverneurs, assure-t-on, étaient inspirés par la pensée que le Paraguay, autour duquel les Jésuites faisaient si bonne garde, renfermait des mines d'or et de métaux précieux. Il est probable que Pombal ne vit dans le traité du 13 janvier 1750, pour l'échange du Paraguay contre la colonie *del San-Sacramento*, qu'un excellent moyen d'avoir sous sa main ses ennemis, les Jésuites. Ce traité de 1750 ne fut pas son ouvrage, puisque alors il n'était pas ministre ; mais la convention de 1753, qui réglait définitivement l'échange entre les deux couronnes, doit lui être entièrement attribuée. On sait que les Jésuites résistèrent et que ce ne fut que par la force des armes qu'on parvint à les expulser du Paraguay.

Les Révérends Pères ne luttèrent pas moins vigoureusement en Portugal. Ils surent se faire des armes de tout : de leurs richesses, qui leur donnaient un immense moyen d'action dans ce pays épuisé, de l'ignorance et du fanatisme qu'ils contribuaient à y faire régner, de la haine des nobles qu'ils poussaient en avant, des sourdes ambitions qu'ils excitaient dans la famille royale (1). Ils essayèrent même de se servir des grandes catastrophes qui vinrent alors fondre sur le Portugal. On sait qu'en 1755 un effroyable tremblement de terre, dont le souvenir est resté dans la mémoire des peuples, vint ébranler tout le Portugal et faire de Lisbonne un monceau de ruines. La famine et la peste achèvent l'œuvre des commotions souterraines. Tout le royaume se vit en proie à une épouvantable misère. Profitant de la circonstance, les nobles osent, de nouveau et plus hautement, se déchaîner contre le premier ministre. Les Jésuites et la partie du clergé qui leur est dévouée se répandent à travers les villes ruinées, incendiées, dépeuplées, à travers les campagnes crevassées, désolées et couvertes d'infortunés qui errent çà et là pour chercher une nourriture que le sol infécond leur refuse.

« C'est Dieu qui nous frappe, mes frères ; Dieu, qu'irrite chaque jour l'homme impie que notre faiblesse laisse régner sous le nom de son souverain faible et trompé ; Dieu, qui n'aura pitié de nous que lorsque nous nous viendrons en aide nous-mêmes !... »

Ces paroles retentissent, chaque jour, tout haut, sur la place publique et dans les chaires des églises. La populace, toujours disposée à faire payer sa misère à quelqu'un, quel qu'il soit, maudit l'homme qu'elle bénissait naguère, et demande à grands cris la chute et la mort du marquis de Pombal.

Celui-ci cependant ne courbait pas la tête devant l'orage, et trouvait, dans les désastres qui viennent de s'abattre sur sa patrie, comme

---

(1) La famille royale de Portugal n'avait pour confesseurs que des Jésuites : Moreira était celui du roi et de la reine ; Costa, celui de don Pédro, frère de Joseph Ier ; Campo et Aranjuez, ceux des oncles du monarque ; enfin le Père Oliveira dirigeait les consciences des Infantes.

les sept plaies d'Égypte, un moyen de donner de nouvelles preuves de son activité, de son génie et de son talent pour l'administration. On sait que, lors du tremblement, les courtisans ayant voulu emmener Joseph Ier loin des ruines de Lisbonne : « La place du roi est au milieu de son peuple! s'écria Pombal ; enterrons les morts et songeons aux vivants!... » Les écrivains jésuites eux-mêmes laissent voir l'admiration qu'ils éprouvent pour Pombal dans ces circonstances. Il répond aux clameurs populaires en faisant rebâtir les villes, en rétablissant l'ordre, en donnant des vivres aux pauvres, en prenant toutes les mesures qui peuvent amener le plus promptement l'oubli des désastres passés ; aux nobles, en se faisant accorder par le roi de nouveaux titres, de nouveaux pouvoirs, qui lui permettent de faire courber les plus fières têtes (1) ; aux Jésuites, en leur interdisant la prédication ; à tous enfin, en se montrant digne du poste éminent qu'il occupe, mais aussi en se montrant déterminé à user de tous les moyens qui sont en sa puissance pour se maintenir à ce poste.

Tandis qu'il envoyait en Amérique son frère don François-Xavier de Mendoza, avec le titre de gouverneur du Maragnon et avec la mission de chasser les Jésuites du Paraguay et de toutes les possessions portugaises, Pombal ne craignait pas de demander le renvoi de tous les directeurs spirituels de la famille royale, et parvenait à obtenir sa demande audacieuse. Alors, Pombal rappelle son frère du Brésil et l'envoie à Rome dénoncer au tribunal du souverain Pontife la conduite des Jésuites au Portugal et dans les colonies, leur révolte en Paraguay, leur commerce effréné, en dépit des défenses pontificales et au grand préjudice de l'Etat et des particuliers. Une Instruction de Joseph Ier, en ce sens, fut remise par son ministre en cour de Rome, le 10 février 1758, au Pape, qui, cédant aux sollicitations réitérées et presque menaçantes du premier ministre, lui accorda, le 1er avril, un bref de réforme des

---

(1) Pombal obtint de son souverain un édit qui portait des peines sévères contre les *détracteurs du gouvernement*. C'était une arme terrible dont il pouvait user et abuser contre ses ennemis. Pombal fit disgracier alors des hommes de la plus haute importance, tels que don Juan de Bragance, Corte-Réal, ministre de la marine, don Joseph Galvam de la Cerda, ambassadeur en France, etc., etc.

Jésuites de Portugal. Ce bref est fort instructif ; il ordonne au cardinal Saldanha, auquel il est adressé avec des pouvoirs pour l'exécution, « de ramener les Jésuites à la doctrine de l'Évangile et des apôtres, à une manière de vivre régulière ; de rétablir, chez ces Pères, le culte divin dans sa pureté et simplicité, l'observation des défenses diverses faites à l'encontre du commerce illicite des Réguliers, etc., etc. »

On le voit : c'est un chef de l'Église lui-même, un Pape qui n'a jamais été regardé comme un ennemi de la Compagnie de Jésus, qui formule cette accusation étrange. Quoi donc ! Benoît XIV pensait et disait que les Jésuites avaient besoin qu'on les ramenât *à la doctrine des apôtres et de l'Évangile !* Mais quelle doctrine avaient donc les Révérends Pères ? Benoît ajoutait « qu'il fallait aussi les ramener à une manière de vivre *régulière.* » Mais il croyait donc que leur manière présente était irrégulière ? Et cette recommandation de leur défendre le commerce illicite, et de *rétablir* chez eux le culte divin, etc?... Mais avons-nous jamais dit quelque chose de plus fort ?... Les Jésuites n'ont pu rien trouver à opposer au bref apostolique, que de dire que le Pape dont il émane était bien vieux et radotait probablement quand il le signa.

Dès le 15 mai 1758, le cardinal Saldanha, chargé des pouvoirs pontificaux pour la réforme des Jésuites de Portugal, rendait un décret à cet égard, et justifiait les accusations dont les fils de Loyola étaient l'objet. Le 7 juin 1758, le patriarche de Lisbonne, don Joseph Manoel Atalara, de concert avec le commissaire apostolique, interdisait aux Révérends de confesser et de prêcher ; faisait fermer leurs Colléges et leur défendait toute instruction de la jeunesse dans l'étendue des États de Portugal. En même temps, le cardinal Saldanha faisait saisir les marchandises qu'il trouvait dans les Maisons des Révérends Pères, ainsi que les livres de compte, etc., et faisait apposer les scellés sur leurs établissements d'exploitations commerciales (1). L'affaire, comme

---

(1) On peut trouver, et les Jésuites n'ont pas manqué de se servir de cet argument, que le cardinal Saldanha allait un peu vite, puisque le bref du Pape n'est que du 1ᵉʳ avril 1758 et que le décret de condamnation du commissaire fut rendu six semaines après. Mais il faut remarquer qu'il y avait plus d'un siècle réellement que l'affaire

on le voit, marchait rapidement ; les Jésuites, consternés, n'essayaient plus que d'amortir le coup qui allait les frapper, lorsque le Pape Benoît XIV meurt.

Le 6 juillet 1758, un nouveau Pape prend place dans la chaire de Saint-Pierre, sous le nom de Clément XIII. Deux mois auparavant, la Compagnie de Jésus se donnait aussi un nouveau chef, qui fut Laurent Ricci. Les Jésuites crurent qu'ils pourraient faire révoquer par Clément XIII ce qui avait été fait par Benoît XIV. Le 31 juillet, le chef de la noire Cohorte déposait au pied du trône pontifical un long mémoire fort habile et dans lequel, sans chercher à noircir l'adversaire des Jésuites, et en protestant de sa confiance dans le cardinal-commissaire, il se bornait à soutenir cette thèse : « Qu'en admettant qu'il y eût dans la Compagnie de Jésus des individus coupables des crimes *même atroces* qu'on leur reprochait, il ne fallait pas en punir tout l'Ordre ; que, d'ailleurs, les Supérieurs de la Compagnie ignoraient les fautes, s'il y en avait de commises, et qu'ils s'empresseraient de punir les coupables sitôt qu'ils les connaîtraient. Mais, en outre, ajoutait Ricci, au nom de l'Ordre entier, ON craint fort que la réforme, au lieu d'être profitable, n'occasionne de grands troubles !.... »

Clément XIII se montre disposé à soutenir les Jésuites (1) ; il nomme une Congrégation qui doit connaître des torts qu'on reproche à la Compagnie de Jésus, et décider des mesures que le Saint-Siége doit prendre à son égard ; cependant, le nouveau Pontife n'ose révoquer le bref apostolique de son prédécesseur, et Pombal, s'armant de cette circonstance, continue de frapper, avec l'arme qu'il tient de Benoît XIV, les Jésuites secrètement protégés par Clément XIII.

De leur côté, les noirs enfants de saint Ignace reprennent courage, relèvent la tête et se préparent à lutter plus vigoureusement que jamais contre leur ennemi. Des dissensions éclatent dans la famille royale de Portugal ; les Jésuites les entretiennent et en tirent parti. La noblesse, toujours impatiente du joug que lui impose le marquis de Pombal, est de

---

s'instruisait, et que le commissaire apostolique pouvait fort bien avoir entre les mains, avant de commencer son enquête, les preuves sur lesquelles devait se baser son décret.

(1) Ce Pape fut dominé par le cardinal Torrigiani, que dominait le Général des Jésuites.

nouveau poussée en avant. Le clergé, qu'ils savent toujours compromettre, dans leur seul intérêt, jette, de la chaire et du confessionnal, des brandons qui vont tout à l'heure faire naître un vaste incendie. Des menaces même sont proférées contre le monarque qui protége l'ennemi contre lequel tant de batteries se dressent. Des prophéties sont lancées au milieu de cette population ignorante et crédule. On y ajourne don Joseph de Bragance devant le tribunal de Dieu, pour le mois de septembre (1). Pombal, cependant, continue son œuvre avec audace et sang-froid. Il ne néglige pas, bien entendu, de prendre les précautions que la prudence indique. Il se dispose à frapper enfin un grand coup.

Au milieu de cette inquiétude générale, de cette irritation croissante des esprits, on est arrivé au mois de septembre de l'année 1758. Le troisième jour de ce mois, à onze heures de nuit, le roi de Portugal, don Joseph de Bragance, se rendait en carrosse à une de ses maisons de plaisance, quand tout à coup plusieurs détonations éclatent, quelques projectiles traversent la voiture royale, et don Joseph se sent frappé dangereusement.

On comprend quelle impression dut causer la nouvelle de cet attentat, tombant comme la foudre au milieu de l'inquiète disposition des esprits. La noblesse et le haut clergé couraient déjà vers le frère du roi, don Pédro, qu'ils savaient l'ennemi de Pombal, et que les Jésuites savaient leur ami. Déjà l'on songeait à se partager les dépouilles de l'impérieux favori, et l'on rêvait aux humiliations, au supplice qu'on lui ferait subir. Mais la fortune n'a pas encore abandonné Pombal et lui-même ne s'abandonne pas. Une consigne sévère s'étend autour de la demeure royale; les infants eux-mêmes sont pour ainsi dire prisonniers chez eux. Un grand déploiement de forces a lieu. En même temps, Pombal fait annoncer à Lisbonne et au Portugal que le roi a été dangereusement blessé, mais que néanmoins les médecins répondent de sa vie. Il est probable que Pombal craignit quelque temps que la dernière partie de sa nouvelle ne se réalisât pas; et c'est ce qui expliquerait alors le soin qu'il mit à soustraire, pendant quelque temps, à

---

(1) *Mémoire de Sa Majesté très-fidèle*, etc., etc.

tous les regards le royal blessé. La principale ou, suivant des écrivains plus ou moins bien renseignés, l'unique blessure de don Joseph de Bragance existait au bras droit, qui avait été traversé par une balle, près de l'épaule.

Quels étaient les auteurs de cet attentat? Il est inutile de dire qu'aussitôt que le crime fut connu, les Jésuites furent chargés par toute l'Europe d'en être les instigateurs ou les complices. Et, certes, la prévision des troubles, faite par le Général de la Compagnie, si bien justifiée, les menaces et prophéties répandues contre le roi sitôt réalisées, tout jusqu'à l'axiome de droit « *cui prodest?* (*à qui le fait sert-il?*) » devaient faire porter les premiers soupçons sur la noire Cohorte. Don Joseph mort, Pombal tombait nécessairement devant la haine que lui portaient le haut clergé et la noblesse, et que partageaient les membres de la famille royale dévoués aux intérêts du jésuitisme; et dont Pédro, frère du roi, s'emparant du pouvoir, eût fait bonne et prompte réparation aux Jésuites de tout ce qu'ils avaient enduré sous le règne du monarque assassiné.

Quelques autres versions eurent encore lieu pendant qu'on instruisait l'affaire : nous en tiendrons note un peu plus loin. Cette instruction fut aussi longue que mystérieusement conduite; elle ne dura pas moins de trois mois, et, pendant tout ce temps, rien ne transpira dans le public sur les découvertes qu'elle avait amenées. Peut-être Pombal hésitait-il, avant de s'engager aussi sérieusement qu'il allait le faire contre ses ennemis; peut-être voulait-il être bien certain de la vie et de la santé de son roi, son seul appui contre ses nombreux et puissants adversaires, et prit-il aussi, durant ces trois mois, toutes les mesures nécessaires à sa sûreté en même temps qu'au châtiment des coupables. Enfin, le 13 décembre 1758, ainsi que nous l'avons dit dans les premières lignes du présent chapitre, l'instruction révéla ses mystères par l'arrestation des individus que la justice accusait d'être les auteurs, les complices, ou les instigateurs de l'attentat commis sur la personne de Joseph Ier. Ces arrestations eurent lieu en vertu d'un arrêt rendu la veille par le tribunal suprême de l'*Inconfidence*.

Les individus arrêtés étaient au nombre de dix-huit : c'étaient le marquis et la marquise de Tavora, leurs fils, leurs filles (1); le marquis d'Atonguia, leur gendre, et le duc d'Aveiro, allié à la famille royale; les Jésuites Malagrida, Mattos, Alexandre de Souza, et quelques amis et domestiques des Tavora. Leur procès s'instruisit rapidement. Les accusés comparurent bientôt devant un tribunal présidé par le premier ministre, qui, sans nul doute, eût mieux fait de s'abstenir de siéger. On peut voir, dans les historiens et dans les diverses pièces publiées, à cette époque et depuis, sur ce procès, ses diverses phases, qui se terminèrent, le 12 janvier 1759, par un arrêt qui déclarait tous les Tavora, le duc d'Aveiro et le comte d'Atonguia coupables du crime commis sur la personne du souverain, dans la nuit du 3 au 4 septembre précédent, et comme tels les condamnait au dernier supplice. Cette sentence fut exécutée, le lendemain même, dans le faubourg de Belem. Les femmes seules obtinrent leur grâce, à l'exception de la marquise de Tavora la mère, doña Éléonor, qui périt avec son mari, ses fils et son gendre, ses amis et ses serviteurs.

Le jugement du tribunal de l'Inconfidence (2) chargea surtout la marquise de Tavora, qu'il signale comme ayant poussé, à l'aide des Jésuites, son mari et ses fils à faire de leur hôtel une infâme *caverne de conspirations* et *de machinations* dirigées contre la personne du roi. Le duc d'Aveiro, appliqué à la question, avoua tout ce dont on l'accusait, chargea ses co-accusés et notamment les Jésuites. Cependant, Pombal n'osa pas faire subir aux Révérends Pères le supplice auquel il ne craignait pas d'envoyer des membres de la première noblesse de Portugal. Ils ne furent même pas jugés en même temps que les Tavora; et ce ne fut que trois ans après qu'on les traduisit, non devant un tribunal séculier, mais au tribunal de l'Inquisition, qui condamna le Père Malagrida au dernier supplice, comme convaincu, non d'avoir été l'instigateur ou le complice de l'assassinat de Joseph Ier,

---

(1) Celles-ci obtinrent d'être détenues dans des couvents; les autres accusés furent enfermés dans la ménagerie de Belem, déserte depuis le tremblement. Voilà pourquoi les Tavora furent exécutés en ce lieu, tandis que les Jésuites voudraient faire croire que ce fut par crainte d'un mouvement populaire.

(2) Voyez ce jugement: *Portugais-français*, page 11.

mais seulement d'hérésie et de quelques autres méfaits à la fois trop niais et trop sales pour que nous en parlions.

Les défenseurs de la Compagnie de Jésus crient de toutes leurs forces « que le Père Malagrida n'a été renvoyé devant le tribunal de l'Inquisition que parce que Pombal jugea que le Jésuite serait absous devant des juges séculiers. » Pourtant il nous semble, et il semblera à tout le monde que, en sa qualité de prêtre et de religieux, le Père Malagrida devait attendre plus de faveur d'un tribunal composé de religieux et de prêtres. L'arrêt du Saint-Office fut exécuté le 21 septembre 1761 : le Père Gabriel Malagrida fut brûlé dans un *Auto-da-fé*. Il paraît que ce spectacle fut demandé par la populace, qui en était privée depuis longtemps, et qui n'en parut pas moins goûter le charme quoiqu'un Jésuite y figurât. Mattos et Alexandre de Souza furent condamnés à être rompus vifs, ainsi que le Provincial le Père Henriquez et quelques autres Jésuites. Un édit du 19 janvier 1759 déclarait tous les Jésuites de Portugal complices, à un degré plus ou moins éloigné, de l'assassinat de don Joseph de Bragance. Dans un *manifeste* souvent cité, le roi de Portugal déclara à la face de l'univers « la Compagnie de Jésus atteinte et convaincue d'usurpation de ses domaines, de la liberté, des biens et du commerce de ses sujets ; de rébellion contre son autorité, dans les colonies et en Portugal même, de sédition et de conjuration contre sa propre personne, par la déposition de témoins respectables et par l'aveu même de Jésuites. »

En consultant les pièces du procès, on a cette conviction que les Jésuites trempèrent sinon directement, au moins indirectement dans la conjuration formée contre la vie de Joseph Ier de Portugal. Sérieusement menacés dans leur existence par les mesures que le roi laissait prendre contre eux à son ministre tout-puissant, les Révérends Pères dûrent être et, disons plus, furent favorables à un moyen, comme ils appellent ces choses, qui devait mettre à bas leur audacieux ennemi.

On a dit que l'attentat contre la vie de don Joseph de Bragance fut une vengeance particulière qu'un des Tavora, le fils aîné du marquis, voulut tirer du prince qui avait des liaisons intimes avec sa femme, la jeune marquise doña Teresa. Des écrivains favorables à la Compagnie de Jésus ont vu ou ont voulu voir ainsi cette affaire ; l'abbé Georgel, ex-Jésuite, dit positivement, dans ses *Mémoires*, que le roi revenait d'un rendez-vous avec la jeune marquise lorsqu'il fut assassiné, et que ce fut pour venger leur honneur outragé que les Tavora essayèrent de tuer le monarque. L'auteur de la *Chute des Jésuites au XVIIIe siècle*, le comte de Saint-Priest, semble croire que ce fut la jeune marquise de Tavora qui dénonça la conspiration. Ce qu'il y a de certain, c'est qu'on voit, dans les dépêches du duc de Choiseul à M. de Saint-Julien, chargé d'affaires de France à Lisbonne, que Louis XV témoigna une extrême curiosité sur le sort de cette dame. D'autres, allant plus loin, ont essayé de prouver que toute la conspiration était l'œuvre de Pombal, qui voulait effrayer le monarque encore indécis, et le décider à frapper les Jésuites, qu'il lui présenterait comme les auteurs ou du moins les instigateurs de l'attentat. Ces écrivains citent, entre autres choses, le témoignage de l'ambassadeur de France, comte de Marle, qui prouverait la vérité de cette version. Mais, d'abord, le comte de Marle ne vint à Lisbonne que dix mois après l'attentat du 3 septembre. Puis, est-il croyable que Pombal eût risqué ainsi la vie du roi qui faisait toute sa force? Nous savons bien qu'on a dit aussi que don Joseph de Bragance ne fut aucunement atteint par les coups de feu tirés sur sa voiture, assertion bien évidemment détruite par le manifeste royal et le jugement du tribunal de l'Inconfidence, qui qualifient de *mortelles* les blessures du roi de Portugal.

D'ailleurs, et voici qui tranche tout : la révision du procès, ordonnée en 1780 par la reine Marie, trois ans après la mort de Joseph Ier, et, par conséquent, alors que Pombal ne possédait plus aucune influence, a confirmé la culpabilité des Tavora et, par suite, des Pères Malagrida, Mattos, Alexandre de Souza (1), en particulier, et des Jésuites de Portugal en général.

Le jour même où les Pères Malagrida, Mattos, Alexandre et les

---

(1) Il ne faut pas oublier que le Père Malagrida était le confesseur et le conseil de la marquise Éléonor de Tavora, et que ses deux autres confrères étaient également les directeurs spirituels et les commensaux des autres membres de cette famille et de ses amis.

principaux Jésuites de la province de Portugal furent arrêtés comme prévenus du crime commis sur la personne de Joseph Ier, tous les autres furent consignés et renfermés dans leurs Maisons. Les biens appartenant à l'Ordre furent mis sous le séquestre. Un arrêt du 19 janvier 1759 déclara tous les Jésuites complices de l'attentat du 3 septembre. Il paraît que le Portugal accepta généralement avec tranquillité ce premier acte de l'expulsion des Jésuites de son sein. Il y a plus : Joseph Ier ayant adressé aux évêques de son royaume une lettre dans laquelle il approuvait et justifiait les mesures prises par son premier ministre, ces prélats acceptèrent presque tous, ceux-ci par leur silence, ceux-là par une approbation plus directe, la position qu'on faisait et qu'on voulait faire aux Fils de Loyola. La noblesse, terrifiée par le supplice des Tavora, n'osait plus remuer en faveur de leurs alliés en robe noire. Pombal crut pouvoir frapper le dernier coup. Il fait pressentir le Pape sur l'intention qu'il a d'expulser les Jésuites du Portugal ; mais Clément XIII, environné et dominé par les Jésuites, se montre constamment opposé à cette mesure. Au mois de janvier 1759, sur les prières du Général de la Compagnie et des Cardinaux qui sont favorables à celle-ci, le Chef de l'Église chrétienne, sans révoquer le bref de réforme, en rend un autre portant approbation et confirmation de l'Institut. Pombal croit voir dans cette mesure une désapprobation publique de la conduite qu'il tient et surtout de celle qu'il veut tenir à l'égard des Jésuites ; sur-le-champ, il renvoie le Nonce du Pape, le cardinal Acciauoli, et se montre même tout prêt à rompre avec le Saint-Siége. Bientôt, le Pape essayant toujours de faire diversion aux coups terribles que Pombal porte incessamment au jésuitisme, le premier ministre rompt entièrement avec la Cour de Rome. Cette rupture dura plusieurs années, jusqu'à l'exaltation de Clément XIV (1).

Enfin, Pombal se décide à terminer la lutte par un dernier et

(1) Les Jésuites, en cette circonstance, crièrent que le marquis de Pombal voulait établir dans le Portugal une église indépendante, une sorte d'anglicanisme lusitanien, si l'on peut s'exprimer ainsi. On se rappelle qu'ils avaient accusé le cardinal de Richelieu d'un semblable projet, lorsque ce grand ministre s'était mis à les malmener.

vigoureux effort. Il s'est ménagé l'appui de l'Espagne ; il se sent appuyé par la France dans la voie où il marche ; il n'a jamais voulu reculer ; il ne lui reste plus qu'à marcher en avant, il y marche. L'édit d'expulsion et de bannissement est prononcé. Le Pape se montre toujours le protecteur des Jésuites : « Eh bien, dit Pombal, qu'il se charge de ses amis ; nous nous débarrassons, nous, de nos ennemis ! » En septembre 1759, les Jésuites de Portugal, qui étaient alors au nombre d'environ douze cents, sont embarqués sur des navires qui font voile aussitôt pour les États romains (1). L'arrêt étant étendu à tous les pays soumis à la domination du Portugal, les Jésuites du Brésil, du Malabar et des colonies africaines sont également expulsés de ces divers points, soit de gré, soit de force.

Écoutons maintenant comme s'exprime le roi de Portugal dans cet édit d'expulsion, qui est du 3 septembre. Après avoir rappelé les attentats *les plus étranges et les plus inouïs* dont les Jésuites se sont rendus coupables envers la couronne de Portugal, notamment la guerre *cruelle et perfide* soutenue par eux dans les pays d'outre-mer et au dedans du royaume ; les séditions qu'ils ont encouragées ou excitées ; enfin, l'horrible attentat commis dans la nuit du 3 septembre 1758, avec des circonstances *abominables* qui n'avaient jamais été (dit le décret) imaginées parmi les Portugais ; le roi de Portugal continue en ces termes :

« Pour venger ma réputation royale, pour conserver pleine et entière mon indépendance de souverain, pour maintenir la paix publique dans mes états, pour extirper du milieu de mes sujets des scandales si énormes et si inouïs, pour venger les susdits attentats et prévenir les conséquences funestes que leur impunité pourrait entraîner après elle....., je déclare les susdits Religieux corrompus, comme il a été

---

(1) Les Jésuites ont rempli le monde chrétien des détails lamentables de cette expulsion. Ils prétendent qu'ils furent chargés de fers, maltraités durant ce passage, et que, en arrivant dans les états du Pape, ils étaient demi-nus et à moitié morts de faim ; cependant il existe une lettre imprimée du capitaine de vaisseau ragusien, Joseph Orebich, qui transporta les trois cents premiers exilés, avec un journal de voyage et un mémoire des provisions, etc., le tout attesté par serment et prouvant que les fils de Loyola pourraient bien avoir encore menti sur ce point.

dit plus haut, déchus de la manière la plus déplorable des principes de leur Institut, et trop manifestement infectés des vices les plus grands et les plus invétérés, les plus abominables, et dont il est impossible de les corriger... Je les déclare donc rebelles notoires, traîtres, vrais ennemis et agresseurs, tant par le passé que dans ces temps présents, de ma royale personne, de mes états, de la paix publique et du bien commun de mes sujets fidèles. J'ordonne à ces derniers qu'ils les tiennent en conséquence, les regardent et les réputent comme tels.... Et je déclare cesdits Religieux dénationalisés, proscrits, et comme s'ils n'existaient plus; ordonnant qu'ils soient réellement et en effet chassés de tous mes royaumes et seigneuries, et que jamais ils n'y puissent rentrer. A ces fins, je défends, sous peine de mort naturelle et irrémissible, et de confiscation de tous biens au profit de mon trésor et chambre royale, à tous et à chacun de mes sujets, de quelque état et condition qu'ils soient, de donner entrée à plusieurs ou seulement à un seul des susdits Religieux ainsi chassés, d'avoir aucune correspondance, verbale ou par écrit, avec cette Société ou avec quelqu'un de ses membres..... »

Cet édit fut exécuté dans toutes ses parties avec la plus grande sévérité. Les Jésuites furent chassés de tout territoire portugais, comme nous l'avons dit; en même temps, tous leurs biens furent confisqués au profit du Roi, ou donnés à des prêtres ou à des communautés religieuses, pour que les charges auxquelles la Compagnie de Jésus les avait reçus pussent être acquittées. Nous trouvons dans l'excellent ouvrage de M. de Saint-Priest, que nous avons déjà cité, une anecdote dont l'auteur de *la Chute des Jésuites* garantit personnellement l'authenticité. Il paraît que les Jésuites trouvèrent le moyen de soustraire des sommes considérables à la confiscation; des trésors furent confiés à un des leurs, qui les leur fit passer ensuite, et qui fut richement récompensé de sa fidélité. « Cet homme, dit M. de Saint-Priest, fut l'aïeul d'un personnage politique qui a beaucoup marqué dans les dernières vicissitudes du Portugal. »

Ainsi la nation qui la première avait accueilli les Jésuites, qui leur avait accordé le plus de richesses et de puissance, fut la première aussi à prononcer contre eux la grande condamnation que le xviiie siècle leur réservait et à laquelle tous les autres peuples catholiques allaient successivement s'unir.

Désormais, le branle est donné : la France se hâte d'imiter l'exemple que vient de lui donner le Portugal ; l'Espagne, les Deux-Siciles et toute l'Italie se préparent à marcher dans cette voie ; l'Allemagne annonce déjà qu'elle l'approuve, en faisant condamner juridiquement les théologiens de la Compagnie : l'impératrice a déjà même rendu un édit par lequel elle enlève l'éducation de la jeunesse aux confrères des Gobat, des Molina, des Busembaum. L'édifice du Jésuitisme est ébranlé jusque dans ses fondements ; il se lézarde, il croule ; il n'existait déjà plus, lorsque la main du Chef du monde chrétien sanctionne sa ruine et bénit ses démolisseurs.

Avant de passer à l'époque où Clément XIV se décida à sanctionner la mort du Jésuitisme râlant, nous devons donner quelques détails rapides sur l'expulsion des Jésuites d'Espagne.

Charles III régnait : ce monarque, qui fut longtemps favorable aux Jésuites, résiste d'abord aux intentions de son premier ministre, d'Aranda, qui veut marcher sur les traces de Pombal et de Choiseul. Les Jésuites se cramponnent, avec toute l'énergie qu'on leur connaît, sur le sol espagnol. Quand Charles III semble trop accessible aux idées que son premier ministre laisse voir ouvertement, un mouvement séditieux, un ébranlement politique quelconque vient le distraire, l'inquiéter et, parfois, le rattacher d'affection, d'intérêt ou de peur aux Révérends Pères, qui s'arrangent toujours de façon à avoir un beau rôle à jouer, un rôle qui montre leur utilité, leur influence. Il est à peu près certain que ce furent les Révérends Pères qui fomentèrent la révolte de 1760, dite *des Chapeaux* ; les dépêches de Choiseul l'attestent. Quelques années se passent ainsi dans ces fluctuations singulières. Puis, un jour, par toute l'étendue du territoire espagnol, en Europe, en Asie, dans les deux Amériques, les gouverneurs de province reçoivent un pli royal, scellé de trois sceaux et renfermé dans trois enveloppes. La première n'avait pour suscription que le nom de l'autorité à laquelle était adressée la missive ; sur la seconde, étaient écrits ces mots mystérieux : « Sous peine de mort, vous ne déchirerez la troisième enveloppe que le 2 avril 1767, au déclin du jour. »

Au jour dit, à l'heure fixée, la troisième enveloppe déchirée laissa voir aux regards étonnés des exécuteurs des volontés royales, un édit de Charles III, roi d'Espagne et des Indes, ainsi conçu :

« Je vous revêts de toute mon autorité et de toute ma puissance royale, afin que vous vous transportiez sur-le-champ à la Maison des Jésuites. Vous ferez arrêter immédiatement tous les religieux, et conduire vos prisonniers, dans les vingt-quatre heures, au port indiqué par ces présentes ; ensuite, on les fera embarquer sur les vaisseaux à ce destinés. Aussitôt que vous serez entré chez les Jésuites, vous ferez apposer les scellés sur les archives et livres de la Maison, ainsi que sur les papiers des individus, sans permettre à aucun d'eux d'emporter autre chose que les livres de prières et le linge strictement nécessaire pour la traversée. Si, lorsque les vaisseaux qui doivent recevoir les Jésuites se seront éloignés, un seul religieux de la Compagnie, même malade, existait encore dans l'étendue de votre gouvernement, vous serez puni de mort. »

Au bas de ce décret foudroyant, étaient les mots sacramentels « Yo EL REY, — MOI, LE ROI. »

Ces ordres sévères furent à l'instant exécutés. Bientôt, des côtes italiennes, on vit s'avancer les vaisseaux sur lesquels avaient été embarqués les fils de Loyola, chassés par Charles III des divers points de son vaste empire. Ici se présente un épisode étrange : on ne voulut pas permettre aux vaisseaux de débarquer leur cargaison humaine sur le rivage italien. Les autorités papales, prévenues ou non, refusèrent de laisser débarquer les Jésuites. A Civita-Vecchia, on tira même le canon sur ces malheureux, qui furent forcés de virer de bord et de reprendre le large (1). Beaucoup d'entre eux périrent de misère et par suite des maladies que l'entassement avait provoquées. On a cherché à expliquer cette réception singulière en disant que les autorités pontificales craignaient

---

(1) Voyez l'*Histoire de la chute des Jésuites au dix-huitième siècle*, par M. le comte Alexis de Saint-Priest, Sismonde de Sismondi, etc., etc.

que l'arrivée subite de tant d'individus ne causât une famine sur ce rivage peu fertile, ce qui est sans doute une assez mauvaise plaisanterie. D'autres ont dit, que le Pape, comme prince temporel, voulait éviter de se brouiller avec l'Espagne, ce qu'il craignait de voir arriver s'il recevait ainsi officiellement les Jésuites expulsés ; explication qui ne vaut guère mieux. En tout cas, il y avait sans doute un moyen terme entre la conduite que Clément XIII pouvait suivre et ces coups de canon fort peu évangéliques assurément. Il paraît que des Jésuites même ont cru que leur Général voulait tout simplement se débarrasser de ces malheureux qui lui revenaient sans ressources et l'esprit aigri, et auxquels il faudrait alors bien ouvrir les coffres-forts de la Compagnie. Nous ferons remarquer ici, qu'après avoir erré six mois de rivage en rivage, ces exilés furent enfin reçus en Corse par l'ordre du duc de Choiseul, leur adversaire.

Il paraît qu'après avoir longtemps douté, Charles III avait enfin reconnu que les Jésuites étaient les auteurs des troubles de son royaume. On assure aussi, Sismonde de Sismondi entre autres, ainsi que des écrivains catholiques même, que Charles III se convainquit que les fils de Loyola faisaient des menées pour mettre à sa place sur le trône son frère don Luis, et qu'il parvint à avoir entre les mains des lettres où les bons Pères dévoilaient ces intrigues. Ce qu'il y a de remarquable, c'est que Charles III, quel qu'il ait été comme monarque, fut un chrétien fervent et respectueux envers l'Église, au dire même des écrivains de la trop fameuse Compagnie. Charles III fut sourd à toutes les prières de Clément XIII, qui l'implorait pour les six mille Jésuites espagnols. Aux instances aussi vives que réitérées du Chef du monde chrétien, il répondit sans cesse « que, pour épargner à l'univers un grand scandale, il ne voulait pas dénoncer l'abominable trame qui avait nécessité sa rigueur; mais que sa Sainteté devait le croire sur parole!... La sûreté de ma vie, ajoutait le monarque, exige de moi un profond silence sur cette affaire. »

Clément XIII continua d'intervenir en faveur des Jésuites. Mais Venise, Parme, Modène, l'électeur de Bavière adoptent les mesures du Portugal, de la France, de l'Espagne, des Deux-Siciles. L'impératrice Marie-Thérèse, qui feint de protéger le Pape, ne veut en réalité que balancer l'influence des Bourbons et s'approprier Plaisance. Cependant les Jésuites, croyant à cette protection et se fiant dans leurs propres forces, voyant d'ailleurs que, lorsque Choiseul déclare à ses alliés son intention de détruire enfin et de jeter à bas, irrévocablement, l'Ordre qu'ils ont frappé ensemble, ceux-ci reculent et veulent attendre; les Jésuites, disons-nous, poussent Clément (1) aux mesures extrêmes, au risque d'attirer l'humiliation sur la tiare pontificale, ce qui ne pouvait manquer d'arriver. N'osant s'attaquer aux rois de France, d'Espagne, de Portugal ou de Naples, Clément XIII se décida à frapper le petit souverain de Parme, qui avait également exilé les Jésuites. Non-seulement le Pape excommunia le duché, mais encore, revendiquant de vieux droits, il proclama dans une bulle, qui eût pu être signée par un Hildebrand, la déchéance du duc Ferdinand de Parme. Les Bourbons de France, d'Espagne et de Naples sentirent sur leur joue le soufflet donné à Ferdinand, et, sur-le-champ, y répondirent par des mesures menaçantes : la France prend possession du Comtat-Venaissin, le 11 juin ; Naples s'empare également de Bénévent et de Ponte-Corvo. Cette mesure précipita les événements vers une solution qui pouvait encore être assez longtemps reculée.

Déterminé à vaincre la résistance du Pape, et après avoir amené à ses fins ses collègues de Portugal et de Naples, Choiseul fait présenter, le 10 décembre 1768, par l'ambassadeur de France, au nom des rois de la maison de Bourbon, un mémoire dans lequel la sécularisation et l'abolition des Jésuites est formellement exigée. Clément XIII, vieillard octogénaire, est anéanti par cette démarche qui ne lui laisse plus d'espace pour reculer, et qui lui démontre enfin le danger de marcher désormais en avant. Il est pris d'un gros rhume qui s'envenime et se termine par une apoplexie, laquelle emporte le successeur de saint Pierre, le 10 décembre 1768.

Treize jours après la mort de Clément, le conclave s'assembla pour

---

(1) *Lettre confidentielle de Choiseul à Grimaldi*, 24 juin 1767. Il est probable que Pombal et d'Aranda voulaient attendre la mort de Clément XIII, espérant que ce Pape aurait un successeur plus favorable à la mesure.

lui donner un successeur. Les Jésuites pressaient l'élection, parce qu'ils se croyaient sûrs qu'elle leur serait favorable, le conclave étant alors composé de prélats italiens, leurs amis. Mais d'Aubeterre, ambassadeur français, qui a reçu ses instructions de Choiseul, déjoue cette manœuvre, et, au nom de la France, de l'Espagne et du roi de Naples, déclare qu'il ne souffrira pas que le conclave nomme un Pape avant l'arrivée des cardinaux espagnols et français. Le conclave se soumet; il dure trois mois. Pendant tout ce temps, Ricci, le Général des Jésuites, ne prit pas un instant de repos; ses lieutenants ne bougeaient pas d'auprès des familles des Éminences : mille intrigues se croisaient autour du conclave, et l'Esprit-Saint effarouché ne savait sur quelle tête il devait aller se poser.

L'empereur Joseph II arrive alors soudainement à Rome avec son frère Léopold de Toscane. Vite, le parti des *Zélanti*, favorables aux Jésuites, lui fait l'honneur de l'introduire au Conclave. « Ces gens-là, a dit depuis l'empereur, ont voulu m'examiner curieusement comme ils auraient fait du rhinocéros ! » Joseph se trompait; ces *gens-là* voulaient gagner sa protection ou paraître la posséder. L'empereur fut aussi visiter le *Gran-Gesu*, ce miracle de magnifique mauvais goût, comme l'appelle un écrivain : le Général de la Compagnie profite de la circonstance, et se prosterne devant Joseph, qui demande négligemment au Jésuite « quand il doit quitter son costume ? »

De leur côté, les adversaires de la noire Cohorte ne négligeaient aucune mesure. Le cardinal de Bernis négociait habilement dans le Conclave; au dehors, les intrigues croisaient les intrigues. Rome assistait à un spectacle curieux comme elle n'en avait pas vu depuis ses empereurs. Le monde chrétien était dans l'attente. Enfin, on apprend qu'un Pape est choisi et qu'il s'appellera Clément XIV. C'est ce souverain pontife qui devait rendre son nom à jamais célèbre par l'abolition des Jésuites.

Le nouveau successeur de saint Pierre se nommait, avant son exaltation, Laurent Ganganelli. Il était né à San-Arcangelo, le 31 octobre 1705. Il n'avait donc guère que soixante-trois ans lorsqu'il fut élu (mai 1769). Il jouissait d'une santé robuste et semblait destiné à régner sur la chaire de saint Pierre aussi longtemps que l'Apôtre du Christ. Cependant, cinq ans à peine après son exaltation, Clément XIV se mourait ; c'est que Clément XIV venait enfin de signer la destruction des Jésuites, et qu'un de ces *hasards*, déjà tant de fois signalés par nous, se chargeait de venger les noirs enfants de saint Ignace.....

Nous sommes convaincu que le nouveau Pape dut surtout son exaltation à l'espoir qu'il donna ou que l'on conçut de l'abolition des Jésuites par ses mains. On a même dit que Clément ne fut élu que parce qu'il avait promis aux princes de la maison de Bourbon la destruction de la trop fameuse Compagnie. Mais il paraît qu'on a confondu cette promesse, qui n'eut pas lieu, du moins positivement, avec une lettre réellement écrite à Charles III, en 1770, et dans laquelle, répondant aux demandes réitérées d'abolition immédiate faites par le roi d'Espagne, Clément XIV disait : « Je crois que les membres de la Société de Jésus ont mérité leur ruine par l'inquiétude de leur esprit et *par l'audace de leurs menées.* » Mais, comme l'écrivait aussi ce Pontife au cardinal de Bernis (1) : « Il est impossible à un religieux de se défaire du capuchon ! » Clément XIV, Laurent Ganganelli, issu d'une famille plébéienne, entra de bonne heure dans l'Ordre des Cordeliers. On a dit de ce Pape qu'il fut à la fois candide et ambitieux. Il paraît même qu'il voulut prendre le nom de Sixte VI lors de son exaltation, en mémoire de Sixte-Quint, dont il avait longtemps rêvé la fortune. Ganganelli, devenu Pape, se montra digne de sa haute position. Ce fut réellement un des Papes les plus vertueux qui se soient assis dans la chaire de saint Pierre. Nourri des principes d'une saine philosophie, il eût peut-être, s'il eût vécu plus longtemps, réconcilié les peuples avec les doctrines de l'Église romaine, en réconciliant celles-ci avec la raison. Ce fut lui qui fit cesser la coutume où l'on était à Rome de lire, le jour du jeudi-saint, la fameuse bulle *in Cœnâ Domini*, qui proclamait la suprématie des papes sur les rois et chefs de peuples, démarche qui indigna fort les *Zelanti* et leur cortége de fanatiques.

---

(1) *Dépêches* du cardinal de Bernis.

Des historiens assurent que la suppression de cette Bulle insultante pour les royautés fut faite par Ganganelli afin de disposer les rois d'Espagne, de France et de Naples à ne pas le presser trop au sujet de la destruction des Jésuites, qui venaient de prendre une attitude qui lui faisait peur. Les Révérends Pères remplissaient Rome, comme l'a dit l'auteur de la *Chute des Jésuites au* xviiie *siècle*. Toute demeure riche ou princière était hantée par eux : ils étaient l'intendant du mari, le directeur de la femme, le précepteur des enfants ; ils faisaient les honneurs de la table, et donnaient les ordres à la cuisine comme à la sacristie, au théâtre comme au tribunal.

On comprend que le nouveau Pape redoutait de s'attaquer ouvertement à une armée si nombreuse, dont les chefs ne craignaient pas de dire, tout haut, qu'ils ne tomberaient pas sans vengeance. Choiseul riait des terreurs du Pape ; Charles III, qui les prenait au sérieux, offrait à Ganganelli de faire débarquer une armée à Civita-Vecchia. Clément XIV, d'ailleurs, avait eu le malheur d'être protégé par les Jésuites avant son exaltation. Il paraît qu'il eût désiré différer, sinon reculer indéfiniment l'abolition de l'Institut. Il crut en avoir trouvé l'occasion à la fin de l'année 1770 : Choiseul venait de tomber ; Louis XV se refroidissait sensiblement dans sa poursuite du Jésuitisme. Une nouvelle maîtresse, la fameuse Jeanne Vaubernier, dite comtesse Dubarry, protégeait les enfants de saint Ignace, dont les plumes pieuses faisaient l'éloge de la favorite. Il paraît que la chute de Choiseul et la faveur de la Dubarry causèrent aux Jésuites une joie extravagante. Déjà non-seulement ils rêvaient leur rétablissement en France, mais encore ils espéraient le triomphe et songeaient à la vengeance.

A Rome, la noire Cohorte se déchaîne alors avec une violence extrême contre le Pape. Les Jésuites renouvellent avec plus d'ampleur et d'éclat les fantasmagories dont ils avaient déjà essayé de frapper l'esprit du Pape et celui de son peuple impressionnable et crédule. « Des images insultantes, des tableaux hideux, des menaces hautement formulées, dit un écrivain catholique, annonçaient au Pape une catastrophe prochaine sous la forme d'une vengeance providentielle. » En même temps une main cachée pousse au milieu de Rome une paysanne de

Valentano, nommée Bernardina Beruzzi, qui s'érige en prophétesse, et qui, du haut des sept collines de la ville éternelle, annonce la prochaine vacance du trône pontifical.

Un jour, sur une colonne du palais pontifical, la sorcière, entourée par une foule impressionnée, écrivit ces initiales mystérieuses :

P. S. S. V.

Chaque bouche romaine épela ces quatre lettres et en demanda le sens. Clément XIV, dit-on, fut le premier qui le trouva : « *Presto Sarà Sede Vacante*, bientôt le trône pontifical sera vacant ! » dit-il d'une voix sourde.

Les terreurs que les noirs enfants de saint Ignace jetaient ainsi dans l'esprit troublé de Ganganelli, le remplirent bientôt à un tel point, qu'on le vit se retirer à Castel-Gandolfo avec un fidèle ami d'enfance, le moine cordelier Francesco, des seules mains duquel il recevait tout ce qu'il prenait.

Cependant le roi d'Espagne continuait à exiger plus formellement la destruction des Jésuites. En vain Ganganelli lui faisait-il part de ses terreurs, et demandait-il au moins qu'on attendît la mort du général actuel de l'Ordre, Ricci. « C'est en arrachant au plus tôt la racine d'une dent qu'on fait cesser la douleur qu'elle cause ! » répondait froidement le ministre en cour de Rome, Florida-Blanca. Ganganelli, surmontant ses craintes, promet de terminer enfin cette affaire. Comme ballon d'essai, il rend un bref qui permet aux particuliers de suivre devant les tribunaux compétents toutes les affaires intentées, depuis nombre d'années, à la Compagnie de Jésus, et suspendues par autorité supérieure. Car, chose étrange et monstrueuse, les Jésuites, ces grands et pieux docteurs, avaient obtenu qu'ils ne relèveraient pas de la loi ! Un des leurs se vantait que la Compagnie n'avait pas perdu un procès à Rome. Cela, comme on le voit maintenant, eût été difficile, puisqu'on ne pouvait pas même plaider contre eux (1) !...

Aussitôt que Clément XIV eut rendu les Révérends Pères justi-

---

(1) Bernis, entre autres, rappelle ce curieux détail dans sa dépêche, du 21 janvier 1773, adressée au premier ministre d'Aiguillon.

ciables des tribunaux, Rome, presque entière, se trouva l'adversaire de la Compagnie. Des milliers de procès s'engagèrent et mirent à découvert les dettes des Jésuites, leur manière de les contracter et de les payer ou plutôt de ne les pas payer, le gaspillage et la mauvaise administration de leurs colléges et séminaires, enfin tous les désordres de l'Institut. Alors le Pape, encouragé, nomma trois Visiteurs chargés d'examiner le fameux *Collegio-Romano*. Ce collége fut surtout celui qui livra le plus au grand jour les désordres de la Société. Les Visiteurs apostoliques en confisquèrent les propriétés, qui furent adjugées aux créanciers, firent déposer les meubles précieux au Mont-de-Piété, et vendre à l'encan un prodigieux amas de provisions diverses qui furent trouvées dans cette maison. Les mêmes mesures furent prises à l'égard des établissements jésuitiques de Frascati et de Tivoli. Des Visiteurs furent également nommés dans les légations. L'archevêque de Bologne, le cardinal Malvezzi, se montra le premier et le plus disposé à malmener les Jésuites; il fit fermer les Colléges jésuitiques de son diocèse, en renvoya les élèves à leurs familles, défendit aux Révérends Pères l'enseignement public, et fit même jeter plusieurs d'entre eux en prison.

Ces diverses mesures n'ayant pas fait élever la tempête qu'il redoutait, Ganganelli, poussé plus vivement par l'Espagne, rassuré par l'attitude de Rome et de l'Italie, après ces premières hostilités envers la noire Cohorte, et, nous aimons à le croire, porté surtout par la ferme croyance que le Jésuitisme était aussi funeste à la paix de l'Église qu'au bonheur des peuples, se décida enfin à frapper le dernier coup, que les Jésuites espéraient avoir détourné pour longtemps encore.

Ganganelli signe enfin la bulle qui ordonne la sécularisation des Jésuites et l'abolition de leur trop fameuse Compagnie par toute la terre. Le Pape était pâle, mais ferme, en apposant sa signature au bas de cet acte important. Quand il eut signé, il leva les yeux au ciel, et dit : « La voilà donc cette suppression !... Je ne me repens pas de ce que j'ai fait... Je ne m'y suis déterminé qu'après avoir tout bien pesé... Je le ferais encore... Mais cette suppression me donnera la mort ! »

Ces paroles de Ganganelli sont rapportées par tous les écrivains dignes de foi.

Le 21 juillet 1773, parut le bref *Dominus ac Redemptor*, qui annonçait au monde chrétien que les Jésuites n'existaient plus. Nous devons donner à nos lecteurs au moins un abrégé de cette pièce célèbre et importante.

Clément XIV y rappelle d'abord qu'Innocent III a, dans le quatrième Concile général de Latran, défendu d'augmenter les Ordres religieux, dont le trop grand nombre, suivant l'expression de ce pontife, est une cause de troubles considérables dans l'Église de Dieu;

Que Grégoire X a confirmé la défense d'Innocent III;

Que Clément V, Pie V, Urbain VIII, Innocent X et Clément IX ont supprimé des Ordres religieux.

Arrivant aux Jésuites, le bref constate que plusieurs Papes ont vainement essayé, à plusieurs reprises, de corriger les abus et les désordres dont ces religieux se rendaient coupables en différentes parties du monde, ainsi que la perturbation qu'ils faisaient éprouver au culte, et la morale pernicieuse qu'ils professaient.

Clément XIV conclut en ces termes :

« Après avoir donc usé de tant de moyens si nécessaires, aidé, comme nous osons le croire, de la présence et de l'inspiration du Saint-Esprit, forcé, d'ailleurs, par le devoir de notre place qui nous pousse essentiellement à procurer, maintenir et affermir de tout notre pouvoir le repos et la tranquillité du peuple chrétien, à extirper entièrement ce qui pourrait lui causer le moindre dommage....; ayant en outre reconnu..... qu'il est tout à fait impossible que l'Église jouisse d'une paix véritable et solide tant que cet Ordre subsistera...; pressé par d'autres motifs que nous conservons au fond de notre cœur...; après mûr examen..., nous supprimons et nous abolissons la Société de Jésus. Nous anéantissons et nous abrogeons tous et chacun de ses offices, fonctions, administrations, écoles, colléges, retraites, hospices et tous autres lieux qui lui appartiennent de quelque manière que ce soit, et en quelque province, royaume ou état qu'ils soient situés ; tous ses statuts, coutumes, décrets, constitutions, même ceux confirmés par serment et par l'approbation du Saint-Siége, ou autrement.

. . . .

C'est pourquoi nous déclarons cassée à perpétuité et entièrement éteinte toute espèce d'autorité soit spirituelle, soit temporelle du Général, des Provinciaux, des Visiteurs et autres supérieurs de cette Société. . . . .

Donné à Rome, le 21 juillet 1773 et la cinquième année de notre pontificat.

A. Card. Negroni. »

Immédiatement après la promulgation de ce bref, les prélats Macedonio et Alfano se rendirent à la Maison-Professe du Gesu ; d'autres délégués du Pape se transportèrent également aux divers autres établissements jésuitiques. Toute la garde pontificale était sous les armes. Des soldats corses escortaient les prélats visiteurs, et, sur leur ordre, s'emparèrent des Maisons de la Compagnie, au nom de Clément XIV. Les Jésuites, assemblés, reçurent lecture du bref par l'organe d'un notaire. Les scellés furent apposés partout, et des sodats laissés à leur garde. Le lendemain, 22 juillet, les classes des Jésuites furent fermées et leurs églises desservies par des capucins.

Ce même jour, le Général, Laurent Ricci, fut transféré, sous bonne escorte, de la Maison-Professe au Collége-des-Anglais, où il fut gardé à vue. Il était vêtu en simple prêtre, et on ne lui laissa qu'un frère-lai pour le servir. Bientôt son procès s'instruit, et il comparaît devant une Commission qui le somme d'avouer et de reconnaître ses torts ainsi que ceux de sa Compagnie, et de révéler l'existence des trésors qu'il a pu soustraire à la saisie ordonnée par le Saint-Siége. Ricci se défendit habilement ; il protesta toujours de l'innocence de son Ordre et de la sienne ; seulement, il avoua avoir eu des rapports secrets avec le roi de Prusse. Il nia formellement avoir caché ou placé aucune somme d'argent. L'affaire traîna en longueur ; et probablement le Pape ne voulait pas qu'il en fût autrement. Néanmoins, le Père Ricci fut enfermé au château Saint-Ange, où il fut traité avec beaucoup de rigueur. Il paraît certain que les Commissaires chargés d'instruire le procès du Général de la Compagnie auraient pu fournir de fortes preuves de culpabilité contre l'accusé, mais que Ganganelli ne le permit pas ; c'est ce que le cardinal de Bernis déclare positivement dans une dépêche au duc d'Aiguillon (9 mars 1774).

Cependant Ganganelli regardait avec terreur tout autour de lui, écoutant s'il n'entendait pas tonner la foudre qu'il sentait suspendue au-dessus de sa tête, depuis le jour où il avait signé l'abolition des Jésuites. Un calme, si profond qu'il en avait peur, régnait partout. Les Transteverins, la populace la plus turbulente, la plus fanatique du monde, rassurèrent Ganganelli, qu'ils saluèrent de leurs acclamations, la première fois qu'il se montra en public. Il est vrai que Naples venait de rendre Bénévent au Saint-Siège, et la France Avignon ; il est vrai surtout que les autorités pontificales avaient eu soin de préparer l'enthousiasme en procurant des vivres et des processions à ce peuple romain qui ne songe jamais à la révolte, tant qu'il obtient ces deux objets de sa passion qui ont remplacé le pain et les jeux du cirque (*panem et circenses*) de ses ancêtres !...

Aussi, une tentative de sédition, on devine par qui excitée, fut étouffée promptement. La paix semble enfin assurée ; la mesure prise par le Pape n'éprouve nulle part d'opposition sérieuse. Il semble à tous que le Jésuitisme, longtemps regardé comme une de ces masses granitiques que la poudre seule peut renverser, en ébranlant au loin le sol, n'était qu'une de ces voûtes vermoulues qui se tiennent debout, grâce à on ne sait quel pouvoir, et qui tombent, si on en ôte la première pierre. Ganganelli, rassuré, reprenait sa gaieté ; sa santé semblait robuste ; chaque jour, il se rendait aux églises, paraissait en public dans les cérémonies, ou recevait les représentants des diverses puissances. « Un jour, raconte le cardinal de Bernis, Clément XIV se rendait à l'église de la Minerve, suivi du Sacré-Collège et de toute la prélature. Une grosse pluie survient tout à coup ; *Porporati, Monsignori*, chevau-légers, tout se disperse et cherche un abri ; seul, le Pape continue sa marche, en riant d'un air de bonne humeur, et aux applaudissements du peuple. » Mais, le soir de ce même jour, aux lueurs des derniers éclairs de l'orage qui avait mouillé son escorte, le Pape pouvait lire le long de sa route les mystérieuses initiales qui lui annonçaient une mort prochaine !

La sorcière de Valentano reprenait le cours de ses prédictions. Le Pape, qui ne s'était jamais mieux porté, qui n'avait que soixante-huit ans, entendait murmurer autour de lui, par des bouches invisibles : « *Presto sarà sede vacante.* — Bientôt le Saint-Siége sera vacant... » Le bruit de la mort prochaine du Pape finit par s'accréditer dans les rangs populaires, aussi fortement que la venue de l'hirondelle y fait croire au retour du printemps.

Cependant huit mois se passent sans que Ganganelli ait éprouvé le plus léger malaise ; et la confiance revenait, lorsqu'un jour de la Semaine-Sainte de 1774, les portes de la demeure pontificale se ferment brusquement et refusent de s'ouvrir même aux ministres des grandes puissances. Rome s'inquiète ; de sourdes rumeurs se propagent ; et, dans le silence des nuits, on entend parfois ces mots jetés avec ironie à la ville éternelle : « Priez pour le Pape qui se meurt !... » Désormais, les fatales lettres P. S. S. V. reparaissent avec une nouvelle persistance ; on les retrouva, dit-on, écrites jusque dans la chambre à coucher du Souverain Pontife.

Ce ne fut que cinq mois après, le 17 août, que ce dernier admit le Corps diplomatique et le Sacré-Collége à le voir. A l'aspect de Clément XIV, chaque visiteur recula comme s'il se fût trouvé devant un spectre. Ganganelli n'était plus qu'un hideux squelette, dans lequel la vie ne se révélait que par l'animation extraordinaire des yeux profondément enfouis dans leur orbite...

Un jour de la Semaine-Sainte, Ganganelli se levait de table, après un frugal repas fait avec appétit ; tout à coup il sent, dans la région de l'estomac, un trouble étrange bientôt suivi d'un sentiment de froid extrêmement prononcé et qui se renouvelle avec des intermittences d'âpres chaleurs. « Je suis empoisonné ! » telle fut la première pensée du malheureux pontife, poursuivi par la peur des vengeances jésuitiques et par le souvenir de ce qu'ils avaient fait en ce genre. Cependant, le mal semblant diminuer, Clément XIV l'attribua à une mauvaise digestion. Mais, bientôt et rapidement, de nouveaux symptômes morbides plus terribles apparaissent ; des vomissements violents se déclarent, des déchirements intérieurs se font sentir ; puis des douleurs intolérables

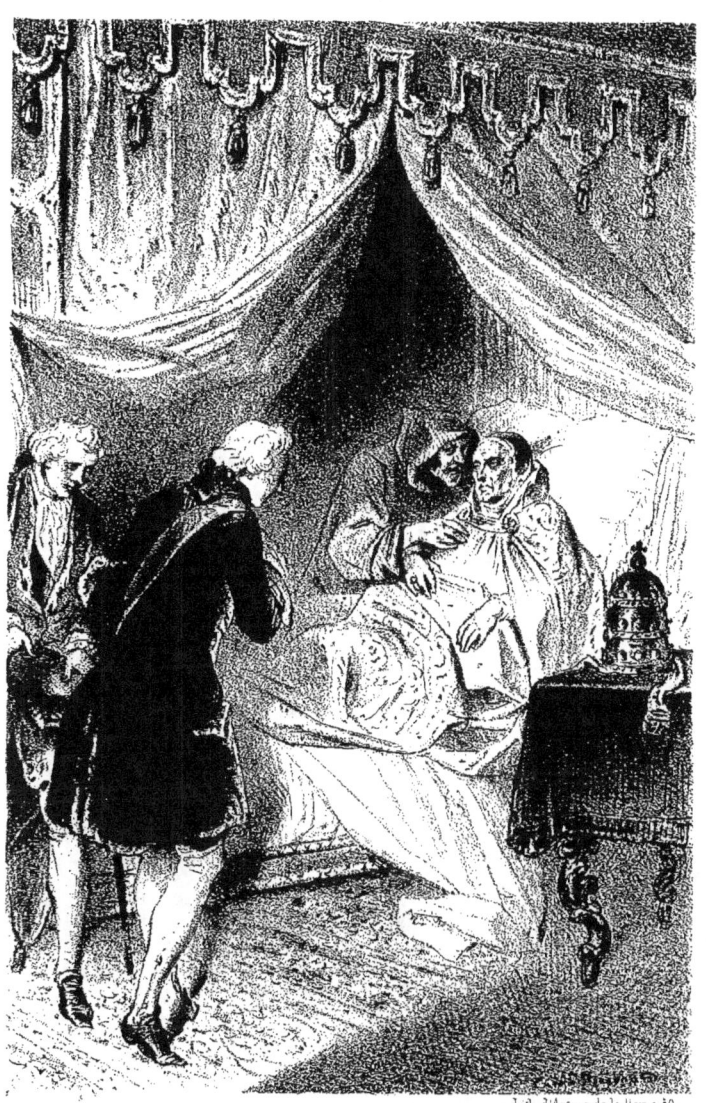

Mort de Clément XIV.

éclatent dans les régions intestinales. Clément a recours à des contre-poisons; désormais, il ne prend plus rien qui n'ait été préparé par lui-même. Mais il est trop tard; le mal se développe avec une effrayante progression. Déjà la voix, autrefois sonore, s'affaiblit et s'enroue; les jambes ne peuvent plus soutenir le poids du corps, les vomissements reviennent avec les chaleurs et les déchirements d'entrailles; le sommeil, profond avant l'accident, est maintenant fébrile et sans cesse interrompu; les souffrances deviennent intolérables; tout repos a fui; une prostration générale, absolue, en est la suite; une dissolution anticipée se déclare; la raison même vacille et s'éteint. Désormais le malheureux Ganganelli n'a plus devant les yeux que des visions de poignards menaçants ou de coupes empoisonnées; et, quand la fièvre lui rend un peu de force, il agite avec violence ses mains, avec lesquelles il semble vouloir repousser des objets effrayants, auxquels il crie d'une voix rauque : « Grâce! grâce (1)!... »

Ces tortures effrayantes durèrent dix longs mois. Le 22 septembre 1774, Ganganelli mourut. A son agonie, toute son intelligence lui revint. Il voulut parler; alors un moine, qui se tenait au chevet de son lit, se pencha à l'oreille du mourant et murmura quelques mots que personne n'entendit; aussitôt la parole se glaça avec la vie sur les lèvres de Clément XIV.....

On a souvent et longtemps discuté cette question : « Clément XIV mourut-il empoisonné? » Nous croyons pouvoir y répondre affirmativement, comme une foule de bons et graves historiens, parmi lesquels il en existe de non moins bons chrétiens et même de non moins fidèles catholiques. Oui, Ganganelli est mort par le poison! Le Cardinal de Bernis, qui vit souvent le Pape pendant sa maladie, déclare formellement « que la mort du souverain Pontife ne lui parut pas naturelle. » Bernis avait fait de cette mort une *Relation*, qui s'est perdue ou qu'on a supprimée. Il est constant que la maladie du Pape offrit tous les

---

(1) Il est remarquable que Ganganelli, poursuivi par de pareilles terreurs, malade, mourant, n'ait fait pourtant aucune rétractation. Il s'écriait seulement, de temps à autre, pour détourner ses ennemis imaginaires, ombres de ses ennemis trop réels : « Ce n'est pas de mon plein gré que j'ai agi !... »

symptômes du poison. Il est aussi prouvé que le cadavre présenta les mêmes caractères; ainsi, taches violettes par tout le corps, lèvres noires, décomposition prématurée, et qui devint telle, après la mort, que, bien qu'on eût soin d'embaumer ou plutôt de bourrer le corps avec des parfums, les exhalaisons étaient intolérables. Le vase qui contenait les entrailles de Ganganelli se brisa tout à coup. Le cœur était extrêmement diminué de volume; les muscles, dans la région lombaire, étaient en putréfaction. Enfin, les os du mort s'exfoliaient, sa peau s'en allait avec les vêtements, les ongles tombèrent successivement au plus léger contact, et tous les cheveux restèrent collés au coussin de velours sur lequel avait reposé la tête.

Il paraît qu'à Rome on n'hésita pas à se prononcer en cette circonstance :

« Le Pape a péri par l'*aqua tofana!* » criait-on tout haut dans les rues de la capitale du monde chrétien.

Oui, le Pape Clément XIV mourut par le poison! Qui le lui administra? A cette question, mille fois formulée par l'histoire, des milliers d'échos ont répondu : La même main qui tant de fois débarrassa la noire Compagnie d'un ennemi, d'un vainqueur, d'un obstacle!...

Ganganelli mourut empoisonné aussitôt qu'il eut signé la destruction des Jésuites; c'est notre conviction, c'est celle de la plupart des historiens, ce fut celle de cette époque. Tout ce qui nous étonne, c'est que Clément XIV n'ait pas été empoisonné avant de signer la Bulle qui faisait disparaître la trop fameuse Société du sein des nations.

« Les satires infâmes, dit le comte de Saint-Priest, colportées par les *ennemis* du Pape, leur joie indécente, confirmèrent la croyance générale de l'empoisonnement, qu'ils ne pensèrent à démentir que plus tard. » En effet, les Jésuites, leurs amis, leurs alliés, nièrent que le Pape fût mort empoisonné, alors seulement qu'ils virent qu'on rejetait universellement le crime sur eux. Un des leurs, l'abbé Georgel, tâche de nous prouver que Ganganelli était devenu faible, impotent. Malheureusement pour l'hypothèse qu'il veut faire admettre, l'ex-Jésuite, par une inconcevable distraction, fait, à la page 160 du tome I⁰ʳ de ses *Mémoires*, cet aveu contradictoire, que « la forte constitution de Clément XIV semblait lui promettre une plus longue existence... »

Les auteurs jésuitiques ont aussi noirci bien du papier pour démontrer que ce fut la peur seule du poison qui fit mourir Ganganelli. Certes, les terreurs qui vinrent assaillir l'âme du Pape, terreurs trop fondées, étaient bien capables de miner la robuste constitution de celui qui les éprouvait, de lui ôter la raison, de le conduire même au tombeau ; mais ce ne peut être la peur du poison qui fit tomber les cheveux et les ongles du Pape, qui couvrit son cadavre de taches violettes, qui fit tomber sa chair en lambeaux pestiférents, par une dissolution anticipée !...

D'ailleurs, n'y eût-il d'autre cause à la mort de Ganganelli que les terreurs qui vinrent, comme un cortége funèbre et toujours renaissant, entourer la table et le lit du souverain Pontife, et qui firent de la dernière année de son pontificat une infernale agonie, nous dirions encore que ce furent les Jésuites qui firent périr Clément XIV. Qui donc en effet excitait ces terreurs avec tant d'adresse et de persistance ? Qui, si ce n'est les Jésuites ?.... Et, pour soutenir cette accusation surérogatoire, nous avons bien des preuves à notre service. On en trouve une, entre autres, dans une lettre du ministre de Charles III, le comte de Florida-Blanca, qui poursuivit à Rome l'abolition de la Compagnie. Nous avons dit que, parmi les moyens fantasmagoriques au moyen desquels les Jésuites agirent, par l'épouvante, sur l'esprit de Clément XIV, se trouve la sorcière de Valentano, dont plusieurs écrits du temps attestent même le pouvoir diabolique. Eh bien, Florida-Blanca, — et il n'est pas le seul à rapporter ceci ! — le ministre du roi catholique, dit formellement que le Général des Jésuites, le Père Laurent Ricci, eut une entrevue avec la sorcière ! Il précise le jour et le lieu de ce rendez-vous, qui peut sembler décisif à l'égard de ce que nous discutons en ce moment. Et qu'on le remarque encore ! c'est dans une lettre au Pape Pie VI que Florida-Blanca rappelle ce fait important ; et Pie VI, qui fut toujours prévenu en faveur des

Jésuites, qui voulut les rappeler; Pie VI, dans sa réponse au ministre de Charles III (février 1775), ne nie ni ne réfute ce fait qu'on peut donc regarder comme définitivement acquis au procès.

Lorsque Ganganelli signa la destruction des Jésuites, leur Ordre n'existait déjà plus de fait dans la plus grande partie de la terre. Expulsés de la Chine, du Japon, de l'Indoustan, du Paraguay; chassés de France, de Portugal, d'Espagne, de Naples, du duché de Parme, de Bavière, de Venise et de Malte, ils ne conservaient plus d'établissements qu'en Hongrie, en Pologne et en Prusse. Il est à remarquer que le souverain de ce dernier pays, le célèbre Frédéric II, fut le dernier souverain qui protégea alors les enfants de Loyola. Frédéric fut-il donc l'ami des Jésuites? Non, pas le moins du monde! Frédéric II fut l'ami de Voltaire et des encyclopédistes; il était chef d'un état protestant, et, protestant lui-même, il était roi philosophe. Mais le grand capitaine, le monarque fondateur pensa peut-être qu'en protégeant les Jésuites il se donnerait un levier puissant dont il pourrait se servir contre les royautés catholiques. On a dit aussi que le grand Frédéric conserva les Révérends Pères dans la Prusse, parce qu'ils lui étaient nécessaires pour l'instruction de la jeunesse de ce royaume, qu'il venait de placer, grâce à son épée, à son génie, au premier rang des puissances européennes. Le roi de Prusse ne s'était pas toujours montré bien disposé en faveur des Révérends Pères; plus d'une fois, notamment pendant la guerre de Sept-Ans, il leur reprocha de belles et bonnes perfidies, etc. Voici comme ce monarque explique lui-même la conservation des Jésuites dans ses états, même après leur abolition par le Pape:

« Nous n'avions alors personne capable de tenir les classes; nous n'avions ni Pères de l'Oratoire ni Piaristes; le reste des moines est d'une ignorance crasse. Il fallait donc conserver les Jésuites ou laisser périr les écoles..... Si l'Ordre avait été supprimé, l'Université n'existerait plus, et l'on aurait été dans la nécessité d'envoyer les Silésiens (nouveaux sujets de Frédéric) étudier en Bohême (possession autrichienne): ce qui aurait été contraire aux principes fondamentaux du gouvernement....

» Toutes ces raisons valables m'ont fait le paladin de cet Ordre, et j'ai si bien combattu, que je l'ai soutenu, à quelques modifications près, tel qu'il se trouve à présent, sans Général, sans troisième vœu, et décoré d'un nouvel uniforme que le pape lui a conféré. »

(Lettre de Frédéric à Voltaire, 18 novembre 1777).

Suivant nous, et cette lettre confirme victorieusement notre croyance, la protection que Frédéric accorda aux Jésuites fut surtout due à une pensée politique; mais cette protection même, que nous avons enregistrée à dessein, prouve que les adversaires de la Compagnie de Jésus ne furent pas poussés, comme l'assurent les coryphées de celle-ci, par leur haine contre la religion catholique elle-même; et que ce ne fut pas parce que la noire Cohorte était, comme ils le disent imperturbablement, le dernier rempart placé entre l'impiété et la chaire de saint Pierre, qu'on l'abattit enfin. S'il en eût été ainsi, comment la Prusse et plus tard la Russie, pays d'hérétiques et de schismatiques, eussent-ils recueilli les débris du jésuitisme? D'ailleurs, il est remarquable que ce furent des rois catholiques, les fils aînés de l'Église romaine, qui demandèrent et exigèrent l'abolition de l'Institut. Choiseul, Pombal (1) et d'Aranda, les trois ministres de France, de Portugal et d'Espagne, qui furent les adversaires déclarés, persévérants, des Jésuites, étaient catholiques comme leurs maîtres, et ne furent jamais accusés d'être ni *philosophes* ni *encyclopédistes*. Il est même à remarquer que le plus rude jouteur des trois, Pombal, n'eut jamais le plus petit rapport avec Voltaire et d'Alembert, ni avec aucun autre des chefs du grand mouvement philosophique de cette époque.

Et, ici, puisque nous avons écrit ces mots de *philosophes* et d'*en-*

(1) Peut-être nos lecteurs désirent-ils savoir quelle fut la fin de ce rude et implacable adversaire des Jésuites. En 1777, huit jours après la mort de Joseph 1er, qui soutint constamment son ministre, Pombal, que la reine n'aimait pas, parce qu'il la supplantait dans l'esprit du roi son époux, fut destitué, arrêté, jugé et condamné au dernier supplice. Cette sentence, obtenue par l'ascendant de la noblesse et probablement aussi par la haine des Jésuites et de leurs amis, ne reçut qu'une moitié d'exécution : on fit grâce de la vie à Pombal, qui mourut dans la disgrâce, l'exil et l'obscurité.

cyclopédistes, nous devons dire qu'à notre avis, ce pouvoir nouveau, qui devait agir si puissamment sur les temps à venir, n'eut qu'une influence indirecte, quoi qu'on en ait dit, sur la chute des Jésuites, dont plusieurs de ses chefs les plus célèbres furent les élèves. Il est bon de faire remarquer que le même ministre qui poursuivait si puissamment la noire Cohorte, en France, fit brûler et lacérer par la main du bourreau de Paris la *Pastorale* de l'archevêque de cette ville, Christophe de Beaumont, qui s'était fait le champion des fils de saint Ignace, en même temps que l'*Émile* de J. J. Rousseau et l'*Encyclopédie*.

A l'exception de l'archevêque de Paris, le clergé de France accepta avec beaucoup de tranquillité l'abolition des Jésuites. Un ministre intelligent et courageux, M. Villemain, a donc pu dire à la Chambre des pairs, dans la séance du 2 février 1844, en présentant son *projet de loi sur l'instruction secondaire* : « Lorsqu'en 1762, la Société de Jésus fut enfin dissoute, elle avait, dans les diverses provinces du royaume, cent vingt-quatre Colléges, la plupart riches et importants ; aucune voix accréditée ne s'éleva cependant pour la défendre. » Il y a plus : un assez grand nombre de voix, même parmi le clergé, s'élevèrent pour applaudir à la mesure. Quelques-unes se posant cette question : *Y a-t-il quelque remède aux maux de l'Église* (1)? soutinrent plus ou moins habilement, plus ou moins hardiment cette thèse, que « ce sont les Jésuites qui ont perverti, corrompu et défiguré les doctrines de l'Église sur tous les points ; qu'ils ont fourni des armes aux incrédules pour combattre la religion ; qu'enfin, ce sont eux qui ont réduit le clergé de France à l'état déplorable où il est réduit. »

Il en fut de même par tout le monde catholique : les Jésuites avaient pesé trop lourdement sur le clergé et sur les divers ordres religieux, partout où ils avaient été puissants, pour que ceux-ci ne se sentissent pas joyeux de leur disparition : le reste des hommes laissa sa joie s'exhaler sans contrainte ; et la terre entière sembla, après la dispari-

---

(1) C'est le titre d'un ouvrage publié, en 1776, par un évêque. La réponse que nous citons se trouve être textuellement les titres des chapitres d'un livre imprimé en 1778. L'exemplaire que nous possédons vient de la bibliothèque d'une communauté religieuse. On lit, sur une page blanche, ces mots manuscrits : « *De la chambre de la mère prieure.* »

tion du Jésuitisme, pousser un grand soupir d'allégement et d'espoir.

Le Jésuitisme n'existait donc plus ; mais les Jésuites existaient toujours. Ils étaient parvenus à sauver une partie de leurs immenses trésors, et ils se disaient qu'avec leur argent ils pouvaient toujours compter sur leur influence. Leurs cent mille soldats avaient, il est vrai, changé d'uniforme et ne marchaient plus enrégimentés ; mais les cadres des noirs régiments existaient toujours, et, une bonne occasion se présentant, ils marcheraient avec la précision de vétérans, vers la position à enlever.

Il est si vrai que les Jésuites ne se crurent jamais, eux prêtres et religieux, eux qui se disaient, qui se disent le bataillon sacré du catholicisme, forcés d'accepter l'arrêt pontifical qui les frappait, que, peu de temps après la promulgation de la bulle, ils essayèrent de se soustraire à ses effets. Ils commencèrent par faire accréditer le bruit que cette bulle avait été arrachée par l'obsession, par la ruse, par la force, au souverain Pontife. Sur la demande des représentants de la maison de Bourbon, il fallut que Clément XIV publiât un bref explicatif de la bulle *Dominus ac Redemptor*, dans lequel il proteste persister dans les motifs qui ont déterminé la bulle « qu'il n'a publiée, dit-il, que dans l'intérêt de l'Église, » et dont il recommande l'exécution aux évêques. Nous avons dit que les Jésuites, soutenus par le Dauphin et par la famille royale, s'étaient en outre fait une amie et une protectrice de madame Dubarry (1); ils avaient compté que l'ascendant de cette femme sur l'esprit de Louis XV leur adoucirait au moins les rigueurs dont on avait usé envers eux en France ; leurs espérances furent trompées. Les Parlements veillèrent à la stricte observation des édits rendus contre les Jésuites, et la nation elle-même se chargea d'en signaler les infractions. La mort de Louis XV, qui leur fit un instant concevoir l'espérance de recouvrer en France leur ancien pouvoir, et l'arrivée au ministère du comte de Saint-Germain, ex-Jésuite, n'eurent aucune

---

(1) Cette royale prostituée obtint, en retour, les éloges des Jésuites, lesquels éloges ne furent probablement point étrangers à la rigueur de la sentence qui envoya, au commencement de la Révolution, la Dubarry à l'échafaud. *Timeo Danaos et dona ferentes*: il faut tout craindre des Jésuites, même leurs éloges!

influence réelle sur le sort de la Compagnie. A l'attitude que prirent le Parlement et le pays, la cour jugea que le moment n'était pas venu de se prononcer en faveur du Jésuitisme : Louis XVI fut même obligé de renouveler l'édit de Louis XV contre les Révérends Pères.

Ce qui caractérise parfaitement les enfants de saint Ignace, c'est que le Pape ayant privé des pouvoirs de prêcher, de confesser et d'administrer les sacrements, tous ceux des ex-Jésuites qui n'obéiraient pas à sa décision, ceux des bons Pères qui avaient trouvé protection en Prusse et en Russie, ne tinrent aucun compte des ordres du Saint-Père et poussèrent fort loin leur désobéissance envers le Pape, qui n'osa pas les frapper des foudres apostoliques, pour ne pas se mettre mal avec les deux monarques qui, quoique hérétique l'un et schismatique l'autre, avaient l'air de protéger les débris de la noire Cohorte.

Il paraît qu'en 1777 les Jésuites avaient imaginé de demander à leur confrère en robe courte, le comte de Saint-Germain, la création d'un séminaire d'aumôniers pour les troupes, dont ils se seraient fait tout doucement un premier point de départ pour s'étendre de nouveau sur toute la France. Mais cette mèche fut éventée à temps, et l'ordonnance ministérielle fut rappelée sur le cri d'alarme générale qui s'éleva. D'autres intrigues furent encore ourdies pour le rétablissement partiel ou complet, avoué ou tacite, des Jésuites ; mais elles échouèrent également, au milieu de cette mer agitée sur laquelle se faisaient déjà sentir les premiers souffles de la grande tempête révolutionnaire qui devait engloutir à la fois tant de débris différents.

CHAPITRE VII.

**Les Pères de la Foi ; — les Jésuites et l'Université ;
— Résumé général.**

(ÉPOQUE MODERNE.)

Hommes noirs, d'où sortez-vous?

Ces mots, devenus célèbres, depuis que notre poëte national en a fait le début d'une de ses odes populaires, furent, comme un cri d'alarme, jetés par l'Europe presque entière dès les premières années du siècle qui s'écoule. C'est que, dès lors, sous un déguisement ou sous un autre, les fils de saint Ignace, repoussés par les peuples comme par les rois, condamnés par la raison comme par l'Église, mais toujours existants, toujours unis, se montrèrent résolus à recommencer une nouvelle lutte au dénoûment de laquelle nous devons assister.

Du moment où les Jésuites se furent aperçus qu'ils ne pourraient jamais amener Ganganelli à revenir sur la condamnation suprême qu'il avait prononcée contre l'Ordre du haut de la chaire de saint Pierre, les Jésuites, sauf quelques exceptions, et lorsque les premières effervescences de leur rage furent calmées, tâchèrent de se montrer humblement résignés au coup qui venait de les frapper. Par une tactique qui leur est familière, voyant qu'ils risquaient de tout perdre en s'obstinant, ils s'effacèrent et disparurent, comme la panthère qui recule, se replie sur elle-même et se cache dans l'ombre pour bondir et s'élancer plus vigoureusement à l'improviste.

Nous avons dit pourtant qu'en Silésie et dans la Russie-Blanche les Jésuites établis là, et auxquels d'autres Pères vinrent d'ailleurs s'adjoindre successivement, continuèrent, en dépit de la Bulle *Dominus ac Redemptor*, à s'appeler Jésuites et à agir comme tels. On comprend les raisons qui engagèrent les fils de Loyola à conserver ce noyau de l'Ordre et ce lieu de refuge. Néanmoins ils n'osèrent pas mettre à la tête de cette représentation de la Compagnie un chef investi du titre proscrit de Général ; ils se contentèrent du titre de Vicaire-général dont furent successivement décorés trois Pères placés à la tête de la Mission jésuitique de Russie. Sinon pour donner le change au Pape, au moins pour éviter de lui donner prise sur eux, les Jésuites de Russie et leurs confrères de Rome jouèrent une comédie fort habile assurément. Les Révérends d'Italie, qui s'étaient soumis ou avaient feint de se soumettre au bref de sécularisation, et auxquels Clément XIV se plaignit de la désobéissance des Pères de Russie, réprouvèrent la conduite de ces derniers et promirent de faire tous leurs efforts pour qu'elle cessât de scandaliser l'Église. En même temps, les Jésuites de Russie, qui se voyaient, du reste, repoussés par les catholiques de l'empire moscovite, envoyèrent assurer le Pape de leur obéissance, et déclarèrent avec beaucoup de bruit qu'ils allaient se soumettre à la sécularisation ; là-dessus, l'impératrice Catherine, jouant aussi son rôle, déclare s'opposer à l'exécution de la mesure. Les Jésuites soumettent ce cas embarrassant au Pape, bien persuadés qu'il n'osera trancher la difficulté pour ne pas se mettre mal avec la czarine.

Dans l'intervalle, Clément XIV mourait empoisonné (1), et les

---

(1) Une fois pour toutes, nous ne voulons pas dire que les Jésuites aient nourri, dans les ténèbres de leur association, des sbires en robe noire, des sicaires fanatisés, qu'ils lâchaient, au moment donné, sur une victime désignée. Non ; nous savons qu'il a existé, qu'il existe, qu'il existera toujours des misérables, des empoisonneurs, des assassins, des fous furieux dans tous les rangs de la société ; mais pas sans doute beaucoup plus parmi les Jésuites qu'ailleurs. Voici ce que nous pensons : Lorsque, comme prédicateurs ou moralistes, les Jésuites avaient exalté quelque cerveau malade, quelque sombre fanatisme, comme confesseurs, ils pouvaient, ils devaient souvent en recevoir les sanglants aveux. Or, au Confessionnal, faisaient-ils tout ce qui était en leur pouvoir pour calmer les pensées de mort, les idées de crime ? En réprouvant l'attentat, ne trouvaient-ils pas moyen d'y pousser ? Ceci est horrible à dire ; mais le livre de l'histoire est ouvert, et ses pages crient plus haut que ne peut le faire notre voix !...

Jésuites ou leurs amis lui faisaient nommer un successeur bien disposé envers l'ex-Compagnie de Jésus, et qui promit même, assure-t-on, dans le Conclave, de rétablir celle-ci, aussitôt que faire se pourrait. Il paraît du moins certain que la faction Renozzico, qui porta Pie VI au souverain pontificat, ne le choisit que parce qu'elle se croyait sûre des bonnes dispositions du successeur de Ganganelli, à l'endroit du Jésuitisme proscrit.

Mais Pie VI, malgré sa bonne volonté, n'osa pas aller contre la résistance qu'il éprouva de la part des cours qui avaient poursuivi l'abolition de la Société et qui se montrèrent déterminées à s'opposer vigoureusement à ce que le nouveau Pape défît l'œuvre de son prédécesseur. Pie VI eut alors recours à la ruse italienne : n'osant rallumer de sa dextre souveraine le foyer du Jésuitisme, en Italie et dans le reste du monde catholique, il tâcha du moins de faire durer et d'augmenter l'étincelle qui brillait encore en Russie et en Prusse. Il se contenta donc, mais avec beaucoup de ménagements, de reconnaître l'existence des Jésuites de Silésie et de la Russie-Blanche : encore, le bref donné à cette occasion fut-il, à dessein, rempli d'ambiguités ; néanmoins, les Pères de Moscovie s'en prévalurent pour fonder, sous les auspices d'une princesse non catholique, un noviciat de Jésuites. Il paraît que les fils de saint Ignace obtinrent ce résultat grâce au favori et à l'amant de l'impératrice, le célèbre Potemkin. Il est encore remarquable que l'Évêque de Mohilow, qui les avait protégés parce qu'il espérait être nommé Général de la Compagnie, fut joué par eux, et ne s'apaisa que lorsque les Jésuites eurent obtenu pour lui que le Pape érigeât son évêché en archevêché. Dès lors, les Jésuites préparèrent pour ainsi dire les cadres de leur Institut renaissant. Le Père Czerniewicz, le premier vicaire-général de la mission ou plutôt de la station moscovite, admet des Novices, forme des Scolastiques, reçoit des Profès des trois et quatre vœux, crée des Procureurs et des Procures, et, ce qui est encore plus significatif, des Assistants et un Admoniteur du futur Général. Il est plus probable qu'il créa ces Assistants et cet Admoniteur pour lui-même, se regardant comme Général et portant peut-être ce titre en secret. Tout cela fut fait à l'aide de Catherine de Russie, princesse fort attachée à une religion que l'Église de Rome réprouve comme schismatique.

Et, qu'on y pense ! tout cela fut fait alors qu'existait une Bulle de Pape portant abolition et sécularisation des Jésuites. Pie VI avait promis verbalement, disent les écrivains de la trop fameuse Compagnie, de casser par un autre bref le bref de son prédécesseur. Nous le voulons bien ; mais il nous semble qu'à des catholiques aussi fidèles, aussi obéissants, aussi dévoués qu'on nous représente les Révérends fils de Loyola, la parole écrite de Clément XIV devait être suivie préférablement à la parole verbale de Pie VI. Il serait bien plus simple de dire que les Jésuites se moquaient de l'une autant que de l'autre, et qu'en dépit de la première, au défaut de la seconde, ils étaient bien résolus à ne pas se laisser enterrer tant qu'ils ne se sentiraient pas tout à fait morts. Il faut autre chose que la foudre pontificale pour tuer le Jésuitisme, c'est-à-dire l'organisation la plus vivace peut-être qui soit au monde !

Pie VI mourut sans avoir pu faire davantage pour les Jésuites. Pie VII, dès son avénement et même avant, selon toute probabilité, se montra l'ami de saint Ignace et de sa bande. Mais le gigantesque courant révolutionnaire, qui menaçait alors tous les trônes de l'Europe et forçait chaque intérêt politique à se concentrer sur lui-même, empêcha le Pape de venir beaucoup en aide aux Jésuites. Néanmoins, ce pontife fit faire un premier pas au Jésuitisme renaissant, en confirmant une phase nouvelle de son existence qui eut lieu sous le titre d'*Association du Sacré-Cœur*. Ce furent surtout des prêtres et religieux français, émigrés ou déportés, et, entre autres, l'abbé de Broglie, fils du maréchal de ce nom, membre d'une famille toujours dévouée aux Jésuites et Jésuite lui-même, qui fonda cette Association à Hagenbrun, près de Vienne, sous la protection du cardinal Migazzi, archevêque de la capitale autrichienne. La sœur de l'empereur, l'archiduchesse Anne, pourvut aux frais de cet établissement, véritable maison jésuitique, puisqu'on y faisait les vœux de la Société.

A la même époque à peu près, c'est-à-dire vers la fin de 1798, une autre tentative de restauration du Jésuitisme se faisait en Italie. Là, une sorte d'aventurier tyrolien, Paccarini, ancien soldat et nouvellement Jésuite, consacrait ses instincts belliqueux à la bataille que livrait le Jésuitisme pour renaître ouvertement et faire proclamer et reconnaître son existence. Paccarini institua une autre Association dont les membres prirent le titre de *Pères de la Foi*. La sœur de l'empereur François II, dévote exaltée et qui semble s'être consacrée aux intérêts du Jésuitisme, pourvut encore aux besoins de cette nouvelle Institution, dont elle se déclara la protectrice et pour laquelle elle obtint l'approbation pontificale (1). Le 18 avril 1799, les deux Associations se fondirent en une seule, qui essaya de s'accroître et de se transformer peu à peu en Compagnie de Jésus. Malheureusement pour les *Pères de la Foi*, les armées françaises promenaient alors, par une marche triomphale, les drapeaux aux trois couleurs en Allemagne et en Italie. La bannière à demi voilée de Loyola tenta pourtant de se glisser à travers les bataillons chantant l'hymne de la liberté. Deux Missions furent même organisées ; l'une alla en Angleterre, sous la direction de l'abbé de Broglie. On comprend qu'alors l'Angleterre, tout en détestant les Jésuites, désirait s'en servir contre la terrible République française ; sans nul doute, les Jésuites promettaient de lui venir en aide pour enchaîner le lion démuselé et bondissant libre et fort. L'abbé de Broglie forma un établissement près de Londres, mais sa Mission ne réussit guère ; il paraît que les anciens Jésuites ne voulurent pas ou ne purent pas s'entendre avec les nouveaux.

La seconde Mission était destinée à la France même ; Paccarini en était le Supérieur. Le premier consul Bonaparte, qui, comme on le sait, voulait rétablir la religion chrétienne dans le pays dont il rêvait déjà de se faire l'empereur, ne s'opposa pas aux progrès de la Mission Jésuitique, qui furent, du reste, prudemment progressifs.

En 1804, d'après le rapport du ministre des cultes, la colonie des nouveaux Jésuites avait des établissements déjà importants à Lyon, Amiens, et dans plusieurs autres villes ; le nombre de ses membres, en France seulement, était de près de cent, et chaque jour voyait ce

---

(1) Il paraît que Paccarini, caractère ambitieux, voulait être le chef de la Compagnie qu'il essayait de réorganiser.

chiffre s'accroître. Mais, quelques jours après qu'il fut devenu empereur, Napoléon, qui voulut sincèrement le rétablissement de la religion chrétienne, mais qui suspectait les intentions pieuses des *Pères de la Foi* et se défiait de leurs intentions politiques, déclara par un décret du 22 juin 1804, leur Association dissoute.

Le décret impérial fut parfaitement juste; et ceux qui le déclarent tyrannique n'ont aucune notion du droit politique et gouvernemental. Dans le rapport sur lequel le décret fut rendu, après avoir exposé que « toute Association ne peut se faire sans l'aveu de la puissance publique, à qui seule appartient le droit de recevoir dans l'État ou d'en repousser un Ordre quelconque; que la réception suppose nécessairement l'examen des conditions suivant lesquelles cet Ordre se lie à l'État et suivant lesquelles l'État le reçoit et le couvre de sa protection, ainsi que la connaissance par le gouvernement de la forme et de la constitution de l'Ordre, connaissance qui donne des garanties à l'État; après avoir enfin rappelé que dans tous les États catholiques, la nécessité du consentement de l'autorité civile est posée en principe incontestable; le ministre des cultes, Portalis, conclut rationnellement que la nouvelle Association s'étant formée en France sans l'aveu de la puissance publique, cela suffirait seul pour faire prononcer sa dissolution. »

« Dans le fait, terminait le ministre, les *Pères de la Foi* ne sont que des Jésuites déguisés ; ils suivent l'Institut des anciens Jésuites ; ils professent les mêmes maximes; leur existence est donc incompatible avec les principes de l'Église gallicane ainsi qu'avec le droit public de la nation... On ne peut faire revivre une corporation, dissoute dans toute la chrétienté, que par une ordonnance des souverains catholiques et par une bulle du chef de l'Église. »

Avec sa puissance d'intuition, Napoléon avait compris qu'il ne pouvait espérer la tranquillité pour l'administration de son empire s'il laissait les Jésuites reprendre pied sur ce sol dont ils avaient tant de fois déjà été chassés. Peut-être la mort tragique de l'empereur Paul Ier, ce monarque schismatique qui voulait rétablir les chevaliers de Malte, qui protégeait ouvertement les Jésuites et faisait nommer Pie VII parce qu'il était ami de l'ex-Compagnie ; peut-être cette mort fut-elle, sur le danger qu'il y a pour un roi comme pour un peuple à se trouver dans la sphère d'activité du Jésuitisme, un enseignement qui fut compris de Napoléon. Le décret impérial qui ôtait, en France, l'existence légale aux *Pères de la Foi*, fit fermer tous les établissements de ces derniers, à l'exception de ceux qu'ils avaient dans le diocèse de Lyon, où ils subsistèrent encore quelque temps, grâce à la protection que leur accorda l'archevêque de cette ville, le cardinal Fesch, primat des Gaules et oncle de Napoléon.

Mais Pie VII ayant, en 1801, peu après son exaltation, confirmé de nouveau et plus ouvertement les Jésuites de Russie, les *Pères de la Foi* quittèrent tous la France, l'Angleterre et l'Allemagne, et réunis à leurs confrères, les Jésuites anciens, se déclarèrent ne former plus qu'un tout, dont le Père Gruber fut nommé Général ; — car le bref de Pie VII, du 7 mars 1801, qui porte pour titre *De Catholicæ Fidei*, reconstituait la Compagnie de Jésus. Seize jours après, Paul Ier, qui avait grandement servi les Révérends Pères, en cette occasion, mourait sous les coups d'une conspiration née dans son palais.

Rétablis seulement pour l'empire moscovite, les Jésuites, comme on le pense bien, ne se firent pas faute de reparaître sur les divers autres points de l'Europe, partout où ils crurent voir une chance de rétablissement. Après avoir cimenté les nouveaux fondements de l'édifice qu'ils voulaient reconstruire, les Révérends Pères eurent hâte d'en achever les divers étages. On les vit donc reparaître en Suisse, en Autriche, en Espagne et en Portugal, où ils se présentèrent comme soldats dévoués à la cause de la religion et comme ennemis de la révolution française. Ce fut surtout cette dernière qualité qui les fit supporter quelque temps. Néanmoins, malgré tous les services que les Jésuites rendirent ou promirent de rendre à la cause des rois menacés par le grand capitaine qui, après avoir escamoté la révolution à son profit, avait trouvé une couronne d'empereur dans le fourreau de son épée, il est remarquable que la noire Cohorte fut partout reçue avec défiance et répugnance. Il y a plus encore : malgré les prières du Pape, le roi d'Espagne Charles IV, qui avait toléré la présence des fils de Loyola dans son royaume, tant qu'ils n'avaient élevé d'autre prétention que celle d'y vivre comme de simples prêtres, les en chassa aussitôt qu'il s'aperçut de leurs efforts pour se reconstituer en Société. Les Jésuites, furieux, se vengèrent de cette rigueur en fomentant les dissensions qui régnaient déjà dans la famille royale et qui, plus tard, devaient livrer l'Espagne à Napoléon.

Les Jésuites se vengèrent aussi du bref impérial qui les chassait de France et de tous les pays et royaumes qui en devenaient comme les annexes, comme les fleurons de la grande couronne que le chef de l'empire français, nouveau Charlemagne, avait posée lui-même sur son front, après l'avoir fait bénir par un Pape. Ils ne furent pas étrangers aux malheurs qui vinrent fondre sur la France, lorsque celle-ci, à la fin d'une gigantesque lutte soutenue contre l'Europe entière, fatiguée plutôt que vaincue, entendit résonner sur son sol les pas de l'ennemi étonné de sa victoire. On les vit, comme jadis au temps de la Ligue, servir de *courriers* à la *Sainte-Alliance*, et mettre leur inquiète activité, leur esprit d'intrigue au service des rois du Nord coalisés contre la France. Le successeur de Paul I*er*, le Czar Alexandre, fut surtout celui au service duquel ils se consacrèrent avec le plus d'empressement. Aussi, Alexandre se montra-t-il disposé à les récompenser, aussitôt que l'occasion s'en présenta (1). A peine Napoléon était-il tombé, à peine les étrangers étaient-ils installés dans Paris, que — fait significatif, —

---

(1) Catherine, Paul I*er*, Alexandre, Nicolas, ont été récompensés par les Jésuites de la protection qu'ils ont accordée et qu'ils accordent aux fils de saint Ignace. Les Jésuites, influents en Pologne, ont aidé les trois premiers à déchirer, à trois reprises, trois lambeaux énormes du cadavre de l'héroïque Pologne. Le Czar actuel, Nicolas, le bourreau de la Pologne, est également l'ami des Jésuites, qui lui ont fait obtenir de Grégoire XVI, vieillard vénérable, mais sans force, et qui veut mourir paisiblement, des honneurs à peine accordés à une majesté catholique, et cela à l'instant où un témoin, une victime des atrocités commises par le cosaque couronné sur ses sujets catholiques, la vénérable abbesse des Basiliennes de Minsk, arrivait à Rome et élevait la voix pour raconter son martyre et celui de ses religieuses. Les Jésuites ont fait taire l'abbesse et fait parler le pape, qui a complimenté gracieusement, des lèvres du moins, le prince hérétique; puis on a illuminé Saint-Pierre en son honneur. C'est magnifique! Aujourd'hui la Pologne est de nouveau décimée par le Czar; et l'Église se bouche les oreilles pour ne pas entendre les cris désespérés de vingt millions de ses enfants!...

la Société de Jésus était enfin rétablie par le Pape, et cela, par toute la terre. Le 7 août 1814, le Pape Pie VII, qui venait de reprendre de nouveau son rang parmi les souverains temporels, se hâtait de publier la bulle *Sollicitudo omnium ecclesiarum*, qui détruisait celle de Clément XIV et rétablissait la noire Cohorte, juste quarante et un ans après qu'elle avait été détruite. La promulgation de cette bulle, fatale pour l'Église, eut lieu dans l'église du Gesu, qui fut aussitôt rendue aux fils de Loyola. Pie VII ne soumit point le procès à un nouvel examen; il n'essaya point de justifier les Jésuites des torts dont on les avait accusés; en brisant l'œuvre de Clément XIV, il ne démontra ni l'erreur ni la faiblesse de son prédécesseur. Il agit *de sa science certaine*.

Comme le remarque Tabaraud, dans son excellent *Essai historique et critique sur l'état des Jésuites en France*, on fut généralement étonné de la précipitation du Pape, que bien d'autres soins et de plus importants semblaient réclamer. On comprendrait, en effet, que Pie VII se fût hâté de nommer des évêques et archevêques, qui, à leur tour, eussent mis leur sollicitude à s'entourer de bons pasteurs, pour ramener dans le bercail le troupeau qui l'avait quitté par les brèches que la révolution avait faites à ses murailles saintes. « Les Jésuites, dit la bulle de rétablissement, sont redemandés par les cris du monde catholique. » Ces cris étaient donc bien faibles; car l'histoire n'a pu en recueillir aucun écho. Et l'assertion enregistrée dans le document apostolique doit paraître, à bon droit, apocryphe, si on fait attention à l'attitude avec laquelle la plupart des nations catholiques accueillirent le rétablissement des Jésuites. L'Autriche, les Cantons catholiques de la Suisse, bon nombre des royaumes d'Allemagne ne permirent l'exécution du bref qu'avec une répugnance ou du moins une lenteur assez peu concordante avec l'empressement que leur supposait la bulle *Sollicitudo omnium ecclesiarum*. Le régent de Portugal fit même signifier à toutes les cours d'Europe une protestation contre le bref; enfin, en Italie, au sein de la catholicité, les Jésuites reçurent du clergé et des autres Ordres religieux une réception assez peu amicale. Seul, ou à peu près, le roi d'Espagne, ce Ferdinand VII, fils rebelle, roi parjure, rouvrit avec empressement ses états aux enfants de saint Ignace, aussitôt qu'il eut ceint la couronne. Aujourd'hui, l'Espagne a repoussé de nouveau les Jésuites. Néanmoins les écrivains de la Compagnie de Jésus affirment gravement que le rétablissement de celle-ci fut accueilli avec joie par tous les pays. Il est vrai qu'ils ont soin d'ajouter que cette joie fut parfois silencieuse !...

En France, le Jésuitisme, qui s'introduisit dans ce pays avec le bagage des étrangers, espérait certes bien que Louis XVIII révoquerait immédiatement l'édit de Louis XV. Il n'en fut rien cependant. Les Jésuites avaient de puissants protecteurs à la nouvelle cour, entre autres Monsieur, frère du roi, comte d'Artois, et qui fut plus tard Charles X. Mais Louis XVIII, prince doué d'une finesse remarquable, ayant sondé le terrain, craignit, en rappelant les Jésuites, de faire renaître les commotions politiques qui avaient déjà renversé le trône aux fleurs de lis. Il repoussa donc longtemps les instances des Jésuites et de leurs amis. Aussi, au Pavillon de Marsan, foyer de l'ultra-royalisme, on appelait Louis XVIII *un élève de cet infâme Voltaire !...* Furieux de voir le roi légitime refuser de se déclarer ouvertement en leur faveur, les Jésuites le *déligitimèrent*, parce qu'il n'avait pas été sacré. Lorsque ce rusé monarque, qui avait juré, lui, de mourir roi et d'être enterré à Saint-Denis, cédant à des importunités incessamment renouvelées et qui, l'assaillant de tous côtés, profitaient, pour arriver jusqu'à lui, même de canaux fort peu religieux, se fut laissé arracher enfin son consentement à ce que les Jésuites eussent de nouveau des établissements en France, il prescrivit, du moins, que les fils de saint Ignace quittassent leur robe et leur nom. On vit donc apparaître de nouveau les Pères de la Foi.

— Hommes noirs, d'où sortez-vous ?

A ce cri tant de fois répété, les Pères de la Foi se gardent bien de donner une réponse sincère ; et Louis XVIII, par une équivoque digne des fils de saint Ignace, croit pouvoir faire taire les craintes que fait naître le nouvel et rapide ascendant que prennent les Jésuites, et qui se formulent jusqu'au pied de son trône, en répondant : « Il n'y a point de Jésuites dans mon royaume. » Et les ministres de Louis XVIII, se

Les Pères de la Foi.

modelant sur leur maître, répondaient aux cris d'alarme poussés dans les Chambres : « Il n'y a point de Jésuites en France. »

Et les Hommes noirs reprenaient pied peu à peu sur le sol de la France, dont tant de fois la tempête les avait balayés. Ils se glissaient partout, s'établissaient dans chaque diocèse, reformaient leurs Provinces et Procures, s'insinuaient dans l'enseignement, s'emparaient de la direction des séminaires, en fondaient pour leurs élèves, retrouvaient enfin la richesse et le pouvoir. Qui ne se rappelle l'époque curieuse des Missions, les Missionnaires, leurs processions, leurs plantations de croix, leurs confréries aux couleurs et aux drapeaux différents ; les prédications étonnantes, les conversions miraculeuses et, quelquefois, les miracles qui les suivaient ; leurs chants sur des airs guillerets, leur petit commerce de médailles et de cantiques, la pompe de leurs exercices pieux embellie par la présence de jeunes vierges, rehaussée par celle des autorités en grand costume et des gendarmes en grande tenue ? Qui ne se rappelle ces choses et les mille et curieux incidents qui les signalèrent ? Ce fut surtout sous le règne de Charles X que toutes ces choses arrivèrent à leur apogée. On vit alors, dans les Chemins de Croix présidés par les Pères de la Foi, des femmes du monde marcher pieds nus par les chemins ; et la famille royale donner l'exemple de la dévotion en se joignant à ces processions qui se dirigeaient vers Montrouge ou vers le Mont-Valérien, sur des airs empruntés aux annales révolutionnaires, ou aux recueils des refrains égrillards. Pour terminer cette courte esquisse de cette époque singulière, nous donnerons tout à l'heure quelques-uns de ses épisodes qui peuvent le mieux la caractériser aux yeux de ceux de nos lecteurs qui n'ont pas assisté à ces étranges spectacles. Auparavant, nous devons dire que Charles X, pour saint Ignace, osa faire beaucoup plus que son frère. Charles X, devenu dévot, sans doute pour expier les erreurs de ses jeunes années, se livra entièrement à la noire Congrégation. Sous son règne, les Jésuites reprirent tout à fait courage et se livrèrent presque à découvert à leurs audacieuses visées. Une organisation régulière lia entre eux leurs divers établissements qui correspondirent d'une manière suivie et non occulte avec le Général à Rome. Aux portes de

Paris, ils établirent Mont-Rouge et Saint-Acheul. Leurs séminaires se triplèrent, et on vit, plus d'une fois, ceux-ci refuser toute obéissance aux évêques. Tabaraud (1) cite, entre autres, le séminaire jésuitique de Soissons, qui livra une rude guerre à M. Le Blanc de Beaulieu. On pourrait multiplier cet exemple. On ne se cachait plus pour recevoir la robe noire de Loyola, et les admissions au noviciat étaient effrontément et publiquement signées par le *Provincial de la Société de Jésus, dans la Province des Gaules.* Enfin, en 1826, l'existence des Jésuites de France fut avouée par le ministre des cultes, M. d'Hermopolis, homme d'un grand talent... au billard, comme on sait.

Dans la séance de la Chambre des députés du 29 mai, le ministre de l'instruction publique, Grand-Maître de l'Université, déclara que, sans vouloir entrer dans la discussion approfondie des lois qui avaient tour à tour banni et rappelé les Révérends Pères, il acceptait leur existence et leur présence sur le sol français. La majorité ministérielle applaudit à cette déclaration, qui ouvrait un si large champ aux espérances jésuitiques. Dans un excellent discours, M. Lainé protesta contre les étranges paroles du ministre. Il prouva que la Charte n'avait pas, comme l'avait dit ce dernier, détruit les barrières placées autour de l'État pour en défendre les approches au Jésuitisme. «Les arrêts des Parlements, des édits royaux, continuait le député, ont proscrit les Jésuites comme Ordre, comme corps, comme Congrégation. Pour rétablir ce qu'ont détruit ces arrêts, ces édits, il faut un nouveau jugement, une nouvelle loi. Qui osera les rendre?...»

La royauté se préparait à répondre à ce défi; mais la magistrature la prévint. La Cour royale de Paris, toutes Chambres assemblées, saisit l'à-propos, et, aux applaudissements de la France libérale, c'est-à-dire de l'immense majorité du pays, rend une déclaration qui donne un solennel démenti aux assertions du ministre. Cet arrêt remarquable, après avoir rappelé toutes les lois et arrêts qui ont frappé la Compagnie de Jésus, décide « que l'état de la législation s'oppose formel-

---

(1) *Essai historique et critique sur l'état des Jésuites en France.*

lement au rétablissement de cette Société, sous quelque dénomination qu'elle puisse prendre : que, par les arrêts précités, l'existence dudit Institut est déclarée incompatible avec l'indépendance de tout gouvernement, et plus encore avec la Charte constitutionnelle, qui fait aujourd'hui le droit public des Français... »

A la royauté qui s'obstine à ramener les choses d'autrefois, la nation tout entière s'apprête à donner une réponse plus terrible : 1830 s'approche !... Nous pûmes croire, au mois de juillet, et même au mois d'août, que le pavé populaire qui avait renversé le drapeau blanc de saint Louis, avait aussi fait disparaître à jamais la bannière de saint Ignace ; il paraît que nous nous trompâmes alors, de moitié.

Une chose que nous répétons, parce qu'elle est vraie, parce qu'elle est bonne à conserver dans nos souvenirs, c'est que, sous la restauration, le clergé montra souvent des dispositions assez peu amicales à l'encontre des Jésuites. Plus d'un évêque, qui eut maille à partir avec les Révérends Pères, soutint contre eux les droits de l'Ordinaire, auxquels les fils de Loyola, soumis comme religieux, voulaient se soustraire comme Ordre. Mais ce fut surtout dans les rangs du bas clergé que se remarquèrent ces dispositions hostiles à saint Ignace. Tout le monde se souvient de l'amertume avec laquelle les curés de nos départements virent les Pères de la Foi, accaparant les honneurs de la chaire, du confessionnal et du dais, enlever à leurs hôtes leurs pénitents, leurs auditeurs, toute leur importance, et les réduire, pour ainsi dire, au rôle effacé d'acolytes. L'auteur de cet ouvrage a pu entendre les plaintes formulées à cet égard par un excellent et brave curé, dont il fut l'ami, et qui, quoique contenues, comme on le comprend, n'en décelaient pas moins une assez grande amertume mêlée de tristesse ; car, comme le disait l'abbé *** : « Quel effet veut-on que produisent désormais ma voix faible et modeste, mes vieilles bannières, ma croix d'argent qui rougit, mon dais aux panaches fanés, mes raisonnements tirés du cœur, sur des ouailles accoutumées ainsi aux pompes mondaines, au langage lyrique, aux splendeurs de véritables *spectacles ?...* Il y a en ce moment, c'est vrai, surexcitation de piété dans ma paroisse ; mais c'est une dévotion *fouettée* qui tombera bientôt, et qu'emportera, pour n'en rien laisser peut-être, le vent de la réaction que je prévois... »

Cette prédiction, on la vit se réaliser presque partout. Les Missionnaires avaient à peine passé, que les passions et les vices, attirés par la curiosité, un instant retenus par l'étrangeté du spectacle, abandonnaient bien vite le sanctuaire redevenu calme, triste et nu, et à la porte même, jetant dans la rue avec un éclat de rire la fausse fleur de leur piété d'emprunt, se hâtaient de réparer le temps perdu en exagérant même leurs folies, comme ils avaient exagéré leur dévotion. Eh! mon Dieu, ce n'était pas la conversion des pécheurs que voulaient obtenir les Missionnaires, mais seulement le rétablissement des Jésuites. Les Révérends Pères espéraient, par les manœuvres que nous signalons et par les semblants de résultat qu'elles obtenaient, prouver qu'ils étaient les seuls, dans tout le clergé séculier ou régulier, qui fussent capables de ramener la foi dans le royaume de Sa Majesté Très-Chrétienne ; les seuls *rameurs*, suivant l'expression de leur Bulle de rétablissement par Pie VII (1), assez vigoureux, assez habiles pour guider sur la mer orageuse la nacelle sacrée dans laquelle on avait de nouveau placé côte à côte le trône et l'autel. Probablement ils surent persuader ceci à Charles X, et, si le soleil de juillet 1830 ne fût venu briller sur la France, il est à peu près certain que les Jésuites, à la faveur des ténèbres dont ils couvraient peu à peu ce pays, y eussent planté de nouveau en vainqueurs la bannière de saint Ignace.

L'espace nous manque pour caractériser convenablement et dans toutes ses parties cette époque singulière de la restauration royale que côtoyait, que poussait en avant la restauration jésuitique, avec laquelle et grâce à laquelle la première a retrouvé le chemin de l'exil.

---

(1) On lit, dans une œuvre jésuitique moderne, que cette expression de *rameurs habiles et vigoureux*, dont se servit le pape dans sa bulle, fut employée par lui pour rappeler l'offre que lui firent les Jésuites, à l'époque où on l'emmenait de Rome en France, de fréter un bâtiment qui, monté par les seuls enfants de Loyola, serait venu croiser à l'embouchure du Tibre, et aurait attaqué le vaisseau français auquel il eût enlevé le Saint-Père à l'aide du canon et de l'abordage. Mille sabords! la belle histoire!...

Nous allons essayer maintenant de compléter notre rapide esquisse par quelques traits empruntés à des souvenirs encore vivants.

Il est sans doute inutile de rappeler à nos lecteurs les merveilleux et fantastiques spectacles que les Missionnaires, autrement dits les Pères de la Foi, autrement et mieux dits les Jésuites, employèrent pour annoncer et faire accepter leur présence, pour forcer le gouvernement à les reconnaître ouvertement. Chaque ville, chaque lieu qui fut témoin d'une Mission, conserve encore avec le souvenir de ces choses, celui de quelque scandale pieux, de quelque sainte rouerie qui s'y rattachent. La ville de Nevers, entre autres, n'a pas oublié quelle excellente comédie lui procura sa Mission. Parmi les moyens employés pour faire renaître la dévotion parmi les Nivernais, les Révérends Pères se servirent de *Conférences*, dans lesquelles un prédicateur, avocat de la religion catholique, apostolique et romaine, plaidait de toute la force de ses poumons contre un autre prédicateur qui défendait la cause du diable et de l'impiété ou de l'indifférence. Pour donner à cette joute oratoire, fort souvent employée par les Missionnaires, quelque chose de plus frappant, de plus saisissant, les Jésuites de Nevers s'avisèrent un jour de costumer en vrai diable le prédicateur chargé de la cause du siècle et de Satan. Cette innovation eut un grand succès; l'église où se faisaient les Conférences était, chaque soir, trop petite pour contenir l'affluence des curieux, dévots ou non, accourant pour voir, sous la parole foudroyante d'une espèce d'ange en vêtements blancs, qui faisait retentir la parole divine du haut d'une chaire, s'agiter, comme un véritable diable dans un bénitier, une comique représentation de Belzébut, vêtue de noir et de rouge, dont la toilette infernale était complétée par une superbe paire de cornes, une longue queue et des griffes à l'avenant. Le pauvre diable était toujours malmené par l'avocat de Dieu; faisait souvent rire à ses dépens par la niaiserie de ses raisonnements ânonnés d'une voix faible et ridicule; tandis que son adversaire, beau, bien paré, possédant une voix magnifique, un geste puissant, voyait applaudir ses périodes ronflantes. Un dernier effort accablait l'orateur infernal, qui se sauvait alors à toutes jambes, poursuivi par les rires de l'assemblée, par les huées des vieilles dévotes, et quelquefois aussi par les coups de bâton que lui assénait joyeusement une troupe de petits polissons vêtus en enfants de chœur !... A une distance de moins de vingt années, ces choses nous paraissent si ridicules, qu'on est tenté de ne pas y croire : cependant elles sont d'une incontestable vérité.

La ville de Tours a sans doute gardé la mémoire de sa Mission, qui coïncida, dans cette belle capitale du jardin de la France, avec les représentations du célèbre acteur Potier. Bien des gens doivent se souvenir que cette Mission, dirigée par le fameux abbé Guyon, fut remarquable par la lutte d'amour-propre qui s'établit entre le Jésuite et le comédien ; le premier voulant attirer la foule à son église, le second voulant l'amener à son théâtre : le *Père Sournois* eut la gloire de vaincre le *Père de la Foi*. On comprend le désappointement et la colère du prédicateur. Il se mit à tonner dans la chaire contre l'heureux comédien. Il menaça de toutes les flammes infernales et l'acteur et ceux qui allaient l'applaudir. De son côté, Potier redoublant d'efforts, mais sans se servir de personnalités qui, du reste, lui eussent valu alors un mauvais parti du côté de l'autorité embéguinée, déployait tout son talent dans ses diverses créations dramatiques, et avait la joie de voir son public enthousiaste toujours s'augmenter plutôt que diminuer ; tandis que le Jésuite avait la douleur de voir sa chaire de jour en jour moins entourée. Enfin l'abbé Guyon crut avoir trouvé un moyen d'anéantir cette concurrence désastreuse.

Un beau jour, le Jésuite fait annoncer qu'il prêchera sur l'Enfer. Il est à remarquer que ce sujet est toujours celui qui amène le plus d'auditeurs autour d'une chaire d'église : c'était d'ailleurs celui dans lequel réussissait le mieux le digne abbé. L'affluence fut donc satisfaisante. Le prédicateur commence son sermon ; il décrit avec précision, d'une voix sinistre, avec des hoquets d'épouvante et des cris de menace, les terreurs infernales, les souffrances des damnés, toute la fantasmagorie de l'Enfer chrétien *illustré* par les créateurs de la *Chambre des Méditations*. L'église mal éclairée des lueurs rougeâtres de quelques cierges ajoute encore à sa parole qui roule, comme les menaces de la foudre, au-dessus de la foule peu à peu impressionnée. Quelques cris d'épouvante répondent de temps en temps aux éclats de voix du prédicateur; çà et là, on voix une pauvre femme s'affaisser sur elle-même et perdre connaissance. En ce moment, l'abbé Guyon se laisse, lui aussi, tomber au fond de sa chaire. Il a disparu complétement; pendant plus d'une minute on ne l'aperçoit plus. Tout à coup il se relève, pâle, les cheveux hérissés, les yeux hagards :

« Mes frères, » crie-t-il d'une voix rauque et frémissante, « mes frères, savez-vous d'où je viens?... Je viens de l'Enfer. Savez-vous ce que j'ai vu dans l'éternel abîme?... J'ai vu brûler dans les flammes dévorantes le comédien Potier et tous ceux qui vont chaque soir assister à ses orgies théâtrales!... »

Il paraît que cette sortie indécente, que ce jeu de scène sacrée eurent assez d'influence sur l'esprit des Tourangeaux pour que Potier, abandonné de son public, se vît forcé de quitter la ville. Cette anecdote, dont la vérité nous a été attestée par plusieurs habitants de Tours, se retrouve dans les *Mémoires* du comédien Potier, récemment publiés par sa famille.

Un autre fait, bien connu au Mans, donne une couleur bien plus odieuse à la brutalité oratoire du même abbé Guyon. Dans l'année 1826, si nous avons bonne mémoire, ce Révérend Jésuite dirigeait la Mission qui se faisait au chef-lieu du département de la Sarthe. Un jour, l'Abbé, passant dans une rue à la tête d'une immense et superbe procession qui s'avançait sur l'air célèbre du *Chant du Départ*, aperçoit une jeune dame qui, retenue chez elle par un motif que nous ignorons, voulait cependant jouir du spectacle qui venait la trouver. Il nous semble que cela était permis et fort innocent. Cependant l'abbé Guyon voit, dans ce fait si simple, une injure pour l'œuvre pie, pour lui, pour Dieu, parce que la jeune dame qui ose regarder la procession par une fenêtre de sa maison, a la tête nue! Le fougueux Missionnaire interrompt brusquement le saint Cantique chanté sur un air révolutionnaire, rompt les rangs de la procession, s'approche de la coupable, et, d'une voix éclatante, pleine de mépris et de colère, l'interpelle, l'accable et la traite d'impie *Jésabel*, en lui prédisant un prochain châtiment pareil à celui de cette reine infâme. Cet orage imprévu et frappant aussi publiquement impressionna si vivement la jeune dame, qu'elle s'évanouit aussitôt et fut ensuite assez gravement malade. Nous tenons d'un témoin de cette scène étrange, actuellement prêtre et qui honore sa robe, que, tout séminariste qu'il était alors, il fut indigné de la brutalité du Jésuite. Cependant nulle voix ne s'éleva alors pour la stigmatiser : on se contenta de s'en moquer en cachette, et de mépriser ou de haïr davantage la noire Cohorte qui renfermait tant d'abbés Guyon. Chose étrange ! ce fut un fonctionnaire public, le premier fonctionnaire du département, un noble, un ancien émigré, nous le croyons, ou fils d'émigré, M. le comte de Bourblanc, préfet de la Sarthe, qui osa montrer tout haut en quelle estime il tenait ces jongleries. Le comte de Bourblanc avait autorisé les Missionnaires à faire leurs exercices de dévotion pendant six semaines. Les six semaines expirées, une troupe de comédiens, qui ne pouvaient jouer pendant la Mission, arriva pour donner ses représentations. Les Jésuites, qui se trouvaient fort bien dans le pays des chapons, demandèrent une prolongation. Le préfet la leur refusa, et, faisant allusion aux comédiens qui allaient succéder aux Missionnaires : « Chacun son tour, » répondit-il avec un ton fort leste et que jamais ne lui pardonna la Congrégation ! « chacun son tour ; c'est maintenant celui *des autres !...* »

Toutes ces choses ne sont guère qu'absurdes et ridicules ; nous pourrions les faire suivre de bien d'autres beaucoup plus graves et qui eussent ému messieurs du parquet, si la magistrature *debout* n'eût été toute dévouée aux Révérends de Montrouge et de Saint-Acheul, dont la protection ou la haine pouvait à son gré lui fermer ou lui ouvrir le chemin de la magistrature *assise*. Constatons ici que cette dernière, c'est-à-dire la véritable magistrature, osa plus d'une fois montrer son indépendance et tenir la balance de la justice avec une équité, une fermeté et un courage admirables. La déclaration solennelle, faite contre les entreprises du Jésuitisme de retour par la Cour Royale de Paris, fut un noble exemple noblement suivi par d'autres tribunaux. Les magistrats français ont toujours fait leur devoir même contre saint Ignace ; c'est une justice que nous sommes heureux et fiers de constater ici.

Ce fut surtout dans nos départements du midi que les hommes noirs ramenèrent avec une incroyable insolence la bannière à peine voilée de Loyola (1). Là, on croyait faire acte de royalisme en favorisant le jésuitisme, en s'attelant à son char sinistre qui ébranlait de nouveau le sol de la France sous ses roues de bronze. C'est là que se passa le fait que nous voulons encore raconter. Nous ne dirons pas quelle ville en fut le théâtre, quels noms portaient les personnages ; on devinera facilement pourquoi. Mais nous garantissons la vérité de cette simple, tragique et instructive histoire.

Une Mission était organisée dans la ville que nous ne voulons ni ne devons nommer. Cette Mission, comme toutes les autres, déroulait ses pompes théâtrales, dans ses cérémonies triomphales de *Chemins de la Croix*, de plantations de *Calvaires*, d'*Amendes honorables*, etc., etc. Les Pères de la Foi qui composaient cette Mission avaient été choisis avec soin ; car l'endroit où ils avaient été envoyés renfermait une population assez tiède ou même hostile à l'endroit de la noire Cohorte. Nous disons hostile ; car une notable portion de la petite ville était et est encore composée de protestants, restes de ces familles calvinistes qui échappèrent aux honteuses et sanglantes *dragonnades* de Louis XIV, en se réfugiant dans les défilés des Cévennes. Cependant, les Missionnaires jésuites, en habiles gens, surent si bien réveiller le feu endormi des haines religieuses, qu'ils parvinrent à attirer autour d'eux la population catholique du lieu, qui accourut vers les Révérends, moins pour montrer son amour pour eux, que pour faire niche à leurs anciens ennemis les huguenots. On sait, du reste, que dans les réactions politiques qui suivirent, dans

---

(1) Nous sommes heureux d'ajouter que de jour en jour, la joyeuse et intelligente patrie de la farandole et des troubadours se soustrait au joug du fanatisme religieux. Un fait, qu'on nous pardonnera d'enregistrer ici, prouve que, dans la France méridionale, l'influence jésuitique est à présent bien déchue : un libraire intelligent de Marseille, M. Molinari, écoule seul plusieurs centaines d'exemplaires de notre œuvre, pour laquelle il a montré, en dehors de ses intérêts de librairie, un zèle dont nous le remercions.

le Midi, la chute de l'empire et le retour des Bourbons, et qui ensanglantèrent plus d'une ville qui avait vu passer tranquillement sur elle la tempête de l'ancienne *Terreur*, les protestants et les catholiques de la France se trouvèrent opposés les uns aux autres encore une fois.

Les Jésuites missionnaires profitèrent de cette situation : au lieu de calmer, ils excitèrent l'effervescence catholique. Ils eurent même le talent de changer leurs cantiques pieux en provocations belliqueuses, en les faisant chanter, aux catholiques de l'endroit, sur des airs de chansons composées autrefois pour mépriser et honnir tout ce qui tenait à la *vache à Colas*, comme on le disait jadis des calvinistes. On comprend quelle énergie nouvelle cette circonstance donnait aux cantiques, et quelle joie cela devait procurer aux célestes phalanges qui veillent et prient devant le trône de celui qui a dit « Paix aux hommes de bonne volonté!... » et qui a oublié d'ajouter : « Mort à tous les autres !... »

Les fils de Loyola triomphaient donc ; mais ils ne trouvaient pas leur triomphe encore assez complet. Toute la population catholique était enfin accourue vers eux ; la belle affaire ! Mais quel triomphe, quel honneur, quel exemple, quel profit sans doute pour leur cause, si, par la peur, par la persuasion, par l'intérêt ou par tout autre levier du cœur humain, ils parvenaient à faire des recrues jusque dans les rangs ennemis, parmi les descendants de ces familles hérétiques que Louis XIV fit égorger pour obéir à la voix de son Confesseur Jésuite?... C'était là une perspective si attrayante que les Révérends Pères jurèrent de l'atteindre, à quelque prix que ce fût. Aussitôt, la chasse au protestant commence, chasse conduite dans l'ombre et le mystère, avec l'espionnage pieux et l'activité bigote pour limiers. A force de recherches, une proie est dépistée, lancée et relancée.

La personne sur laquelle les hommes noirs avaient jeté leur dévolu était une femme à laquelle nous donnerons le nom d'Emma. Emma était la femme d'un homme universellement respecté et dont la famille tenait le premier rang parmi les vieilles familles protestantes des Cévennes. Le mari d'Emma était déjà presque un vieillard, alors que sa femme voyait à peine s'effeuiller la première couronne de jeunesse et de beauté dont l'admiration générale avait orné son front. Cependant leur union, contractée depuis près de dix ans, avait toujours été heureuse, et, depuis un an, la naissance d'un premier enfant était venue encore en resserrer les liens. On disait seulement que, parfois, de légers nuages venaient un instant troubler l'atmosphère de paix et de bonheur de ce ménage : Emma, orpheline de bonne heure, avait été élevée chez une vieille tante qui, peu avant sa mort, s'était convertie à la religion catholique. On supposait que la nièce de celle-ci, en raison des premières impressions de sa jeunesse, avait un secret penchant pour la croyance dans laquelle sa tante était morte, en se désolant de ce qu'elle ne pouvait espérer de se retrouver au ciel avec l'enfant qu'elle avait élevé. Ce fut sur cette donnée que les Jésuites tendirent leurs filets autour d'Emma.

Par une heureuse coïncidence pour leurs plans, l'enfant de la jeune femme tomba gravement malade quelques jours après le commencement de la Mission. Les hommes noirs parvinrent à pénétrer jusqu'auprès d'Emma au désespoir, à laquelle ils dirent « que la maladie de l'enfant était évidemment une punition de l'impiété de la mère; et que la guérison de celui-là ne s'opérerait qu'après la conversion de celle-ci. » Une mère qui tremble pour les jours de son enfant est bien crédule! Emma promit, assure-t-on, aux Révérends Pères, qu'elle ne demandait pas mieux que de faire sa paix avec le Dieu qui seul pouvait sauver son fils. Celui-ci sembla, peu après, revenir à la vie et à la santé. On rappela alors sa promesse à la jeune mère. Mais le mari d'Emma interposa sa volonté; la jeune femme dut fermer sa porte aux hommes noirs, qui s'en allèrent en murmurant des menaces et des prédictions de vengeances divines. Bientôt, en effet, l'enfant d'Emma eut une rechute plus dangereuse que la première attaque du mal qui menaçait sa frêle existence. Peut-être ceci fut-il l'effet d'un hasard; mais des personnes qui se dirent bien informées expliquaient ce hasard en faisant remarquer que la garde-malade de l'enfant devint plus tard la femme d'un de ces industriels qui suivaient les Missions et qui, sous la protection et par la recommandation des Missionnaires, aucun disent même au compte de ces derniers, faisaient, à la porte de l'église où prêchaient les Pères de la Foi, une vente active et fructueuse de croix, chapelets, médailles bénites, images saintes, livres de cantiques, prières et autres menus objets de la bigote pacotille.

Quoi qu'il en soit, Emma au désespoir eut, à l'insu de son mari, de nouveau recours aux Jésuites. Ceux-ci ne firent entendre que des paroles sinistres à ce cœur maternel si troublé. Bientôt, on désespère complétement des jours du pauvre enfant. Alors la mère, folle de terreur et de désespoir, ayant en vain conjuré son mari de la laisser recourir à ce qu'on lui montrait comme l'unique moyen de salut pour l'objet de son amour, s'échappa une nuit de sa maison, éperdue et serrant dans ses bras son fils presque agonisant, avec lequel elle alla s'agenouiller aux pieds de ceux qui s'étaient dits les intermédiaires du pardon céleste et du secours divin. Les Révérends Pères recueillirent la fugitive avec empressement et la firent sur-le-champ entrer dans un couvent voisin, où un médecin de talent, aux ordres de la Compagnie de Jésus, vint consacrer tous ses soins à la guérison de l'enfant malade qui, après une longue lutte, commença d'entrer dans la période d'une longue convalescence.

On comprend que le mari revendiqua avec chaleur sa femme et son enfant. Mais, soutenus par l'autorité du lieu que des pouvoirs d'en haut dirigeaient au gré des Jésuites, ceux-ci ne lâchèrent pas la double proie dont ils étaient enfin venus à bout de s'emparer. Bientôt une cérémonie pompeuse eut lieu. Au milieu d'un concours immense de spectateurs, accourus de vingt lieues à la ronde, Emma fit publiquement profession de la religion catholique, apostolique et romaine. Son fils fut baptisé par un prêtre de cette croyance appartenant à la Mission ; en présence de cette démonstration vivante du pouvoir exercé par les saints Missionnaires, *pour la plus grande gloire de Dieu* et sous l'effet d'un sermon pathétique qui suivit la cérémonie, un enthousiasme religieux extrême saisit toute cette population méridionale si mobile, si impressionnable, qui crut voir resplendir sur les fronts des Missionnaires le nimbe d'or que Dieu place autour de la tête de ses élus.

En ce moment, une grande rumeur roula, puis s'éteignit soudain, dans les flots pressés de la procession qui venait de sortir de l'église où la double cérémonie avait eu lieu. On vit le mari d'Emma, suivi de quelques-uns de ses proches et de ceux de sa femme, s'avancer vers le chef des Missionnaires, qu'il somma, en vertu d'un arrêt rendu par une Cour supérieure, de lui rendre sa femme et son enfant.

« Retire-toi, Satan ! » Telle fut la réponse du Jésuite. Le mari abandonné, le père désolé et furieux insista ; peut-être mit-il trop d'âpreté dans son langage, d'énergie dans ses gestes. Tout à coup, on entendit le Missionnaire appeler la foule à l'honneur de venger le ciel insulté dans la personne de son ministre. Une effroyable clameur s'éleva, un tumulte épouvantable s'ensuivit. Le mari d'Emma fut, en un moment, saisi, terrassé, déchiré, broyé dans les replis du terrible boa qu'on nomme la rage populaire. Lorsque les autorités du lieu, rougissant enfin de leur inaction, donnèrent l'ordre à leurs agents de protéger le malheureux, ce n'était déjà plus qu'un cadavre !...

En cet instant, à travers les rangs de la multitude ondulant comme ceux d'une mer que refoulent des vents contraires soufflant avec furie, on vit passer, comme une apparition surnaturelle, une femme aux yeux étincelants, sur un pâle visage. Cette femme disparut bientôt en murmurant d'une voix étrange : « Enfant, ne crains rien ! Il voudrait te reprendre, te rendre hérétique,... et tu mourrais !... Ne crains rien, mon fils ! Tu vivras ; tu es catholique comme moi !... Et je suis une heureuse mère, moi !... »

Deux jours après, dans l'enfoncement d'une des roches sauvages d'un des pitons les plus élevés des Cévennes, un jeune berger trouva une femme mourante qui berçait dans ses bras le cadavre d'un pauvre petit enfant, auquel elle souriait, comme s'il eût été plein de vie, et auquel elle répétait avec son dernier souffle, comme s'il eût pu l'entendre : « Tu es catholique,... mon fils,... ils me l'ont dit : tu vi-vivras ! ! !... »

On nous a montré la tombe où reposent Emma et son fils, tombe modeste élevée par les pâtres de la montagne, qui sont pourtant tous calvinistes. Le vieux berger qui l'indique au voyageur termine ordinairement l'histoire que nous venons de raconter, par ces paroles empreintes d'une énergique simplicité, et prononcées avec un accent prophétique :

« Étranger, les milliers de victimes égorgées par l'ordre des Hommes noirs, dormaient depuis si longtemps dans l'oubli qu'on n'entendait plus leurs voix ; mais le cri qui sort de cette tombe nouvelle a réveillé les vieux échos ! Dieu les écoute maintenant ; et la France y répondra bientôt peut-être !.... »

La mort du mari d'Emma ne fut pas vengée, grâce à l'influence dont jouissait la Congration sous le règne du roi Charles X. Ce qu'il y eut de plus hideux, c'est que la noire Cohorte ne rougit pas de s'emparer de sa dépouille. Par contrat de mariage, les deux malheureux époux avaient voulu que tous les biens de la communauté appartinssent au dernier vivant ; et, aussitôt qu'Emma se fut jetée volontairement dans leurs griffes âpres et crochues, les fils de saint Ignace avaient accepté d'elle un testament par lequel, en cas de mort de son pauvre enfant, la malheureuse femme léguait toute sa fortune à ceux-ci. Les Jésuites firent constater qu'Emma avait survécu à son mari et se présentèrent à temps pour recueillir le riche héritage !....

Nous le répétons, quelque horrible qu'il soit, le fait est authentique. Et c'est par des considérations de personnes que nous n'avons pas voulu indiquer le lieu où il se passa, les noms des individus qui y figurèrent si malheureusement. Il n'y a peut-être pas un endroit en France, où eut lieu une Mission jésuitique, qui ne puisse fournir quelque anecdote de ce genre. Ces Missions furent un scandale perpétuel pour les honnêtes gens, pour les âmes vraiment pieuses, une grande faute pour le gouvernement qui les autorisa ; elles firent, en réalité, un tort immense à la religion sainte dont elles devaient rehausser la splendeur et augmenter l'influence, au dire des Hommes noirs qui savaient parfaitement qu'ils mentaient en disant cela, mais qui comptaient bien profiter du mensonge, et qui en eussent tiré grand profit sans la révolution de juillet 1830.

Sous Charles X, la Société de Jésus, protégée par le gouvernement, tolérée par ses fonctionnaires, ou même publiquement soutenue, quoique non encore reconnue ouvertement, se reconstitua presque entièrement en France. Elle avait fondé à nouveau ou repris de nombreux établissements. Elle ne négligea pas, comme on le pense, de se faufiler dans l'Université, son ancienne ennemie, qui, désarmée par le pouvoir politique, laissa les Révérends accaparer peu à peu le domaine de l'instruction publique, la direction des études, comme le haut clergé leur abandonnait la direction des séminaires. On imagina même alors les *Frères de Saint-Joseph*, ces braves *Ignorantins*, qui furent bien positivement destinés à venir en aide au Jésuitisme en jetant dans les jeunes intelligences qu'on leur confiait des semences soigneusement épluchées par l'esprit d'obscurantisme.

C'est sans doute ici le moment de parler des luttes que l'Université a eues à soutenir contre les Jésuites, luttes qui commencèrent du moment où la bannière de saint Ignace apparut, signal lugubre, dans l'atmosphère de nos libertés.

Notre intention était de consacrer un chapitre entier à cette grave et si intéressante question ; mais on nous a fait observer avec raison que notre livre n'était pas destiné, d'après son titre même, à des discussions de ce genre ; que nous pourrions donc nuire au succès qui l'a accueilli, sans profit peut-être pour la cause que nous voulions défendre. Nous nous contenterons d'indiquer ici sommairement les phases de la lutte de l'Université contre le Jésuitisme, lutte qui vient de se renouveler plus vive que jamais et qui finira, Dieu sait quand, mais, — nous l'espérons, mais nous en sommes sûrs, — par la victoire de l'Université, dût cette victoire être reculée jusqu'à l'entière et suprême défaite de la noire Cohorte !...

Presque dès ses premiers pas, le Jésuitisme chercha à s'emparer de l'enseignement ; ses luttes contre les Universités commencèrent dès l'année 1552 (1). Voici donc tantôt trois siècles que durent ces

---

(1) En cette année les Jésuites obtinrent du pape Jules III une bulle qui érigeait en réalité en autant d'universités les différentes colléges possédés par les bons Pères. Ces colléges pouvaient graduer leurs écoliers; leur attribuer, de par le pape, les priviléges, immunités, libertés, etc., etc., que les universités avaient eu seules, jusqu'alors, le droit de conférer.

luttes, qui semblent en ce moment vouloir reprendre une nouvelle activité.

En 1540, le fondateur de la trop fameuse Société, escorté de ses premiers Pères, et tous, par une de ses gentillesses si fréquentes parmi les Jésuites, qu'on les a baptisées du nom d'*escobarderies*, d'après un célèbre enfant de saint Ignace, se donnant le titre de maîtres-ès-arts et de gradués en l'Université de Paris, ce qui n'était pas, comme nous l'avons montré; Loyola, disons-nous, obtint pour son Institut le pouvoir de posséder dans toute Université un ou plusieurs colléges. Trois ans après, les Jésuites, qui par leur Bulle d'érection ne pouvaient être que soixante, parviennent à s'en faire donner une autre qui leur permet de recevoir indéfiniment dans leur Ordre tous ceux qui voudront y entrer. Il faut remarquer qu'une des raisons données par les Jésuites pour obtenir cette extension illimitée des membres de la Compagnie, fut que plusieurs Universités voulaient s'associer avec eux. On voit ici poindre l'intention, que nourrissaient les fondateurs de la Compagnie, de s'emparer de l'instruction publique. Ce qui prouve que telle fut dès lors leur préoccupation, c'est qu'ils se firent aussitôt exempter des devoirs imposés aux autres religieux, aux prêtres, afin d'être plus libres et d'avoir plus de temps à consacrer à leurs colléges.

Pie IV ajoute à la Bulle de Jules III, en autorisant les Jésuites à graduer les écoliers pauvres de leurs colléges, et même, ce qui transforme ces colléges en Universités, sans que ces écoliers soient obligés de se présenter à l'Université dans le ressort de laquelle est situé le collége où ils ont étudié. La même Bulle de Pie IV (1) accorde aux Jésuites des droits pareils en ce qui regarde leurs écoliers riches; seulement elle statue que les droits universitaires seront payés, et que les étudiants ne pourront être gradués par les examinateurs des colléges jésuitiques que si les Officiers des Universités ont refusé de les graduer. Cependant et sans doute pour se réserver un faux-fuyant, dans le

---

(1) Publiée le 19 août 1561, cette bulle porte pour titre significatif: *Confirmation et extension du pouvoir concédé à la Compagnie de Jésus de conférer les degrés dans les arts et la théologie.*

cas où l'autorité royale interviendrait et se prononcerait contre eux, les Révérends Pères se firent donner, en 1571, une nouvelle, bulle par laquelle le Pape Pie V menaçait d'*excommunication majeure* les Recteurs des Universités qui refuseraient de recevoir aux degrés tous les écoliers ayant étudié sous les Pères de la Compagnie de Jésus, en philosophie et en théologie, et cela, dans les colléges desdits Pères, qu'ils fussent situés ou non situés dans les Universités, et comme si ces écoliers avaient réellement étudié dans les Universités!... Les motifs que les Jésuites firent valoir pour obtenir de tels priviléges furent que leurs écoliers ne pouvaient convenablement demander à être gradués dans les Universités, en raison des obligations et engagements que le gradué y contracte, et des serments qu'on y prête! Ces motifs ne montrent-ils pas que les Jésuites voulaient se soustraire à l'action du pouvoir régulier et soustraire leurs élèves à l'influence légitime et naturelle des lois de la patrie, au respect desquels le serment prêté avait pour but de rappeler les gradués?

On comprend que les Universités aient résisté et aient dû résister à de pareilles prétentions. En France, les Parlements donnèrent presque toujours raison aux Universités, le pouvoir royal quelquefois.

Le Pape Grégoire XIII, trouvant que ses prédécesseurs n'avaient pas fait assez pour Saint-Ignace, augmenta considérablement encore le pouvoir accordé au Général, aux Provinciaux et aux Recteurs des Colléges jésuitiques, en accordant à ceux-ci, dans l'année 1579, une Bulle qu'il adressa à l'archevêque de Valence, aux évêques de France et à celui de Salamanque, et dans laquelle il voulait que désormais « tout Préfet des classes, dans un Collége jésuitique, eût le pouvoir de graduer en philosophie et en théologie (1). » On voit que Grégoire XIII, par cette Bulle adressée à des prélats dont le siége était voisin d'une Université, voulait non plus mettre les Colléges des Révérends Pères sur le même pied que les Universités, mais soumettre celles-ci à ceux-là. On a donc eu raison d'écrire

---

(1) Ce préfet des classes était ainsi, de par l'autorité pontificale, transformé en *certificateur du temps d'études*, et en *collateur* des degrés universitaires.

et de soutenir « que les Jésuites ont toujours eu le projet de s'emparer des Universités ou de les rendre inutiles. »

Et qu'on remarque bien aussi cette circonstance capitale : les Colléges jésuitiques, par les constitutions de l'Ordre, échappent réellement à l'inspection et à la censure des tribunaux ; le Général de la Société, qui réside à Rome, a seul tout pouvoir dans ces Colléges ; c'est lui qui en nomme les Recteurs, sauf le cas où il délègue des pouvoirs à un de ses lieutenants. Cela aurait dû effrayer ou du moins faire réfléchir les gouvernements qui abandonnaient ainsi, en faveur et au profit d'un pouvoir étranger, occulte, la surveillance de l'instruction publique, dont la bonne ou mauvaise direction est assurément ce qui doit éveiller le plus les sollicitudes des chefs de l'État, ce qui fait qu'une nation marche à la tête de la civilisation ou se vautre dans le bourbier de la barbarie. Dès les premiers temps de l'Ordre, les fils de Loyola montrèrent qu'ils étaient disposés à ne reconnaître à l'autorité légale, autant que faire se pourrait, aucun droit de gouvernement sur leurs Colléges. On peut citer, entre autres faits de ce genre, la conduite qu'ils tinrent à Dillingen. L'Évêque d'Ausbourg avait mis les Révérends Pères en possession de cette Université. Son Chapitre se refusa constamment à sanctionner cette décision ; seulement, au bout de quarante ans environ, il convint de l'accepter, mais en voulant réserver les droits de gouvernement et de haute-main sur l'Université, que les Bulles pontificales accordaient à l'Évêque. Les Jésuites refusèrent cet arrangement, et firent tant et si bien, que l'Université de Dillingen leur resta franche de tout droit, privilége, inspection en faveur de qui que ce fût. Cet exemple des tensions du Jésuitisme à s'inféoder les Universités fut successivement répété en Flandre et en divers autres pays.

En France, la marche suivie par le Jésuitisme s'entoura de plus de précautions, rencontra des obstacles plus sérieux, mais fut, au fond, exactement la même. Porteurs des trois Bulles de Paul III (1), les

---

(1) On nous rendra cette justice, que nous avons autant que possible, et souvent peut-être plus que nous ne l'aurions dû, séparé la cause des Jésuites de celle de la papauté. Parmi les pontifes protecteurs du Jésuitisme, nous avons rencontré plus d'un indigne

Révérends Pères, ainsi qu'on l'a déjà vu, frappèrent d'un air humble et modeste aux portes de la France, que leur ouvrirent, en 1550, des lettres patentes octroyées par Henri II, et qui permettaient aux disciples de Loyola de bâtir, des biens qui leur seraient aumônés, *une Maison et Collége*, en la ville de Paris *seulement, et non ès autres lieux*. Qu'on remarque bien ces expressions de la lettre royale. Les Jésuites n'affichaient alors aucune prétention hostile à l'Université de Paris, et protestaient qu'ils ne voulaient aucunement aller sur ses brisées (1). « Tout ce qu'ils voulaient, disaient-ils, » en fondant leur premier établissement en France, » c'était d'aller prêcher la Foi dans le pays des infidèles. » Ce qui fit objecter à l'Évêque de Paris, M. du Bellay, dans son *Avis* dont nous parlerons plus tard, « qu'il y avait très-loin de Paris à Constantinople et à Jérusalem, et qu'il conviendrait d'établir les Révérends Pères de la Compagnie de Jésus en lieux plus voisins du pays des infidèles, pour leur éviter une si grande perte de temps. » Les Jésuites se hâtèrent de porter les lettres patentes d'introduction au Parlement de Paris ; mais le procureur-général se prononça pour que le Parlement refusât de les vérifier, ou que du moins il fît là-dessus des remontrances au roi (2). Les Jésuites, par le crédit du Cardinal de Tournon, obtinrent de nouvelles lettres patentes qui ordonnaient l'enregistrement des premières, nonobstant la résistance du Parlement. L'avocat-général Séguier, qui avait déjà soutenu les conclusions du procureur-général, persista dans son opinion ; mais le Parlement fut forcé d'obéir aux ordres royaux ; ce qu'il ne fit toutefois qu'en 1554, et en ordonnant qu'avant de passer outre, les Bulles pontificales et les lettres du roi seraient communiquées à l'Évêque de

---

successeur de saint Pierre ; nous n'avons rien dit de ces indignités. Nous dirons seulement de Paul III, le pape aux trois bulles jésuitiques, qu'il établit l'Inquisition en même temps qu'il protégea les Jésuites, et que, suivant Varchi (***Histoire de l'évêque de Fano***), il fut le digne père d'un fils qui violait les Évêques ! L'œuvre de Loyola méritait un tel protecteur !...

(1) Cependant les Jésuites, sans en avoir reçu l'autorisation, donnèrent des leçons publiques peu après leur arrivée ; fait que l'Université de Paris dénonça, comme attentatoire à ses droits et priviléges, par la bouche de son avocat le célèbre Étienne Pasquier, l'auteur du *Catéchisme des Jésuites*.

(2) ***Plaidoyer de l'avocat-général Séguier.***

Paris et à la Faculté de théologie de l'Université de ladite ville. Pendant ces trois années d'arrêt, le Jésuitisme avait obtenu, comme on sait, de grands priviléges de la papauté, séduite par le leurre du quatrième vœu d'obéissance au Souverain Pontife ; entre autres, la Bulle de 1552, qui donnait aux Recteurs des Colléges jésuitiques le droit de graduer leurs écoliers, et transformait ainsi ces établissements en autant d'Universités. Les Jésuites ayant besoin de l'exéquatur demandé à l'Université de Paris par ordre du Parlement, se gardèrent bien de montrer cette bulle, qu'ils ne communiquèrent pas plus à Eustache du Bellay : cependant ni les *Conclusions* de la Faculté de théologie, ni l'*Avis* de l'Évêque de Paris ne furent donnés en faveur des Révérends fils de Loyola.

Dans son *Avis*, après avoir, en passant, relevé « certaines choses » contenues dans les Bulles présentées par les impétrants, lesquelles choses semblent, au Prélat, *étranges* et *aliènes* de raison, après avoir critiqué le nom même de Jésuites, comme annonçant des prétentions à une supériorité sur le reste des fidèles, et, chose plus digne de remarque, ajouté assez clairement qu'il n'y a déjà, pour le repos de l'Église de France, que trop d'Ordres religieux dans ce pays, Eustache du Bellay déclare que, suivant son avis, ce qui convient auxdits Religieux, « c'est d'imiter l'exemple des chevaliers de Rhodes, qu'on a établis sur les frontières de la chrétienté et non au milieu d'icelle. »

Les *Conclusions* de la Faculté de théologie sont autrement précises; elles déclarent positivement la demande faite par les Jésuites « une chose dangereuse et qu'on doit repousser, » et qualifient la Compagnie entière de « *dangereuse pour la Foi, perturbatrice* de la paix de l'Église, et plutôt faite *pour détruire* que *pour bâtir* sur le sol chrétien. »

Malgré ces deux déclarations remarquables, les Jésuites, qui se gardèrent bien de retourner au Parlement, surent par leurs intrigues obtenir du jeune roi, François II, en avril 1560, de nouvelles lettres patentes qui prescrivaient au Parlement de Paris de procéder à leur vérification. A ces lettres royales étaient jointes les Bulles pontificales, moins toutefois et toujours celle de 1552, laquelle eût trop clairement dénoncé les projets des Révérends Pères, qui, suivant une excellente expression de l'*Avis* d'Eustache du Bellay, « en mettant la main à la charrue regardent en arrière. »

Les Jésuites déclaraient, dans leur demande au Parlement, « qu'ils n'entendaient, par leurs priviléges, préjudicier aux lois du royaume, aux libertés de l'Église, ni aux droits des Évêques, Chapitres et Curés ; mais que tout ce qu'ils voulaient, c'était seulement d'être reçus comme Religion approuvée avec les susdites limitation et restriction. » Rien de plus modeste, comme on le voit, que cette demande, et de bons esprits pouvaient se tromper sur les conséquences de son admission. Cependant, le Parlement se contenta de rendre un arrêt, le 18 novembre 1560, portant seulement qu'il était donné acte aux Jésuites de leur déclaration. De nouvelles lettres patentes sont encore produites par-devant le Parlement, auquel les Jésuites font en même temps présenter une requête, présentée au nom des *Consuls, manants* et habitants de la ville de Billiom, en Auvergne, ainsi que des exécuteurs testamentaires de Guillaume Duprat, Évêque de Clermont, demandant qu'on sanctionne l'établissement du Collége des Jésuites dans la première de ces villes, où Duprat les avait introduits. Le Parlement de Paris se borna encore à décider « que les Jésuites se pourvoiraient, si bon leur semblait, devant le Concile général ou devant l'Assemblée prochaine du Clergé gallican, pour en obtenir l'approbation qu'ils demandaient. »

L'Assemblée du Clergé se tint à Poissy, en 1561. Le protecteur des Jésuites, le Cardinal de Tournon, la présidait. L'Évêque de Paris, assailli, entouré par les intrigues jésuitiques, y donna son consentement à l'établissement des Jésuites à Paris, ce qui entraîna la résolution de l'Assemblée, qui, cependant, en approuvant « ladite Société et Collége de Clermont, par forme de *Société* et *Collége*, et non de Religion nouvellement instituée, » et en exigeant des membres de ladite Société qu'ils prissent un autre titre que celui de Jésuites, déclara que « l'Évêque diocésain aurait toute *super-intendance*, juridiction et correction, sur ladite Société, qui n'aurait, ni en spirituel ni en temporel, le droit de faire aucune chose au préjudice des Évêques, Chapitres,

Curés, paroisses ET UNIVERSITÉS, mais serait tenue de se conformer entièrement à ladite disposition du droit commun, sans qu'elle pût exercer juridiction aucune ; et laquelle devait renoncer, au préalable et par exprès, à tous priviléges portés dans ses Bulles aux choses susdites contraires ; autrement et à faute de ce faire, ou que pour l'avenir ils en obtiennent d'autres, les présentes demeureront nulles et de nul effet et vertu. »

Cette déclaration célèbre changeait complétement, comme on le voit, la nature de l'Institut en France. Ce n'était plus un Ordre religieux, c'était un simple Collége qu'on acceptait dans ce pays. Les Jésuites consentirent à tout ce qu'on voulut, et avec une candeur si grande en apparence et de si grand cœur, qu'ils se hâtèrent de demander au Parlement l'homologation de cet acte de réception ainsi restreinte et modifiée. Le Parlement enregistra cet acte de réception et approbation, le 30 février 1561, en rappelant dans son arrêt que cet enregistrement avait pour but l'établissement en France de la Société et Collége de Clermont, aux charges et conditions contenues dans la déclaration de l'Assemblée du Clergé.

Déjà, cependant, les fils de Loyola prenaient leurs mesures pour s'établir dans diverses parties de la France, à la fois comme Religion, comme Colléges et comme Universités, malgré les Avis, Conclusions, Déclarations et Arrêts que nous venons de rappeler. Dès 1547, par l'entremise et à la demande du Cardinal de Lorraine, ils obtenaient de Paul III une Bulle portant érection d'une Université dans la ville de Metz ; mais la Lorraine n'étant pas alors une fraction du royaume de France, le gouvernement, les magistrats et les Universités de France n'avaient rien à voir dans cette affaire. Mais, dès 1552, c'est-à-dire aussitôt qu'ils eurent obtenu la Bulle de Jules III, bulle attentatoire aux droits des Universités, ils se firent donner, par le Cardinal de Tournon, le Collége de la ville de ce nom, dont ils voulurent peu après faire une Université dirigée, administrée et gouvernée par eux et par eux seuls. Ce fut encore le même Pape Jules III qui donna le Bref d'érection de cette Université, en 1552, c'est-à-dire avant même que les Jésuites eussent été reçus en France. En 1561, ceux-ci obtiennent des lettres patentes confirmant cette Université et la donation, faite par le Cardinal de Tournon, du Collége, de ses appartenances, dépendances et revenus au profit des Révérends Pères. Le Parlement de Toulouse enregistre les lettres patentes, le 14 février 1561 ; en avril 1584 seulement, le même enregistrement est obtenu du Parlement de Paris, qui insère toutefois dans son Arrêt cette restriction importante : « Sans que lesdites lettres patentes puissent nuire ni préjudicier aux immunités de l'Église gallicane, et à la condition que les impétrants ne pourront prendre d'autres qualités que celles de Recteurs, Professeurs et Écoliers du Collége de Tournon. » Le Parlement, comme on le voit, n'était pas encore déterminé à sacrifier les Universités de France au Jésuitisme. Les enfants de Saint-Ignace firent toujours, depuis lors, une rude guerre aux Universités, qui, sérieusement attaquées, se levèrent enfin en poussant un cri d'alarme, invoquèrent le pouvoir royal qui avait garanti leur indépendance, la nation dont elles avaient fait une des gloires, et la justice dont la protection leur était due à tant de titres. Craignant de s'être trop et trop tôt avancés, les Jésuites se hâtèrent de dérober leurs machinations aux regards des magistrats : ce fut, dès lors, pour l'ordinaire, par des sortes de tranchées, par des voies souterraines, qu'ils essayèrent de saper les fondements des Universités, ou de s'introduire dans la place convoitée. Leur premier bannissement de France, après l'attentat de Jean Châtel, retarda un peu leurs succès. Henri IV, en les rappelant, par peur, fit cependant insérer dans l'Édit de rétablissement l'article de l'Assemblée du Clergé, qui sauvegardait, contre les entreprises des bons Pères, les Universités de France ainsi que le Clergé de ce pays. Le Parlement de Toulouse enregistra encore, en février 1623, des lettres patentes accordées par Louis XIII et confirmant de nouveau la donation du *Collége* de Tournon.

Mais les Universités de France étaient alors en instance auprès des magistrats pour s'opposer à cette donation et protester contre son effet. Le 13 juillet 1623, les Universités de Toulouse, Valence et Cahors, obtiennent du Parlement de Toulouse, qui a enregistré les diverses lettres royales, un remarquable arrêt qui statue favorablement aux demandes des Universités contre les Jésuites et Collége de Tournon. Ce jugement défend à ce Collége « de prendre le nom, titre ni qualité d'Université ; à son Recteur ou à tous autres dignitaires de bailler aucune matricule testimoniale d'études, ni aucun degré ni aucune faculté, ni aucune nomination aux bénéfices, à peine de nullité et autres peines arbitraires : néanmoins, que toute testimoniale et nomination par iceux baillées seront, en conséquence, nulles et de nul effet ; faisant aussi inhibition et défenses à ceux qui les ont obtenues de s'en servir, à peine de cinq cents livres d'amende. »

La guerre éclatait ouvertement entre les Universités et les Jésuites. Ceux-ci l'acceptent hardiment. Le 15 décembre 1623, le Syndic des Révérends Pères présenta au Conseil de Sa Majesté une Requête qui demandait la cassation et annulation de l'Arrêt du Parlement de Toulouse ; c'est-à-dire que les Jésuites voulaient faire consacrer par l'autorité royale les droits qu'ils s'étaient fait donner par le Pape, contre les Universités, et nonobstant leurs propres déclarations. Les trois Universités comparurent au Conseil, où l'on vit alors intervenir celle de Paris, par une Requête fortement motivée. Le Conseil du roi rendit alors un Arrêt singulier qui repoussait l'intervention de l'Université de Paris, en ordonnant qu'elle se pourvoirait comme elle aviserait, et qui, jugeant le procès, mettait les parties hors de cour, sauf aux Jésuites à se pourvoir par requête civile contre l'Arrêt attaqué, devant ledit Parlement de Toulouse. Il est probable que ce fut au Cardinal de Richelieu que les Universités durent de ne pas voir cet Arrêt équivoque transformé en une belle et bonne condamnation rendue contre elles au profit des Jésuites. Nous avons dit que Richelieu était un ministre qui veillait avec un soin jaloux sur tout ce qui intéressait l'intérêt, la gloire et l'indépendance de la France.

La ville de Paris fut plus heureuse dans un procès qu'elle soutint contre le fameux Père Cotton et les Jésuites d'Angoulême, qui, à l'insu de l'Évêque et des magistrats municipaux de cette ville, y avaient acheté un terrain, presque bâti un Collége, et érigé une Université. Le Parlement de Paris ayant paru vouloir suivre chaudement cette affaire, les Jésuites reculèrent et firent présenter à la Cour, par leur syndic, une déclaration portant « qu'ils n'avaient jamais entendu fonder ni gouverner une Université dans la ville d'Angoulême. » Le Parlement de Paris rendit, le 19 septembre 1625, un arrêt qui, tenant acte de la déclaration des Jésuites et écartant toute autre circonstance, déclarait seulement le contrat fait par les Jésuites, pour l'érection de leur Collége, nul et résilié.

Sous Louis XIV, la guerre des Jésuites contre les Universités de France recommença plus vivement que jamais, surtout dans les dernières années de ce monarque, qui laissa ternir son royal manteau au contact de la robe noire, dont on a prétendu même qu'il s'était revêtu. Dans sa remarquable *Histoire de la chute des Jésuites au* XVIII*ᵉ siècle*, M. le comte A. de Saint-Priest dit « que les Jésuites gouvernèrent par la terreur Louis XIV vieilli. « Cette même opinion, le duc de Saint-Simon l'émet au tome VII de ses curieux *Mémoires*. Ce qui est certain, c'est que l'influence des Jésuites ne fut malheureusement que trop grande sous la fin de ce règne, qui s'était annoncé avec un éclat si vif, qu'il avait doré et empêché de voir les profondes blessures qui se creusaient au cœur de la France et dont les unes attaquaient ses libertés, tandis que les autres menaçaient son repos et son bonheur.

Dans les autres parties de l'Europe, les Jésuites s'agrégèrent à un grand nombre d'Universités dont ils parvinrent peu à peu à s'attribuer la direction exclusive, ou dont ils s'emparèrent ouvertement, audacieusement, quelquefois par la violence, souvent par la ruse et la fraude; mais aussi, la plupart du temps, avec l'autorisation ou la connivence des gouvernements, qui laissaient faire les Hommes noirs, séduits qu'ils étaient par l'éclat et le savoir de ceux-ci, par leurs prétentions à être les soldats les plus vigilants, les plus fermes, les plus intelligents de la foi, et aussi parce qu'ils virent en eux d'excellents instruments pour maintenir sur la tête des peuples le joug de la servitude. Telle fut évidemment la cause qui attira aux Jésuites la protection des autocrates moscovites. Les Jésuites qui, aujourd'hui, font obtenir au czar Nicolas (1) tant de prévenances à Rome, ont aidé jadis la Russie à as-

---

(1) On nous assure que le bourreau de la Pologne a commandé à un écrivain français, et moyennant bonne récompense, une histoire de la Russie. Or, ce qui peut re-

servir cette héroïque sœur de la France, cette Pologne pour laquelle Rome n'a pas même une prière en ce moment, que les Hommes noirs aident à calomnier, et que nos gouvernants, entre lesquels et la noire Cohorte règne, dit-on, maintenant un si touchant accord, laissent écraser, sans lui donner une larme et en comprimant même, sous les glaces de l'argot diplomatique et gouvernemental, les étincelles de la sympathie profonde que la France laisse envoler vers les frères égorgés de Koszciusko et de Poniatowski (1).

Dans les premières années du règne de Louis XV, les Jésuites continuèrent leurs entreprises contre les Universités : le cardinal de Fleury les laissa faire, ou plutôt les y aida. Mais les Universités trouvèrent dans les Parlements, dans l'esprit public, dans l'instinct national, une protection que leur déniait l'inintelligence du pouvoir royal. Ce qu'on appelle la philosophie du XVIII° siècle, chose que nous n'avons pas la mission de juger ici, vint aussi puissamment en aide aux Universités, qui luttèrent plus vigoureusement et avec plus de succès, sans pouvoir cependant faire lâcher prise complétement au vautour noir dont les serres aiguës et tenaces s'étaient accrochées en le trouant, en le salissant, au manteau universitaire, à la forme duquel il est peut-être permis de toucher, avec précaution et sagesse toutefois, mais à la conservation duquel doit veiller attentivement la France, dont il est, pour ainsi dire, un second drapeau.

La philosophie du XVIII° siècle fut l'adversaire le plus terrible qu'ait rencontré le Jésuitisme ; c'est évidemment à cette philosophie qu'on doit l'arrêt qui frappa les Jésuites en France et qui amena leur abolition. Ce qu'il y a de bien remarquable, c'est que les chefs les plus illustres des philosophes et des encyclopédistes, Voltaire en tête, furent élevés dans les Colléges des Jésuites.

Les arrêts successifs d'expulsion qui tombèrent alors sur l'œuvre de

commander cet écrivain au Tartare couronné, c'est que cet écrivain susdit est l'auteur d'une *Histoire religieuse, politique et littéraire de la Compagnie de Jésus !*

(1) Grégoire XVI, ou plutôt le pouvoir fatal qui domine ce malheureux vieillard, ne vient-il pas encore de faire tomber des paroles de blâme sévère sur la Pologne et sur son patriotique clergé, dont les membres sont chassés, égorgés avec une ardeur toute particulière par les hideux limiers du Nemrod moscovite ! (Avril 1846.)

Saint-Ignace, dans tout le monde catholique, et qui furent enfin couronnés par la sentence pontificale d'abolition, permirent aux Universités de respirer. Les Jésuites se maintinrent pourtant encore, sous un titre ou sous un autre, dans l'instruction publique, en divers pays catholiques. En France, le souffle impétueux de la Révolution put à peine les balayer complétement du sol couvert de tant de vieilles ruines. A la création de l'Empire, qui sembla tout d'abord vouloir appuyer son trône victorieux sur les autels chrétiens qu'il relevait, les Jésuites se hâtèrent de se présenter comme les seuls instruments qui pussent servir à réédifier l'enseignement public. Le décret impérial de 1804 les mit d'abord en déroute; mais celui de 1808, qui, dans son article 38, ordonnait « que toutes les écoles de France prissent pour but de leur enseignement les préceptes de la religion catholique, » leur fit espérer la possibilité de s'introduire dans l'Université de France, qui, par la volonté du grand centralisateur, avait remplacé les diverses autres Universités partielles. On a dit, on a écrit « que Napoléon ne fut pas l'ennemi des Jésuites ; qu'il était même personnellement porté pour eux. » Un de nos plus illustres orateurs a raconté, à ce propos, une anecdote qui a paru faire une certaine impression sur la Chambre des députés, lorsqu'on interpellait M. de Salvandy sur les motifs qui avaient dirigé les coups dont il a frappé le conseil royal. M. Berryer, disons-nous, dont nul plus que nous n'admire le talent et ne respecte le caractère, raconta alors avec habileté l'histoire d'une visite faite par Napoléon au célèbre Collége jésuitique de Juilly, pour lequel le grand capitaine aurait ainsi montré son intérêt. Mais, voici que, quelques jours après que l'illustre orateur de la légitimité a raconté et fort bien raconté cette petite histoire, un de ses anciens camarades de Juilly, M. Delcros du Puy-de-Dôme, écrit, le 17 mai 1845, afin de rectifier l'inexactitude du récit et des assertions de M. Berryer, trompé sans doute par de lointains souvenirs. M. Delcros affirme que jamais Napoléon n'est venu à Juilly, mais que, seulement, en 1801, à son passage à Dammartin, il voulut bien accueillir une députation d'élèves de Juilly, à la tête desquels était M. Delcros lui-même, qui eut l'honneur de haranguer le premier consul. Napoléon répondit aux élèves en leur rappelant que son frère avait été leur condisciple (c'est là sans doute ce qui aura causé l'erreur de M. Berryer); puis, apercevant parmi les professeurs quelques Pères de l'Oratoire, mais non pas des Jésuites, il leur rendit cet éloge : « Ceux-là, du moins, n'ont pas fait comme *tant d'autres*; ils sont restés bons Français ! »

En vérité, il nous est impossible d'apercevoir, dans tout ceci, l'ombre même d'une louange en faveur de la noire Cohorte ! Nous croyons pouvoir ajouter que le grand capitaine, qui fut, d'ailleurs, sincèrement chrétien, n'eut jamais ni amitié pour les Jésuites, ni confiance en eux. S'il permit que quelques-uns restassent dans l'enseignement, c'est qu'il crut avoir besoin de leurs lumières comme professeurs.

La création des petits séminaires fut une idée jésuitique, et ce fut aux Jésuites que le haut clergé livra ces établissements, dont le but caché était éminemment hostile à l'Université ; de nos jours, nous voyons ce but se révéler assez apertement. Heureusement, la création du conseil royal de l'instruction publique fut une digue salutaire opposée aux envahissements du Jésuitisme et de ses aveugles alliés. Ainsi que le faisait observer naguère un journal (1) qui soutient avec talent et bonheur la guerre qu'il a déclarée à l'obscurantisme et à la noire Cohorte, qui en est la plus intime et la plus complète expression, c'est grâce à cette création du conseil royal de l'instruction publique que l'Université put traverser saine et sauve les mauvais vouloirs de la Restauration à son égard. Dans les plus mauvais jours de cette époque, lorsque la réaction cléricale menaçait d'envahir l'enseignement, l'Université, puissamment concentrée dans l'énergique oligarchie du conseil royal, put, froissée mais non entamée, sortir victorieuse de ce temps d'épreuves. C'est cependant à cette institution conservatrice qu'un ministre de l'instruction publique actuel s'attaque avec d'hostiles intentions qui lui sont soufflées par d'adroits compères, lesquels, nous aimons à

---

(1) Nous voulons nommer ici *le Siècle*, dont le rédacteur en chef, M. Chambolle, député de la gauche, dirige, en général actif, habile et résolu, une guerre active dans son journal contre les Jésuites et leurs alliés ou leurs compères. La plus grande partie de la presse a fait aussi son devoir à cet égard. Nous citons encore *le National*, parmi les sentinelles qui veillent avec le plus de soin sur les démarches du Jésuitisme, dont chaque pas fait en avant est une menace pour une de nos libertés.

le croire pour l'honneur de M. de Salvandy, savent lui cacher leur jeu et ne lui montrer de leurs cartes que les belles couleurs. On sait que, pour répondre aux voix éloquentes qui s'étaient élevées dans deux chaires du haut enseignement et qui signalaient à la France une nouvelle invasion de l'Université tentée hier, et encore aujourd'hui, par les Jésuites, et qui demain peut-être sera réalisée si la France continue à dormir son sommeil d'indifférence, M. de Salvandy a voulu réorganiser, c'est-à-dire désorganiser le conseil royal de l'instruction publique. M. de Salvandy a pourtant été lui-même obligé de reconnaître les services rendus par la magistrature nécessaire de l'enseignement public, en faveur de laquelle cet éloge significatif s'est échappé de la bouche du ministre, sans doute par suite d'un de ces mouvements impétueux et imprévus d'éloquence que le chef du cabinet actuel redoute, dit-on, si fort dans son collègue de l'Instruction : « Je le répète, a dit M. de Salvandy à la Chambre des députés, le conseil royal a sauvé l'Université sous la Restauration ! » Et cela est vrai, et tel est le motif des coups qu'on porte dans l'ombre à cette magistrature tutélaire, par la main du ministre nommé pour veiller sur elle et la protéger, et qui pourtant, *condottière* politique plus que *barde* chrétien, consent à devenir l'instrument séculier par lequel l'influence jésuitique torture et disloque la magistrature de l'enseignement, en attendant qu'elle lui fasse briser l'Université elle-même !

Constatons ici que le *Journal des Débats* lui-même, cet éternel panégyriste des ministères debout, a donné, avec assez de vigueur, la férule doctorale au ministre, après son étrange escapade.

M. le ministre de l'instruction publique est parvenu à étouffer une des deux premières voix qui aient jeté le cri d'alarmes contre le Jésuitisme de nouveau menaçant pour l'Université. Peut-être parviendra-t-il à étouffer l'autre ; mais qu'importe ? MM. Michelet et Quinet peuvent se reposer dans le silence : leur parole n'a pas été jetée au vent et sans fruits. D'énergiques échos leur répondent de la presse française, des Chambres, du sein même de la nation. Et, bientôt peut-être, ces échos grossissants feront taire et rentrer sous la scène les acteurs de la comédie gouvernementale jouée au profit de la noire Congrégation.

De cette pâle et incomplète esquisse des guerres soutenues pendant trois siècles par l'Université contre les Jésuites, voici ce que nous voulons conclure :

Les Jésuites ont, dès leur entrée en France, cherché à s'emparer de l'enseignement ; ils s'y sont glissés par la ruse ou par la force ; jamais par le droit. L'Université a toujours protesté contre les entreprises des fils de Saint-Ignace, et si le pouvoir royal a parfois fermé l'oreille à ses plaintes, la magistrature les a presque toujours accueillies et y a fait souvent justice. Les Jésuites peuvent présenter des bulles pontificales qui les mettent dans l'enseignement public sur le même pied que l'Université, qui les rendent même supérieurs à celle-ci ; mais ils ne peuvent montrer ni un arrêt des Cours de justice définitif, ni un édit royal sanctionnant en réalité et complétement ces prétentions (1). Le décret impérial de 1808, invoqué par les Jésuites et ressuscité par M. de Salvandy, veut que l'enseignement en France prenne pour but les préceptes et les intérêts de la religion catholique ; mais nous n'admettons aucunement que les Jésuites puissent trouver là un titre en leur faveur ; bien au contraire. D'ailleurs, la Charte n'a-t-elle pas garanti la liberté des cultes et des consciences? Toutes les croyances sont égales devant la loi et doivent l'être devant le chef du gouvernement, premier magistrat de la nation.

Dans un remarquable discours prononcé au sein du conseil-général de Saône-et-Loire, à propos de la lutte de l'Université contre les Jésuites, M. de Lamartine a dit, avec l'autorité de son beau talent :

« L'Église, c'est la tradition perpétuant ses dogmes ; l'Université, c'est le siècle enseignant ! Convient-il de nous joindre aux ennemis de cette dernière? Non ; quant à moi, je dis : Respect à l'Église, justice à l'Université ! »

(1) Lorsque le gouvernement, poussé par les Jésuites, fit recevoir en France la bulle *Unigenitus*, qui portait le désordre dans les corps enseignants, on vit alors sortir des colléges deux cents docteurs, professeurs ou directeurs célèbres, à la tête desquels étaient les Rollin, les Gibert, les Hersan, qui furent remplacés par des abbés de Prague, des PP. Pichon et Hardouin, âmes damnées du Jésuitisme, dont ils professaient hautement les principes de morale les plus détestables et antichrétiens. Qu'on laisse faire de nos jours, et le même scandale se renouvellera : aux Michelet, aux Quinet, etc., nous verrons succéder, qui? des Jésuites ; c'est dire assez.

Que les Jésuites entrent dans l'enseignement, on ne peut les en empêcher ; mais on doit les empêcher, à toujours, de faire entrer l'enseignement chez eux. Qu'ils aient des Colléges, au pis aller, mais que ces Colléges soient soumis à la discipline, à l'inspection, aux règles universitaires, aux lois, à la commune morale ; que le pays y trouve des gages sûrs pour que sa jeunesse n'y soit pas élevée dans l'oubli des liens de la famille et de l'amour du sol natal !...

Que surtout la France avertie veille avec soin sur le dépôt sacré de l'enseignement ! Qu'elle ne le confie qu'à des mains pures. Un sépulcre blanchi n'est toujours qu'un sépulcre ; que mon pays n'y pousse pas sa généreuse jeunesse ; qu'elle ne la laisse pas s'y débattre dans les horreurs d'une nuit qui nous menace de nouveau de ses voiles tendus devant le brillant soleil de la raison et de nos libertés, dans le hideux linceul, mortel pour tous les nobles instincts, dont le Jésuitisme a fait sa bannière et dont il voudrait bâillonner le genre humain tout entier !...

Arrivé à la fin de notre œuvre, œuvre de consciencieux travail, de conviction profonde et arrêtée, mais aussi œuvre qui, en raison de l'importance, de la difficulté, de l'immensité du sujet, du temps qu'il nous a été loisible d'y consacrer et de l'espace dans lequel nous avons été forcé de nous renfermer, doit nécessairement avoir besoin de l'indulgence du lecteur, nous devons, nous voulons la résumer en quelques pages.

Conçu dans les âpres et ascétiques rêveries d'un cerveau détraqué, encore rempli par les songes dorés de l'ambition mondaine ; couvé sous l'aile des ambitions des premiers fils de Saint-Ignace ; accueilli dans le giron pontifical qui crut voir dans cet œuf terrible le germe puissant sur le développement duquel pourrait s'appuyer le catholicisme ébranlé par la Réforme, le Jésuitisme a aujourd'hui trois siècles d'existence. Dès ses premiers pas, il envahit l'Europe, presque toute l'Amérique, une grande partie de l'Asie, quelques rivages de l'Afrique. Nous avons raconté les phases diverses de son existence si étrange. Nous l'avons montré partout, arrivant avec un maintien humble et modeste, s'établissant avec rapidité et intelligence, puis dominant avec orgueil, avarice et dureté ; puis, encore et bientôt, deviné, connu, repoussé, se maintenant par la ruse, ou par la force ouverte, puis enfin chassé par le mépris et la haine.

En Europe seulement, les Jésuites furent chassés trente-huit fois de diverses contrées ; ce chiffre a déjà, à lui seul, une signification réelle.

En Europe, en Afrique, dans les deux Amériques, partout, la présence du Jésuitisme a toujours accompagné des calamités publiques. Si c'est le hasard qui lui fit cette condition de son existence, le Jésuitisme a bien à se plaindre du hasard. Mais, nous le disons dans la sincérité de notre âme, la présence de ce fatal génie devait et doit être partout funeste ; comme un pôle aimanté par l'enfer, le Jésuitisme doit attirer, en tout lieu, le malheur et la ruine. C'est que le malheur des autres et la ruine publique sont, pour lui, la meilleure condition d'existence, comme ils sont sa conséquence fatale ; c'est que les Jésuites n'ont ni famille ni patrie ; c'est que chacun d'eux n'est qu'un chiffre que la main qui les remue, qui les place et les déplace, peut mettre à la droite ou à la gauche, à son plaisir. C'est qu'enfin ils appartiennent corps et âme à une Corporation qui n'est enchaînée par aucun lien qu'elle ne puisse briser, par aucun devoir qu'elle croie devoir respecter ; une Corporation qui n'agit que pour elle, ne pense qu'à elle, et laisserait s'écrouler le monde, si, de ses débris, elle pouvait rebâtir son asile maudit des hommes et de Dieu !...

Les Iles Britanniques furent assez heureuses pour ne jamais voir la bannière de Loyola flotter triomphante sur leur sol, sauf de rares instants ou sur quelques points seulement. La sanglante Marie, en Angleterre, Marie Stuart, en Écosse, voulurent en vain l'appuyer contre leur trône : la défiance et l'horreur dans les peuples rendirent inutiles tous les efforts faits par le pouvoir en faveur du Jésuitisme. En Irlande, les Jésuites furent toujours plus puissants, mais non beaucoup plus heureux, en définitive. Ce pays, en croyant combattre pour sa liberté et pour sa croyance, a versé bien des flots de sang pour la cause de Saint-Ignace. Le soutien que Philippe III d'Espagne accorda au comte de Tyrone et aux Irlandais révoltés fut, à ce que nous croyons, dû aux intrigues jésuitiques. La Grande-Bretagne a conservé jusqu'à nos jours l'horreur du jésuitisme, du jésuitisme qui, mieux que les réformateurs, mieux que Henry VIII peut-être, a contribué à faire proscrire dans cette contrée la croyance catholique. Dans la discussion de l'émancipation des catholiques anglais, un Évêque anglais, celui de Chester, a dit :

« Ce ne sont pas les doctrines théologiques du catholicisme qui me répugnent, mais bien les doctrines morales de quelques-uns de ses religieux, et ce sont surtout ses doctrines politiques sur le pouvoir ecclésiastique qui m'épouvantent. »

Un Pair laïque, le comte de Liverpool, ajoutait :

« Moi, ce n'est ni contre les doctrines de la Transsubstantiation et du purgatoire que je m'élève, mais seulement contre l'influence des prêtres catholiques sur toutes les relations de la vie privée. » Il est évident que le noble Pair pensait aux Jésuites en prononçant ces paroles remarquables. Un autre fait va le prouver. Le 11 février 1846, la Chambre des Communes d'Angleterre s'occupait de voter sur la deuxième lecture du *Bill de soulagement* des catholiques romains. Nous dirons que la loi proposée avait pour objet de faire cesser les pénalités et incapacités qui pèsent encore, dans la Grande-Bretagne, sur les catholiques, non à raison de certains actes, mais par le seul fait de leur croyance religieuse. Personne, à ce qu'il paraît, dans l'enceinte législative, n'eût songé à repousser le Bill, s'il n'eût, par la généralité des termes dans lequel il était conçu, semblé destiné à faire disparaître la prohibition portée par les lois anglaises contre la Compagnie de Jésus, « contre cet Ordre fatal, » a dit alors un membre de la Chambre des Communes, « qui a pour but de supprimer tout esprit de discussion, toute volonté individuelle, tout libre arbitre, et cela pour dominer les hommes auxquels il ne veut pas seulement prendre la liberté du corps, mais bien encore celle de l'âme qu'il pétrit dans la boue de la servitude ! »

« Poursuivons toujours le Jésuitisme, » a dit lord Morpeth,

résumant la discussion, « mais n'opprimons pas les Jésuites ! »

Voilà ce que nous voudrions aussi entendre dire, ce que nous voudrions voir faire à nos gouvernants.

En Espagne, les Jésuites furent toujours et incessamment gênés dans leur essor, par la jalousie des Dominicains établis avant eux sur la péninsule qu'ils ont tant de fois couverte de nobles cendres et de sang innocent. Les Jésuites laissèrent voir, plus d'une fois, quelle haine ils gardaient dans leur cœur pour les enfants du sombre Dominique. Cependant ils fraternisèrent parfois avec eux, et ils voulurent même importer l'Inquisition en France; bien entendu qu'ils en eussent été les directeurs (1). En ce moment, où un voile sombre couvre l'ère de paix et de liberté qui doit enfin luire pour l'Espagne, on voit encore s'agiter sur cette scène où domine un soldat farouche entre une reine innocente et une reine... qui est fort peu innocente, on a vu reparaître encore les fatales robes noires. L'époux qu'on veut donner à Isabelle II, le comte de Trapani, est un élève des Jésuites !

De 1540 à 1750, les Révérends Pères dominèrent presque sans partage, presque sans conteste, en Portugal. Si ce pays, si catholique, les laissa chasser par le célèbre Pombal, c'est que ce pays avait bien souffert par eux. Nous pouvons ajouter au tableau que nous avons déjà donné du règne des Jésuites sur le sol lusitanien, que les enfants de Loyola, qui ne reculent jamais devant le scandale, si le scandale peut leur rapporter, n'eurent pas honte de coudre leur robe à la femme impudique d'Alphonse VI, qu'ils aidèrent à détrôner et emprisonner son mari, et qu'ils unirent à un autre époux, du vivant même du premier. L'apogée de la puissance jésuitique en Portugal fut, sous Jean V, époque qui est aussi celle de l'influence anglaise dans cette contrée.

L'Italie peut également accuser le Jésuitisme d'une bonne part dans sa longue agonie. Les bons Pères surent se faire craindre même de la papauté, tout en en dirigeant souvent les foudres à demi éteintes. Actuellement encore ils exercent dans cette contrée une influence im-

(1) Cette assertion se trouve justifiée dans l'ouvrage déjà cité de M. le comte A. de Saint-Priest et dans divers autres.

mense contre laquelle se débat vainement l'Italie enchaînée, énervée, qui secoue parfois ses chaînes en maudissant ses oppresseurs.

Dans la Toscane, les populations du Grand-Duché, moins bâillonnées, élèvent la voix contre le Jésuitisme qu'ils poursuivent actuellement dans les Dames du Sacré-Cœur, qui en sont la représentation, en cet endroit. C'est sans doute grâce aux Jésuites que, dans l'Archevêché de Ferra, les médecins doivent abandonner le lit de leur malade s'il ne s'est pas confessé après une première visite. « Crois et sois guéri, » disait l'homme-Dieu au paralytique; le Prêtre italien, braquant le crucifix comme un pistolet sur le moribond, lui crie, lui : « Crois, ou meurs !... »

La Hollande sut se soustraire, grâce à la Réforme, à l'influence de la noire Congrégation. La Belgique y est encore soumise, et les secousses gouvernementales qui font osciller la fraîche couronne de son roi ne le disent que trop clairement.

On sait quels événements l'influence des Jésuites a récemment amenés dans les cantons catholiques de la Suisse. Les Jésuites, repoussés par la partie protestante des fils de Guillaume Tell, semblent vouloir s'en venger en conviant les grandes puissances à effacer la république helvétique de la carte d'Europe.

En Allemagne, le Jésuitisme, protégé par Metternich et par l'aigle autrichienne aux serres avides, a donné, par la haine seule qu'il inspire, naissance au catholicisme allemand. Le 22 août 1845, la Gazette de Weser a annoncé que, dans les troubles qui ont éclaté à Leipsick, à Dresde, à Halberstadt et en d'autres endroits, on a arrêté des ouvriers sur lesquels on a trouvé des preuves de leur affiliation à la Compagnie de Jésus, et des mots d'ordre venus de Rome, ainsi que des notes prises par ces émissaires du général de la Société sur le Clergé germanique.

On sait quelle conduite les Révérends Pères font tenir à l'Église de Rome, à l'égard de la malheureuse et héroïque Pologne, pour récompenser le Czar de la protection qu'il leur accorde à l'exemple de ses prédécesseurs (1).

Le Prusse, gouvernée actuellement par un souverain qui semble

(1) Il est remarquable que l'empereur de Russie ouvre les barrières de son empire

animé d'intentions louables en faveur de ses peuples, en est peut-être à regretter, comme l'a fait Frédéric II lui-même, d'avoir recueilli le Jésuitisme et laissé périr le royaume de Pologne.

En Russie..... mais, que nous importe qu'il y ait des Jésuites dans les glaces de cette terre de la servitude passée à l'état chronique ? Plût à Dieu que tous les Jésuites fussent en Russie ! La civilisation et la liberté n'auraient alors à veiller que d'un seul côté, et les sentinelles avancées de l'une et de l'autre n'auraient qu'un cri à pousser pour signaler l'irruption de la barbarie et du fanatisme !...

Nos lecteurs savent maintenant quels effets produisirent en France les apparitions successives de la fatale bannière de Saint-Ignace, bannière tour à tour jetée à bas ou relevée par le pouvoir royal, mais toujours redoutée, méprisée, haïe par les populations en général. Quand, aux trois journées, le peuple brisa la couronne de la légitimité, sans toucher cette fois à la tête qui la portait si fièrement, si follement, il ne pensa même pas à regarder du côté de la royauté exilée, pour voir si le Jésuitisme la suivait dans son exil. Fier de sa victoire et confiant dans sa force, il crut avoir enfin raison de deux adversaires à la fois. Il se trompait : Gratz a déjà recueilli deux des rois chassés ; le troisième ne peut plus espérer de se revoir un jour sur le sol de la France, si ce n'est comme simple et paisible citoyen. Mais Rome renferme toujours le Gesu et son Général. Les Jésuites ont reparu en France. Les Jésuites sont riches encore, mais ils le nient ; nombreux, ils l'avouent ; puissants, on ne le voit que trop. Les Jésuites ont maintenant des journaux et des journalistes qui se disent Jésuites, des écrivains, des prédicateurs, des amis, des protecteurs qui se disent Jésuites. Ce qui doit paraître le plus étonnant, c'est

aux livres faits par les Jésuites ou en leur faveur, tandis qu'il les ferme impitoyablement à toute œuvre qui a la plus petite odeur de libéralisme. Nos ministres, qui font tant de politesses à l'autocrate, ne savent-ils donc pas comment Nicolas 1er traite le roi constitutionnel ? Nous connaissons un individu qui a pu voir assez souvent le Czar. A chaque fois, celui-ci abordait notre compatriote en lui demandant : « Eh bien ! que devient votre *** Louis-Philippe ! » Les trois astérisques par nous employés représentent une épithète que nous n'osons écrire et qui indignait par sa grossièreté notre compatriote, qui est pourtant légitimiste, à ce que nous croyons.

qu'ils ont même un théâtre qui, assure-t-on, est sous l'influence jésuitique, et ce théâtre n'est pas la scène la moins égrillarde de toutes. On assure aussi que la mesure par laquelle M. le Préfet de la Seine, comte de Rambuteau, a, le 31 décembre 1845, brutalement enlevé aux pensions séculières leurs Dames-en-chambre, est une mesure obtenue par les Jésuites et qui doit servir aux maisons religieuses qu'ils dirigent ou qui leur appartiennent. M. de Salvandy a donné son approbation ministérielle à cette mesure, qui n'a pas été assez remarquée et qui ne s'étend pas aux couvents.

Les Jésuites essayent de ranimer les congrégations particulières qui depuis la fin du dix-septième siècle vinrent s'affilier au Jésuitisme et le renforcer, comme des arcs-boutants soutiennent un édifice. Nous renvoyons, à cet égard, au livre curieux de Tabaraud, *des Sacrés-Cœurs*. On donne au nombre ancien de ces Congrégations le chiffre énorme de quatre cent vingt-huit. Le chiffre actuel ne nous est pas connu. Montrouge était particulièrement et paternellement occupé à étendre en France le nombre des Congrégations du Sacré-Cœur. Il existe un livre du Père J. Crasset, qui fut, de 1668 à 1698, directeur de la grande Congrégation dite des Missions, dans l'église des Jésuites de la rue Saint-Antoine, lequel prouve clairement que les Fils de Loyola étaient les chefs de ces Congrégations diverses dont les Confesseurs étaient Jésuites également.

Il existe pourtant un arrêt du Parlement, du 9 mai 1760, qui défend l'existence non légalement autorisée des Associations, Congrégations et Confréries. Mais les Jésuites se sont toujours fort peu inquiétés des lois !

Le Clergé de France, qui tant de fois pourtant a repoussé, avec le grand Bossuet, l'influence ultramontaine dont les Jésuites sont la plus complète expression, comme ils en sont la plus funeste conséquence, semble aujourd'hui, du moins le haut Clergé, avoir oublié ses aversions et les enseignements du passé. Nous espérons pourtant que l'Église gallicane s'apercevra à temps de la fausse route que lui font faire les enfants de Saint-Ignace, route qui ne peut aboutir qu'à un précipice dont nous voudrions la détourner.

« Les Jésuites ne peuvent pas enseigner le dévouement, surtout à des Français, » a dit un membre de la Chambre des Pairs (23 avril 1844), « ce serait pousser trop loin l'abnégation et l'oubli, ce serait donner un trop violent démenti à leur histoire et à la nôtre. Ils ne peuvent pas enseigner l'amour de la France : c'est pour cela qu'ils y sont impossibles et que la France n'en veut pas ! »

Nous ajoutons : « C'est pour cela que l'Église de France ne doit pas vouloir davantage des Jésuites, dont la robe, par son seul contact, peut noircir le blanc vêtement que nos prêtres doivent porter et sous lequel ils peuvent encore être aimés et respectés dans notre France révolutionnaire. »

Nous savons bien que Bossuet ne fut jamais Cardinal, parce qu'il fut toujours le défenseur zélé des libertés de l'Église gallicane, et que tel ou tel Prélat actuel doit sa crosse ou son chapeau rouge à une conduite toute différente; mais, qu'importe! l'amour et la vénération des peuples ne sont-ils donc pas une aussi belle parure que l'or d'une mitre ou la couleur rouge d'un chapeau ?

Chose étrange de voir des Évêques soutenir la cause de gens qui leur ont dénié toujours, qui leur dénieront peut-être demain l'obéissance religieuse ! Par leurs constitutions et priviléges, par la nature même de leur Institut, les Jésuites échappent à la juridiction épiscopale, autrement dit à la suprématie de l'Ordinaire. Cependant la Constitution primitive et fondamentale de l'Église veut qu'aucun corps, aucun individu ne soit exempt de cette suprématie et juridiction. Nous savons bien qu'il y a des exceptions ; mais de nombreux écrivains, l'abbé Fleury entre autres, les blâme, saint Bernard les déclare pernicieuses, le Concile de Constance (1418) les condamne, l'Ordonnance d'Orléans (art. 11) les repousse, moins énergiquement encore que l'Assemblée générale du Clergé de France de 1695. Mais, en France particulièrement, il a été consacré que ces exceptions, contraires au droit commun, ne pourraient être concédées qu'avec la permission du souverain (*Libertés de l'Église gallicane*, art. 17) ; « sinon, il y a abus, » dit Fréret (*Traité de l'Abus*). Mais, enfin, l'article 10 de la Loi organique du 18 germinal an x déclare aboli tout privilége portant exemption de la juridiction épiscopale! Or, les Jésuites possesseurs de ces priviléges et qui, par leurs Constitutions, ne peuvent même s'en séparer, ne doivent donc pas être admis en France comme Corps, comme Institut du moins!

Ainsi les Jésuites n'ont jamais obtenu de pouvoir entrer dans l'enseignement public, sans se conformer à la juridiction de l'Université; de même, ils n'ont pas le droit de former un établissement sans se conformer aux lois de l'Église gallicane, aux lois du royaume. S'ils veulent n'en rien faire, le pouvoir sait, lui, ou doit savoir ce qu'il a à faire, et, au besoin, la nation est là pour le lui rappeler.

La papauté, qui avait détruit le Jésuitisme, l'a rétabli : c'était son droit, sans doute, quoique ce fût une faute, suivant nous. Mais Louis XV a chassé, par une loi, les Jésuites de toute la France; qu'on nous montre une loi, rendue au nom de Louis-Philippe Ier, qui rappelle les Jésuites; sans cela, nous soutiendrons que les Jésuites sont toujours bannis de France, et, avec cela, nous le soutiendrons peut-être encore!...

« Point de trêve possible avec le Jésuitisme!... » s'écriait le rude et fort adversaire des Jésuites, le procureur-général, Ripert de Monclar, dans son *Compte-Rendu*, si lumineux, si convainquant!... Point de trêve possible avec le Jésuitisme; répéterons-nous après lui. Pour que la France reste ce que Dieu veut qu'elle soit, le phare intellectuel des nations, dont les rayonnements sauveurs, vivifiants et saints doivent indiquer l'abîme qui s'ouvre et le port qui apparaît, il faut qu'elle secoue, sans relâche et jusqu'à ce qu'elle s'en soit enfin débarrassée complétement, cette tunique empoisonnée que les *Nessus* en robe noire veule étendre sur son sol sacré, et qu'ils lui font, à cette heure, présenter par la main d'une *Déjanire* trompée!...

Oh! nous adjurons tout homme qui aime la famille, ce foyer intérieur, la patrie, ce foyer extérieur, l'humanité, ce foyer général, la Liberté qui en est la chaleur, la raison qui en est la lumière, nous l'adjurons, quels que soient son nom, son titre, sa place, sa croyance, d'unir sa voix à notre voix pour que partout s'entende ce cri réprobateur : « Point de trêve avec le Jésuitisme ; avec le Jésuitisme, qui entre dans la famille pour la désunir et la corrompre ; dans la patrie, pour l'égarer, la dominer ou la perdre; qui souffle sur la raison ou l'égare, qui confisque la liberté ou l'étouffe ! Non ! point de trêve, jamais de trêve avec le Jésuitisme ! ! !... »

. . . .

Le lecteur sera peut-être bien aise de trouver ici la chronologie des Généraux de la Société de Jésus. Les Jésuites ont eu, depuis leur origine jusqu'à nos jours, vingt-cinq chefs suprêmes, si l'on compte les administrateurs qui gouvernèrent l'Ordre réfugié en Russie ; en voici la liste, avec la date de l'élection de chaque Général et la désignation du pays auquel il appartient.

I. *Ignace* de Loyola, espagnol, élu en.. 1541
II. *Jacques* Laynez, espagnol. 1556
III. *François* Borgia, espagnol. 1568
IV. *Everard* Mercurien, belge. 1573
V. *Claude* Aquaviva, italien. 1581
VI. *Mucio* Vitelleschi, italien. 1615
VII. *Vincenti* Caraffa, italien. 1646
VIII. *Francesco* Piccolimini, italien. 1649
IX. *Alessandro* Gottofridi, italien. 1652
X. *Gowin* Nickel, allemand. 1662
XI. *Jean-Paul* Oliva, italien. 1664
XII. *Charles* de Noyelle, belge. 1682
XIII. *Thyrsis* Gonzalez, espagnol. 1697
XIV. *Marie-Ange* Tamburini, italien. 1706
XV. *François* Retz, allemand. 1730
XVI. *Ignacio* Visconti, italien. 1751
XVII. *Aloys* Centurioni, italien. 1755
XVIII. *Laurenzo* Ricci, italien. 1758
— *Paul* Czernicewicz, vicaire-général. 1782
— Linkiewicz, vicaire-général. 1785
XIX. *Xavier* Kareu, vicaire-général perpétuel, puis général de l'Ordre en. 1799

XX. *Gabriel* Gruber, allemand. 1802
XXI. *Thadéus* Bzrozowski, polonais. 1814
XXII. *Louis* Forti, italien. 1820
XXIII. Roothaan, hollandais. 1829

Le Père Roothaan est le Général actuel. Comme on le voit, il n'y a pas un seul Français dans cette liste des chefs de la trop fameuse Compagnie ! Nous voudrions pouvoir ajouter qu'il n'y en eut jamais non plus dans les rangs inférieurs de la noire cohorte. Malheureusement, ceci nous ne pouvons le dire ! La France est un pays trop beau, trop riche, d'où rayonne trop l'idée qui remue le monde, pour que les Jésuites n'aient pas fait toujours tous leurs efforts pour y prendre racine dans le sol même. Grâce à la fatale complaisance du pouvoir et à l'habileté des Révérends Pères, la Compagnie de Jésus, à l'époque de sa chute, sous Louis XV, comptait plusieurs milliers de soldats dans ses provinces françaises. Suivant les écrivains de Saint-Ignace, les biens possédés par les Jésuites et dont ceux-ci furent alors dépouillés par les arrêts d'expulsion, ne montaient pas à moins de 60,000,000 fr. pour la France seulement !

Quel est aujourd'hui le chiffre de cette même fortune ? Il est impossible de le dire. Cependant un procès encore récent, l'affaire Affnaër, a prouvé que Saint-Ignace, chez nous, était encore loin d'être au dépourvu. Les Révérends Pères n'ont pas perdu leur ancien talent de se faufiler sans bruit, avec adresse, auprès d'un moribond timoré, ou auprès d'un enfant exalté, et de se faire donner, à eux, pauvres, candides et désintéressés religieux, la fortune dont celui-ci ignore le prix, dont celui-là ne sent que trop le poids.

Nous eussions pu enregistrer plus d'une captation, plus d'un détournement de mineurs faits par les fils de Saint-Ignace, dans ces derniers temps, et dont le ministre de la justice, M. Martin, s'occupe fort peu, si peu que, lorsqu'on le somme, à la tribune de la Chambre des députés, d'expliquer l'inaction de ses subordonnés en pareille circonstance et devant des plaintes formelles et appuyées, le ministre, M. Martin, se contente de sourire en regardant les Centres, qui le regardent en haussant les épaules ; et ministre et ministériels montent, là-dessus, au Capitole et y remercient les dieux. Il y a de quoi !...

Nous croyons pourtant nous souvenir que dans son livre — un beau livre — de l'*Histoire de la Civilisation en Europe*, M. Guizot formulait contre le Jésuitisme un jugement qui n'est guère en rapport avec la conduite qu'il tient avec les Jésuites !... Oh ! c'est qu'il y a une terrible différence entre M. Guizot l'historien et M. Guizot le ministre, entre l'écrivain et le politique.

Protégés par nos gouvernants, qui leur accordent cette protection à un titre ou à un autre, nous ne le discuterons pas ! les Jésuites ont, plus qu'on ne pense, rétabli leurs affaires en France, et reformé leurs noirs bataillons. Nous regrettons de ne pouvoir indiquer au moins ici les divers moyens employés par eux : contentons-nous de dire qu'il existe une confrérie (c'est le grand prédicateur jésuite, le Révérend Père de Ravignan qui l'a fondée) qui se compose de laïques et dont les membres se recrutent parmi des gens qui promettent une bonne volonté à l'égard de la Compagnie de Jésus. Cette Compagnie ou Association s'occupe de toute chose : elle donne des places à ceux qui n'en ont pas, des femmes aux célibataires, et des femmes qui ont une dot (nous pourrions citer des exemples, des noms ; ceux-ci étrangers, Anglais et Irlandais surtout) ; elle place des ouvriers sans travail aussi bien qu'elle pousse des diplomates en herbe. Bien entendu qu'il y a là des degrés nombreux d'affiliation. On nous assure que cette Association compte au moins quinze mille membres dans Paris seulement ; et que son impulsion supérieure lui vient toute des Jésuites, à l'insu même de plus d'un membre placé sur les gradins inférieurs de ladite Congrégation.

On comprend que bien des gens s'y laissent affilier. On ne leur demande rien, ou fort peu de chose, et on leur donne beaucoup ! Mais, gare au moment où il faudra compter ! Ce moment, les Jésuites semblent le regarder comme peu éloigné, et nous ne demandons pas mieux qu'il en soit ainsi : nous voudrions voir encore une fois se dresser au soleil la bannière de Saint-Ignace — afin de la briser une bonne fois, si complètement, qu'il n'en reste pas la plus petite guenille !... Oui, nous aussi, nous pensons que ce moment ne tardera pas à venir ! Et nous comptons sur l'impatience des hommes noirs, sur les fautes de nos gouvernants, pour hâter cette heure prédestinée où justice doit être faite, où justice sera faite !...

Et quand cette heure solennelle aura sonné, il nous restera quelque chose à faire pour compléter notre œuvre : ce sera un ÉPILOGUE ayant pour titre LE DERNIER JUGEMENT.

FIN DU SECOND VOLUME.

TABLE DES MATIÈRES

CONTENUES DANS LE DEUXIÈME VOLUME.

	Page.
CINQUIÈME PARTIE. Les Jésuites en Europe............................	1
PROLOGUE. Les Assassins...	3
CHAPITRE PREMIER. J. Clément, Barrière, J. Châtel et Ravaillac..............	9
CHAPITRE II. Conspiration des poudres. (Le Jésuitisme aux Iles Britanniques.)...	115
CHAPITRE III. Assassinat du prince d'Orange. (Le Jésuitisme en Hollande, etc.).	167
CHAPITRE IV. Les Jésuites mis sur l'échafaud. (XVIIme siècle.)................	209
CHAPITRE V. La belle Cadière; Damiens et la banqueroute du P. Lavalette.....	279
CHAPITRE VI. Assassinat de D. Joseph de Bragance; mort de Clément XIV; le Jésuitisme proscrit par toute la terre..	321
CHAPITRE VII. Les Pères de la Foi; les Jésuites et l'Université; Résumé général. (Époque moderne.)...	359

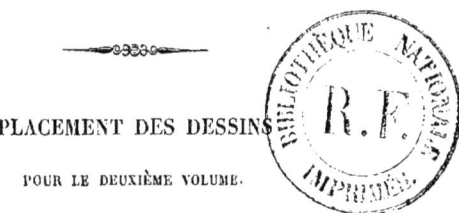

PLACEMENT DES DESSINS

POUR LE DEUXIÈME VOLUME.

	En regard de la page.
1º La pyramide de Jean Châtel, en frontispice...........................	1
2º Assassinat d'Henri III...	18
3º La famille de Jean Châtel...	46
4º Supplice du P. Guignard..	76
5º Ravaillac assassine Henri IV..	102
6º Complot de Williams Parry..	130
7º Conspiration des poudres...	154
8º Assassinat du prince d'Orange......................................	173
9º La mort de don Sébastien...	197
10º Les Solipses...	226
11º Un prospectus jésuitique...	253
12º Le P. Gérard et la belle Cadière....................................	283-288
13º Supplice de Damiens...	304
14º Mort de Clément XIV..	350
15º Les Pères de la Foi...	369

Typographie Dondey-Dupré, rue Saint-Louis, 46, au Marais.

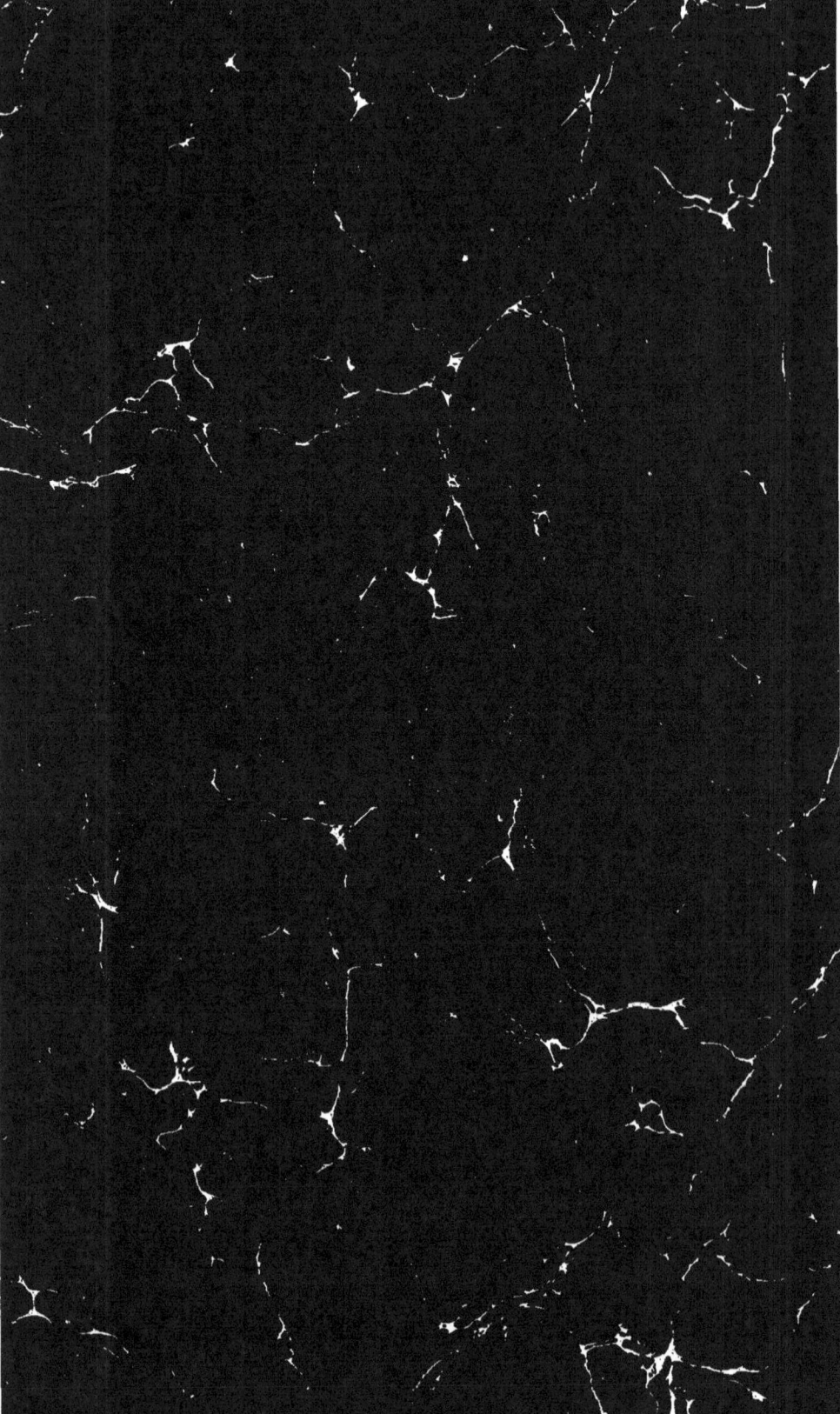

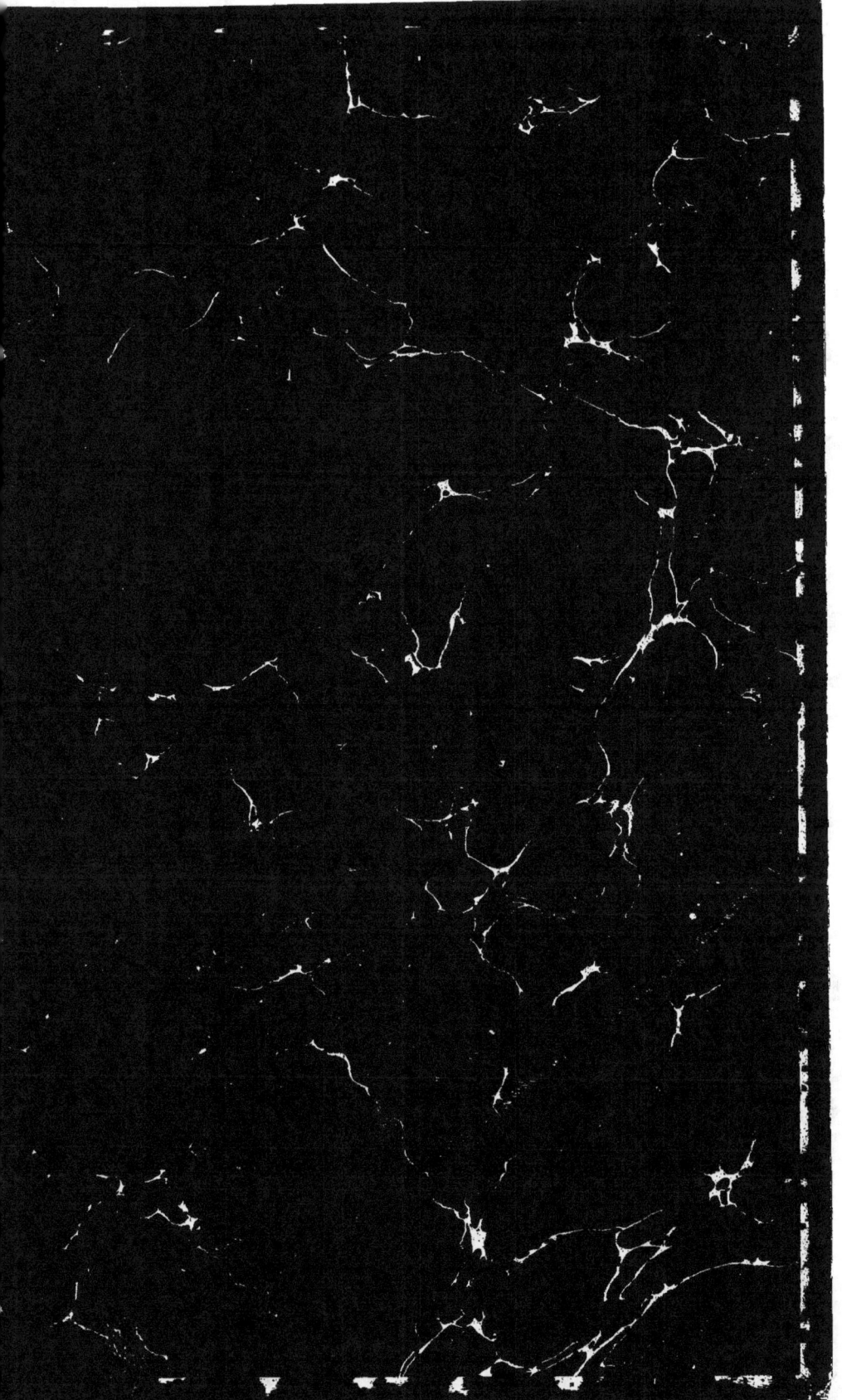

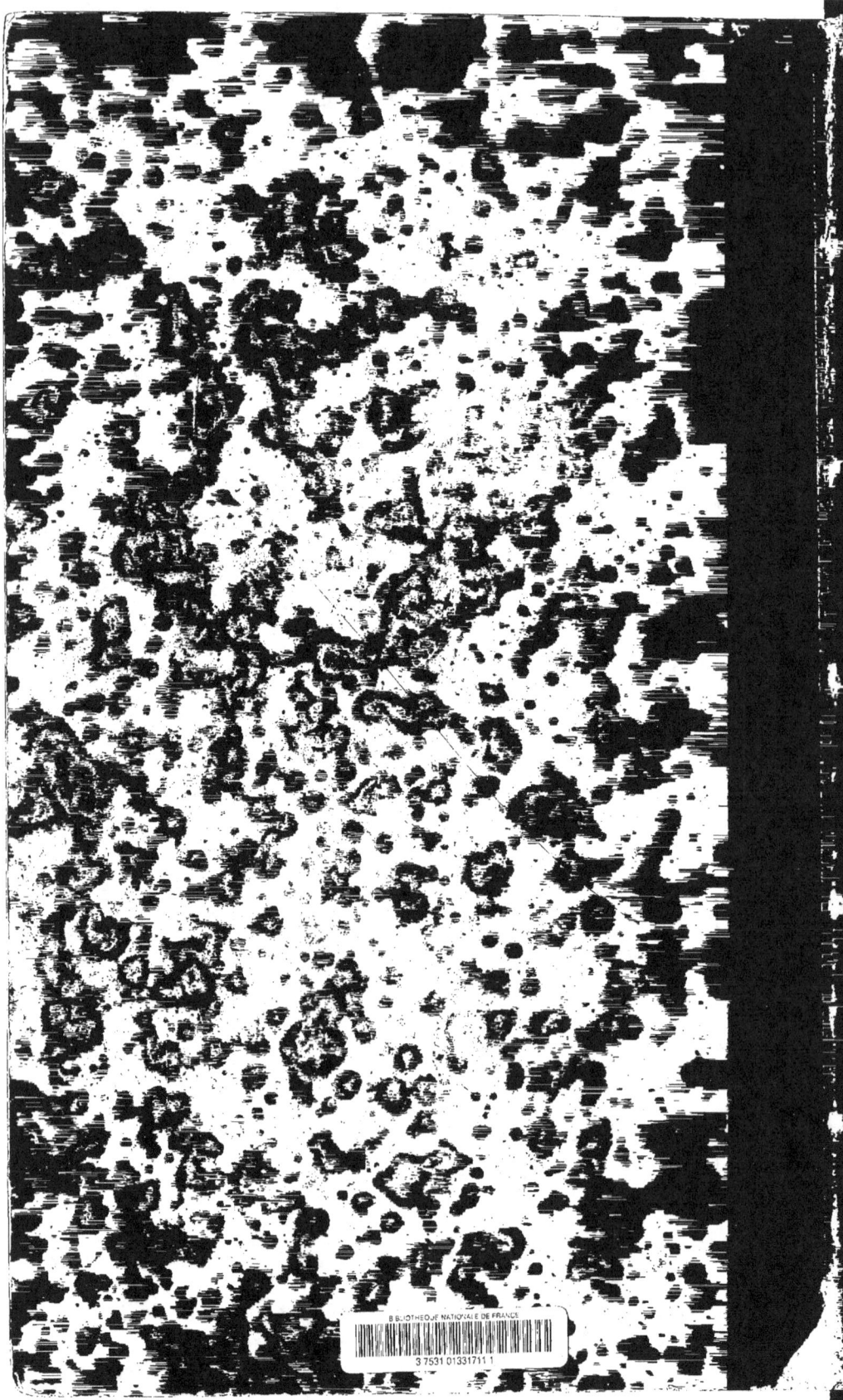

www.ingramcontent.com/pod-product-compliance
Lightning Source LLC
Chambersburg PA
CBHW070537230426
43665CB00014B/1727